国家级教学成果奖

“十二五”普通高等教育本科国家级规划教材

中国人民大学会计系列教材

财务会计学

主编 戴德明 林 钢 赵西卜

第14版 · 立体化数字教材版

中国人民大学出版社
· 北京 ·

总　序

中国人民大学会计系列教材（简称“系列教材”）自1993年推出至今，已30余年。这期间我国经济高速发展，会计制度与会计准则发生巨大变化，大学会计教育无论规模还是质量都有了长足进步。回顾30余年的发展历程，系列教材中每一本的每一版，都在努力适应会计环境和教育环境的变化，尽可能满足高校会计教学的需要。

系列教材第1版是由我国当时的重大会计改革催生的。编写时关注两个重点：一是适应我国会计制度的变化，遵循1992年颁布的“两则两制”的要求；二是教材之间尽可能避免内容重复。系列教材包括：《初级会计学》《财务会计学》《成本会计学》《经营决策会计学》《责任会计学》《高级会计学》《财务管理学》《审计学》《计算机会计学》。

自1997年10月起，系列教材陆续推出第2版。为适应各院校的课程开设需要，将《经营决策会计学》与《责任会计学》合并为《管理会计学》。

自2001年11月起，系列教材陆续推出第3版。根据修订的《中华人民共和国会计法》、国务院颁布的《企业财务会计报告条例》、财政部颁布和修订的企业具体会计准则以及财政部颁布的《企业会计制度》等对教材内容进行修订。

自2006年7月起，系列教材陆续推出第4版。进一步修订了教材与2007年1月1日起施行的企业会计准则和中国注册会计师审计准则之间的不协调之处，并将《计算机会计学》更名为《会计信息系统》。

自2009年6月起，系列教材陆续推出第5版。对《高级会计学》《财务管理学》《财务会计学》等的框架结构做了较大调整，新增《会计学（非专业用）》一书。

自2012年6月起，系列教材陆续推出第6版。针对教育部强化本科教育实务性、应用性的要求，新增“简明版”和“模拟实训”两个子系列，并为《初级会计学》和《成本会计学》配备实训手册。

自2014年4月起，系列教材陆续推出第7版。深入阐释了财政部自2014年1月先后发布或修订的多个会计准则，并新增《财务报表分析》一书。

自2017年8月起，系列教材陆续推出第8版。体现了营改增、会计准则、增值税税率变化等最新动态，并新增《政府与非营利组织会计》，在“简明版”中新增《会计学》《中级财务会计》。为适应数字化对教学的影响，《财务会计学》率先推出“立体化数字教材版”。

自2020年11月起，系列教材陆续推出第9版。根据《高等学校课程思政建设指导纲要》对教材的要求，以及数字时代线上线下教学相结合的特点，着力打造立体化数字教材，并重点体现课程思政等内容。

2023 年是“中国人民大学会计系列教材”出版 30 周年，系列教材陆续推出第 10 版。我们将党的二十大精神融入教材内容，并开始第二轮立体化数字教材的升级工作，为主要教材配套双题库（主教材和学习指导书），以方便教学。

至此，围绕会计专业课程，系列教材形成了如下体系：

<table>
<tr><th>主教材（11 本）</th><th>学习指导书（7 本）</th><th>模拟实训（5 本）</th><th>简明版（7 本）</th></tr>
<tr><td>《会计学》</td><td>√</td><td></td><td>《会计学》</td></tr>
<tr><td>《基础会计（原初级会计学）》</td><td>√</td><td>√</td><td></td></tr>
<tr><td>《财务会计学》</td><td>√</td><td>√</td><td>《中级财务会计》</td></tr>
<tr><td>《财务管理学》</td><td>√</td><td>√</td><td>《财务管理》</td></tr>
<tr><td>《成本会计学》</td><td>√</td><td>√</td><td rowspan="2">《成本与管理会计》</td></tr>
<tr><td>《管理会计学》</td><td>√</td><td>√</td></tr>
<tr><td>《审计学》</td><td></td><td></td><td></td></tr>
<tr><td>《会计信息系统》</td><td></td><td></td><td>《会计电算化》</td></tr>
<tr><td>《高级会计学》</td><td>√</td><td></td><td></td></tr>
<tr><td>《财务报表分析》</td><td></td><td></td><td></td></tr>
<tr><td>《政府与非营利组织会计》</td><td></td><td></td><td>《政府会计》</td></tr>
<tr><td></td><td></td><td></td><td>《会计专业英语》</td></tr>
</table>

系列教材在 30 余年的出版历程中，以高品质荣获众多奖项，并多次入选国家级规划教材。2001 年，系列教材入选由教育部评选的“经济类、管理类专业和法学专业部分主干课程推荐教材”；2003 年，系列教材入选“普通高等教育‘十五’国家级规划教材”；2005 年，系列教材以“精心组织，持续探索，打造跨世纪会计精品教材（教材）”荣获“第五届高等教育国家级教学成果奖二等奖”；2008 年，系列教材入选“普通高等教育‘十一五’国家级规划教材”，其中《会计信息系统》被教育部评为 2008 年度普通高等教育精品教材，《审计学》被评为 2009 年度普通高等教育精品教材，《财务管理》被评为 2011 年度普通高等教育精品教材；2012 年，系列教材入选“‘十二五’普通高等教育本科国家级规划教材”；2014 年，系列教材以“以立体化教材建设支撑会计学专业教学改革（教材）”荣获“2014 年国家级教学成果奖（高教类）二等奖”。

《高等学校课程思政建设指导纲要》指出，培养什么人、怎样培养人、为谁培养人是教育的根本问题，立德树人成效是检验高校一切工作的根本标准。具体到会计学专业，在会计准则国际趋同的大背景下，要着力培养既能立足祖国大地又有国际视野的时代新人。基于此，系列教材积极融入习近平新时代中国特色社会主义思想，深刻把握会计学专业学生培养目标，积极应对数字化对教学的冲击和挑战，更加重视学生的长远发展，注重培养学生的基本素质和能力，尤其是培养学生发现问题、分析问题和解决问题的能力。

系列教材是在我国著名会计学家阎达五教授等老一辈会计学者的精心呵护下诞生，在广大兄弟院校的大力支持下逐渐成长的。我们衷心希望系列教材能够继续得到大家的认可，也诚恳地希望大家多提改进建议，以便我们在今后的修订中不断完善。

中国人民大学会计系

前　言

从社会生产实践的角度而言，会计对于我国经济发展的重要性是不言而喻的。正如马克思所指出的，过程越是按社会的规模进行，越是失去纯粹个人的性质，作为对过程的监督和观念上的总括的簿记就越是必要；因此，簿记对资本主义生产，比对手工业和农民的分散生产更为必要，对公有生产，比对资本主义生产更为必要。为社会主义经济建设培养高质量的会计管理人才正是本书编写的初心和使命。

《财务会计学》作为中国人民大学会计系列教材之一，自 1993 年首次出版之后，历经 1998 年第 2 版、2002 年第 3 版、2006 年第 4 版、2009 年第 5 版、2012 年第 6 版、2014 年第 7 版、2015 年第 8 版、2017 年第 9 版、2018 年第 10 版和第 11 版、2019 年第 12 版、2021 年第 13 版的出版发行，先后被评为普通高等教育"十五""十一五"国家级规划教材和"十二五"普通高等教育本科国家级规划教材，并与中国人民大学会计系列教材中的其他教材一起获得国家级教学成果奖，较好地适应了财务会计的教学需要，取得了良好的社会效益。

一直以来，《财务会计学》得到全国众多高等院校的老师和同学以及其他读者的认可与厚爱，很多读者还对本教材的内容提出了许多宝贵的修改建议，如淮阴工学院的谢万健老师、西安科技大学的黄维模老师、江汉大学的郑琼老师、长安大学的李辽宁老师等，我们谨向选用本教材和提出修改建议的广大读者朋友表示衷心的感谢！

在第 13 版的基础上，第 14 版根据读者的反馈意见，主要做了如下修订：

1. 持续重视课程思政，贯彻党的二十大精神

我们在第 13 版中就强调，教材的编写要体现课程思政，提高政治站位。在新形势下，高等学校需要更加重视用党的创新理论武装全党、教育人民、指导实践工作体系，加快构建中国特色哲学社会科学学科体系、学术体系、话语体系，培育壮大哲学社会科学人才队伍。在人才培养过程中，教材具有非常重要的作用。教材的编写需要把好政治关，体现课程思政，提高政治站位，坚持为党育人、为国育才，全面提高人才自主培养质量，着力造就拔尖创新人才。为此，第 13 版在第 1 章特别梳理了"关于会计准则国际趋同的回顾与展望"。

在第 14 版中，我们着力贯彻党的二十大精神。党的二十大报告指出，"要善于通过历史看现实、透过现象看本质，把握好全局和局部、当前和长远、宏观和微观、主要矛盾和次要矛盾、特殊和一般的关系，不断提高战略思维、历史思维、辩证思维、系统思维、创新思维、法治思维、底线思维能力，为前瞻性思考、全局性谋划、整体性推进党和国家各项事业提供科学思想方法”，“问题是时代的声音，回答并指导解决问题是理论的根本任务”，“要增强问题意识……不断提出真正解决问题的新理念新思路新办法”。在第 1 章的“关于会计准则国际趋同的回顾与展望”部分，我们以党的二十大精神为指引，运用历史思维、辩证思维和系统思维，对会计准则国际趋同的进程进行了回顾与展望；运用问题导向的思维方法对国际趋同的标杆进行审视，引导使用本教材的教师和同学进行深度思考。

2. 修改了部分业务的会计处理

（1）对参与材料成本差异分摊的原材料的范围做了进一步说明和解释。

（2）增加了商品流通企业库存商品的核算原则。

（3）补充了预期信用损失的说明和举例。

（4）修改了其他债权投资减值相关会计处理的表达。

（5）由于在新租赁准则下租入的固定资产属于租赁资产，我们删除了固定资产按所有权的分类。

（6）修订了增值税减免税款的会计处理。

（7）按照新收入准则的要求，在相关举例和说明中以合同负债替换了预收账款。

（8）修订了财务报表编制的部分内容。

3. 配备丰富的新形态立体化教学/学习资源

（1）名师音频答疑。近几年财政部持续修订、新增了多项具体会计准则，为了理解会计改革和会计准则修订背后的经济实质，更好地培养学生的思辨能力，而不是死记硬背准则的规定，林钢教授在第 12 版录制了 50 多个音频答疑，涉及概念辨析、金融资产、现金折扣、视同销售、应收票据、合同资产与合同负债、固定资产、无形资产、投资性房地产、企业合并、所得税等专题，受到广大师生的热烈好评。第 13 版和第 14 版根据大家反馈的意见和建议做了进一步补充和完善。

（2）新增双题库。题库除题干和答案外，还配有详细的解析、知识点和难易程度。

1）主教材题库。主教材以节为单位新增题库“即测即评”，主要包括判断题、单选题和多选题。

2）学习指导书题库。学习指导书以章为单位新建题库，除在纸质版书上做题外，还赠送扫码做题的方式，可查看详细的解析。

双题库一方面便于学生在课后随时随地扫码做题，提交后可查看分数和详细的解析。另一方面便于教师在线布置作业，或按照教学进度生成试卷进行单元测、期中测或期末测等；教师无须打印试卷、无须判卷，系统自动打分；教师可随时查看班级作业完成情况，方便做好过程考核。

(3) 进一步提升教材的“可视化”。会计是理论与实践并重的学科。如何将课堂教学语言与实务进行对接，一直是我们想要解决的问题。为此，第13版选取了主要章节的部分例题，通过二维码链接，为读者呈现了经济业务在实际工作中的原始凭证和记账凭证，实现教材“可视化”。“可视化”教材可以让没有实际工作经验的学生很好地将经济业务的文字描述与实务工作中的业务单据相结合，有效解决传统教学与实践相脱节的老大难问题。第14版进一步增加了“可视化”的内容。

(4) 电子教材、PPT、教学大纲、知识点。

凡购买正版图书的读者，均可通过微信扫描封面折口上贴的二维码卡片，注册后即可免费使用上述资源，使用方法见“新形态立体化数字资源使用说明”。

本次修订由中国人民大学戴德明教授、林钢教授和赵西卜教授担任主编，各章的修订分工为：第1、10、13、14、15章和前言由戴德明执笔；第2、3、4章由赵西卜执笔，第5、6、7、8、9、11、12章由林钢执笔。

由于编者的水平有限，本教材难免存在不足之处，恭请广大师生及其他读者给予批评指正。

在本次修订过程中，博士研究生尤希琦同学，以及中国人民大学出版社陈永凤、陈倩等编辑付出了辛勤的劳动，为保证本教材的质量做出了贡献。谨向她们表示衷心的感谢！

编者

新形态立体化数字资源使用说明

本书是纸质教材和数字资源一体化设计的新形态教材，配备了丰富的立体化数字资源，主要包括与纸质教材同步的**电子教材、双题库（主教材题库＋学习指导书题库）、PPT、教学大纲、名师音频答疑、可视化凭证**等。针对不同用户、不同教学应用场景提供不同的使用入口。

1. 书中二维码资源免费获取和使用方式

（1）注册：微信扫描前折口上贴片的第一个二维码→输入手机号（微信绑定）→点击“确定”(已绑定用户直接进入下一步)。

（2）点击左侧**“学习中心”**模块→点击“确定”。

（3）随时随地扫描教材中的二维码，即可免费学习。

2. 数字教材平台资源获取方式

微信扫描前折口上贴片的第一个二维码→点击右侧**“数字教材平台”**模块→点击“确定”。

（1）学生：设置密码→完善个人信息→添加公开课程（可下拉选择)/添加新的私有课程。

（2）教师：设置密码→完善个人信息→添加课程（可下拉选择）→新建课程。

激活后也可在电脑端使用注册手机号登录人大芸窗官网（www. rdyc. cn)，教师可在平台上激活课程、创建班级。

3. 教师利用双题库进行随堂测、期中期末组卷并导出

输入网址（tk. rdyc. cn）→登录（手机号＋验证码）→组卷（自动/手动）

题库使用教程

人大芸窗数字教材平台咨询（工作日 9:00—17:00)：

电话：010－62515969　　010－62511532

QQ：3382421809　　2292205778

目 录

二维码目录

第 1 章　总　论

学习目标

1. 掌握：财务会计的性质和财务报告的目标；财务会计的基本前提、基本要素、会计信息的质量要求。
2. 理解：会计计量的属性。
3. 了解：企业会计准则产生与发展的基本背景。

1.1 企业财务会计的性质

1.1 即测即评

现代企业会计可以划分为**财务会计**（financial accounting）与**管理会计**（management accounting）两大分支。管理会计的产生与发展还是近几十年的事情。在管理会计产生之前，企业会计的全部就是我们现在所说的财务会计。也就是说，财务会计就是传统的企业会计。企业会计从其产生起，就是为企业管理服务的，是为了实现企业的经营管理目标服务的。企业会计是企业管理的一项重要职能。

现代企业的规模日趋扩展，企业组织形式呈现多样化。特别是股份公司的产生与发展对企业会计产生了巨大影响。经营权与所有权的分离是现代公司的基本特征，在两权分离的情况下，公司股东有权了解公司的财务状况、经营成果和现金流量情况，而公司管理层有义务向股东报告其履行受托责任的情况。于是，对外提供**财务报告**（financial report）成为公司财务会计的一项职能。可见，对外提供财务报告是企业会计发展到一定阶段的产物，是企业财务会计的衍生职能。现代企业财务会计的目标可以分为两个方面：主要目标是服务于企业内部管理，次要目标是对外提供财务报告。

由于企业财务会计发挥作用的主要形式是为企业管理和企业外部使用者提供有用的**会计信息**（accounting information），因此，要做好财务会计工作，实现财务会计的目标，就需要明确企业会计为谁提供和怎样提供信息的问题。为此，首先应明确有关方面对企业会计信息的需求。本书讨论财务会计，如无特别说明，下文所说的会计信息均指财务会计信息。

1.1.1 对企业会计信息的需求

对企业会计信息的需求，来自企业内部与外部两个方面。

1. 企业内部管理对会计信息的需要

企业要实现经营目标，就必须对经营过程中所遇到的重大问题进行正确的决策。企业决策的正确与否，关系到企业的兴衰成败。而正确的企业决策必须以客观的、有用的数据和资料为依据，会计信息在企业决策中起着极其重要的作用。企业会计要采用一定的程序和方法，将大量的经济数据转化为有用的会计信息，为企业管理决策提供依据。

2. 企业外部对会计信息的需要

企业的会计信息不仅为内部管理所需要，还为外部有关决策者所需要。因为企业不是孤立存在的，它必然要与外界发生各种各样的联系，进行信息交流。例如，企业的投资者、债权人、政府管理部门等，需要利用会计信息进行有关的经济决策。

具体来说，在市场经济条件下，至少有以下五个方面的关系人需要利用会计信息进行决策：

（1）企业的所有者。在经营权与所有权相分离的情况下，企业所有者需要利用会计信息进行重要决策，例如：

1）是否应该对企业投入更多的资金。

2）是否应该转让在企业中的投资（如出售股份）。

3）企业管理层是否实现了企业目标。

4）企业的经营成果如何。

5）企业的利润分配政策（如股利政策）如何。

对于潜在的投资者来说，主要依赖会计信息作出是否参加企业投资的决策，如决定是否购买某家公司的股票。

（2）企业的债权人。贷给企业资金者，即成为企业的债权人。债权人主要关心企业是否能够按期还本付息，即了解企业的偿债能力，以便作出有关决策。具体而言，债权人需要的信息是：

1）企业的财力是否充裕，是否足以偿还其债务。

2）企业的获利情况如何。

3）是否应该贷给企业更多的资金。

4）是否应该继续保持对企业的债权（如是否转让公司的债券）。

对于潜在的债权人来说，需要依靠会计信息作出是否贷给企业资金的决策。

（3）政府部门。有关政府部门（如税务机关），要通过会计信息了解企业承担义务的情况。例如：

1）企业缴纳所得税和其他税金的情况。

2）企业是否遵守有关的法律规定。

3）企业向各级政府的法定机构提供的各种报告是否正确。

对国有企业来说，企业还有义务向有关政府管理部门提供宏观调控所需要的会计信息。

（4）职工与工会。企业的职工与工会主要关心下列问题：

1）企业是否按正确的方向开展经营，为其职工提供稳定持久的工作岗位。

2）企业的福利待遇有何变动。

3）企业的获利情况如何；利润增加时，企业是否能支付较高的工资与奖金。

（5）企业的顾客。企业的顾客虽然不参与企业资源的配置，但在许多方面与企业存在利益关系。顾客主要关心下列问题：

1）企业的财力是否充裕，是否足以保证长期供应顾客所需要的商品。

2）是否应该从该企业购买更多的商品。

3）企业的经营行为和政策是否与顾客的目的相矛盾。

以上分析表明，企业内部管理和企业外部有关方面都需要利用会计信息进行经济决策。在明确了对会计信息的需求之后，还要进一步分析企业会计能够提供和实际提供了什么会计信息，并按照企业会计实际提供信息的对象与种类，对企业会计进行适当分类。

1.1.2 企业财务会计的特点

如前所述，现代企业会计可以分为财务会计与管理会计两个分支。财务会计是运用填制与审核凭证、登记账簿、计算成本和编制报表等专门方法，着重对企业已经发生的交易和其他经济事项进行反映和控制的一种管理活动。

本书着重说明企业财务会计的基本理论与方法。与管理会计相比，企业财务会计的主要特点是：

（1）从直接的服务对象来看，财务会计除了直接服务于企业内部管理之外，还要以财务报告的形式为企业外部有关方面提供会计信息。

（2）从提供信息的时态来看，财务会计主要提供有关企业过去和现在的经济活动情况及其结果的会计信息。

（3）从提供信息的跨度来看，财务会计主要定期反映企业作为一个整体的财务状况、经营成果以及现金流量情况。

（4）从工作程序的约束依据来看，财务会计要受外在统一的会计规范（如会计准则）的约束。

（5）从会计程序与方法来看，财务会计有一套比较科学、统一、定型的会计处理程序与方法，如填制凭证、登记账簿、编制报表等。

本《财务会计学》也可以称为（或相当于）《中级财务会计学》。在中国人民大学会计系列教材中，《基础会计（原初级会计学）》重点介绍会计处理的基本程序，本教材则重点介绍财务会计特别是财务报表要素的各组成内容的基本确认原则、计量方法和具体账务处理以及财务报表的编制方法，即重点以工商企业的一般性业务的会计处理为例，说明或阐述企业财务会计的确认、计量、记录和报告的基本理论与基本方法（基本原理）；《高级会计学》则阐述财务会计领域的专题。

1.1.3 经济环境对财务会计的影响

根据前面的分析，服务于企业内部管理是包括财务会计在内的企业会计的根本目的。对外提供会计信息是现代企业财务会计的衍生职能。企业财务会计对外提供信息的数量与质量，取决于外界的需要、企业提供会计信息的能力以及企业是否愿意提供或必须提供。首先，企业外部对会计信息的需要是重要的决定因素，外界不需要的信息，企业便没有必要也不会提供。其次，外界所需要的信息，企业会计不一定都有能力提供。最后，外界需要而且企业有能力提供的会计信息，不一定都是企业愿意或必须提供的信息。

企业以财务报告的形式对外提供会计信息。外界对会计信息的需要、企业提供会计信息的能力以及企业的意愿或外界的约束，这三项因素决定了企业财务报告的目标。而影响与制约财务报告目标的各项因素本身是变化的，因此企业财务报告的目标也会随之发生变化。决定财务报告目标的各项因素受社会、政治、经济、法律和文化等环境因素的影响，而其中经济因素的影响最为明显。一定时期的财务报告目标和会计实践是与特定的经济环境相适应的。

经济环境对于决定财务报告目标的三个因素均有重要影响。

1. 经济环境影响会计信息的需求

国家的经济发展状况、经济管理体制以及企业的规模与组织形式等，都会影响会计信息的需求。下面以企业规模与组织形式为例来说明这种影响。

许多企业是以家庭式的小型企业开始其经营生涯的，这种企业的所有者常常就是管理者。他们非常熟悉企业的日常业务活动，对决策所需信息的要求也比较明确。企业财务会计报告所包括的正式信息，常常只是证实而不是增加他们对企业经营情况的了解，或者只是对他们平常所掌握信息的综合与概括。此外，这种企业的外部利害关系人相对来说比较少，一般只限于贷款人、供应商和税务机关等，而且这些利害关系人中的大多数常常与企业保持着比较密切的关系，因此比较熟悉企业的经营情况。在这种情况下，这些外部利害关系人对企业会计信息的需求，如同企业所有者兼管理者一样，其主要目的在于验证对企业了解的正确性。

随着企业规模的不断扩大和业务量的逐渐增加，企业所有者和外部利害关系人逐渐脱离了企业的经营活动，常常聘请适当的人来负责过去由他们亲自从事的管理工作，企业的所有权与经营权分离，产生了公司这种企业组织形式。公司的股东作为所有者极少涉足企业的经营活动，对企业经营活动的详细了解自然就会减少，只能越来越多地依靠专业管理人员。特别是那些股票公开上市的大公司，大多数股东与公司的日常管理完全分离，对企业经营活动的了解更为有限，也就更多地依赖管理部门提供的信息，如企业年度财务会计报告（也称财务报告）中的会计信息。这种公司的其他外部利害关系人，由于远离企业的经营活动，也只能通过公司的财务会计报告获得有关信息。可见，随着家庭式的小型企业发展为大型的股份公司，有关方面对会计信息的需求也逐渐发生变化。

分析表明，企业的规模大小、组织形式与会计信息的需求之间存在紧密联系。企业规模越大，采用经营权与所有权相分离的组织形式的可能性也越大，企业所有者、其他与企业有利害关系的人与企业的经营活动相脱离的可能性也越大，对企业会计信息的依赖程度也就越大。因此，为了帮助与企业有利害关系的各方了解企业的财务状况、经营成果及现金流量情况，有必要定期提供企业的财务会计报告。这些财务会计报告使用者利用会计信息的根本目的在于提高决策质量，因此要确保财务会计报告信息的可靠性与可信性。

由于财务会计报告的使用者一般不会亲自处理会计信息，对企业经营情况了解甚少，无法证实财务会计报告信息的可靠程度。而企业管理者既要对经济资源的使用效果负责，又要提供反映企业经济资源使用效果的信息，难以确保会计信息的客观性。因此，为了保证会计信息质量，保护财务会计报告使用者的利益，需要建立一套财务会计报告的规范要求，以约束企业的会计确认、计量与报告，会计准则便应运而生。可见，经济环境不仅影响企业会计信息的内容与数量，而且影响所需信息的质量。

2. 经济环境影响会计程序与方法

经济环境不仅影响有关方面对企业会计信息的需求，而且影响企业会计提供信息的能力。这主要表现在企业会计的程序与方法随着经济的发展而发展。

在经济不发达、生产力水平低下时期，企业的经济业务简单，有关方面对会计信息的要求也不高，因此，企业会计只需采用简单的会计程序与方法就能满足会计信息使用者的需要。随着经济的发展，经济活动越来越复杂，要求企业会计采用新的方法提供更为有用的信息。例如，产业革命促进了折旧会计的产生以及成本会计的发展。在产业革命之前，固定资产的投资与工资、原材料费用相比是微不足道的，因此，固定资产的成本是否以折旧的方式分摊到各个受益的会计期间对于盈亏的确定没有多大影响。产业革命之后，固定资产投资迅速增长，为了正确计算盈亏，就要求将固定资产的成本合理地分摊到各个受益期间，关于固定资产折旧的会计处理程序与方法便应运而生。

就财务会计报告的方法来说，现金流量表显然是由于企业经营环境复杂化，投资与筹资活动多元化，有关方面为了进行正确的经营决策需要了解企业的现金流动情况而产生的。

此外，会计工作的手段也是随着生产力的发展而变化的。例如，从手工记账发展到运用电子计算机进行会计处理，便体现了经济环境对会计程序与方法的巨大影响。

3. 经济环境影响企业提供会计信息的意愿

经济环境不但影响企业会计信息的需求和企业提供会计信息的能力，而且影响企业提供会计信息的意愿。例如，在我国过去高度集中的计划经济体制下，企业对外提供会计报表主要是例行公事、完成任务，基本上是一种消极被动的行为。而在经济体制改革之后，企业的自主经营权扩大，筹资渠道多元化，企业为了自身的经济利益（如为了筹集所需资金），往往更愿意对外提供有关会计信息。

就企业对外财务会计报告来说，所提供的信息关系到财务会计报告使用者对企业的评价，而且往往涉及企业及其利益相关者的利益、决策等，因此需要有统一的规范。当前，国际上通用的规范是企业会计准则或财务报告准则。按照我国《企业会计准则——基本准则》的规定，在目前的经济环境下，企业财务会计报告的目标是：向财务会计报告使用者提供与企业财务状况、经营成果和现金流量等有关的会计信息，反映企业管理层受托责任履行情况，有助于财务会计报告使用者作出经济决策。财务会计报告使用者包括投资者、债权人、政府及其有关部门和社会公众等。

需要指出的是，以上只是着重说明了经济环境对会计目标的影响。实际上，企业财务会计在实现其目标的过程中，会通过它所提供的会计信息反过来影响经济环境。

1.2 企业会计准则

1.2 即测即评

如前所述，现代企业财务会计的目标可以概括为两个方面：服务于企业内部管理和对外提供财务报告。从外部使用者的角度看，通过定期编制与对外提供财务会计报告，帮助有关方面进行正确的经济决策。然而，仅有企业财务会计对外提供财务会计报告这种形式，没有充分的质量保证，也不能发挥其应有的作用。因此，为了保证对外提供会计信息的质量，需要建立一套财务会计规范体系，也就是会计标准，明确规定会计信息的质量要求。具体来说，会计标准是会计人员从事会计工作（主要是从事确认、计量、记录、报告工作）必须遵循的基本原则，是会计行为的规范化要求，其表现形式主要有**会计准则**（accounting standards）与会计制度两种，本节着重讨论企业会计准则。

1.2.1 西方国家会计准则产生的社会经济背景

会计准则不是人们主观意志的产物，而是社会生产发展到一定阶段的必然结果，体现了社会生产对会计的客观要求。会计准则最早出现于西方资本主义国家，美国的公认会计原则具有代表性，下面以美国为例，说明西方国家会计准则的产生与发展过程。

在美国，19世纪下半叶资本主义经济得到迅速发展，企业规模日益扩大，股份公司这种企业组织形式逐步发展起来；20世纪初，股份公司成为资本主义企业的典型形式，企业的所有权与经营权分离，形成股东、债权人、政府税务机关、企业管理当局等各种与企业有利害关系的利益集团。它们为了维护各自的利益，要求企业定期提供真实可靠的会计报表，正确反映企业的财务状况与经营成果，以便作出正确的经济决策。同时，企业为获取有保障的资金来源，必须不断提高会计报表质量，以满足投资者与债权人的决策需要。总之，社会经济的发展客观上提出了会计信息（会计报表）社会化、标准化的要求。

1909年，美国公共会计师协会（AAPA）（美国注册会计师协会（AICPA）的前身）任命了一个会计名词特别委员会，准备进行会计实务的规范化。1917年，美国联邦储备理事会和联邦贸易委员会一致决定，对企业向银行申请贷款而编制的资产负债表进行标准化，并委托当时的美国会计师协会（AIA）提供一份关于统一与标准会计程序的备忘录，在经过评审之后，于1917年4月作为联邦储备公报正式发表。这是美国统一规范会计处理方法程序的早期尝试。

20世纪20年代末30年代初的经济危机，客观上起到了推动会计准则制定进程的作用。这次经济危机之后，美国公众对会计报表缺乏信任，纷纷指责会计实务处理的随意性，这种状况严重破坏了金融市场，妨碍了资本市场的形成，迫切需要加强会计实务的规范化，提高会计信息质量。1933年和1934年，美国国会先后通过了《证券法》和《证券交易法》，规定所有上市企业都必须执行统一的会计程序与方法，并授权证券交易委员会（SEC）负责制定统一的会计准则。

1934年，美国会计师协会批准了六条会计原则为"认可的会计原则"，并以《公司会计资料的审计》为名，以小册子的形式发表。尽管证券交易委员会是美国国会授权负责制定统一会计准则的机构，但该委员会于1937年发布了第1号《会计处理文集》之后，很快将制定会计准则的权限转授予美国会计师协会这一职业团体。

美国会计师协会于1938年成立了会计程序委员会（CAP），负责制定会计准则，成为美国公认会计原则正式形成的起点。

1.2.2 我国的企业会计准则

我国财务会计工作者应遵守哪些法律法规？

我国的企业会计标准自20世纪50年代起直至90年代初，一直采用企业会计制度的形式。自1988年起开始研究起草企业会计准则。1992年11月经国务院批准，正式发布《企业会计准则》（称为基本会计准则）。这是我国会计改革的一项重要措施，标志着我国企业会计工作进入了一个新的发展时期。

我国的企业会计准则分为基本会计准则与具体会计准则两个层次。1992年发布的《企业会计准则》属于基本会计准则，主要就企业财务会计的一般要求和主要方面作出原则性的规定，为制定具体会计准则和会计制度提供依据。它包括四个部分：会计核算的基本前提、会计核算的一般原则、会计要素准则、会计报表的基本内容与要求。

基本会计准则颁布之后，具体会计准则的制定提上议事日程。1997年上半年正式发布了一项具体会计准则：《企业会计准则——关联方关系及其交易的披露》。截至2001年年底，共发布了16项具体会计准则。2006年2月15日财政部在对原基本会计准则作重大修订的基础上，发布了《企业会计准则——基本准则》和38项具体会计准则，标志着我国已基本建立起既适合中国国情又与国际会计准则趋同的能够独立实施的企业会计准则体系。2014年上半年又先后发布了《企业会计准则第39号——公允价值计量》《企业会计准则第40号——合营安排》《企业会计准则第41号——在其他主体中权益的披露》，并对部分会计准则进行了修订。

2017年3月财政部发布修订后的《企业会计准则第22号——金融工具确认和计量》《企业会计准则第23号——金融资产转移》《企业会计准则第24号——套期会计》，2017年5月又发布了修订后的《企业会计准则第37号——金融工具列报》。

2017年4月财政部发布了一项新的企业会计准则，即《企业会计准则第42号——持有待售的非流动资产、处置组和终止经营》。

2017年5月财政部发布了修订后的《企业会计准则第16号——政府补助》。

2017年7月财政部发布了修订后的《企业会计准则第14号——收入》，执行该准则的企业，不再执行财政部于2006年2月15日印发的《企业会计准则第14号——收入》和《企业会计准则第15号——建造合同》，以及财政部于2006年10月30日印发的《〈企业会计准则第14号——收入〉应用指南》。

2018年12月财政部发布了修订后的《企业会计准则第21号——租赁》。

2019年5月财政部发布了修订后的《企业会计准则第7号——非货币性资产交换》《企业会计准则第12号——债务重组》。

2020年12月财政部发布了修订后的《企业会计准则第25号——保险合同》。

我国的具体会计准则如表1-1所示。

表1-1 我国的具体会计准则

序号	名称	序号	名称	序号	名称
1	存货	16	政府补助	30	财务报表列报
2	长期股权投资	17	借款费用	31	现金流量表
3	投资性房地产	18	所得税	32	中期财务报告
4	固定资产	19	外币折算	33	合并财务报表
5	生物资产	20	企业合并	34	每股收益
6	无形资产	21	租赁	35	分部报告
7	非货币性资产交换	22	金融工具确认和计量	36	关联方披露
8	资产减值	23	金融资产转移	37	金融工具列报
9	职工薪酬	24	套期会计	38	首次执行企业会计准则
10	企业年金基金	25	保险合同	39	公允价值计量
11	股份支付	26	再保险合同	40	合营安排
12	债务重组	27	石油天然气开采	41	在其他主体中权益的披露
13	或有事项	28	会计政策、会计估计变更和差错更正	42	持有待售的非流动资产、处置组和终止经营
14	收入				
15	建造合同	29	资产负债表日后事项		

1.2.3 关于会计准则国际趋同的回顾与展望

习近平总书记在哲学社会科学工作座谈会上的讲话指出："我们既要立足本国实际，又要开门搞研究。对人类创造的有益的理论观点和学术成果，我们应该吸收借鉴，但不能把一种理论观点和学术成果当成'唯一准则'，不能企图用一种模式来改造整个世界，否则就容易滑入机械论的泥坑。一些理论观点和学术成果可以用来说明一些国家和民族的发展历程，在一定地域和历史文化中具有合理性，但如果硬要把它们套在各国各民族头上，用它们来对人类生活进行格式化，并以此为裁判，那就是荒谬的了。对国外的理论、概念、话语、方法，要有分析、有鉴别，适用的就拿来用，不适用的就不要生搬硬套。哲学社会科学要有批判精神，这是马克思主义最可贵的精神品质。”①

党的二十大报告提出，要善于通过历史看现实、透过现象看本质，把握好全局和局部、当前和长远、宏观和微观、主要矛盾和次要矛盾、特殊和一般的关系，不断提高战略思维、历史思维、辩证思维、系统思维、创新思维、法治思维、底线思维能力，为前瞻性思考、全局性谋划、整体性推进党和国家各项事业提供科学思想方法。②

我国于2007年1月1日开始实施与国际会计准则理事会（以下简称IASB）的国际会计准则（含国际财务报告准则，下同）实质趋同的企业会计准则体系，时至今日，已是17年有余。企业会计准则体系的国际趋同取得了显著成效，对社会主义市场经济的发展起到了积极作用。但是最近十多年来，国际会计准则暴露出了越来越多的问题，这引起了国际财经界的广泛关注，英国和美国资本市场对国际会计准则的质疑态度尤其值得关注。秉持马克思主义的批判精神，本小节运用历史思维、辩证思维和系统思维，对会计准则国际趋同的进程进行回顾与展望。

1. 回顾过去：国际趋同成效显著

我国会计法治建设的每一个重大措施的出台，都是紧紧围绕着服务于国家经济社会发展的大局展开的，会计准则的国际趋同也不例外。在加入WTO后，由于当时我国的综合国力还不够强，国际影响力还不够大，为了寻求西方发达国家尽早认可我国的市场经济地位，2007年1月1日我国开始实施的企业会计准则体系体现了与IASB颁布的国际会计准则的实质性趋同。

企业会计准则体系实施国际趋同的范围之广、力度之大、程度之高，已得到社会各界的广泛认可。在国际趋同的过程中，我国在关联方关系的认定、同一控制下的企业合并、长期资产减值损失的转回等方面，也坚持了中国立场。到目前为止，企业会计准则体系的国际趋同取得了显著成效，为促进我国经济的国际交往、持续推进我国改革开放做出了重要贡献。

但是IASB制定的国际会计准则，作为国际趋同的“标杆”，不但有先天缺陷，而且在趋同之后暴露出越来越多的问题。当前，世界百年未有之大变局加速演进，新一轮科技革命和产业变革深入发展，国际力量对比深刻调整，我国发展面临新的战略机遇。③ 从发展的眼光来看，IASB的引领能力可能会逐渐减弱。而随着我国综合国力的不断增强、国际影响力的日渐提升，我们应该思考在未来新一轮会计准则国际趋同中，中国是否可能经过长期努力形成引领和传播能力，全面提升国际传

---

① 习近平. 在哲学社会科学工作座谈会上的讲话. 北京：人民出版社，2016：18.

② 习近平. 高举中国特色社会主义伟大旗帜 为全面建设社会主义现代化国家而团结奋斗：在中国共产党第二十次全国代表大会上的报告. 北京：人民出版社，2022：21.

③ 同②26.

播效能，在会计领域形成同我国综合国力和国际地位相匹配的国际话语权。

2. 审视标杆：国际准则渐遭质疑

党的二十大报告提出，“问题是时代的声音，回答并指导解决问题是理论的根本任务……要增强问题意识……不断提出真正解决问题的新理念新思路新办法”。① 运用问题导向的思维方法对国际趋同的标杆进行审视，我们认为，实施趋同的策略是有效的，但是在实施持续趋同之后，国际趋同的“标杆”本身暴露出了越来越多的问题，具体体现在以下几个方面。

（1）国际会计准则日趋复杂。

近年来，IASB颁布的准则日趋复杂化，甚至扭曲化。关于公允价值计量、金融工具会计和合并财务报表并表标准，一直存在极大分歧。

IASB专门公布了公允价值计量准则《国际财务报告准则第13号——公允价值计量》（IFRS 13），这体现了其坚持采用公允价值计量模式的决心。我国2006年引入公允价值计量，此后，公允价值计量方法广泛覆盖到企业合并、非货币性资产交换、债务重组、租赁等重要的经济业务。但公允价值计量模式存在复杂性和不确定性，在公允价值计量模式下，产生了很多未实现的收益。复杂的会计准则反而给管理当局带来了较大的操纵空间。

我国新金融工具准则与《国际财务报告准则第9号——金融工具》（IFRS 9）保持趋同，金融资产由“四分类”变为“三分类”，三分类较之四分类，其可理解性更差。此外，金融资产的减值由“已发生损失模型”变为“预期信用损失模型”。然而“预期信用损失模型”计算复杂，实际操作难度大，即使是专业人士也难以理解，很多学者也对“预期信用损失模型”提出质疑。

合并财务报表并表标准的演变也充分体现了国际会计准则日趋复杂化的特征。我国合并财务报表准则与《国际财务报告准则第10号——合并财务报表》（IFRS 10）保持趋同，引入了“控制”标准。《企业会计准则第33号——合并财务报表》（CAS 33）将“控制”定义为“投资方拥有对被投资方的权力，通过参与被投资方的相关活动而享有可变回报，并且有能力运用对被投资方的权力影响其回报金额”。但是，“控制”仅仅是“预期状态”，而不是“事实状态”，没有法律证据能够证明“控制”存在，在实务中的运用难度非常大。

此外，《国际会计准则第12号——所得税会计》《国际财务报告准则第14号——递延管制账户》《国际财务报告准则第15号——客户合同收入》《国际财务报告准则第16号——租赁》《国际财务报告准则第17号——保险合同》等会计准则都有很多复杂的规定。总的来看，过去十几年新出台的国际会计准则有进一步复杂化的倾向。而《财务报告概念框架（2018）》显示，未来IASB在相关理念、导向等方面将更加激进，没有“回头”的迹象。《国际财务报告准则第15号——客户合同收入》正确地提出了基于权利、义务来界定收入的基本理念，但这一理念尚未在概念框架以及具体准则中得到广泛应用。针对这一动态，我国企业会计准则体系

① 习近平. 高举中国特色社会主义伟大旗帜 为全面建设社会主义现代化国家而团结奋斗：在中国共产党第二十次全国代表大会上的报告. 北京：人民出版社，2022：20.

的国际趋同应该深思熟虑，充分评估国际会计准则的复杂化所带来的挑战。

（2）IASB的基本理念：用户导向。

IASB制定会计准则的基本理念是“用户导向”，即财务报告应满足使用者的决策需求。“用户导向”无疑体现了“政治正确”。但是，要想将“用户导向”这一基本理念落地，就应该充分考虑财务报告提供者和使用者之间特殊的供需关系。

首先，财务报告具有通用性特征，即财务报告并非针对特定的使用者。《财务报告概念框架（2018）》第一章是“通用目的财务报告的目标”，也印证了财务报告的通用性特征。但财务报告的通用性特征意味着针对性较差，不能满足财务报告特定使用者的所有信息需求，使用者往往需要根据自身需求作出适当的调整。例如，当投资者将财务报告信息用于买卖股票的决策时，往往需要结合其他信息，而不是孤立地使用会计信息进行决策。考虑到财务报告的通用性特征，如果希望财务报告很好地体现特定用户的信息需求，就必然导致会计准则出现先天不足。

其次，财务报告具有定期性特征。通用财务报告是按照预定的时间定期披露的，披露的内容是过去一段时间内财务报告主体的盈利情况、资产变动情况。财务报告的定期性特征意味着无法再用及时性来苛求它。如果要求财务报告提供的信息满足高频率的决策需求，例如投资者、债权人买卖权益工具、债务工具的决策需求，这必然会与财务报告的定期性产生冲突。

再次，财务报告具有无偿性特征，即财务报告使用者可以免费使用财务报告，这必然导致使用者对财务报告的需求膨胀。管理层作为财务报告提供者，他们的利益与财务报告结果息息相关，但又无法从财务报告使用者手中直接获取收益；因此，管理层很难有动机竭尽全力地满足财务报告使用者的需求。

最后，财务报告具有非独立性特征。管理层当局是财务报告的提供者，但同时他们的经济利益又与财务报告的结果直接相关，因此管理层必然具有操纵财务报表数据的强烈动机。在这种情况下，财务报告提供的信息很可能是为自身牟取私利，而不是满足财务报告使用者的信息需求。

综上，通用性、定期性、无偿性和非独立性特征意味着财务报告可以定期地、无偿地向使用者提供通用信息，但财务报告不能满足特定使用者的特殊信息需求，并且使用者在使用时应考虑管理层操纵报表的动机对财务报告信息的影响。IASB提倡的“用户导向”理念并不必然与财务报告的特征产生冲突，关键在于如何确定财务报告的主要使用者以及他们的信息需求？确定主要使用者和他们的信息需求时是否考虑了财务报告的基本特征？

（3）IASB的用户定位：通用性＋倾向性。

习近平总书记指出：“坚持以马克思主义为指导，核心要解决好为什么人的问题。为什么人的问题是哲学社会科学研究的根本性、原则性问题。我国哲学社会科学为谁著书、为谁立说，是为少数人服务还是为绝大多数人服务，是必须搞清楚的问题。”① 这也是我们在理解IASB的用户定位时需要重点反思的问题。

国际会计准则对财务报告使用者的定位体现了“通用性＋倾向性”的特征。“通

① 习近平. 在哲学社会科学工作座谈会上的讲话. 北京：人民出版社，2016：12.

用性+倾向性”的定位是在通用性前提下体现重点突出（或主要关注）。这一定位方式本身没有问题，通用财务报告的“通用性”和强调“主要使用者”并不冲突，关键在于如何定义“主要使用者”。什么样的使用者是主要使用者？《财务报告概念框架（2018）》提供的主要使用者包括的对象是否全面？是否漏掉了其他重要的使用者？

《财务报告概念框架（2018）》认为财务报告的主要使用者是“大多数现实和潜在投资者、贷款人和其他债权人，因为他们无法要求报告主体直接提供信息，其所需要的大部分财务信息必须依赖通用目的财务报告。因此，他们是通用目的财务报告的主要使用者”。

当前，IASB界定的财务报告主要使用者看似合理，但运用在中国实践中存在争议。一方面，IASB界定的“主要使用者”并不包括税务机关等会计信息的“忠诚用户”。税务机关在进行所得税征管时，需要在税前会计利润的基础上进行调整，从而确定应纳税所得额，以此为依据进行税收征管，其调整的大小必然与税会差异有很大关系。税务机关对会计信息是高度依赖的，可以认为税务机关对会计信息始终“不离不弃”。但是FASB和IASB却以“会计准则与税收法规的目标不同”为由，努力推动会计准则与税收法规“脱钩”，不将税务机关纳入主要使用者范畴，其理由看似充分，但可能存在过分强调目标差异的问题。另一方面，IASB将“潜在投资者和债权人”和“现有投资者和债权人”置于同等重要的地位，将“短期投资者和债权人”和“长期投资者和债权人”置于同等重要的地位，也没有区分投资者和投机者对财务报告的信息需求。“潜在投资者和债权人”“短期投资者和债权人”可能仅是投机者，他们更关注股价涨跌，而非公司的真实业绩；投资者在买卖股票、债券时可能更关注分析师报告，而非财务报告，甚至很多投机者并不会基于财务报告进行决策。但IASB却把他们列为主要使用者，这样的界定范围显然不够合理，至少不符合中国企业的实际。

（4）IASB的财务报告目标定位：决策有用。

《财务报告概念框架（2018）》认为通用目的财务报告的目标是提供报告主体的财务信息，这些财务信息应有助于现实和潜在的投资者、债权人作出是否向主体提供资源的决策。此类决策涉及：1）购买、出售或持有权益和债务工具；2）提供或清偿贷款及其他形式的信贷；3）就影响经济资源运用的管理层行为行使投票权或者施加影响。该观点即为“决策有用观”。

根据IASB确定的财务报告主要使用者，即现实和潜在的投资者和债权人，IASB将买卖权益工具或债务工具的决策信息作为财务报告首要提供的信息，将管理层薪酬决策、聘任决策、股利分配决策等相关信息作为财务报告最后需要满足的信息。考虑到财务报告通用性、定期性、无偿性和非独立性的基本特征，这样的安排难以实现。

首先，买卖权益工具、债务工具可能是出于投机目的，也可能是出于长期价值投资目的，二者对信息的需求差异较大。以投机为目的的投资注重短期获利，主要考虑短期内上市公司是否会公布利好信息；但以长期价值投资为目的的投资注重公司长期的盈利情况。财务报告的通用性意味着财务报告无法同时完全满足投机决策和长期价值投资决策的信息需求。其次，买卖权益工具、债务工具是高频率的决策，财务报告的定期性无法满足高频决策的信息需求。最后，无偿性和非独立性意味着管理层没有动机满足投资者、债权人的所有信息需求。投资者、债权人在作出买卖权益工具、债权工具决策时，通常希望获取上市公司的全部信息，包括好消息和坏消息，以便准确地评价上市公司的公司价值，但如果寄希望于财务报告能真实、公允地披露评估公司价值的所有信息，显然也是不可能的。

总体而言，财务报告的根本特征致使其无法满足现有和潜在的投资者、债权人买卖权益工具、债权工具决策的所有信息需求。投资者和债权人在进行买卖股票、债权决策时，可能更多地依靠行业信息、政策信息，更多地依赖分析师调研报告，而非财务报告。IASB将财务报告的目标定义为决策有用，并将投资者、债权人买卖权益工具、债权工具作为首要的决策信息需求，是失之偏颇的。

（5）重新思考财务报告的目标定位。

IASB以决策有用定位财务报告的目标无可厚非，但IASB在确定财务报告的主要使用者和主要使用者的决策信息需求时忽视了财务报告通用性、定期性、无偿性和非独立性的基本特征，并且仅考虑了资本市场的使用者，忽视了资本市场之外的其他重要使用者。

对主要使用者及其决策的信息需求可以考虑如下三个方面：

一是决策者是否使用通用财务报告的确定程度。确定会使用通用财务报告的决策包括经理层的聘任决策、薪酬决策、股利分配决策以及税务机关的征税决策。比较确定会使用通用财务报告的决策是信贷相关决策。很不确定会使用通用财务报告的决策是投资相关决策。当前，IASB等准则制定机构过度关注“可能的使用者”的信息需求，却忽视了“确定的使用者”的信息需求。因此，将“确定的使用者”作为通用财务报告的主要使用者更加符合商业常识。

二是决策的频率。定期性决策包括管理层薪酬、管理层聘任，日常性决策包括投资者买卖股票等。通用财务报告的“定期性”特征决定了它与定期性决策可以实现较好的匹配，但与日常性决策难以匹配。因此，通用财务报告的主要使用者应该是进行定期决策的使用者，而不是进行日常决策的使用者。

三是决策所关乎的利益的性质。决策所关乎利益的性质可区分为关乎全社会的公共利益（社会公益），关乎一个团体的共同利益（集体利益），关乎一个人的利益（个人利益）。以社会公益、集体利益、个人利益进行排序显然符合中国的社会常识。在界定财务报告的主要使用者时，IASB为了满足证券行业的利益，自然首先关注个人利益，即投资者、债权人个人的决策需求，最后才关注税务机关等社会公众利益。但IASB做出的利益排序与中国的社会常识存在极大的差异。党的二十大报告提出，“构建高水平社会主义市场经济体制……推动国有资本和国有企业做强做优做大……优化税制结构”①，体现出党和国家对于加强国有资产管理和税制优化的重视。国资委出于监督国有资产升值保值的需求，税务机关出于税收监管的目的，都是会计信息的重要使用者，且国资委、税务机关更

① 习近平.高举中国特色社会主义伟大旗帜 为全面建设社会主义现代化国家而团结奋斗：在中国共产党第二十次全国代表大会上的报告.北京：人民出版社，2022：29.

强调会计信息的真实、可靠和完整。以税制优化为例，要健全以所得税和财产税为主体的直接税体系，适当提高直接税比重，强化税制的累进性。企业所得税作为一种典型的直接税，其税收征管就与会计提供收入、费用、利润等信息高度相关。但IASB为了维护证券行业利益忽视了国民经济管理对会计信息的需求。为了达到证券估值的目的，IASB在财务报告中采用公允价值计量、信用减值模型等金融分析方法，利润表中包含大量“查无实据”的记录，这导致利润数据必须经过大量调整后才能用于纳税申报和利润分配，这无疑增加了国资委的考核成本和税务机关的征税成本，也增加了企业自身的运营成本。当前IASB界定的主要使用者及其信息需求并不符合中国国情。在界定通用财务报告的主要使用者及其信息需求时，应首先考虑社会公益。具体而言，应将税务机关等政府机关纳入主要使用者的范围，并且在确定主要使用者的决策信息需求时，应考虑该信息需求是否会增加所有企业的运营成本。

3. 展望未来：中国能否引领新一轮会计准则的国际趋同

IASB的国际准则已经形成了较强的应用生态，在未来相当长时期内仍将具有较大的影响力。但从长远来看，由于其缺陷逐渐暴露，且其缺陷带来的后果日趋严重，难以继续长期作为会计准则国际趋同的“标杆”。

中国的综合实力与整体国际影响力逐步提升，习近平总书记于2015年在博鳌亚洲论坛提出的“推动建设人类命运共同体”的理念已得到越来越广泛的认同。中国特色社会主义制度的优越性，有助于我国会计准则制定机构从社会公共利益的视角出发，协调处理会计规则与其他规则之间的关系，总结和提炼出一套真正具有全球普适性的会计规则。中国在国际会计准则的制定过程中，形成较强的引领能力需要较长的时间，不可能一蹴而就。未来是否可能出现新一轮会计准则国际趋同，中国经过长期的努力能否形成较强的引领能力，这需要国内学术界和实务界共同努力。

1.3 财务会计的基本前提

1.3 即测即评

财务会计的基本前提，也称为财务会计的基本假设，它是指组织和开展财务会计工作必须具备的前提条件，或者说必须首先明确和解决的基本问题。不具备这些条件，不明确和解决这些基本问题，就不能有效地开展财务会计工作。财务会计的基本前提也是财务会计的理论基础，离开这些前提条件，就不能构建财务会计的理论体系。财务会计的基本前提是从会计实践中抽象出来的，其最终目的是保证会计信息的有用性。

财务会计的基本前提应包括哪些内容，人们在认识上还不完全一致，尚无定论。本教材根据我国《企业会计准则——基本准则》总则部分的规定，将其概括为会计主体、持续经营、会计期间、货币计量与权责发生制五项。

1.3.1 会计主体

会计主体（accounting entity）是指会计为之服务的特定单位。要开展会计工作，首先应明确认定会计主体，也就是要明确会计人员的立足点（立场），解决为谁记账、算账、报账的问题。简单地说，明确会计主体，就是要明确“记谁的账，编谁的表”；否则，就只能是胡乱记账、盲目编表。

会计人员只为特定的会计主体进行会计工作。每一会计主体不仅与其他会计主体相区别，而且独立于其本身的所有者。也就是说，会计所反映的是一个特定会计主体的经济业务，而不是其他会计主体的经济业务，也不是企业所有者的财务活动。明确会计主体就是要求会计人员明白，他们所从事的会计工作是一个特定主体的会计工作，而不是其他会计主体或企业所有者的会计工作，他们必须站在这个特定会计主体的立场上来开展会计工作。

从理论上说，会计主体的规模并无统一的标准，可大可小。它可以是一个独立核算的经济实体，一个独立的法律个体；也可以是不进行独立核算的内部单位、班组，一个非法律个体。但是，从财务会计的角度来看，会计主体应是一个独立核算的经济实体，特别是需要单独反映财务状况与经营成果、编制独立的财务会计报告的实体。

会计主体可以分为记账主体和报告主体。一般情况下记账主体与报告主体是一致的，但在将母公司和其子公司组成的企业集团作为报告主体编制合并财务报表的情况下，二者就不一致。这样的企业集团只是一个报告主体，而不是一个独立的记账主体。

本教材在阐述财务报告时，只针对单独报告主体，不涉及合并报告主体的合并财务报表的编制问题。合并财务报表的原理将在《高级会计学》中介绍。

1.3.2 持续经营

在明确认定会计主体之后，接着要准确判断主体状况。具体来讲，要判断企业是否处于持续经营的状况，以便据以确定会计核算的基础。

持续经营（going concern）是指作为会计主体的企业，其经营活动将按照既定的目标持续下去，在可以预见的将来，不会面临破产、进行清算。这是绝大多数企业所处的正常状况，其所有资产将按照预定的目标在正常的经营过程中被耗用或出售，它所承担的债务也将如期偿还。对于处在持续经营状况的企业，在进行会计确认、计量、记录和报告时，要采用非清算基础，要着眼于企业的可持续发展。财务会计的一系列方法都是以会计主体持续经营为前提的。例如，只有在持续经营的前提下，企业的资产才能按历史成本计价，固定资产才可以按其使用年限计提折旧。

对于处在非持续经营状况的企业，则要采用清算基础，着眼于清算资产和清算损益的核算。如果企业不具备持续经营的前提条件，而是已经或即将停止营业、进行清算，则需要处理其全部资产，清理其全部债权债务。在这种情况下，会计处理要采用清算基础。

本教材只针对持续经营企业，采用非清算基础，讨论会计确认、计量、记录和报告问题。

1.3.3 会计期间

对于持续经营的企业来说，既然在可以预见的将来不会面临停业清算，企业就不能等到其经营活动结束时才进行结算和编制财务会计报告。为了定期反映企业的财务状况和经营成果，向有关各方提供信息，需要清楚划分**会计期间**（accounting period），即人为地把持续不断的生产经营活动划分为较短的经营期间。会计期间通常为一年，称为会计年度。世界各国企业的会计年度起讫日期并不统一，例如，有的企业以本年的7月1日至下年的6月30日为一会计年度，有的企业以本年的4月1日至下年的3月31日为一会计年度。

从理论上讲，将会计年度的起讫点定在企业经营活动的淡季（如果有的话）比较适宜，因为在企业经营活动的淡季，各项会计要素的变化较小，便于对会计要素进行计量，特别是便于计算确定本会计年度的盈亏；而且淡季的经济业务较少，会计人员有较为充裕的时间办理年度结算业务，便于及时编制财务会计报告。西方国家许多企业的会计年度结算日就处于营业活动的淡季。然而，将会计年度的起讫日定在营业活动的淡季也有其局限性，这主要表现在淡季资产负债表所反映的年末财务状况往往缺乏代表性，例如，年末所反映的短期偿债能力有可能比年中其他时间的结果要好。

我国《企业会计准则——基本准则》规定，会计期间分为年度和中期。中期是指短于一个完整的会计年度的报告期间，如季度和月份。

本教材在阐述财务报告时，着眼于年度财务报告，不单独讨论中期财务报告问题。中期财务报告的原理将在《高级会计学》中介绍。

1.3.4 货币计量

财务会计主要提供定量的财务信息或会计信息，因此开展会计工作，会计记账或编表时需要恰当选择计量尺度。会计计量尺度的选择涉及三个层次的问题。

第一，在众多计量尺度中选择货币作为主要计量尺度提供会计信息。企业的经济活动多种多样、错综复杂。为了实现会计目的，企业会计必须综合反映企业的各种经济活动，这就要求有一个统一的计量尺度。在商品经济条件下，货币作为一种特殊的商品，最适合充当这种统一的计量尺度。

第二，选择某种具体的货币作为会计本位币。会计本位币是会计记账或编表时作为统一计量尺度的货币。会计本位币以外的货币称为外币。企业在日常经营活动中可能运用多种货币。在这种情况下，必须选择某种货币作为统一计量尺度，否则会计信息的可比性等问题仍然无法解决。在我国，原则上应以人民币作为会计本位币。会计本位币可以分为记账本位币与报告本位币。记账本位币是会计记账时作为统一计量尺度的货币，报告本位币则是会计编表时作为统一计量尺度的货币。一般情况下，记账本位币与报告本位币是一致的，但按照《中华人民共和国会计法》的规定，二者也可能不一致。

在企业的经济业务涉及多种货币的情况下，需要确定一种货币为记账本位币；涉及非记账本位币的业务，需要采用某种汇率折算为记账本位币登记入账。在编制合并财务报表时如果涉及外币财务报表，需要首先将以外币反映的财务报表折算为以报告本位币反映的财务报表，然后进行合并。

第三，要选择会计本位币的具体计量尺度是名义会计本位币还是不变会计本位币。以货币作为统一计量尺度，为会计计量提供了方便，同时也带来了问题。货币作为一种特殊的商品，其价值不是固定不变的。为了简化会计计量，也便于会计信息的使用，在币值变动不大的情况下一般不考虑币值的变动。然而，由于世界性的通货膨胀给经济发展带来很大的影响，对于财务会计报告如何反映通货膨胀的影响这种客观要求有逐渐增长的趋势，因此产生了通货膨胀会计。

本教材在阐述企业基本业务的会计确认、计量、记录和报告问题时，不涉及外币。外币业务与外币报表折算问题将在《高级会计学》中详细讨论。

1.3.5 权责发生制

开展企业财务会计工作，特别是进行会计确认必须正确运用确认基础。会计确认就是解决能否进入会计系统的问题。这里所说的会计系统包括账务系统和报表系统，因此，简单地说，会计确认就是要确定能否入账和能否入表。

现代企业财务会计以**权责发生制**（accrued basis）为确认基础。运用权责发生制是财务会计的一项基本前提。权责发生制也称为应计制，它要求对会计主体在一定期间内发生的各项业务，以是否取得经济权利（是否导致经济利益净流入，最终导致所有者权益增加）、是否承担经济责任（是否导致经济利益净流出，最终导致所有者权益减少）为标准，决定资产、负债、收入（广义）和费用（广义）的确认。权责发生制是会计要素确认的共同基础，但重点是收入（广义）与费用（广义）。对于收入（广义）与费用（广义）的确认而言，权责发生制不以款项是否收到为确认标准。凡符合收入确认标准的本期收入，不论其款项是否收到，均应作为本期收入处理；凡符合费用确认标准的本期费用，不论其款项是否付出，均应作为本期费用处理。反之，凡不符合收入确认标准的款项，即使在本期收到，也不能作为本期收入处理；凡不符合费用确认标准的款项，即使在本期付出，也不能作为本期费用处理。显然，权责发生制所反映的经营成果与现金的收付是不一致的。开展财务会计工作，需要正确运用确认基础。

我国《企业会计准则——基本准则》规定，企业的会计确认、计量和报告应当采用权责发生制。在真实反映企业的财务状况和经营成果方面，权责发生制比收付实现制具有更大的优越性。

总之，要开展财务会计工作，需要明确认定会计主体，准确判断主体状态，清楚划分会计期间，恰当选择计量尺度，正确运用确认基础。

1.4 财务会计的基本要素

1.4 即测即评

为了实现财务报告的目标，在明确财务会计的基本前提之后，还需要对企业发生的能够以货币计量的经济活动内容进行适当分类。对会计所要反映的经济活动内容的基本分类项目，称为财务会计的基本要素，简称会计要素。对于企业会计信息的外部使用者而言，企业财务会计的最终成果是以会计报告（也称财务会计报告、财务报告）的形式向有关方面提供，而编制财务报告的依据是企业的日常会计资料，这就要求企业财务报告（特别是财务报表）所反映的内容及其基本分类应与日常会计处理保持一致。日常会计处理对经济活动内容的分类，应该满足编制财务报告的要求。因此，企业财务会计的基本要素既是会计核算内容的具体分类，同时也是作为财务报告核心内容的财务报表的基本构成要素。

由于企业对外提供的财务报表主要有资产负债表、利润表、现金流量表和所有者权益变动表，因此财务报表的基本要素可以相应分为资产负债表要素、利润表要素、现金流量表要素和所有者权益变动表要素。由于种种原因，国际会计准则与各国会计准则所规定的报表要素，在数量、名称及定义等方面均有所不同。例如，国际会计准则规定，资产负债表要素为资产、负债与权益；收益表要素为收益与费用。我国《企业会计准则——基本准则》规定，资产负债表要素包括资产、负债与所有者权益；利润表要素包括收入、费用与利润。有人认为，现金流量表要素为现金流入与现金流出。但由于现金流量表主要是根据资产负债表与利润表的数据分析填列的，因此，也可以认为现金流量表要素是资产负债表要素与利润表要素的派生或转化形态。我国《企业会计准则——基本准则》没有对现金流量表要素和所有者权益变动表要素作出规定，而是针对资产负债表与利润表规定了资产、负债、所有者权益、收入、费用和利润六项要素。财政部于2009年6月发布的《企业会计准则解释第3号》引入了综合收益概念，可以认为综合收益也是一项重要的财务报表要素。下面逐一讲述六项基本要素。至于综合收益和现金流量的概念则留待财务报表部分作详细介绍。

1.4.1 会计要素核算应解决的主要问题

既然企业会计核算的具体内容可以归结为资产、负债、所有者权益、收入、费用和利润六项会计要素，那么，企业的日常会计核算也就是对各项会计要素的核算。会计要素的核算主要应解决会计确认、会计计量、会计记录与会计报告四个方面的问题。

1. 会计确认

对企业经济活动及其所产生的经济数据进行分析、识别与判断，以明确它们是否对会计要素产生影响以及影响哪些会计要素。这一过程通常称为**会计确认**（accounting recognition）。我们知道，企业在经营过程中会发生各种各样的经济活动，但这些经济活动及其所产生的经济数据并非全部属于会计核算的内容。例如，企业职工的构成与管理人员素质的变化等，显然不能用货币形式进行可靠的计量，因而不属于会计核算的内容。又如，企业与客户签订下年度的销货合同，由于合同所记录的内容尚未实际发生，因而也不属于会计核算的内容。因此，在实际进行会计核算之前，需要对企业所发生的经济活动及其所产生的经济数据进行分析，把非会计核算内容排除在外，而对于影响会计要素的内容，则要进一步明确其性质，即影响什么会计要素。从会计核算的具体方法来看，填制与审核原始凭证属于会计确认，编制记账凭证也包含会计确认的内容。

如前所述，会计确认要以权责发生制为前提。会计确认主要是解决能否进入会计系统的问题，具体来说，主要是解决能否入账和能否入表的问题。此外还包括终止确认，即解决退出会计系统的问题。因而，会计确认可以分为进入会计系统时的确认与退出会计系统时的确认，前者可以进一步分为入账环节的确认与入表环节的确认。换一种表达方式，会计确认可以分为初始确认、后续确认与终止确认。

纳入账务系统的确认（入账环节的确认）要同时考虑管理的要求与对外提供财务报告的要求。企业应当根据会计准则的规定与企业自身的特点及管理要求，进行会计制度设计。入表环节的确认则应当严格遵循会计准则的规定。

本书后续各章的介绍和讨论都力求同时兼顾企业内部管理要求与对外提供财务报告的要求。

2. 会计计量

在明确企业经济活动所影响的会计要素之后，要进一步确定其影响的程度，即确定特定的经济活动对有关会计要素的数量增减变化会产生多大的影响。这一过程通常称为**会计计量**（accounting measurement）。如前所述，会计计量主要是货币计量，因而也可称为货币计价。但企业会计有时也提供一些非货币信息。会计计量与会计确认是紧密联系的。例如，编制记账凭证既是会计确认的过程，同时也是会计计量的过程。

企业在将符合会计要素确认条件的金额登记入账并列报于会计报表（又称财务报表，下同）时，应当针对计量对象的某种计量属性进行计量，确定其金额。我国《企业会计准则——基本准则》规定的会计计量属性主要包括：

（1）**历史成本**（historical cost）。历史成本计量属性适用于资产与负债，换言之，资产和负债都可以按其历史成本进行计量。资产的历史成本是指企业取得资产时所实际付出的代价，即取得资产所支付的现金或者现金等价物的金额，或者取得资产时所付出的对价的公允价值。例如，甲公司在20×3年12月31日有一批库存商品，系 20×3 年 10 月 20 日以 200 万元银行存款购入，则该批商品的历史成本为 200 万元。

对于负债而言，其历史成本（严格来说是历史流入）则是指因承担现时义务而实际收到的款项或者资产的金额，或者承担现时义务的合同金额，或者按照日常活动中为偿还负债预期需要支付的现金或者现金等价物的金额。例如，甲公司在 20×3 年 12 月 31 日有一笔长期借款。该借款系 20×2 年 12 月 31 日借入，期限为 5 年，到期连本带息需要偿还银行 2 000 万元，实际收到款项 1 800 万元，则该笔长期借款的历史成本（历史流入）为 1 800 万元。

（2）**重置成本**（replacement cost）。重置成本计量属性适用于资产与负债，换言之，资产和负债都可以按其重置成本进行计量。资产的重置成本是指企业现在购买相同或者相似资产所需支付的现金或者现金等价物的金额。对于负债而言，其重置成本则是指企业现在重新承接相同的债务所能收到的现金或者现金等价物的金额。

1）库存商品的重置成本。

例 1-1

甲公司 20×3 年 12 月 31 日有一批库存商品，该批商品于 20×3 年 7 月 1 日购入，当时的成本为 300 万元。如果 20×3 年 12 月 31 日重新购入该商品需要花费 350 万元，则该批商品的重置成本为 350 万元。

2）固定资产的重置成本。

例 1-2

甲公司 20×3 年 12 月 31 日有一台设备，该设备于 20×1 年 12 月 31 日购入，当时的成本为 500 万元，预计使用寿命为 10 年，采用直线法计提折旧。20×3 年 12 月 31 日该设备的折余价值为 400 万元。如果 20×3 年 12 月 31 日重新购入一台全新的设备需要花费 600 万元，则该设备的重置成本为：

$$600\times(10-2)\div10=480(\text{万元})$$

3）应付票据的重置成本。负债的重置成本与企业的信用状况有直接关系。现有的负债比率（资产负债率）水平会影响负债的重置成本，问题是在考虑一项负债的重置成本时，计算负债比率是否应当扣除该项负债本身。应付票据贴现的举例可能更清楚、更容易理解。

例 1-3

甲公司 20×3 年 12 月 31 日有一项应付票据，面值为 1 000 万元，该应付票据系 20×2 年 12 月 31 日出具，期限为 3 年，年利率为 6%，当时实际收到银行存款 900 万元，该票据在 20×3 年 12 月 31 日的账面价值为 1 060 万元。假定在该公司现有的信用状况下（没有这项借款的情况下），重新向银行申请面值为 1 000 万元、期限为 3 年的应付票据贴现借款，可以借到款项 850 万元，则该借款在 20×2 年 12 月 31 日的重置成本为 850 万元。

(3) **可变现净值**(net realizable value)。可变现净值计量属性适用于资产,而且通常是对存货而言的。资产的可变现净值是指其正常对外销售所能收到的现金或者现金等价物的金额扣减该资产至完工时估计将要发生的成本、估计的销售费用以及相关税费后的金额。举例请参见3.3节。

(4) **现值**(present value)。现值计量属性适用于资产与负债,换言之,资产和负债都可以按其现值进行计量。资产的现值是指预计从其持续使用和最终处置中所产生的未来净现金流入量的折现金额。负债的现值是指预计期限内需要偿还的未来净现金流出量的折现金额。

现值计量属性的运用有两种情况:第一,合同现金流量的现值,例如,5.1节的债权投资,按实际利率法摊销利息调整金额,则意味着该投资是按合同现金流量的现值计量的。10.3节的应付债券,按实际利率法摊销利息调整金额,则意味着期末应付债券是按合同现金流量的现值计量的。第二,预计未来现金流量的现值。例如,在第7章讨论确定固定资产的减值测试时,可收回金额的确定,所计算的现值是一种预计未来现金流量的现值,而不是合同现金流量的现值。显然。合同现金流量的现值比较可靠,而预计现金流量的现值带有较大的主观性。

(5) **公允价值**(fair value)。公允价值计量属性适用于资产与负债。根据我国《企业会计准则第39号——公允价值计量》的规定,公允价值是计量日转让资产所收到的金额或转移负债所付出的金额。公允价值是一种脱手价格。

按照我国现行会计准则的规定,企业在对资产或负债进行计量时,一般应当采用历史成本,如果需要采用重置成本、可变现净值、现值或公允价值进行计量,应当保证相关金额能够可靠地取得。

3. 会计记录

企业财务会计要将企业经济活动对有关会计要素的影响性质与数量正确地记录下来。这一过程通常称为会计记录。取得原始凭证是会计记录的依据(前提),设置会计科目是会计记录的基础,填制记账凭证是广义的会计记录,登记账簿是典型的会计记录方法。在企业的日常会计核算过程中,会计科目的设置需要着重考虑两个方面:一是满足企业内部管理的要求;二是满足财务报告的要求。

4. 会计报告

对于企业外部使用者来说,企业财务会计的最终成果是会计报告。会计报告是指企业对外提供的反映企业某一特定日期的财务状况和某一会计期间的经营成果、现金流量等会计信息的文件。会计报告包括会计报表及其附注和其他应当在会计报告中披露的相关信息和资料。会计报表至少应当包括资产负债表、利润表、现金流量表和所有者权益变动表。小企业编制的会计报表可以不包括现金流量表。

资产负债表是反映企业在某一特定日期的财务状况的会计报表。

利润表是反映企业在一定会计期间的经营成果的会计报表。

现金流量表是反映企业在一定会计期间的现金和现金等价物流入和流出的会计报表。

所有者权益变动表是反映一定会计期间构成所有者权益的各组成部分当期的增减变动情况的会计报表。

附注是指对在会计报表中列示项目所做的进一步说明，以及对未能在这些报表中列示项目的说明等。

需要指出的是，在实际工作中，会计确认、计量、记录与报告是紧密联系的，而且常常相互交织在一起，很难截然划分为四个过程。下面着重讲述各项会计要素的定义、确认标准与计量基础。

1.4.2 资产

1. 资产的确认

资产（asset）是企业过去的交易或事项形成的、由企业拥有或者控制的、预期会给企业带来经济利益的资源。对于资产的这一定义，需要着重强调以下几个方面：

（1）资产的内涵是资源。企业的资产只限于资源，非资源不是企业的资产。一个企业的资源就其存在形式来看，既有有形的（如机器设备、存货等），也有无形的（如专利权、商标权等）；既可以是货币形式的（如库存现金、银行存款等），也可以是实物形式的（如房屋建筑物、机器设备等）。强调资产的内涵是资源，并不意味着所有的资源都是企业的资产。

（2）作为资产的资源应该为特定企业现在所拥有或者控制。一项资源是否属于企业的资产，通常要看其所有权是否属于该企业。但企业是否拥有一项资源的所有权，不是确认资产的绝对标准。有些资源虽然其所有权不属于特定企业，但为该企业所实际控制，也是该企业的资产。所谓"实际控制"一项资源，从形式上看，意味着企业对该项资源具有实际经营管理权，能够自主地运用它从事经营活动，谋求经济利益；从实质上看，它意味着企业享有与该项资源的所有权有关的经济利益，并承担相应的风险。例如，企业以融资租赁方式租入的固定资产，尽管其所有权不属于该承租企业，但由于受该承租企业实际控制，因而在会计实务中将其列作该承租企业的资产。总之，一个企业现在不具有所有权或不能实际控制的资源，都不是该企业的资产。

（3）作为资产的资源必须具有能为特定企业带来未来经济利益的服务潜力，即具有有用性的特点。企业现在所拥有或控制的资源，必须能为企业带来未来经济利益，才属于企业的资产。如果一项资源虽然为企业所拥有或实际控制，但不能为企业带来未来经济利益，就不能作为企业的资产予以确认。过去属于企业资产的一项资源，如果由于种种原因不能再为企业带来未来经济利益，就不应再将其列作企业的资产，如报废的机器设备。而原来不能为企业提供经济利益，因此不属于企业资产的某些东西，如果随着技术进步，转化为对企业有用之物，就应将其列作企业现在的资产。例如，现在能够有效利用的"三废"（废水、废渣、废气）。

（4）作为资产的资源必须能够用货币进行可靠计量。在会计核算中常常要进行估计，但对一个项目如果无法作出合理估计，就不应将其列作企业的资产。例如，某一诉讼案件将会带来的赔款收入，如果不能可靠地计量赔款的金额，就不能将其确认为资产。

2. 资产的分类

任何企业要进行正常的经营活动，都必须拥有一定数量和结构的资产。为了正确反映企业的**财务状况**（financial position），通常将企业的全部资产按其流动性划分为流动资产与非流动资产两大类。流动资产是指那些可以合理地预期将在一年内转换为现金或被销售、耗用的资产，主要包括货币资金、应收票据、应收账款和存货等。除流动资产以外的所有其他资产统称为非流动资产，包括债权投资、其他债权投资、长期股权投资、固定资产、无形资产等。

3. 资产的计价

企业财务会计要正确反映企业各项资产的增减变动及其结存情况，就要求对企业在一定时期内增加与减少的资产以及期末结存的资产进行正确计价。因此，会计上对企业资产的计价包括三个方面的内容：(1) 资产增加时，确定按何种金额入账，即要确定资产的入账金额；(2) 资产减少时，确定按何种金额从账面上减记资产；(3) 会计期末编制财务会计报告时，确定结存资产的金额，即确定在资产负债表上按何种金额列示各项资产。下面分别说明资产计价的一般原则。

(1) 资产的入账价值。长期以来，会计上奉行资产入账按实际（历史）成本计价的原则。即所有资产都应按其取得成本入账，理由如下：

1) 资产的取得成本具有客观性。资产的取得成本一般是通过市场交易确定的，是市场上客观存在的成交价格；资产的取得成本一般有相应的原始凭证作为依据，因而可以验证。

2) 资产的取得成本具有较强的可操作性。从实务的观点来看，资产的成本数据易于取得，便于进行会计处理，因而具有较强的可操作性。

3) 资产的取得成本比较接近资产在取得时的价值。在正常情况下，成本总是资产在取得时价值的可靠标志。

(2) 资产减少与期末结存的计价。上面说明了资产取得时应以其取得成本作为入账价值，理由之一是，成本比较接近取得资产时的资产价值。但随着时间的推移，资产的账面价值与其实际价值或重置成本（新的取得成本）之间可能会出现较大的差异。现代会计越来越重视资产的正确计价。企业持有的各项资产如果发生减值，一般应按规定计提相应的减值准备。在资产负债表上，各项资产往往分别按历史成本、可变现净值、现值或公允价值等属性计价。

1.4.3 负债

负债（liability）是企业权益的重要组成部分。要全面反映企业的财务状况，就必须在正确核算企业资产的同时重视企业负债的核算。

1. 负债的特点

负债是企业过去的交易或事项形成的、预期会导致经济利益流出企业的现时义务。基于负债的这一定义，需要强调负债的以下几个基本特征：

（1）负债是现时存在的、由过去的经济业务所产生的经济责任。未来经济业务可能产生的经济负担不是会计上的负债。例如，企业管理部门决定以后购买资产，这项决定的实施属于未来的经济业务，其本身并不产生现时义务，因而不属于企业现在的负债。

（2）负债是能够用货币确切计量或合理估计的经济责任。负债通常有一个可确定的到期偿付金额，或者虽无确切金额，但有一个合理的估计数。反之，若金额无法确定或估计，就不是会计上的负债。

（3）负债有明确的受款人和偿付日期，或者受款人和偿付日期可以合理地估计确定。反之，如果无法确定或合理估计受款人和偿付日期，就不是会计上的负债。

作为企业现时义务的负债，其结算的方式可以有多种：1）支付库存现金和银行存款；2）转让除库存现金和银行存款之外的其他资产；3）提供劳务；4）以其他义务替换该项义务，即以新的负债替换原有的负债，如用应付票据替换应付账款；5）将该项义务转换为所有者权益，如将公司的应付债券转换为本公司的股票。此外，企业的负债也可能由于债权人放弃债权等原因而了结。

2. 负债的分类

负债按其偿还期长短可分为流动负债与非流动负债。流动负债是指偿还期在一年或长于一年的一个营业周期以内的债务，主要包括短期借款、应付票据、应付账款、应付职工薪酬、应交税费、其他应付款等。非流动负债则是指偿还期在一年或长于一年的一个营业周期以上的债务，主要包括长期借款、应付债券和长期应付款等。

3. 负债的计价

为了正确反映企业的财务状况，必须采用适当的方法对负债进行计价。漏记或多记负债项目，或者负债的计价不正确，都会歪曲企业的财务状况。

上述负债的第二个特点虽然强调负债必须有一个确切的或可以合理估计的到期偿付金额，但并没有明确指出负债的计价方法或原则，也就是负债的增加与减少应按何种金额在账面上进行反映，在会计期末编制的资产负债表上又应以何种金额列示负债项目。从实际操作来看，负债的计价至少有两种可供选择的标准：一是未来应予偿付的金额（到期值）；二是未来偿付金额的贴现价值（现值）。从理论上说，所有负债的计价都应采用第二种标准。然而，在会计实务中，根据重要性原则，对负债的计价往往根据不同的情况采用不同的标准。由于流动负债的偿还期限较短，现值与到期值（未来偿付金额）非常接近，因此在会计实务中，流动负债通常按它们的到期值进行计价。

1.4.4 所有者权益

所有者权益（owner's equity）是指企业资产扣除负债后由所有者享有的剩余权益。公司的所有者权益又称为股东权益。所有者权益的来源包括所有者投入的资本、直接计入所有者权益的利得和损失、留存收益等。

直接计入所有者权益的利得和损失，是指不应计入当期损益、会导致所有者权益发生增减变动的、与所有者投入资本或者向所有者分配利润无关的利得或损失。利得是由企业非日常活动所形成的、会导致所有者权益增加的、与所有者投入资本无关的经济利益的流入。损失是由企业非日常活动所形成的、会导致所有者权益减少的、与向所有者分配利润无关的经济利益的流出。

我国现行企业会计准则规定，所有者权益主要包括六个部分：一是实收资本或股本；二是其他权益工具；三是资本公积，包括资本溢价（或股本溢价）和其他资本公积；四是其他综合收益；五是盈余公积，指按国家规定从税后利润中提取的盈余公积金；六是未分配利润。盈余公积与未分配利润可以合称为留存收益。这六个部分应在资产负债表中分项列示。概括而言，所有者权益包括本钱（资本）和利钱（盈余）两大部分，会计上应将两者严格区分，并要提供投资者是谁，投入资本是多少的信息，以明确产权关系。

需要指出的是，企业的所有者权益只是一个整体和抽象意义上的概念，与企业资产保持数量关系，它与企业特定的、具体的资产并无直接关系，它并不与企业任何具体的资产项目发生对应关系。例如，一定数额的所有者权益并不代表相应数额的库存现金或银行存款。虽然企业所有者对企业的投资是具有一定的存在形态的，例如，用现金、实物或无形资产等对企业进行投资，但根据会计主体这一财务会计的基本前提，企业所有者对企业的投资无论采取何种具体形态，它们一旦进入企业，便成为受资企业这个特定会计主体的资产，而不再是企业所有者的资产。特别是当企业有多个所有者的情况下，明确这一点尤为重要。

从数量上看，企业的所有者权益只是某种数学运算的结果，只是一个平衡数，即所有者权益＝资产－负债。可见，企业的所有者权益金额取决于资产和负债的计量。正因为如此，企业的所有者权益基本上不存在专门的计量问题，它一般是通过对相应资产或负债的计量间接得到的。

企业的期末所有者权益金额并不代表、一般也不等于企业净资产的市场价值。如果一个企业的所有者权益总额正好等于分项变卖企业净资产或是将企业作为持续经营实体出售所能筹集的资金总额，那纯属偶然。

企业组织形式主要有个人独资、合伙经营和公司等。不同组织形式的企业虽然在法律和管理等方面存在差别（如对于向企业所有者或其他受益人分配属于所有者权益范围内的资金，不同组织形式的企业所受的限制与约束是不同的），但是关于所有者权益的定义及其他内容，对于各种组织形式的企业都是适用的。

1.4.5 收入

企业以获取利润为其主要目的。利润常常用作评价企业经营业绩的指标，它还是计算投资报酬率等许多其他指标的基础。企业要获取利润，就必须取得收入。

1. 收入的定义与范围

收入（revenue）有广义与狭义之分。我国《企业会计准则——基本准则》

采用的是狭义的收入概念。

广义收入是指会计期间内经济利益的增加。企业获取收入的表现形式是：由于资产流入企业、资产增加或负债减少而引起所有者权益增加。但是，并非所有资产增加或负债减少而引起的所有者权益增加都是企业的收入。例如，企业所有者对企业投资，虽然会导致资产增加或负债减少，并使所有者权益增加，但不属于企业获取收入的经济业务。

狭义收入是指企业在日常活动中形成的、会导致所有者权益增加的、与所有者投入资本无关的经济利益的总流入。其核心内容是营业收入。营业收入是指企业由于销售商品、提供劳务及让渡资产使用权等日常活动所形成的经济利益的总流入。它有各种各样的名称，如销售收入、服务费收入、使用费收入和租金收入等。

2. 收入的确认

收入确认的一般标准是：经济利益很可能流入从而导致资产的增加或负债的减少，并且经济利益的流入额能够可靠地用货币加以计量。这就意味着，在确认收入的同时，要确认资产的增加或负债的减少。例如，企业销售商品，确认销售收入增加，同时要确认库存现金、银行存款或应收账款等资产项目的增加；如果现在销售的商品已经预收货款，则在确认销售收入增加的同时，还要确认预收款项这项负债的减少。

收入确认的具体标准将在第 12 章讲述。

1.4.6 费用

1. 费用的定义与范围

费用（expense）有广义与狭义之分。我国《企业会计准则——基本准则》采用的是狭义的费用概念。

广义费用是指会计期间内经济利益的减少。企业发生费用的表现形式是：由于资产减少或负债增加而引起所有者权益减少。但是，并非所有资产减少、负债增加而引起的所有者权益减少都意味着企业发生了一项费用。例如，企业所有者撤回投资或向所有者分配利润，虽然会引起资产减少或负债增加，并使所有者权益减少，但不属于企业发生费用的经济业务。

狭义费用是指企业在日常活动中发生的、会导致所有者权益减少的、与向所有者分配利润无关的经济利益的总流出。它主要包括营业成本、税金及附加、销售费用、管理费用、研发费用、财务费用等。

2. 费用的确认

费用只有在经济利益很可能流出从而导致企业资产减少或负债增加，且经济利益的流出额能够可靠地用货币加以计量时才能予以确认。这就意味着，在确认费用的同时，要确认资产的减少或负债的增加（如计提固定资产折旧或预提产品保修费用）。

费用确认的具体标准将在第 12 章讲述。

1.4.7 利润

利润（profit）是企业在一定会计期间的经营成果。企业以获取利润为基本目的，但对利润却有着不同的认识。从理论上说，利润可以定义为企业经营活动所引起的净资产（所有者权益）的增加。所以，严格来说，要正确计算企业经营所获得的利润，需要等到企业停止经营时，清算其全部资产与负债，确定企业从开业到停业的全部经营期间内，由于经营活动所增加的净资产数额。然而，这种方法并不适用。由于企业的存续期间难以预计，无论是从企业内部管理还是从企业外部的需求来看，都不能等到企业停业时才计算盈亏。总之，在企业持续经营的前提下，要适当划分会计期间，按期确定盈亏。

基于上述原因，会计上将利润定义为广义收入与广义费用之间的差额。由于这一定义是以已经完成的取得收入和发生费用的经济业务为基础的，因而比较实用，便于实际操作，能够提供定期报告所需要的详细数据，能够说明利润形成的原因，其计量的结果也比较客观。

如前所述，在日常会计核算中，要随时收集每一项经济业务的详细数据，按照资产、负债和所有者权益的变化来记录每一项经济业务的结果。如果证明某项经济业务实际已经完成，则与此项经济业务有关的资产、负债和所有者权益的变化就予以确认。

由于会计上将利润定义为广义收入与广义费用之间的差额（收入小于费用，则为亏损），必须将企业在该会计期间内所获得的收入与所产生的费用加以抵销。可见，利润的确认与计量，也就是收入与费用的确认与计量。

如何理解会计恒等式以及会计恒等式的扩展式？

1.5 会计信息的质量要求

为了实现财务会计报告目标，保证会计信息质量，必须明确会计信息的质量要求。会计信息的质量要求是财务会计报告所提供信息应达到的基本标准和要求。对于其应包括的内容，人们在认识上还不统一。一般认为，会计信息的质量要求主要包括客观性、相关性、明晰性、可比性、实质重于形式、重要性、谨慎性和及时性。

1.5 即测即评

1.5.1 客观性

客观性（objectivity）是指企业的会计记录和财务会计报告必须真实、客观地反映企业的经济活动。企业的会计核算应当以实际发生的经济业务为依据，如实反映企业的财务状况和经营成果。

会计信息的客观性主要包括真实性和可靠性两方面含义。

真实性是指会计反映的结果应当同企业实际的财务状况和经营成果相一致。每一项会计记录都要有合法的凭证为依据，不允许弄虚作假。财务会计报告必须如实反映情况，要保证账证、账账、账表和账实之间相互一致。

可靠性是指对于经济业务的记录和报告，应当做到不偏不倚，以客观事实为依据，而不应受主观意志的左右，力求使会计信息可靠。

1.5.2 相关性

相关性（relevance）是指会计信息要与信息使用者的经济决策相关联，即人们可以利用会计信息作出有关的经济决策。对会计信息的相关性要求随着企业内外环境的变化而变化。在高度集中的计划经济体制下，企业的会计工作和会计信息主要是为满足国家对企业进行直接管理服务的。随着社会主义市场经济的建立和不断完善，国家对企业的管理逐步由直接管理转向间接管理，主要是利用经济杠杆进行宏观调控。与此相适应，国家对企业会计信息的需求也发生了变化。此外，随着企业筹资渠道的多元化，企业之间的经济联系也迅速增强，会计信息的外部使用者已不再局限于国家，而扩大到其他投资者、债权人等与企业有经济利害关系的群体。同时，随着企业自主权的扩大，会计信息在企业内部经营管理中发挥着更大的作用。因此，在目前情况下，强调会计信息的相关性，就是要求企业会计信息要满足投资者、债权人等利益相关者进行经济决策的需要。

1.5.3 明晰性

明晰性，也称为**可理解性**（understandability），是指会计记录必须清晰、简明，便于理解和使用。

提供会计信息的目的在于帮助有关方面进行经济决策，要运用会计信息就必须理解会计信息的内涵。这就要求会计信息能简单明了地反映企业的财务状况与经营成果，容易为使用者所理解。要在保证会计信息的客观性与相关性的前提下，力求使会计信息简明易懂。当然，要真正发挥会计信息的作用，还需要使用者具备一定的会计专业知识。

1.5.4 可比性

可比性（comparability）是指企业提供的会计信息应当相互可比。

具体来说，可比性包括两个方面：一是同一企业不同时期发生的相同或相似的交易或事项，应当采用一致的会计政策，不得随意变更。确需变更的，应当在附注中说明。二是不同企业发生的相同或相似的交易或事项，应当采用规定的会计政策，确保会计信息口径一致，相互可比。

企业会计信息的使用者不但要通过阅读某一会计期间的财务报告掌握企业在一定时期的财务状况与经营成果，而且要能够比较企业不同时期的财务报告，以明确企业财务状况和经营成果的变化趋势。因此，企业提供的财务报告应当具有可比性，即对于同一企业在不同地点和不同时间发生的相同类型的经济业务，应该采用一致的会计处理程序与方法。

在会计核算中，相同的业务往往存在着多种会计处理方法，例如，存货计价方法、固定资产折旧、产品成本的计算方法等，企业可以在会计准则允许的范围内选择运用。但是，为了保证财务报告前后期有关数据的可比性，便于信息使用者作出正确的经济决策，要求企业的各种会计处理方法和财务报告的指标口径、核算内容、编制规则在前后各期保持一致。此外，强化可比性的要求，还可以防止某些企业或个人通过会计处理方法的变动，人为地操纵企业的资产、负债、收入、费用、利润等会计指标，粉饰企业的财务状况和经营成果。

强调可比性并不要求企业采用的会计政策绝对不变。如果原来采用的会计程序和方法已不符合客观性与相关性的要求，企业就不宜继续采用。如果存在更为相关和可靠的会计处理程序与方法，企业不宜保持其会计方法不变。因此，按照可比性的要求，企业不但要揭示其编制财务报告所采用的会计程序与方法，而且在企业确有必要改变原有的会计处理程序与方法时，应当将变更的内容和理由、变更的累积影响数，以及累积影响数不能合理确定的理由等，在会计报表附注中予以说明。

出于比较不同的投资机会等原因，信息使用者还需要能够比较不同企业的财务报告，以评估不同企业相对的财务状况、经营成果和现金流量情况。因此，企业在编制财务报告时，对于相同的经济业务，应当采用相同的会计程序和方法。这就要求，一方面，会计准则要尽量减少企业选择会计政策的余地；另一方面，企业要严格按照会计准则的规定选择会计政策。

1.5.5 实质重于形式

实质重于形式（substance over form）是指企业应当按照交易或事项的经济实质进行会计确认、计量和报告，而不应仅以交易或事项的法律形式为依据。这是因为，有时候交易或事项的法律形式并不能真实反映其实质内容，因此，为了真实反映企业的财务状况和经营成果，就不能仅仅根据交易或事项的外在表现形式来进行会计确认、计量和报告，而应反映其经济实质。例如，在1.4节说明资产的确认时曾指出，企业以融资租赁方式租入的固定资产，从法律形式来看，其所有权尚不属于承租企业，但从经济实质来看，该资产受承租企业实际控制，因此应当将其作为承租企业的资产进行核算，否则就不能真实反映该项业务对企业的影响。

1.5.6 重要性

重要性（materiality）是指企业提供的会计信息应当反映与企业财务状况、经营成果和现金流量等有关的所有重要交易或事项。企业在保证尽可能全面完整地反映企业的财务状况与经营成果的前提下，要根据一项交易或事项是否会对会计信息使用者的决策产生重大影响来决定对其反映的精确程度，以及是否需要在会计报表上予以单独反映。凡是对会计信息使用者的决策有较大影响的交易或事项，应作为会计确认、计量和报告的重点；对不重要的经济业务则可以采用简化的会计处理程序和方法，也不必在会计报表上详细列示。强调会计信息的重要性质量要求，在很大程度上是出于对会计信息的效用与加工会计信息的成本这两个方面的考虑。如果把企业纷繁复杂的经济活动事无巨细地进行详细记录与报告，不但会提高会计信息的加工成本，而且会使会计信息使用者无法有所侧重或有针对性地选择所需的会计信息，反而不利于作出正确的经济决策。

1.5.7 谨慎性

谨慎性（conservatism）也称为稳健性，是指企业对交易或事项进行会计确认、计量和报告应当保持应有的谨慎，不应高估资产或者收益、低估负债或者费用。在对某一会计事项有多种不同的处理方法可供选择时，应尽可能选择一种不导致高估资产或收入的做法，以免损害企业的财务实力，防止会计信息使用者对企业的财务状况与经营成果持盲目乐观的态度。例如，对期末应收账款预计坏账发生、计提坏账准备，对期末存货估价采用成本与可变现净值孰低法等做法，都体现了谨慎性的要求。

1.5.8 及时性

和任何其他信息一样，会计信息也具有时效性，其价值会随着时间的流逝而逐渐降低。这就要求企业的会计确认、计量和报告必须满足及时性的要求。具体来说，**及时性**（timeliness）包括及时记录与及时报告两个方面：及时记录要求对企业的经济业务及时地进行会计处理，本期的经济业务应当在本期内进行处理，不能延至下一个会计期间或提前至上一个会计期间；及时报告是指要把会计资料及时传送出去，将财务报告及时报出，也就是说，财务报告应该在会计期间结束后规定的日期内呈报给有关单位或个人。及时记录与及时报告是紧密联系的两个方面。及时记录是及时报告的前提，只有将会计资料及时记录下来，才有可能及时报告；及时报告是会计信息时效性的重要保证，如果不能及时报告，那么即使会计记录很及时也会使会计信息失去时效性。因此，企业会计应将及时记录与及时报告统一起来。

思考题

1. 财务会计的目标是什么？明确财务会计的目标有何意义？

2. 财务会计的基本前提有哪些？权责发生制为什么也是财务会计的一项基本前提？

3. 什么是财务会计的基本要素？它包括哪些具体内容？这些要素之间有何联系？

4. 会计信息的质量要求有哪些？在具体的会计确认、计量和报告中，这些质量要求是如何体现的？

第2章 货币资金

学习目标

1. 掌握：库存现金、银行存款和其他货币资金的核算；银行存款余额调节表的编制。

2. 理解：货币资金内部控制的主要内容。

3. 了解：银行账户管理的基本内容；主要银行结算方式。

2.1 货币资金概述

2.1即测即评

2.1.1 货币资金的性质与范围

1. 货币资金的性质

货币资金（monetary fund）是指企业可以立即投入流通，用以购买商品或劳务，或用以偿还债务的交换媒介，是以货币形态表现的资金。

在流动资产中，货币资金的流动性最强，并且是唯一能够直接转化为其他任何资产形态的流动性资产，也是最能够代表企业现时购买力水平的资产。为了确保生产经营活动的正常进行，企业必须拥有一定数量的货币资金，以便购买材料、缴纳税金、发放工资、支付利息及股利或进行投资等。企业所拥有的货币资金量是分析和判断企业偿债能力与支付能力的重要指标。

2. 货币资金的范围

货币资金一般包括企业存于银行或其他金融机构的存款，以及本票和汇票存款等可以立即支付使用的资金。凡是不能立即支付使用的（如银行冻结存款等），一般不能视为货币资金。就其具体内容看，货币资金一般包括库存现金、银行存款和其他货币资金。

2.1.2　货币资金内部控制制度

1. 货币资金内部控制制度的基本要求

内部控制制度是企业重要的内部管理制度，指处理各种业务活动时，依照分工负责的原则在有关人员之间建立的相互联系、相互制约的管理体系。货币资金的内部控制制度是企业最重要的内部控制制度之一，其主要特征是：要求货币资金收支与记录的岗位分离，收支凭证经过有效复核或核准，收支及时入账且收支分开处理，建立严密的清查和核对制度，做到账实相符，制定严格的现金管理及检查制度等。

2. 货币资金内部控制制度的主要内容

企业建立货币资金内部控制制度的具体内容因企业的规模大小和货币资金收支量多少而有所不同，但一般应包括以下五项主要内容：

（1）货币资金收支业务的全过程分工完成、各负其责；

（2）货币资金收支业务的会计处理程序制度化；

（3）货币资金收支业务与会计记账分开处理；

（4）货币资金收入与货币资金支出分开处理；

（5）内部稽核人员对货币资金实施制度化的检查。

2.1.3　与货币资金相关的主要会计科目

不同形式的货币资金有不同的管理方式和管理内容，为了适应货币资金管理的需要，一般设置“库存现金”“银行存款”“其他货币资金”等科目。

“库存现金”科目用来核算企业的库存现金，但不包括企业内部周转使用的备用金。“银行存款”科目用来核算企业存入银行或其他金融机构的各种存款，但不包括企业的外埠存款、银行本票存款和银行汇票存款等。“其他货币资金”科目用来核算企业的外埠存款、银行汇票存款、银行本票存款等。有外币现金或存款的企业，一般还应按币种设置相应的明细账进行明细核算。

2.2　库存现金

2.2.1　库存现金的管理

2.2 即测即评

库存现金（cash on hand）是指留存于企业、用于日常零星开支的现钞。企业必须加强库存现金的管理。根据国务院颁布的《现金管理暂行条例》等相关规定，库存现金管理的内容主要包括以下四个方面：

（1）库存现金的使用范围。企业可以使用现金的范围主要包括：1）职工工资、津贴；2）个人劳务报酬；3）根据国家规定颁发给个人的科学技术、文化艺术、体育等各种奖金；4）各种劳保、福利费用以及国家规定的对个人的其他支出等；5）向个人收购农副产品和其他物资的价款；6）出差人员必须随身携带的差旅费；7）结算起点（现行规定为1 000元）以下的零星支出；8）中国人民银行确定需要支付现金的其他支出。除第5）、第6）项外，单位支付给个人的款项，超过使用限额的部分，应当以支票或者银行本票支付；确需全额支付现金的，经开户银行审核后，予以支付现金。凡是不属于现金结算范围的，应通过银行进行转账结算。

（2）库存现金限额。企业的库存现金限额由其开户银行根据实际需要核定，一般为3～5天的零星开支需要量。边远地区和交通不便地区的企业，库存现金限额可以多于5天，但不能超过15天的日常零星开支量。企业必须严格按规定的限额控制现金结余量。

（3）库存现金日常收支管理。库存现金日常收支管理的内容主要有：

1）现金收入应于当日送存银行，如当日送存银行确有困难，由银行确定送存时间。

2）企业可以从库存限额中支付或者从银行提取现金支付，但不得从本单位的现金收入中直接支付（坐支）。因特殊情况需要坐支现金的，应当事先报经开户银行审查批准，由开户银行核定坐支范围和限额。企业应定期向开户银行报送坐支金额和使用情况。

3）企业从银行提取现金时，应当在取款凭证上写明具体用途，并由财会部门负责人签字盖章，交开户银行审核后方可支取。

4）因采购地点不固定、交通不便、生产或者市场急需、抢险救灾及其他情况必须使用现金的，企业应当提出申请，由本单位财会部门负责人签字盖章，经开户银行审核批准后方可支付现金。

（4）库存现金账目管理。企业必须建立健全库存现金账目，除设置库存现金总分类账户对库存现金进行总分类核算以外，还必须设置库存现金日记账进行库存现金收支详细情况进行序时记录，逐笔登记现金收入和支出，做到账目日清日结，账款相符。有外币现金的企业，还应按币种进行明细核算。库存现金日记账一般采用三栏式订本账格式，由出纳人员根据审核以后的原始凭证或现金收款凭证、现金付款凭证逐日逐笔序时登记，每日营业终了计算当日现金收入、现金支出及现金结存额，并与库存现金实存数核对相符。月末，库存现金日记账余额应与库存现金总账余额核对一致。

2.2.2 库存现金的收付与清查

1. 库存现金收付

企业的库存现金收入主要包括：从银行提取现金；收取不足转账起点的小额销货款；职工交回的多余出差借款等。企业收到现金时，应根据审核无误的会计凭证，借记“库存现金”科目，贷记有关科目。

企业的库存现金支出包括现金开支范围以内的各项支出。企业实际支付现金时，应根据审核无误的会计凭证，借记有关科目，贷记“库存现金”科目。

2. 库存现金清查

为了加强现金管理并确保账实相符，应对库存现金进行清查。库存现金清查包括两部分内容，一是出纳人员每日营业终了进行账款核对；二是清查小组进行定期或不定期盘点和核对。库存现金清查采用账实核对法。

对库存现金实存额进行盘点，必须以现金管理的有关规定为依据，不得以白条抵库，不得超限额保管现金。对库存现金进行账实核对，如发现账实不符，应立即查明原因，及时更正。发生的长款或短款，应查找原因，并按规定进行处理，不得以今日长款弥补他日短款。库存现金清查和核对后，应及时编制现金盘点报告表，列明现金账存额、现金实存额、差异额及其原因，对无法确定原因的差异，应及时报告有关负责人。

库存现金清查中发现的长款或短款，应根据现金盘点报告表进行处理，以确保账实相符，并对长短款做出处理。现金长款、短款一般通过“待处理财产损溢——待处理流动资产损溢”科目进行核算，待查明原因后，再根据不同原因及处理结果，将其转入有关科目。

对现金短缺进行处理的一般原则：

(1) 属于由责任人赔偿的部分，借记“其他应收款——应收现金短缺款（××个人）”或“库存现金”等科目，贷记“待处理财产损溢——待处理流动资产损溢”科目。

(2) 属于应由保险公司赔偿的部分，借记“其他应收款——应收保险赔款”科目，贷记“待处理财产损溢——待处理流动资产损溢”科目。

(3) 属于无法查明的其他原因，根据管理权限，经批准后处理，借记“管理费用——现金短缺”科目，贷记“待处理财产损溢——待处理流动资产损溢”科目。

对现金溢余进行处理的一般原则：

(1) 属于应支付给有关人员或单位的，应借记“待处理财产损溢——待处理流动资产损溢”科目，贷记“其他应付款——应付现金溢余（××个人）”科目。

(2) 属于无法查明原因的现金溢余，经批准后，借记“待处理财产损溢——待处理流动资产损溢”科目，贷记“营业外收入——现金溢余”科目。

例 2-1

某企业根据发生的有关库存现金清查业务，分别编制相关会计分录。

(1) 企业进行库存现金清查，发现长款 90 元，原因待查。

借：库存现金	90	
贷：待处理财产损溢——待处理流动资产损溢		90

(2) 经反复核查，仍无法查明长款 90 元的具体原因，经单位领导批准，将其转为企业的营业外收入。

借：待处理财产损溢——待处理流动资产损溢	90	

贷：营业外收入——现金溢余　　90

（3）库存现金清查中发现有无法查明具体原因的现金短款40元。

借：待处理财产损溢——待处理流动资产损溢　　40

贷：库存现金　　40

（4）经核查，上述现金短款系出纳人员失职造成，应由出纳人员赔偿，向出纳人员发出赔偿通知书。

借：其他应收款——出纳员××　　40

贷：待处理财产损溢——待处理流动资产损溢　　40

需要说明的是，企业清查的现金损溢，一般应于期末前查明原因，并根据企业的管理权限，报经股东大会、董事会、经理（厂长）会议或类似机构批准后，在期末结账前处理完毕。如果清查的现金损溢在期末前尚未批准的，在对外提供财务报告时先按上述原则进行处理，并在财务报表附注中做出说明；如果其后经批准处理的金额与已处理的金额不一致的，再按资产负债表日后事项的处理原则调整财务报表相关项目的年初数。

2.3 银行存款

2.3 即测即评

2.3.1 银行存款的管理

银行存款（cash in bank）是企业存入银行或其他金融机构的款项。按照国家有关规定，凡是独立核算的单位都必须在当地银行开设账户。企业在银行开设账户以后，除按规定可以通过现金进行款项收支以外，都应通过银行存款进行收支结算，企业超过限额的现金也必须存入银行。任何单位都必须按规定进行银行存款管理。银行存款管理主要包括银行存款开户管理及结算管理两个方面。

1. 银行存款开户管理

在我国，企业在银行开立人民币存款账户，必须遵守中国人民银行《人民币银行结算账户管理办法》及《人民币银行结算账户管理办法实施细则》的各项规定。

企业开立账户，依其不同的用途可以分为基本存款账户、一般存款账户、专用存款账户和临时存款账户等。

（1）**基本存款账户**（basic deposit account）是存款人因办理日常转账结算和现金收付需要开立的银行结算账户。基本存款账户是存款人的主办账户，存款人日常经营活动的资金收付及其工资、奖金和现金的支取，应通过该账户办理。单位银行卡账户的资金必须由其基本存款账户转账存入。

（2）**一般存款账户**（general deposit account）是存款人因借款或其他结算需要，在基本存款账户开户银行以外的银行营业机构开立的银行结算账户。一般存款账户用于办理存款人借款转存、借款归还和其他结算的资金收付，该账户可以办理现金缴存，但不得办理现金支取。

（3）**专用存款账户**（special deposit account）是存款人按照法律、行政法规和规章，对特定用途资金进行专项管理和使用而开立的银行结算账户。专用存款账户用于办理各项专用资金的收付，但不得办理现金收付业务。

（4）**临时存款账户**（temporary deposit account）是存款人因临时需要而开立的在规定期限内使用的银行结算账户。临时存款账户用于办理临时机构以及存款人临时经营活动发生的资金收付。临时存款账户的有效期最长不得超过 2 年。临时存款账户支取现金，应按照国家现金管理的规定办理。

中国人民银行对单位基本存款账户、临时存款账户（因注册验资和增资验资开立的除外）、预算单位专用存款账户、合格境外机构投资者在境内从事证券投资开立的人民币特殊账户和人民币结算资金账户（简称“QFII 专用存款账户”），实行核准制度。

2. 银行存款结算管理

现金开支范围以外的各项款项收付，都必须通过银行办理转账结算，但不同国家和地区以及不同的经济业务，采用的转账结算方式是有差别的。

在我国，企业办理转账结算必须遵守《中华人民共和国票据法》和中国人民银行《支付结算办法》的各项规定。账户内必须有足够的资金保证支付，必须以合法、有效的票据和结算凭证为依据。不准签发没有资金保证的票据或远期支票套取银行信用；不准签发、取得和转让没有真实交易和债权债务的票据套取银行及他人资金；不准无理由拒付款项而任意占用他人资金；不准违反规定开立和使用账户。必须遵守“恪守信用，履约付款；谁的钱进谁的账，由谁支配；银行不垫款”的支付结算原则。企业应根据业务特点，采用恰当的结算方式办理各种结算业务。

2.3.2 银行结算方式

在我国，企业发生货币资金收付业务可以采用银行汇票、商业汇票、银行本票、支票、信用卡、汇兑、托收承付、委托收款和信用证等结算方式。企业应按照《支付结算办法》及《中华人民共和国票据法》等的有关规定办理各项结算业务。

1. 银行汇票

银行汇票（bank draft）是出票银行签发的，由其在见票时按照实际结算金额无条件支付给收款人或者持票人的票据。银行汇票的出票银行为银行汇票的付款人。在我国，单位和个人办理各种款项结算，均可使用银行汇票。银行汇票可以用于转账，填明“现金”字样的银行汇票也可以用于支取现金。银行汇票的提示付款期限自出票日起 1 个月。收款人可以将银行汇票背书转让给被背书人。①

① 一般地，**背书**（endorse）是指票据持票人为了转让票据权利或为了将票据权利授予他人行使，在票据背面或粘单上记载法律要求的事项并签章的行为。将票据权利转让方称为**背书人**（endorsor），票据的受让方称为**被背书人**（endorsee）。

银行汇票丢失，失票人可以凭人民法院出具的享有票据权利的证明，向出票银行请求付款或退款。

2. 商业汇票

商业汇票（commercial draft）是出票人签发的，委托付款人在指定日期无条件支付确定的金额给收款人或者持票人的票据。商业汇票分为商业承兑汇票和银行承兑汇票。商业承兑汇票由银行以外的付款人承兑（付款人为承兑人），银行承兑汇票由银行承兑。在我国，开立存款账户的法人以及其他组织之间必须具有真实的交易关系或债权债务关系，才能使用商业汇票。

符合条件的商业汇票的持票人可持未到期的商业汇票连同贴现凭证向银行申请贴现。贴现银行可持未到期的商业汇票向其他银行转贴现，也可以向中国人民银行申请再贴现。贴现、转贴现和再贴现的期限从其贴现之日起至汇票到期日止。实付贴现金额按票面金额扣除贴现日至汇票到期前一日的利息计算。

商业汇票的付款期限应当与真实交易的履行期限相匹配，自出票日起至到期日止，最长不得超过6个月。

3. 银行本票

银行本票（bank cashier order）是银行签发的，承诺自己在见票时无条件支付确定金额给收款人或者持票人的票据。在我国，单位和个人在同一票据交换区域需要支付各种款项，均可以使用银行本票。银行本票分为不定额本票和定额本票两种。收款人可以将银行本票背书转让给被背书人。

4. 支票

支票（check）是出票人签发的，委托办理支票存款业务的银行在见票时无条件支付确定金额给收款人或持票人的票据。

支票上印有“现金”字样的为现金支票，只能用于支取现金。支票上印有“转账”字样的为转账支票，只能用于转账。支票上未印有“现金”或“转账”字样的为普通支票，既可用于支取现金，也可用于转账。在我国，单位和个人在同一票据交换区域的各种款项结算，均可以使用支票。

支票的出票人签发支票的金额不得超过付款时在付款人处实有的存款金额，禁止签发**空头支票**（lip-service check）。

5. 汇兑

汇兑（exchange）是汇款人委托银行将其款项支付给收款人的结算方式。单位和个人的各种款项的结算，均可使用汇兑结算方式。在我国，汇兑分为信汇和电汇两种。信汇是指委托银行通过邮寄方式将款项划给收款人。电汇是指汇款人委托银行通过电报或其他电子方式将款项划给收款人。

6. 托收承付

托收承付（collection with acceptance）是根据购销合同由收款单位发货后委托银行向异地付款人收取款项，由付款人向银行承认付款的结算方式。在我国，使用托收承付结算方式的收款单位和付款单位，必须是国有企业、供销合作社以及经营管理较好并经开户银行审查同意的城乡集体所有制工业企业。办理托收承付结算的款项，必须是商品交易以及因商品交易而产生的劳务供应的款项。代销、寄销、赊销商品的款项，不得办理托收承付结算。

收款人按照签订的购销合同发货后，委托银行办理托收。付款人开户银行收到托收凭证及其附件后，应当及时通知付款人。托收承付货款分为验单付款和验货付款两种，由收付双方协商选用，并在合同中明确规定。

7. 委托收款

委托收款（entrusted collection of payment）是收款人委托银行向付款人收取款项的结算方式。单位和个人凭已承兑商业汇票、债券、存单等付款人债务证明办理款项的结算，均可以使用委托收款结算方式。委托收款在同城和异地均可以使用。

8. 信用证

信用证（letter of credit，LC）是指开证银行应申请人（买方）的要求并按其指示向受益人开立的载有一定金额、在一定期限内凭符合规定的单据付款的书面保证文件。信用证起源于国际贸易结算。在国际贸易中，进口商不愿意先支付货款，出口商也不愿意先交货。在这种情况下，需要两家买卖双方的开户银行作为买卖双方的保证人代为收款交单，实际上是以银行信用代替商业信用。在这种方式下，银行充当了进出口商之间的中间人和保证人，一面收款，一面交单，并代为融通资金。银行在这一活动中所使用的工具就是信用证，由此产生了信用证结算方式。

2.3.3 网络银行支付

网络银行，又称**网上银行**（internet bank）或**在线银行**（network bank），是一种以信息技术和互联网技术为依托，通过互联网平台向用户开展和提供开户、销户、查询、对账、行内转账、跨行转账、信贷、网上证券、投资理财等各种金融服务的新型银行机构与服务形式，为用户提供全方位、全天候、便捷、实时的快捷金融服务系统。网络银行（网银）支付是指在银联在线支付平台通过输入用户名和密码的方式登录到网络银行，并完成支付的方式。

2.3.4 银行存款的收付与核对

为了详细反映银行存款的收付及结存情况，企业除设置“银行存款”科目进行总分类核算外，还必须设置银行存款日记账，按照业务发生顺序逐日逐笔连续记录银行存款的收付，并随时结出余额。银行存款应按银行和其他金融机构的名称和存款种类进行明细核算。有外币存款的企业，还应分别按人民币和外币进行明细核算。

银行存款日记账一般由出纳人员根据收付款凭证进行登记，定期与银行存款总账科目核对。月末，应与银行对账单进行核对。

1. 银行存款收付

企业收入银行存款，应根据银行存款送款单回单或银行收账通知及有关单证，及时编制记账凭证，借记“银行存款”科目，贷记有关科目，并经审核无误后，登记银行存款日记账及总账。

企业支付银行存款，应根据支票存根、办理付款结算的付款通知及有关单证，及时编制记账凭证，借记有关科目，贷记“银行存款”科目，并经审核无误后，登记银行存款日记账及总账。

2. 银行存款核对

企业每月至少应将银行存款日记账与银行对账单核对一次，以检查银行存款收付及结存情况。企业进行账单核对时，往往出现银行存款日记账余额与银行对账单同日余额不符的情况。究其原因主要有三：一是计算错误；二是记账错漏；三是未达账项。

计算错误是企业或银行对银行存款结存额的计算发生运算错误；记账错漏是指企业或银行对存款的收入、支出的错记或漏记；**未达账项**（deposit in transit）是指银行和企业对同一笔款项收付业务因记账时间不同而发生的一方已经入账，另一方尚未入账的款项。未达账项不外乎四种情况：

（1）企业已经收款入账，银行尚未收款入账的款项；

（2）企业已经付款入账，银行尚未付款入账的款项；

（3）银行已经收款入账，企业尚未收款入账的款项；

（4）银行已经付款入账，企业尚未付款入账的款项。

银行存款日记账余额与银行对账单余额不符，必须查明原因。在会计实务中，银行存款调节后余额的平衡关系是做出这一判断的主要依据。如果调节后余额一致，表明账户内结存额计算无误。如果调节后余额仍不一致，表明账户内结存额计算一定有误，应立即查明错误所在。属于银行方面的原因，应及时通知银行更正；属于本单位原因，应按错账更正办法进行更正。在编制银行存款余额调节表时，一般将所有未核对一致的项目均视为未达账项，对于出现的各种未达账项，应进行认真审核，确属未达账项的，应督促有关人员办理结算手续或记账手续；属于记账错漏的，应予以及时更正。

银行存款余额调节表（bank reconciliation statement）有多种编制方法，会计实务中一般采用“补记式”余额调节法。其基本原理是：假设未达账项全部入账，银行存款日记账及银行对账单的余额应相等。其编制方法是：在双方现有余额基础上，各自加上对方已收、本方未收账项，减去对方已付、本方未付账项，计算调节双方应有余额。用公式表示如下：

$$\begin{aligned}&\begin{matrix}\text{银行存款}\\\text{日记账余额}\end{matrix}+\begin{matrix}\text{银行已收}\\\text{企业未收账项}\end{matrix}-\begin{matrix}\text{银行已付}\\\text{企业未付账项}\end{matrix}\\&=\begin{matrix}\text{银行对账单}\\\text{余额}\end{matrix}+\begin{matrix}\text{企业已收}\\\text{银行未收账项}\end{matrix}-\begin{matrix}\text{企业已付}\\\text{银行未付账项}\end{matrix}\end{aligned}$$

在企业内部控制制度健全且有效的前提下，如果银行存款余额调节表平衡，且不存在异常未达账项（如未达账项时间过长且已超过相应结算方式所规定的结算期限等，属于非正常未达账项），则表明银行存款发生额及余额的记录正确。

例 2-2

某企业 20×6 年 1 月 20 日至 1 月 31 日银行存款日记账及银行对账单相关数据如表 2-1 和表 2-2 所示（1 月 1 日至 1 月 20 日不存在未达账项）。

表 2-1　银行存款日记账

账号：22010 *********** 6547　　　　　　　　　　　　　　　　　　　第 5 页

20×6 年		凭证		摘要	结算凭证		对方科目	借方（收）	贷方（支）	余额
月	日	字	号		种类	号数				
1	20			结余						25 536.00
1	20	银付	134	支付材料款	支票	9478	材料采购		1 400.00	24 136.00
1	21	银收	176	预收款	交行		预收账款	2 400.00		26 536.00
1	24	银付	135	支付运费	支票	9479	材料采购		700.00	25 836.00
1	26	银付	136	支付广告费	支票	9480	销售费用		1 600.00	24 236.00
1	27	银收	177	利康还款			应收账款	9 700.00		33 936.00
1	30	银付	137	支付办公费	支票	9481	管理费用		200.00	33 736.00
1	31			月结				754 389.00	765 975.00	33 736.00

表 2-2　银行对账单

账号：22010 *********** 6547　　　　　　　　　　　　　　　　第 1 页　共 1 页

20×6 年		摘要	结算凭证		借方（支）	贷方（收）	余额
月	日		种类	号数			
1	20	结余					25 536.00
1	22	支付农行款	支票	9478	1 400.00		24 136.00
1	24	收支票存入款	交行			2 400.00	26 536.00
1	26	结算水电费			1 320.00		25 216.00
1	27	支票转账	支票	9479	700.00		24 516.00
1	27	补上年少计利息				792.00	25 308.00
1	30	深圳汇款				1 400.00	26 708.00
1	31	月结			875 649.00	687 546.00	26 708.00

中国××银行
××市支行

根据以上数据资料，核对出未达账项，并编制银行存款余额调节表如表 2-3 所示。

表 2-3　银行存款余额调节表

20×6 年 1 月 31 日　　　　　　　　　　　　单位：元

项目	金额	项目	金额
银行存款日记账余额	33 736.00	银行对账单余额	26 708.00
加：银行已收企业未收账		加：企业已收银行未收账	
1. 深圳汇款	1 400.00	1. 利康还款	9 700.00
2. 补存款利息	792.00	减：企业已付银行未付账	
减：银行已付企业未付账		1. 支票 9480 支付广告费	1 600.00
1. 支付水电费	1 320.00	2. 支票 9481 支付办公费	200.00
调节后余额	34 608.00	调节后余额	34 608.00

调节后余额相符，表明该企业账号为 22010 ********** 6547 的银行存款发生额及余额正确无误。核对未达账项时需要注意的是，未达账项应是自开户至核对日止的累计未达账项，不能仅根据当月的未达账项进行调整，因为属于上个月的未达账项，站在本月角度看可能就不属于未达账项了。

2.4 其他货币资金

2.4 即测即评

2.4.1 其他货币资金的性质及其范围

1. 其他货币资金的性质

其他货币资金（other cash）是指除库存现金、银行存款以外的其他各种货币资金。其他货币资金与库存现金和银行存款一样，是企业可以作为支付手段的货币，但也有其特殊的存在形式和支付方式，在管理上也有别于库存现金和银行存款，因此应单独进行会计核算。

2. 其他货币资金的范围

其他货币资金主要包括外埠存款、银行汇票存款、银行本票存款、信用卡存款、信用证保证金存款和存出投资款等。

外埠存款是指到外地进行临时或零星采购时，汇往采购地银行并在采购地银行开立采购专户的款项。银行汇票存款是指企业为取得银行汇票，按规定用于银行汇票结算而存入银行的款项。银行本票存款是指企业为取得银行本票，按规定用于银行本票结算而存入银行的款项。信用卡存款是指企业为取得信用卡以办理信用卡结算而按规定存入银行的款项。信用证保证金存款是指企业为取得信用证按规定存入银行的款项。存出投资款是指企业已存入证券公司但尚未进行短期投资的款项。

2.4.2 其他货币资金收付业务的会计核算

其他货币资金通过“其他货币资金”科目进行核算，并按其他货币资金的内容设置明细科目进行明细核算，同时按外埠存款的开户银行、每一银行汇票或本票、信用证的收款单位等设置明细账对其收付情况进行详细记录，办理信用卡业务的企业应当在“信用卡”明细科目中按开出信用卡的银行和信用卡种类设置明细账对其收付情况进行详细记录。

1. 外埠存款

企业在外埠开立临时采购账户，需经开户地银行批准。银行对临时采购账户一般实行半封闭式管理的办法，即只付不收，付完清户。除采购人员差旅费用可以支取少量现金外，其他支出一律转账。

例 2－3

北京宏达电子股份有限公司（以下简称宏达公司）根据发生的有关外埠存款收付业务，编制相关会计分录。

（1）2021 年 1 月 6 日，该公司在外埠开立临时采购账户，委托银行将 500 000 元汇往采购地。相关的业务单据请扫描二维码。

原始凭证
开立临时账户申请书
电汇凭证
记账凭证

借：其他货币资金——外埠存款　　500 000
　贷：银行存款　　500 000

（2）2 月 9 日，采购员以外埠存款购买显示器，材料价款 400 000 元，增值税 52 000 元，货款共计 452 000 元，材料已验收入库。相关的业务单据请扫描二维码。

原始凭证
增值税专用发票
材料入库单
支票存根
记账凭证

借：原材料　　400 000
　　应交税费——应交增值税（进项税额）　　52 000
　贷：其他货币资金——外埠存款　　452 000

（3）2 月 10 日，外埠采购结束，将外埠存款清户，收到银行转来收账通知，余款 48 000 元收妥入账。相关的业务单据请扫描二维码。

原始凭证
联行电划报单
记账凭证

借：银行存款　　48 000
　贷：其他货币资金——外埠存款　　48 000

2. 银行汇票存款

企业办理银行汇票，需将款项交存开户银行。对于逾期尚未办理结算的银行汇票，应按规定及时转回（借记“银行存款”科目，贷记“其他货币资金——银行汇票”科目），未用的汇票存款也应及时办理退款。

例 2－4

某企业根据发生的有关银行汇票存款收付业务，编制相关会计分录。

（1）企业申请办理银行汇票，将银行存款 30 000 元转为银行汇票存款。

借：其他货币资金——银行汇票　　30 000
　贷：银行存款　　30 000

（2）收到收款单位发票等单据，采购材料付款 28 250 元，其中，材料价款 25 000 元，增值税 3 250 元。材料已验收入库。

借：原材料　　25 000
　　应交税费——应交增值税（进项税额）　　3 250
　贷：其他货币资金——银行汇票　　28 250

（3）收到多余款项退回通知，将余款 1 750 元收妥入账。

借：银行存款　　1 750
　贷：其他货币资金——银行汇票　　1 750

3. 银行本票存款

企业办理银行本票，需将款项交存开户银行。本票存款实行全额结算，本票存款额与结算金额的差额一般采用支票或其他方式结清。对于逾期尚未办理结算的银行本票，应按规定及时转回（借记“银行存款”科目，贷记“其他货币资金——银行本票”科目），其账务处理与银行汇票存款基本相同。

例2-5

某企业根据发生的有关银行本票存款收付业务，编制相关会计分录。

（1）企业申请办理银行本票，将银行存款40 000元转入银行本票存款。

借：其他货币资金——银行本票	40 000	
贷：银行存款		40 000

（2）收到收款单位发票等单据，采购材料付款38 420元，其中，材料价款34 000元，增值税4 420元。材料已验收入库。

借：原材料	34 000	
应交税费——应交增值税（进项税额）	4 420	
贷：其他货币资金——银行本票		38 420

（3）收到收款单位退回的银行本票余款1 580元，存入银行。

借：银行存款	1 580	
贷：其他货币资金——银行本票		1 580

4. 信用证保证金存款

企业办理信用证结算，应按规定向银行提交开证申请书、信用证申请人承诺书和购销合同。信用证保证金的核算主要包括缴纳保证金和支付货款两部分。

例2-6

某企业根据发生的信用证结算有关业务，编制相关会计分录。

（1）申请开证并向银行缴纳信用证保证金30 000元。

借：其他货币资金——信用证保证金	30 000	
贷：银行存款		30 000

（2）接到开证行交来的信用证来单通知书及有关购货凭证等，以信用证方式采购的材料已到货并验收入库，货款全部支付。货款总计135 600元，其中，材料价款120 000元，增值税15 600元。

借：原材料	120 000	
应交税费——应交增值税（进项税额）	15 600	
贷：其他货币资金——信用证保证金		30 000
银行存款		105 600

5. **存出投资款**

企业对于存出投资款的核算主要包括资金划出和资金使用两部分。

原始凭证
转账支票存根
内部资金调拨单
记账凭证

例2－7

北京宏达电子股份有限公司根据发生的短期投资业务，编制相关会计分录。

（1）2021年2月12日，该公司将银行存款500 000元划入海通证券公司准备进行短期股票投资。相关的业务单据请扫描二维码。

借：其他货币资金——存出投资款　　500 000
　贷：银行存款　　500 000

（2）2月22日将存入证券公司的款项购买中环股份的股票（暂不考虑交易费用），购买股票的成本为200 000元，作为交易性金融资产进行管理。相关的业务单据请扫描二维码。

原始凭证
股票交割单
记账凭证

借：交易性金融资产　　200 000
　贷：其他货币资金——存出投资款　　200 000

2.5　货币资金在财务报表上的列示

为了总括反映企业货币资金的基本情况，一般企业的资产负债表只列示“货币资金”项目即可，不按货币资金的组成项目单独列示或披露。但金融企业（如商业银行）可根据需要按“现金及存放中央银行款项”“存放同业及其他金融机构款项”“拆出资金”等项目分别列示其货币资金情况，并披露现金及存放中央银行款项的详细信息，以提供可靠且更相关的货币资金信息。

思考题

1. 非金融类企业的货币资金主要包括哪些内容？
2. 货币资金内部控制制度的基本要求和主要内容有哪些？

练习题

1. 甲公司进行库存现金清查，发现短款100元，经查系出纳人员失职造成，应由出纳人员赔偿。

要求：请进行相关的账务处理。

2. 甲公司到外地采购原材料，开立临时采购账户，委托银行将 60 000 元汇往采购地。采购员以外埠存款购买材料，价款 40 000 元，增值税 5 200 元，货款共计 45 200 元，材料已验收入库。采购结束后，外埠存款清户，余款 14 800 元收妥入账。

要求：请进行相关的账务处理。

3. 根据表 2-4 和表 2-5 中的资料，编制银行存款余额调节表，并根据结果判断银行存款记录是否有误？有哪笔款项需要进一步追查？

表 2-4 银行存款日记账

账号：29786547 第 1 页

2021 年		凭证		摘要	结算凭证		对方科目	借方（收）	贷方（支）	余额
月	日	字	号		种类	号数				
1	3			结余						300 000.00
1	5	银付	1	支付材料款	支票	0920	材料采购		20 000.00	280 000.00
1	8	银收	1	预收宏达款	工行	8346	预收账款	10 000.00		290 000.00
1	10	银付	2	支付运费	支票	0921	材料采购		500.00	289 500.00
1	28	银付	3	支付广告费	支票	0923	销售费用		1 600.00	287 900.00
1	29	银收	2	利康还款	支票	9479	应收账款	8 000.00		295 900.00
1	30	银付	4	支付办公费	支票	0924	管理费用		700.00	295 200.00
1	31			月结				18 000.00	22 800.00	295 200.00

表 2-5 银行对账单

账号：29786547 第 1 页 共 1 页

2021 年		摘要	结算凭证		借方（支）	贷方（收）	余额
月	日		种类	号数			
1	1	结余					300 000.00
1	3	收宏达款	支票	8346		10 000.00	310 000.00
1	9	支付交行款	支票	0920	20 000.00		290 000.00
1	15	支付交行款	支票	0921	500.00		289 500.00
1	20	支付建行款	支票	0922	40 000.00		249 500.00
1	27	收农行款	支票	9479		8 000.00	257 500.00
1	30	收兴业银行款	支票	6709		40 000.00	297 500.00
1	31	月结			60 500.00	58 000.00	297 500.00

第3章 存　货

学习目标

1. 掌握：存货的初始确认和计量；原材料按实际成本计量取得和发出的核算；存货可变现净值的确定方法；存货跌价准备的核算。

2. 理解：存货的分类；原材料按计划成本计量取得和发出的核算；存货成本与可变现净值的比较方法。

3. 了解：存货的概念；存货发生减值的迹象。

3.1 存货及其初始确认和计量

3.1.1 存货及其分类

3.1即测即评

1. 存货的界定

存货（inventory）是指企业在日常活动中持有以备出售的产成品或商品、处在生产过程中的在产品、在生产过程中或提供劳务过程中耗用的材料和物资等。包括企业为产品生产和商品销售而持有的原材料、在产品、产成品、商品、周转材料等。存货通常在一年或超过一年的一个营业周期内被消耗或经出售转换为现金、银行存款或应收账款等，具有明显的流动性，属于流动资产。大多数制造业企业的存货在流动资产中占有很大比重，是流动资产的重要组成部分。

随着企业生产经营过程的进行，有的存货被耗用后形成了在产品成本、产成品成本等；有的存货被销售后形成产品或商品的销售成本；有的存货以管理费用的形式被耗用；有的存货仍以原有形态存在。因此，存货的会计核算所生成的会计信息是否真实、可靠，不仅影响资产的价值是否准确，同时也影响损益的确定是否正确。

列示于资产负债表的存货，都应是为了进行正常生产经营而储存的流动资产。不是为了此种目的而储存的资产，都不能列为企业的存货。例如，特种储备的资产以及按有关部门的指令专项储备的资产，应列为其他资产；为购置和建造固定资产而储备的专用物资，应列为有关的长期资产等。

企业应以所有权的归属而不以物品的存放地点为依据来界定企业的存货范围。即在盘存日，法定所有权归属企业的一切存货，无论其存放于何处，都应作为企业的存货。依所有权的归属确定存货范围时，应特别注意以下四点：

(1) 商品所有权以及相应的风险和报酬已经转移的物品，即使暂时存放于本企业，也不能将其作为本企业的存货，如已售出的待运商品等。

(2) 未转移所有权以及风险和报酬的发出商品，即使未存放于本企业，也应将其作为本企业的存货，如委托其他单位代销的存货、未出售的外出展销存货等。

(3) 所有权以及相应的风险和报酬已经归属于本企业的购入存货，即使未存放于本企业，也应作为本企业的存货列报，如已经购入而尚未收到的运输途中的货物等。

(4) 不属于本企业所有以及企业未控制的货物，即使存放于本企业，也不能作为本企业的存货，如受托代销的存货、收取加工费方式的受托加工存货等。

2. 存货的分类

存货的构成内容很多，不同存货的具体特点和管理要求各不相同。为了有效进行各项存货的会计处理，应对存货进行科学分类。从会计处理角度看，存货至少有以下两种分类方法：

(1) 按存货的具体内容分类。存货按具体内容通常分为原材料、在产品、半成品、产成品（商品）、周转材料等。

原材料（raw materials）是指用于生产产品并构成产品主要实体的原料及主要材料、辅助材料、外购半成品（外购件）、修理用备件（备品备件）、包装材料、燃料等。用于固定资产建造工程的专项材料不能作为存货。

在产品（work in progress）是指处于生产阶段尚未完工的生产物，包括处于各生产工序正在加工的在制品，以及尚未办理入库手续的制成品等。在产品一般不需要入半成品库。

半成品（semi-manufactured goods）是指经过一定生产过程并由半成品库验收入库保管，但尚未制造完成，仍需进一步加工的中间产品，这部分中间产品能够单独计价。半成品一般需要入半成品库。从一个生产车间转到另一个生产车间继续加工制造的自制半成品，以及不能单独计价的自制半成品，属于在产品，不作为半成品对待。

产成品（finished goods）是指已经全部完成生产过程并验收入库，达到可出售或交货状态，可以作为商品对外销售或按合同规定的条件交订货单位的产品。既包括存放在成品库的产品，也包括存放在企业所属门市部备售的产品，交展览会展出的产品，还包括企业接受外来原材料加工制成的代制品，以及为外单位加工修理完成的代修品等。产成品和商品流通企业用于销售的物品具有类似性质，因此产成品和商品也可统称为商品。

周转材料（revolving materials）是指能够多次使用但不符合固定资产条件的用品，主要包括用于包装本企业商品的各种包装物（但一次性包装材料不作为周转材料，而是作为原材料对待）、工具、管理用具、玻璃器皿、劳动保护用品、在生产经营过程中周转使用的容器等低值易耗品，以及建造承包商的钢模板、木模板、脚手架等。多数周转材料从性质上讲具有固定资产特征，经多次使用不改变其实物形态，因而，只要周转材料符合固定资产标准，就应作为固定资产对待。

（2）按取得存货的不同来源分类。按取得存货不同的来源，存货可以分为外购取得的存货、加工制造取得的存货（含委托外单位加工的存货）和其他方式取得的存货。

外购取得的存货是从企业外部购入的存货，如商业企业的外购商品，工业企业的外购材料、外购零部件等。

加工制造取得的存货是由企业制造的存货，如工业企业的自制材料、在产品、产成品等。委托加工存货也是一种自制存货，是指企业将外购或自制的某些存货通过支付加工费的方式委托外单位进行加工生产的存货，如工业企业的委托加工物资、委托加工商品等。

其他方式取得的存货主要是外购和加工制造以外的方式取得的存货，这些方式主要有：投资者投入，接受捐赠，非货币性资产交换换入，债务重组方式取得等。

3.1.2 存货的初始确认和计量①

存货的初始确认和计量是指取得的符合存货标准的资产确认时间、项目和金额。

1. 存货的初始确认

按照会计准则的相关要求，符合以下持有目的或用途的资产才作为存货：

（1）在正常生产经营过程中持有待售的资产（如产成品）；

（2）为了销售但仍在生产过程的资产（如在产品）；

（3）在生产或提供服务的过程中将消耗的资产（如周转材料、物料用品等）。

会计准则要求，企业对存货进行初始确认要同时满足两个条件：一是对存货有控制权；二是预期存货带来的未来经济利益以及存货的成本能够可靠计量。

因此，只有符合存货持有目的或用途条件，且同时满足企业对存货拥有控制权、预期存货带来未来经济利益及存货成本能够可靠计量的资产，才可以作为存货项目予以确认。

按照这一存货确认原则，制造业企业通过各种方式取得以备出售的商品、为销售而处于生产过程中的在制品，以及在生产或提供劳务过程中将被消耗的原材料、物料用品和低值易耗品等，都属于应确认的存货。

---

① 需要说明的是，目前已全面实行营业税改征增值税，下面涉及增值税核算的内容，仅讲述基本核算方法，具体核算方法详见第9章9.5节“应交税费”。

2. 存货的初始计量

初始成本也称为初始入账价值。企业会计准则要求，存货以成本进行初始计量。不同来源取得的存货，其成本的构成各不相同，本章仅对外购存货成本的确定方法进行说明。

根据我国会计准则的有关规定，外购存货以其采购成本入账，存货的采购成本包括购货价格、相关税费以及其他可直接归属于存货采购成本的费用。

（1）购货价格是因购货而支付的对价，但不包括按规定可以抵扣的增值税额。支付的对价一般按照购货发票上注明的货款价格（不包括准予抵扣的增值税）确定。发生现金折扣时，一般也不调整购货价格，而是把获得的现金折扣作为理财收入冲减财务费用。

（2）相关税费一般是指企业外购货物应支付的税金及相关费用。

（3）其他可直接归属于存货采购成本的费用，一般是指为使外购存货达到预定可使用状态所支付的除买价及相关税费以外的费用，主要包括：外购存货到达仓库以前发生的仓储费、包装费、运输费、保险费、运输途中合理损耗以及入库前的挑选整理费用等。发生这些可归属于存货采购成本的费用时，一般根据这些费用的受益对象，直接计入或选择合理分配标准计入各受益对象。

例3-1

北京宏达电子股份有限公司根据发生的有关存货的经济业务，编制会计分录如下：

原始凭证
购销合同
增值税专用发票
电汇凭证
记账凭证

（1）2021年3月5日，宏达公司从郑新达科技有限公司购入一批CPU插件，进货价格10 000元，增值税1 300元，货款总额11 300元，付款条件为“1/20，n/30”；该公司在20天内付款，获得现金折扣1%，计113元（11 300×1%），实际支付价款11 187元。相关的业务单据请扫描二维码。

1）购入原材料时：

借：原材料——CPU插件　　10 000
　　应交税费——应交增值税（进项税额）　　1 300
　贷：应付账款——郑新达　　11 300

2）支付价款时：

借：应付账款——郑新达　　11 300
　贷：银行存款　　11 187
　　　财务费用　　113

原始凭证
增值税专用发票
运费分配计算单
记账凭证

（2）3月8日，宏达公司从郑新达科技有限公司购入CPU插件和显示器两种原材料，价格分别为20 000元和30 000元，增值税为6 500元；运输费为400元，运输费增值税为36元；全部价款为56 936元。运输费按照两种原材料的价格进行分配。相关的业务单据请扫描二维码。

$$\text{原材料入账价值合计}=20\,000+30\,000+400=50\,400(\text{元})$$

$$\text{CPU插件入账价值}=20\,000+400\times\frac{20\,000}{20\,000+30\,000}=20\,160(\text{元})$$

$$\text{显示器入账价值}=30\ 000+400\times\frac{30\ 000}{20\ 000+30\ 000}=30\ 240(\text{元})$$

$$\text{增值税进项税额}=6\ 500+36=6\ 536(\text{元})$$

借：原材料——CPU 插件	20 160	
——显示器	30 240	
应交税费——应交增值税（进项税额）	6 536	
贷：应付账款——郑新达		56 936

3.2 存货的取得和发出

3.2 即测即评

存货包括的内容很多，本章仅以原材料为例说明存货取得和发出的会计处理。

实务中，企业可以根据自身生产经营特点及管理要求，对原材料采用不同的方法进行核算。根据“原材料”科目记录的价格不同，原材料的核算方法可以分为两种：一是按实际成本记录；二是按计划成本记录。

3.2.1 “原材料”科目按实际成本记录

“原材料”科目按实际成本记录时，原材料的收入、发出及结存都按其实际成本计价。会计核算上，一般需要设置“原材料”“在途物资”“委托加工物资”“生产成本”等科目，并按材料种类设置明细科目。

“原材料”科目按实际成本记录时，由于不同批次购入或形成的原材料的单位成本不同，发出、领用原材料时，应按一定方法计算确定发出、领用原材料的实际成本。企业可根据实际情况，选择采用**先进先出法**（first-in first-out, FIFO）、**加权平均法**（weighted average method）、**移动平均法**（moving weighted average method）和**个别计价法**（specific identification）等。先进先出法、加权平均法、移动平均法及个别计价法在《基础会计（原初级会计学）》成本计算部分都有详细说明和举例，在此不予赘述。

对不同的原材料可采用不同的计价方法，但企业在同一会计年度内不能随意变更同种原材料的计价方法。确需要变更计价方法的，因变更计价方法而对本期及以后各期有重大影响时，应按会计政策变更的要求在会计报表附注中披露变更理由及其对财务状况和经营成果的影响。

不同方式（外购、自制、委托加工、接受投资、接受捐赠等）取得的原材料，其会计处理方法各不相同，本节仅重点说明外购原材料和委托加工原材料的会计处理方法。

1. 外购原材料

企业外购材料时，既可以从本地进货，也可以从外埠进货。企业从外埠进货时，结算凭证通过银行传递，材料由有关部门运输。因此，企业从外埠采购材料时，收到结算凭证的时间和材料验收入库的时间并不一定完全一致。有三种可能：(1) 结算凭证到达的同时，材料验收入库；(2) 结算凭证先到，材料后入库；(3) 材料先验收入库，结算凭证后到。企业从本地进货时，一般于同日收到结算凭证并将材料验收入库。

(1) 结算凭证到达的同时，材料验收入库。此时应根据入库材料的实际成本，借记“原材料”科目，根据入库材料的增值税，借记“应交税费——应交增值税（进项税额）”科目，根据实际付款金额，贷记“银行存款”“其他货币资金”等科目，或根据已承兑的商业汇票，贷记“应付票据”科目。

例3-2

某企业根据下列购进原材料的经济业务，编制相关会计分录。

1) 从本地以支票购进甲材料，货款计3 164元（其中，价款2 800元，增值税364元）。材料全部验收入库，货款全部支付。

借：原材料　　2 800
　　应交税费——应交增值税（进项税额）　　364
　贷：银行存款　　3 164

如果企业采用的是商业汇票结算方式，在签发承兑商业汇票时：

借：原材料　　2 800
　　应交税费——应交增值税（进项税额）　　364
　贷：应付票据　　3 164

2) 从外埠购进乙材料，货款计45 200元（其中，价款40 000元，准予扣除的增值税5 200元），运费2 180元（其中，价款2 000元，准予扣除的增值税180元），随运费支付的保险费530元（其中，价款500元，准予扣除的增值税30元）。货款已支付，材料验收入库。编制相关的会计分录：

材料成本＝40 000＋2 000＋500＝42 500(元)
进项税额＝5 200＋180＋30＝5 410(元)

借：原材料　　42 500
　　应交税费——应交增值税（进项税额）　　5 410
　贷：银行存款　　47 910

(2) 结算凭证先到，材料后入库。此时应根据有关结算凭证得到的已付款材料价格，借记“在途物资”科目，根据可予抵扣的增值税，借记“应交税费——应交增值税（进项税额）”科目，根据实际付款金额，贷记“银行存款”或“其他货币资金”科目，或根据已承兑的商业汇票，贷记“应付票据”科目等。

例3-3

某企业从外埠购进材料，货款计5 650元（其中，材料价款5 000元，增值税650元），购进材料支付运费436元（其中，价款400元，准予抵扣的增值税36元）、装卸费212元（其中，价款200元，准予抵扣的增值税12元）。结算凭证到达，支付全部货款及运费、装卸费。相关会计分录如下：

材料成本＝5 000＋400＋200＝5 600(元)

进项税额＝650＋36＋12＝698(元)

借：在途物资	5 600	
应交税费——应交增值税（进项税额）	698	
贷：银行存款		6 298

收到材料，验收入库时：

借：原材料	5 600	
贷：在途物资		5 600

（3）材料先验收入库，结算凭证后到。发生此类业务时，因企业从外埠进货未收到有关结算凭证，尚无法确定入库材料实际成本，而且材料先到、结算凭证后到，是材料运输时间短于结算凭证的传递时间所致，并不是一般的赊购业务。因此，为了简化会计核算手续，在收到材料并验收入库时，可以暂不做账务处理，只将有关的入库单证单独保管，待结算凭证到达后，按结算凭证到达同时将材料验收入库的情况处理。但如果会计期末仍有已经入库而未付款的材料，为了反映企业存货及负债的情况，应在月末按货物清单或相关合同协议上的价格暂估入账，借记“原材料”科目，贷记“应付账款”科目，下月初再以红字冲回。由于尚未收到增值税扣税凭证，不需要将增值税的进项税额暂估入账。待取得相关增值税扣税凭证并经认证后，按应计入相关成本费用或资产的金额，借记“原材料”“库存商品”等科目，按可抵扣的增值税额，借记“应交税费——应交增值税（进项税额）”科目，按应付金额，贷记“应付账款”等科目。

例3-4

某企业根据发生的有关购货业务，编制相关会计分录。

1）从外埠采用委托收款结算方式购进的材料已于3月4日收到并验收入库。3月8日结算凭证到达，货款计5 650元（其中，材料价款5 000元，增值税650元），购进材料支付运费436元（其中，价款400元，准予抵扣的增值税36元）、装卸费212元（其中，价款200元，准予抵扣的增值税12元）。结算凭证到达，支付全部货款及运费、装卸费。

3月4日不做入账处理。

3月8日做如下处理：

借：原材料	5 600	
应交税费——应交增值税（进项税额）	698	
贷：银行存款		6 298

2）采用托收承付结算方式从外埠购进的材料已于4月25日收到并验收入

库。5 月 7 日结算凭证到达，货款共计 135 600 元（其中，材料价款 120 000 元，增值税 15 600 元），购进材料支付运费 2 180 元（其中，价款 2 000 元，准予抵扣的增值税 180 元）、装卸费和运输保险费共计 1 272 元（其中，价款 1 200 元，准予抵扣的增值税 72 元）。

4 月 30 日结算凭证未到，按材料价款 120 000 元暂估入账。

借：原材料	120 000	
贷：应付账款		120 000

5 月 1 日将暂估入账的材料以红字冲回。

借：原材料	120 000①	
贷：应付账款		120 000

5 月 7 日结算凭证到达，办理付款手续。

材料成本＝120 000＋2 000＋1 200＝123 200(元)

进项税额＝15 600＋180＋72＝15 852(元)

借：原材料	123 200	
应交税费——应交增值税（进项税额）	15 852	
贷：银行存款		139 052

企业外购原材料可能发生溢余或短缺，应及时查明原因，做出处理，并根据不同的处理结果分别予以反映。(1) 定额内合理损耗，按其实际成本计入入库原材料成本；(2) 超定额损耗，将其中由保险公司、运输部门或其他过失人赔偿后尚不能弥补的部分按具体原因分别作为期间费用（一般以管理费用反映）或营业外支出；(3) 购进原材料发生的非正常损失（如因管理不善造成被盗、丢失、霉烂变质的损失，不包括自然灾害造成的损失），将其实际成本及应负担的进项税额中由保险公司及有关责任人赔偿后尚不能弥补的部分计入营业外支出。

发生购进原材料短缺，尚未查明原因或尚未做出处理之前，一般先按短缺原材料的实际成本记入“待处理财产损溢”科目的借方，贷记“在途材料”等科目；待查明原因后，再转入有关科目，借记“管理费用”“营业外支出”等科目，贷记“待处理财产损溢”等科目。

例 3-5

某企业 5 月 29 日从外埠购进甲材料 100 吨，每吨单价 1 130 元（其中，价款 1 000 元，增值税 130 元），每吨运费 109 元（其中，价款 100 元，增值税 9 元），运输保险费共计 1 060 元（其中，价款 1 000 元，增值税 60 元），货款及运杂费已支付。6 月 4 日原材料到达，验收入库的合格品为 90 吨，残损 5 吨，另 5 吨缺少，原因待查。根据发生的有关购进原材料的经济业务，编制相关会计分录。

---

① □表示红字或冲销。

（1）5月29日付款时。

购进原材料的实际成本=(1 000+100)×100+1 000=111 000(元)

购进原材料的进项税额=(130+9)×100+60=13 960(元)

借：在途物资	111 000	
应交税费——应交增值税（进项税额）	13 960	
贷：银行存款		124 960

（2）6月4日材料验收入库时。

$$单位原材料的实际成本=\frac{111\ 000}{100}=1\ 110(元/吨)$$

$$单位原材料的进项税额=\frac{13\ 960}{100}=139.6(元/吨)$$

入库原材料的实际成本=1 110×90=99 900(元)

短缺原材料的实际成本=1 110×10=11 100(元)

借：原材料	99 900	
待处理财产损溢	11 100	
贷：在途物资		111 000

（3）后查明原因，5吨残损系运输部门失职造成，已由运输部门承担修复费用后作为合格品入库；另外5吨短缺系本单位在提货以后、验收入库以前被盗所致。保险公司已按规定同意赔偿5 000元，但赔款尚未收到。

修复后原材料的实际成本=1 110×5=5 550(元)

被盗原材料的实际成本=1 110×5=5 550(元)

被盗原材料的进项税额=139.6×5=698(元)

被盗原材料的实际损失=5 550+698−5 000=1 248(元)

借：原材料	5 550	
其他应收款	5 000	
营业外支出	1 248	
贷：待处理财产损溢		11 100
应交税费——应交增值税（进项税额转出）		698

企业购进原材料发生溢余时，未查明原因的溢余材料一般只作为代保管物资在备查账中登记，不作为进货业务入账核算。查明原因后根据具体处理决定再做相应的处理。

2. 委托加工原材料

委托加工原材料（outside processing materials）是指由企业提供原料及主要材料，通过支付加工费，由受托加工单位按合同要求加工成企业所需的原材料。企业委托其他单位加工原材料，需要按合同规定支付加工费用，也可能发生相应的运费等，因此拨付加工材料的实际成本、支付的加工费用以及运输材料的运费等共同构成加工原材料的实际成本，待加工材料收回后，应按一定方法计算加工完成的原材料的实际成本。

会计核算上，对于加工原材料的处理有两种方法：一是企业加工业务较多时，单独设置“委托加工物资”或“委托加工材料”科目进行总分类核算，并按委托加工合同和受托加工单位设置明细科目，同时按加工原材料的成本构成项目进行明细核算；二是在企业加工业务较少且加工原材料的成本核算较简单的情况下，不单独设置“委托加工物资”或“委托加工材料”科目，而是通过“原材料”“外购商品”等科目进行核算，即在“原材料”“外购商品”等科目中设置“委托加工”明细科目对加工原材料的业务进行核算。下面以企业设置“委托加工物资”科目的方法为例，说明委托加工原材料的会计处理方法。

例3-6

某企业有关委托加工原材料的经济业务如下：

（1）按合同约定，将库存积压的甲材料拨付某加工厂进行加工，以制成生产产品所需的乙材料。拨付加工甲材料的实际成本共计5 000元。

借：委托加工物资——××加工厂　　5 000
　贷：原材料——甲材料　　5 000

（2）以现金支付运送甲材料的运费506.85元（其中，价款465元，准予抵扣的增值税41.85元）。

借：委托加工物资——××加工厂　　465.00
　　应交税费——应交增值税（进项税额）　　41.85
　贷：库存现金　　506.85

（3）按规定以银行存款支付全部加工费用2 260元（其中，价款2 000元，准予抵扣的增值税260元）。

借：委托加工物资——××加工厂　　2 000
　　应交税费——应交增值税（进项税额）　　260
　贷：银行存款　　2 260

（4）委托加工的材料有一半加工完成，将加工完成的乙材料收回，以现金支付收回乙材料的运费327元（其中，价款300元，准予抵扣的增值税27元）。

借：委托加工物资——××加工厂　　300
　　应交税费——应交增值税（进项税额）　　27
　贷：库存现金　　327

（5）收回的加工材料验收入库，实际成本为4 032.5元。其计算过程是：

$$耗用的甲材料成本=\frac{5\ 000}{2}=2\ 500(元)$$

$$负担的拨付材料的运费=\frac{465}{2}=232.5(元)$$

$$负担的加工费用=\frac{2\ 000}{2}=1\ 000(元)$$

负担的收回材料的运费＝300(元)

实际成本＝2 500＋232.5＋1 000＋300＝4 032.5(元)

借：原材料——乙材料 4 032.50

　　贷：委托加工物资——××加工厂 4 032.50

“委托加工物资”科目的借方余额3 732.5元表示企业尚未加工完成的原材料的实际成本。

3. 发出材料的实际成本的计算与结转

“原材料”科目按实际成本记录的情况下，发出原材料的实际成本应按一定的存货计价方法计算确定。在会计核算上，发出原材料时，应按其具体用途反映原材料的实际耗费情况，借记有关科目，贷记“原材料”科目。其中，直接用于产品生产的，应借记“生产成本”科目；用于车间一般耗用的，应借记“制造费用”科目；用于企业管理方面的，借记“管理费用”科目；为销售产品而消耗的，借记“销售费用”科目；等等。

例3－7

某企业根据当月发料凭证，按领用部门和材料用途编制发料凭证汇总表，详见表3－1。

表3－1 发料凭证汇总表 单位：元

应借科目	应贷科目：原材料		
	原料及主要材料	辅助材料	合计
生产成本	50 000	2 400	52 400
制造费用	1 000	1 100	2 100
管理费用	3 000	800	3 800
销售费用		7 000	7 000
委托加工物资	10 000	6 000	16 000
合计	64 000	17 300	81 300

根据发料凭证汇总表编制会计分录如下：

借：生产成本 52 400

　　制造费用 2 100

　　管理费用 3 800

　　销售费用 7 000

　　委托加工物资 16 000

　　贷：原材料 81 300

3.2.2 “原材料”科目按计划成本记录

“原材料”科目按计划成本记录时，原材料的收入、发出及结存都按其计划成本计价。在会计核算上，一般应设置“材料采购”“原材料”“材料成本差异”

等科目对原材料日常收发业务进行核算。

1. 原材料收发核算的一般程序和方法

会计实务中，“原材料”科目按计划成本记录的情况下，原材料收发业务一般包括六个方面的内容。按下列程序和方法进行会计处理：

（1）采购材料时，按发生的属于材料成本的价款和运杂费等借记“材料采购”科目，按应予抵扣的进项税额借记“应交税费——应交增值税（进项税额）”科目，按实际付款额贷记“银行存款”“库存现金”“其他货币资金”等科目。

（2）月份终了（或材料入库时），根据已经办理结算的入库外购材料的计划成本，借记“原材料”科目，贷记“材料采购”科目。同时，按入库材料的实际成本小于计划成本的差额，借记“材料采购”科目，贷记“材料成本差异”科目，或按入库材料的实际成本大于计划成本的差额，借记“材料成本差异”科目，贷记“材料采购”科目。

（3）月份终了，对于尚未收到发票账单的收料凭证，应抄列清单，并按计划成本暂估入账，借记“原材料”科目，贷记“应付账款”科目，下月初用红字冲回。

（4）发出材料时，根据领用的部门和具体用途，按发出原材料的计划成本，借记“生产成本”“制造费用”“管理费用”“销售费用”“委托加工物资”等科目，贷记“原材料”科目。

（5）月份终了，将材料成本差异总额在发出材料和期末库存材料之间分摊，按照发出原材料的计划成本分摊的成本差异额，借记“生产成本”“制造费用”“管理费用”“销售费用”“委托加工物资”等科目，贷记“材料成本差异”科目（其中，实际成本大于计划成本的超支差异用蓝字登记，实际成本小于计划成本的节约差异用红字登记）。

计算发出材料应负担的成本差异的方法有两种：一是按当月的成本差异率计算；二是按上月的成本差异率计算。为保持会计方法的一贯性，计算方法一经确定，不得随意变更。成本差异率的计算公式为：

$$本月材料成本差异率=\frac{\text{月初结存材料的成本差异}+\text{本期收入材料的成本差异}}{\text{月初结存材料的计划成本}+\text{本期收入材料的计划成本}}\times 100\%$$

$$月初材料成本差异率=\frac{\text{月初结存材料的成本差异}}{\text{月初结存材料的计划成本}}\times 100\%$$

计算分摊材料成本差异时，需要注意以下四点：

1）为及时将发生的材料成本差异结转到相应的成本费用中，并获得原材料实际消耗成本的信息，发出材料应负担的成本差异应按月分摊，不得在季末或年末一次性分摊计算。

2）发出材料应负担的成本差异，除委托外部加工发出材料可按照月初成本差异率计算外，应尽可能使用本月的实际成本差异率；在月初成本差异率与本月实际成本差异率相差不大的情况下，也可按照月初成本差异率计算。

3）月末结算凭证未到而以计划价格将该原材料入账后，在计算当月材料成本差异时，参与分摊材料成本差异的原材料计划成本理论上不应包括月末估计入账的原材料价值，但为简化核算手续，保持各月份对原材料采购发出业务会计处理方法的一致性，并遵循重要性原则进行会计处理，一般将按计划价格估价入账的原材料视为其采购成本与计划成本一致，一并参与材料成本差异的分摊。

4）分摊差异使用的成本差异率计算方法一经确定，不得随意变更。

（6）会计期末，“材料采购”科目的借方余额反映已承担所购材料风险和报酬但尚未验收入库的在途物资的实际成本；“原材料”科目的借方余额反映入库后未发出的原材料的计划成本；“材料成本差异”科目的余额反映入库后未发出的原材料负担的材料成本差异。在编制资产负债表时，应将“材料采购”“原材料”科目的借方余额合计再加上“材料成本差异”科目的借方余额或减去“材料成本差异”科目的贷方余额后的数额作为存货项目的组成内容予以反映。

2. 原材料收发核算举例

下面主要针对外购原材料实行计划成本核算的一般方法进行举例说明。

例3-8

某企业对甲材料采用计划成本核算，甲材料计划单位成本为 25 元/千克。1 月 31 日，有关甲材料的科目余额如表 3-2 所示。

表3-2 科目余额

科目名称	余额方向	金额（元）
材料采购	借方	3 270
原材料	借方	14 700
材料成本差异	贷方	370

根据 2 月份发生的有关甲材料收入、发出及结存的经济业务，编制会计分录如下：

（1）上月已经办理结算但材料尚未运到的在途物资 132 千克，于本月 3 日全部到达并入库。材料实际成本 3 270 元，计划成本 3 300 元（132×25）。

借：原材料　　3 300
　贷：材料采购　　3 300

（2）2 月 18 日采购甲材料 480 千克，材料验收入库，货款 13 560 元（其中，价款 12 000 元，增值税 1 560 元）以支票付讫，并以现金支付装卸费 106 元（其中，价款 100 元，准予抵扣的增值税 6 元）。

材料实际成本＝12 000＋100＝12 100(元)

材料计划成本＝480×25＝12 000(元)

借：材料采购　　12 100
　　应交税费——应交增值税（进项税额）　　1 566
　贷：银行存款　　13 560
　　　库存现金　　106

同时，

借：原材料　　12 000

　贷：材料采购　　12 000

（3）2月25日从外埠采购甲材料180千克，结算凭证到达并办理付款手续。付款总额为5 010.1元，其中，货款4 859元（包括价款4 300元和准予抵扣的增值税559元），进货运费98.1元（包括价款90元和准予抵扣的进项税额8.1元），装卸费53元（包括价款50元和准予抵扣的增值税3元）。材料尚未运到。

材料实际成本＝4 300＋90＋50＝4 440(元)

材料进项税额＝559＋8.1＋3＝570.1(元)

借：材料采购　　4 440.00

　　应交税费——应交增值税（进项税额）　　570.10

　贷：银行存款　　5 010.10

（4）本月购进的甲材料300千克已经验收入库，月末时结算凭证仍未到。先按计划成本入账，下月初用红字冲回。

材料计划成本＝300×25＝7 500(元)

1）本月末。

借：原材料　　7 500

　贷：应付账款　　7 500

2）下月初。

借：原材料　　[7 500]

　贷：应付账款　　[7 500]

（5）根据本月发料凭证汇总表，共计发出材料960千克，计划成本24 000元。其中：直接用于产品生产600千克，计划成本15 000元；车间一般耗用300千克，计划成本7 500元；管理部门耗用40千克，计划成本1 000元；产品销售消耗20千克，计划成本500元。

借：生产成本　　15 000

　　制造费用　　7 500

　　管理费用　　1 000

　　销售费用　　500

　贷：原材料　　24 000

（6）月末结转已付款并验收入库材料发生的成本差异，详见表3-3。

表3-3　甲材料采购明细账

借方							贷方						材料成本差异
日期	供货单位	凭证号数	摘要	实际成本	其他	合计	日期	凭证号数	摘要	计划成本	其他	合计	
2月1日	略		略	3 270		3 270	2月3日	1	略	3 300		3 300	－30

续表

借方							贷方						材料成本差异
日期	供货单位	凭证号数	摘要	实际成本	其他	合计	日期	凭证号数	摘要	计划成本	其他	合计	
2月18日		2		12 100		12 100	2月18日	2		12 000		12 000	+100
2月25日		3		4 440		4 440							
2月28日			月结	19 810		19 810			月结	15 300		15 300	+70
			结转差异									70	
			余额			4 440*							

*余额表示在途物资。

借：材料成本差异　　70

　贷：材料采购　　70

月末，“材料采购”科目的借方余额4 440元，表示在途物资成本，转入下月材料采购明细账。

（7）按本月材料成本差异率，计算分摊本月发出材料负担的成本差异，将发出材料的计划成本调整为实际成本。其计算过程是：

$$本月材料成本差异率=\frac{-370+70}{14\ 700+12\ 000+3\ 300+7\ 500}\times100\%=-0.8\%$$

生产成本负担的差异=15 000×(−0.8%)=−120(元)

制造费用负担的差异=7 500×(−0.8%)=−60(元)

管理费用负担的差异=1 000×(−0.8%)=−8(元)

销售费用负担的差异=500×(−0.8%)=−4(元)

借：生产成本　　120

　　制造费用　　60

　　管理费用　　8

　　销售费用　　4

　贷：材料成本差异　　192

月末，有关甲材料的科目余额如表3-4所示。

表3-4　有关甲材料的科目余额

科目名称	余额方向	金额
材料采购	借方	4 440元
原材料	借方	13 500元（14 700+12 000+3 300+7 500−24 000）
材料成本差异	贷方	108元（370−70−192）

库存原材料的实际成本=13 500−108=13 392(元)

假如不考虑材料跌价准备，资产负债表中的“存货”项目应为17 832元（4 440+13 392）。

原材料的日常核算既可以采用计划成本，也可以采用实际成本，还可以对不同的材料分别采用计划成本或实际成本。具体采用哪种方法，由企业根据具体情况自行决定。一般来说，材料品种繁多的企业，可以采用计划成本进行日常核算；对于某些品种不多且占产品成本比重较大的原料或主要材料，也可以单独采用实际成本进行核算，以保证产品成本的真实、准确。对于企业规模较小、材料品种简单、采购业务不多的企业，一般采用实际成本进行原材料的日常收发核算。企业在选用材料核算方法后，一般不得随意变更，如需变更，应按会计政策变更的原则进行处理。

3.2.3 商品流通企业的库存商品

商品流通企业在采购商品过程中发生的运输费、装卸费、保险费以及其他可归属于存货采购成本的费用等进货费用，应当计入存货采购成本，也可以先进行归集，期末根据所购商品的存销情况进行分摊。对于已售商品的进货费用，计入当期损益；对于未售商品的进货费用，计入期末存货成本。企业采购商品的进货费用金额较小的，可以在发生时直接计入当期损益。

3.3 存货期末计价

3.3 即测即评

存货期末计价是指会计期末对存货价值的重新计量。根据我国企业会计准则的有关规定，资产负债表日，企业的存货应当按照成本与可变现净值孰低法计量。当存货成本低于可变现净值时，存货按成本计量；当存货成本高于可变现净值时，存货按可变现净值计量，同时按照成本高于可变现净值的差额计提存货跌价准备，计入当期损益（资产减值损失）。

3.3.1 可变现净值的确定方法

1. 存货的可变现净值

存货可变现净值是指企业在日常活动中，存货的估计售价减去至完工时估计将要发生的成本、估计的销售费用以及相关税费后的金额。可变现净值实质上是存货在正常生产经营环境下可获得的未来净现金流入，而不是存货的售价（市价或合同价）。

理解存货可变现净值，需要注意以下四个问题：

（1）确定存货可变现净值应基于企业处于正常的经营活动这一前提，如果企业处于清算过程，则不可按照上述方法确定存货的可变现净值。

（2）存货可变现净值表现为存货的预计未来现金流量而不是存货的售价或合同价格。也就是说，企业预计的销售存货现金流量，并不完全等于存货的可变现净值。存货在销售过程中可能发生的销售费用和相关税费，以及为达到预定可销售状态还可能发生的加工成本等相关支出，构成现金流入的抵减项目。企业预计的销售存货现金流量，扣除这些抵减项目后，才能确定存货的可变现净值。

（3）确定存货可变现净值应以确凿证据为依据。存货可变现净值的确凿证据，是指对确定存货的可变现净值有直接影响的客观证明，如产成品或商品的市场销售价格、与产成品或商品相同或类似商品的市场销售价格、销货方提供的有关资料和生产成本资料等。

（4）为直接出售而持有的存货和为加工制造而持有的存货，其可变现净值的确定方法不同。即使都是为直接出售而持有的存货，有合同约定和没有合同约定的，其可变现净值的确定方法也不一样。

2. 存货可变现净值的确定方法

直接对外出售的存货与为生产目的而持有的存货的可变现净值的确定方法有所不同。

直接对外出售的存货一般是指企业生产的产品，购入并直接对外销售的商品，以及购入未用且不再需要投入生产的材料等。由于这部分存货不需要继续加工，不存在生产环节的继续投入，因此，其可变现净值的计算方法如下：

$$\text{直接对外出售存货的可变现净值}=\text{估计售价}-\text{估计销售费用}-\text{估计发生的相关税费}$$

为生产目的而持有的存货主要是指企业的原材料、在产品和委托加工材料等。由于这部分存货还要继续加工，不能直接出售，因此需要先将这部分存货的数量采用一定方法折算为直接出售存货的数量，采用前述方法确定其估计售价，再扣除继续加工的成本和相关税费确定其可变现净值，计算方法如下：

$$\text{为生产目的持有存货的可变现净值}=\text{估计售价}-\text{估计继续加工成本}-\text{估计销售费用}-\text{估计发生的相关税费}$$

3. 存货估计售价的确定方法

企业的存货可以分为有合同约定的存货和无合同约定的存货。而合同约定既可以是对现有存货的出售约定，也可以是对即将产出或购入存货的出售约定。对于有合同约定的存货，应以存货的合同价格作为估计售价；对于无合同约定的存货，应以市场销售价格作为估计售价。资产负债表日，同一项存货中一部分有合同价格约定、其他部分不存在合同价格的，应当分别确定其可变现净值，并与其相对应的成本进行比较，分别确定存货跌价准备的计提或转回的金额。

3.3.2 成本与可变现净值的比较方法

存货按成本与可变现净值孰低法计价时，可以采用不同的方法对成本与可变现净值进行比较。比较的方法主要有三种：按存货项目比较、按存货类别比较和按全部存货比较。这三种方法的区别可以通过表 3-5 的数据予以解释。

表3-5 成本与可变现净值比较表 单位：元

项目	成本	可变现净值	成本与可变现净值孰低的选择金额		
			按存货项目	按存货类别	按全部存货
家用电器类					
A					
有合同约定	1 000	1 500	1 000		
无合同约定	0	0	0		
B					
有合同约定	0	0	0		
无合同约定	4 000	3 000	3 000		
小计	5 000	4 500	—	4 500	
百货类					
C					
有合同约定	0	0	0		
无合同约定	3 500	3 000	3 000		
D					
有合同约定	1 000	1 400	1 000		
无合同约定	1 000	1 400	1 000		
小计	5 500	5 800	—	5 500	
合计	10 500	10 300	9 000	10 000	10 300

1. 按存货项目比较

按存货项目比较时，只要某存货项目的可变现净值低于其成本，就将该存货项目按可变现净值计价，不考虑其他存货的可变现净值是否低于成本，不受其他存货可变现净值大小的影响。当某存货项目的成本高于该项目的可变现净值时，就应按其差额对该存货项目计提存货跌价准备。

在表3-5中，企业如果采用按存货项目比较的方法，应对家用电器类中无合同约定的存货项目B计提存货跌价准备1 000元（4 000－3 000），对百货类中无合同约定的存货项目C计提存货跌价准备500元（3 500－3 000），共应计提存货跌价准备1 500元。

2. 按存货类别比较

按存货类别比较时，只要某类存货的可变现净值低于其成本，就将该类存货按可变现净值计价，不考虑其他类存货的可变现净值是否低于成本，不受其他类别存货市价的影响。但采用这种方法时，有些存货的可变现净值可能高于、低于或等于其成本，按该类存货可变现净值总额计价就会将不同存货项目可变现净值与成本的差异相互抵销，使得不同存货项目的可变现净值与成本的关系不能清晰地反映。

在表3-5中，如果企业采用按存货类别比较的方法，则应对全部存货计提存货跌价准备500元（5 000－4 500），共应计提存货跌价准备500元。

3. 按全部存货比较

按全部存货比较时，只有全部存货的可变现净值低于全部存货的成本时，才按可变现净值计价。这种情况下，不仅会将不同存货项目之间可变现净值与成本的差异相互抵销，而且会将不同存货类别之间可变现净值与成本之间的差异相互抵销，使得不同存货项目的可变现净值与成本的关系，以及不同类别存货可变现净值与成本的关系无法清晰地反映。

在表 3-5 中，如果企业采用按全部存货比较的方法，则应对全部存货共计提 200 元（10 500－10 300）的存货跌价准备。

根据我国企业会计准则的规定，企业通常应当按照单个存货项目计提存货跌价准备。存货项目不多，或虽然存货项目很多但属于重要的存货项目（如原材料中的主要材料、产品中的主要产品等），应采用单项比较法计提存货跌价准备。资产负债表日同一项存货中一部分有合同约定价格，另一部分不存在合同约定价格的，应分别确定其可变现净值，并与相应的存货成本进行比较，分别确定存货跌价准备，不得合并计量存货跌价准备，由此计提的存货跌价准备不得相互抵销。

如果企业的存货项目过多，也可以按存货类别进行成本与可变现净值的比较。与在同一地区生产和销售的产品系列相关、具有相同或类似最终用途或目的且难以与其他项目分开计量的存货，也可以合并计提存货跌价准备。但不论企业根据具体情况使用哪一种方法，原则上应保持各期方法的一致性。

3.3.3 存货发生减值的迹象与减值计量

1. 判断存货发生减值的主要迹象

会计实务中，一般可根据下列迹象判断存货发生了减值，并计提存货跌价准备，确认存货减值损失：

(1) 市价持续下跌，并且在可预见的未来无回升的希望；

(2) 企业使用该项原材料生产的产品的成本大于产品的销售价格；

(3) 企业因产品更新换代，原有库存原材料已不适应新产品生产的需要，而该原材料的市场价格又低于其账面价值；

(4) 企业所提供的商品或劳务过时或消费者偏好改变而使市场需求发生变化，导致市场价格逐渐下跌；

(5) 其他足以证明该项存货实质上已经发生减值的情形。

2. 存货跌价准备的计量

存货发生减值时，应采用合理方法对存货成本与可变现净值进行比较。若存货可变现净值低于存货成本，应将该差额作为存货跌价准备，抵减存货成本以反映存货的可变现净值。在存货跌价准备的计量中，应注意以下问题：

(1) 当存在以下一项或若干项情况时，表明存货价值为零，此时应将存货账面价值（存货成本减去该存货计提的存货跌价准备后的余额）全额计提存货跌价准备并计入当期损益。这些情况包括：已霉烂变质的存货，已过期且无转让价值的存货，生产中已不再需要并且已无使用价值和转让价值的存货，其他足以证明已无使用价值和转让价值的存货。

（2）已计提跌价准备的存货转出时（如销售、消耗、换出、损失等），转出存货部分所计提的跌价准备也应一并转出，即转出存货以账面价值计量。这种情况下，一般按转出存货成本占该存货成本（单项计提存货跌价准备的为该存货项目的成本，按存货类别计提存货跌价准备的为该类存货的成本）的比例，对计提的存货跌价准备分摊，以确定转出存货应承担的存货跌价准备。

（3）为生产而持有的材料以及为继续加工而拥有的在产品、委托加工物资等，是否计提跌价准备，不能只考虑其自身的可变现净值与其成本的关系，而应以其完成生产过程后的产成品的可变现净值与产成品的生产成本的关系为判断基础。即如果用其生产的产成品的可变现净值不低于产成品的成本，无论其市场价格是否下降，这些材料、在产品仍以成本计量；如果用其生产的产成品的可变现净值低于产成品的成本，且其价格有明显下降时，这些材料、在产品应按可变现净值计量，并按其差额计提存货跌价准备。

（4）当减记存货价值（计提存货跌价准备）的影响因素已经消失时，应在原已计提的存货跌价准备的金额内转回，按转回金额冲减资产减值损失和存货跌价准备。转回的存货跌价准备与计提该跌价准备的存货项目或类别应当直接对应，转回的金额以该存货跌价准备额为限。

计提存货跌价准备时，借记“资产减值损失——存货跌价准备”科目，贷记“存货跌价准备”科目；存货跌价准备转回时，做相反会计分录。“存货跌价准备”可按存货种类设置明细科目。已计提存货跌价准备的存货发出时，应将与发出存货相对应的存货跌价准备一并转出。

下面举例说明存货跌价准备的会计处理及存货期末列报方法。

例 3-9

某企业自 20×1 年开始对存货采用成本与可变现净值孰低法计价，并采用按存货类别计提存货跌价准备的方法。20×1 年年末，该企业存货账面成本为 730 000 元，其中，原材料 80 000 元，在产品 200 000 元，库存商品 300 000 元，周转材料 150 000 元。20×1 年年末，该企业应计提的存货减值准备分别为：原材料 200 元，库存商品 1 000 元，周转材料 2 800 元，共计 4 000 元。

20×1 年年末应编制如下会计分录：

借：资产减值损失——存货跌价准备	4 000	
贷：存货跌价准备——原材料		200
——库存商品		1 000
——周转材料		2 800

计提存货跌价准备后，资产负债表上列示的存货价值为 726 000 元（730 000－4 000）。

当转出已计提跌价准备的存货时，转出存货部分所计提的存货跌价准备也应一并转销。

例3－10

沿用例3－9的资料，假如20×2年年初生产领用材料（均为20×1年年末的原材料）40 000元，应转销的原材料存货跌价准备为100元（(40 000÷80 000)×200）。

应编制如下会计分录：

借：生产成本	39 900	
存货跌价准备——原材料	100	
贷：原材料		40 000

例3－11

沿用例3－9的资料，假如20×2年2月将库存商品330 000元出售（20×2年年初库存商品全部出售，并将20×2年1月购入并未计提过存货跌价准备的商品的一部分出售），出售该批库存商品应转销的存货跌价准备为1 000元。

结转商品销售成本时，应编制如下会计分录：

借：主营业务成本	329 000	
存货跌价准备——库存商品	1 000	
贷：库存商品		330 000

例3－12

沿用例3－9至例3－11的资料，20×2年年末，该企业存货账面余额为450 000元，其中，原材料50 000元，在产品150 000元，库存商品100 000元，周转材料150 000元。按存货类别确定的存货跌价准备分别为：原材料700元，库存商品300元，周转材料1 700元，共计2 700元。对此，应对原材料计提存货跌价准备600元（700－(200－100)），对库存商品计提存货跌价准备300元，冲减（转回）周转材料已计提的存货跌价准备1 100元。

应编制如下会计分录：

借：资产减值损失——存货跌价准备	600	
贷：存货跌价准备——原材料		600
借：资产减值损失——存货跌价准备	300	
贷：存货跌价准备——库存商品		300
借：存货跌价准备——周转材料	1 100	
贷：资产减值损失——存货跌价准备		1 100

20×2年年末，资产负债表上列示的存货价值为447 300元（450 000－2 700）。

除在资产负债表上以存货账面价值列示于存货项目外，还应按存货种类披露存货账面余额及存货跌价准备的情况。如表3－6和表3－7所示。

表3－6 存货账面金额 单位：元

存货种类	年初账面余额	本期增加额	本期减少额	期末账面余额
1. 原材料	80 000	10 000	40 000	50 000

续表

存货种类	年初账面余额	本期增加额	本期减少额	期末账面余额
2. 在产品	200 000	100 000	150 000	150 000
3. 库存商品	300 000	130 000	330 000	100 000
4. 周转材料	150 000	70 000	70 000	150 000
⋮				
合计	730 000	310 000	590 000	450 000

表 3-7 存货跌价准备

单位：元

存货种类	年初账面余额	本期计提额	本期减少额		期末账面余额
			转回	转销	
1. 原材料	200	600		100	700
2. 在产品					—
3. 库存商品	1 000	300		1 000	300
4. 周转材料	2 800		1 100		1 700
⋮					
合计	4 000	900	1 100	1 100	2 700

3.4 存货清查

企业在进行存货的日常收发及保管过程中，因种种原因可能造成存货实际结存数量与账面结存数量不符，有时还会因非常事项造成存货毁损。为了确保存货账实相符，企业应定期或不定期进行存货清查。发生存货盘盈（实际结存数量大于账面结存数量）、盘亏（实际结存数量小于账面结存数量）及毁损（非常事项造成的存货损失），应及时查明原因，并进行账务处理，以保证账实相符。

1. 存货盘盈

发生存货盘盈时，应按规定的程序报经有关部门（如董事会、管理层或类似机构等）批准后才能做出处理。在批准处理以前，一般先根据盘盈的存货，按同类或类似存货的重置成本计价入账，调整存货账面记录，以使账实相符，即借记“原材料”“库存商品”等科目，贷记“待处理财产损溢——待处理流动资产损溢”科目。

盘盈的存货查明原因后，应按不同的原因及处理决定分别入账，借记“待处理财产损溢——待处理流动资产损溢”科目，贷记有关科目。其中，对于无法确定具体原因的，一般应冲减企业的管理费用，借记“待处理财产损溢——待处理流动资产损溢”科目，贷记“管理费用”科目。

例3-13

某企业进行财产清查，发生如下经济业务：

(1) 盘点原材料，发现甲材料溢余，按重置成本计算其成本为900元，盘盈原因待查。

借：原材料 900

贷：待处理财产损溢——待处理流动资产损溢 900

(2) 查明原因，盘盈的原材料系收发时的计量误差所致，经批准冲销企业的管理费用。

借：待处理财产损溢——待处理流动资产损溢 900

贷：管理费用 900

2. 存货盘亏和毁损

发生存货盘亏和毁损，在批准处理以前，应先通过"待处理财产损溢——待处理流动资产损溢"科目进行核算。盘亏和毁损时，一般按盘亏和毁损存货的实际成本（该实际成本一般按盘亏、毁损的数量和该存货的期初结存单价计算确定），冲减存货的账面记录，借记"待处理财产损溢——待处理流动资产损溢"科目，贷记有关存货科目。

需要指出的是，根据《中华人民共和国增值税暂行条例》的规定，企业发生非正常损失的购进货物以及非正常损失的在产品、产成品所耗用的购进货物或应税劳务的进项税额不得从销项税额中抵扣。因此，非正常损失的存货价值应包括其实际成本和应负担的进项税额两部分，发生非正常损失（因管理不善造成被盗、丢失、霉烂变质的损失）时，应按非正常损失的价值，借记"待处理财产损溢——待处理流动资产损溢"科目，按非正常损失存货的实际成本，贷记有关存货科目，按非正常损失存货应负担的进项税额，贷记"应交税费——应交增值税（进项税额转出）"科目。

查明盘亏和毁损的原因后，应按不同的原因及处理决定分别入账，借记有关科目，贷记"待处理财产损溢——待处理流动资产损溢"科目。其中，属于定额合理盘亏的，一般作为管理费用列支；属于一般经营性损失的，扣除残料价值以及可以收回的保险赔偿和过失人赔偿后的剩余净损失，经批准也可以作为管理费用列支；属于非正常损失的，以及属于自然灾害损失的，按扣除可以收回的保险赔偿及残料价值后的净损失，作为企业的营业外支出处理。

例3-14

某企业发生如下经济业务：

(1) 盘亏甲材料，实际成本为400元，原因待查。

借：待处理财产损溢——待处理流动资产损溢 400

贷：原材料 400

(2) 查明原因，盘亏甲材料系定额内合理损耗，批准作为管理费用列支。

借：管理费用 400

贷：待处理财产损溢——待处理流动资产损溢　400

（3）因管理不善，材料被盗，对财产进行清查盘点。其中，被盗产成品的实际成本为 7 000 元，生产被盗产成品耗用的原材料及应税劳务的进项税额为 350 元，企业已通知保险公司并按保险条款相关内容开始申请理赔。

借：待处理财产损溢——待处理流动资产损溢　7 350
　贷：库存商品　7 000
　　应交税费——应交增值税（进项税额转出）　350

（4）被盗造成的产成品损失处理结果如下：保险公司已确认应赔偿的损失为 3 000 元（赔偿款正在办理中），残料估价 1 350 元作为原材料入库，相关责任人赔偿 650 元（现金已由财务收讫），企业承担损失为 2 350 元。

借：原材料　1 350
　库存现金　650
　其他应收款　3 000
　营业外支出　2 350
　贷：待处理财产损溢——待处理流动资产损溢　7 350

需要强调的是，企业清查的各种存货及其他资产的损溢，应于期末前查明原因，并根据企业的管理权限，经股东大会或董事会，或经理（厂长）会议等类似机构批准后，在期末结账前处理完毕。如清查的各种财产损溢在期末结账前尚未批准的，在对外提供财务报表时应先按上述处理原则进行处理，并在会计报表附注中说明；如果其后批准处理的金额与已处理的金额不一致的，还应作为资产负债表日后事项调整会计报表相关项目的金额。期末，“待处理财产损溢”科目应无余额。

思考题

1. 存货包括的具体内容有哪些？持有这些存货的目的是什么？
2. 不同来源取得的存货，其初始成本在构成上各有什么特点？
3. 原材料按实际成本核算与按计划成本核算相比较各有什么特点？
4. 材料的可变现净值如何确定？
5. 存货减值迹象有哪些？何时表明存货价值为零？

练习题

1. 某企业为增值税一般纳税人，原材料采用实际成本核算，20×1 年 3 月份发生下列经济业务：

（1）购买甲材料，货款总额（含增值税）11 300 元，其中，价款 10 000 元，增值税1 300元，购进货物支付保险费、包装费共300元（保险费和包装费未取得专用发票，无准予抵扣的增值税），货款及保险费以银行存款支付。

（2）购进的甲材料全部验收入库。

（3）同时购进乙和丙两种材料，乙材料300吨，货款总额33 900元（含增值税），丙材料200吨，货款总额22 600元（含增值税），乙、丙两种材料的运费共1 090元（按重量付费且准予抵扣的增值税进项税额为90元）、保险费1 590元（按货物价格支付保险费且准予抵扣的增值税进项税额为90元）。材料款及运杂费以银行存款支付。

（4）乙、丙两种材料均如数运达入库，计算并结转乙、丙材料的实际成本。

（5）购入甲材料，货款总额22 600元（含增值税），货款已支付，但材料未到。

（6）上月已付款的乙材料本月运达，材料全部入库，实际成本为9 000元。

（7）本月运达的丁材料，月末尚未收到结算清单，未办理结算手续，估价金额为30 000元。

要求：根据以上经济业务编制会计分录。

2. 某企业有甲材料、乙产品两种存货因市场价格下跌可能存在减值。其中：

甲材料账面价值300万元。甲材料用于加工制成A产品，在现有环境下，再投入加工费及其他生产必要消耗200万元，即可完成A产品生产。生产的A产品不含税正常售价为510万元，估计销售A产品的销售费用及相关税费为9万元。

乙产品账面价值4 000万元，共有4 000件。其中，1 000件已签订销售合同，合同售价（不含增值税）每件1.3万元，按合同价出售的部分估计将发生销售费用及相关税费（不含增值税）230万元；另3 000件无销售合同，按市场一般销售价格计算售价总额（不含增值税）为3 000万元，估计销售费用及相关税费（不含增值税）为70万元。

要求：根据以上资料确定该企业甲、乙两种存货应确认的减值，并编制会计分录。

3. 某股份有限公司对存货的期末计价采用成本与可变现净值孰低法。该公司存货的有关资料如下：

（1）20×1年年末首次计提存货跌价准备，库存商品的账面成本为50 000元，可变现净值为45 000元。

（2）20×2年将年初存货的一半对外出售，结转销售成本。

（3）20×2年年末，库存商品的账面成本为75 000元，可变现净值为67 000元。

要求：根据上述资料编制存货期末计提跌价准备业务的会计分录。

第4章 金融资产（上）

学习目标

1. 掌握：应收票据、应收账款、其他应收款等应收款项以及交易性金融资产的核算。

2. 理解：金融工具的内容、金融资产的基本分类及各类金融资产的主要特征；应收款项计提坏账准备的目的及影响因素。

3. 了解：应收账款的抵借和让售。

4.1 金融资产及其分类

4.1即测即评

4.1.1 金融工具

经济学上的金融工具一般是指融通资金的工具，泛指各种证明债权债务关系或所有权关系的具有法律效力的凭证。

会计上的**金融工具**（financial instruments）一般是指形成一个企业的**金融资产**（financial assets），并形成另一个企业的**金融负债**（financial liabilities）或**权益工具**（equity instrument）的合同。

4.1.2 金融资产

按照《企业会计准则第22号——金融工具确认和计量》（2017）限定的金融资产的范围，金融资产是指企业持有的货币资金、持有其他企业的权益工具①，以及符合下列任一条件的资产：

（1）从其他方收取现金或其他金融资产的权利；

① 权益工具，是指能证明拥有某个企业在扣除所有负债后的资产中的剩余权益的合同。比如，企业发行的普通股，以及企业发行的使持有者有权以固定价格购入固定数量本企业普通股的认股权证等。

（2）在潜在有利条件下，与其他方交换金融资产或金融负债的合同权利；

（3）将来须用或可用企业自身权益工具进行结算的非衍生工具合同，且企业根据该合同将收到可变数量的自身权益工具；

（4）将来须用或可用企业自身权益工具进行结算的衍生工具合同（不包括以固定数量的自身权益工具交换固定金额的现金或其他金融资产的衍生工具合同）。

与金融工具相关的会计准则所规范的金融资产有哪些？

4.1.3 金融资产分类

金融资产包括的内容很多，可以从不同角度进行分类。

1. 按照经济内容分类

金融资产按照经济内容，主要可分为货币资金、应收票据、应收账款、其他应收款、股权投资、债权投资等。

金融资产按照经济内容分类是最基本的分类，有助于财务报表使用者了解企业的经济业务内容。

2. 按照计量方法分类

金融资产按照计量方法，主要分为按成本计量的金融资产和按公允价值计量的金融资产。其中，成本包括历史成本和摊余成本。历史成本是初始确认金融资产时的入账成本或入账价值；摊余成本指的是某类金融资产的后续计量成本，即在初始计量成本基础上，扣除已偿还的本金，加上未到付息期的应计利息，再加上或减去采用实际利率法对该金融资产初始确认金额与到期金额之间的差额的摊销，并扣除计提的减值准备后的余额。

金融资产按计量方法分类，有助于财务报表使用者理解资产负债表日金融资产的价值信息。

3. 按照金融资产公允价值变动计入财务报表的项目分类

以公允价值计量的金融资产，按照公允价值变动计入财务报表的项目或其对报表的影响，可分为公允价值变动计入当期损益的金融资产和公允价值变动计入其他综合收益的金融资产。

按照金融资产公允价值变动计入财务报表的项目分类，有助于财务报表使用者理解金融资产公允价值变动对利润和所有者权益的影响。

4. 企业会计准则的分类

《企业会计准则第22号——金融工具确认和计量》（2017）规定，企业应根据其管理金融资产的业务模式和金融资产的合同现金流量特征，基于后续计量视角将金融资产分为以摊余成本计量的金融资产、以公允价值计量且其变动计入其他综合收益的金融资产和以公允价值计量且其变动计入当期损益的金融资产三类。

企业管理金融资产的业务模式，是指企业管理其金融资产以产生现金流量的方式。业务模式决定了企业所管理金融资产的现金流量的来源是收取合同现金流量、出售金融资产还是两者兼有。企业管理金融资产的业务模式，是以企业关键管理人员决定的对金融资产进行管理的特定业务目标为基础的。在判断企业管理金融资产的业务模式时，应当以客观事实为依据，不能以按照合理预期不会发生的情形为基础确定。

如何理解新金融工具准则中管理金融资产的业务模式?

金融资产的合同现金流量特征，是指金融工具合同约定的、反映相关金融资产经济特征的现金流量属性。以摊余成本计量的金融资产和以公允价值计量且其变动计入其他综合收益的金融资产在特定日期产生的合同现金流量仅为对本金和以未偿付本金金额为基础的利息的支付。

金融资产的后续计量是金融资产会计的难点和关键。会计准则对金融资产进行三分类，正是着眼于对金融资产后续计量难题进行规范所采用的分类方法，突出强调金融资产后续确认和计量的重要性。这种分类有利于规范金融资产会计信息的生成和列报。但企业持有的非交易性①权益工具投资（如企业持有的限售股等）难以按照上述标准归类，企业会计准则规定，可以将其指定为以公允价值计量且其变动计入其他综合收益的金融资产。

可见，企业会计准则对金融资产分类的方法为：按一般标准进行基本分类，对特殊事项指定归类。

下面具体说明《企业会计准则第 22 号——金融工具确认和计量》（2017）关于金融资产的三分类。

（1）以摊余成本计量的金融资产。该类金融资产应同时符合两个条件：一是企业管理该金融资产的业务模式以收取合同现金流量为目标；二是该金融资产的合同条款规定，在特定日期产生的现金流量仅为本金和以未偿付本金金额为基础的利息。符合该条件的金融资产主要包括应收账款、应收票据、其他应收款、债权投资等。

（2）以公允价值计量且其变动计入其他综合收益的金融资产。该类金融资产应同时符合两个条件：一是企业管理金融资产的业务模式既以收取合同现金流量为目标又以出售该金融资产为目标；二是该金融资产的合同条款规定，在特定日期产生的现金流量，仅为对本金和以未偿付本金为基础的利息。符合上述条件的金融资产主要包括其他债权投资和其他权益工具投资等。

另外，企业会计准则允许企业将持有的非交易性权益工具投资指定为以公允价值计量且其变动计入其他综合收益的金融资产，其公允价值的后续变动计入其他综合收益，不需计提减值准备。除了获得的股利收入（明确作为投资成本部分收回的股利收入除外）计入当期损益外，其他相关的利得和损失（包括汇兑损益）均计入当期其他综合收益，且后续不得转入损益。当该金融资产终止确认时，之前计入其他综合收益的累计利得或损失应当从其他综合收益中转出，计入留存收益。指定一经做出，不得撤销。

---

① 金融资产满足下列条件之一的，表明企业持有该金融资产的目的是交易性的：（1）取得相关金融资产的目的，主要是为了近期出售或回购；（2）相关金融资产在初始确认时属于集中管理的可辨认金融工具组合的一部分，且有客观证据表明近期实际存在短期获利模式；（3）相关金融资产属于衍生工具（但不包括符合财务担保合同定义的衍生工具以及被指定为有效套期工具的衍生工具）。

（3）以公允价值计量且其变动计入当期损益的金融资产。企业会计准则规定，不属于以摊余成本计量，也不属于以公允价值计量且其变动计入其他综合收益的金融资产应归类为以公允价值计量且其变动计入当期损益的金融资产。主要包括股票投资、基金投资及可转换公司债券投资等。

需要注意的是，企业在非同一控制下的企业合并中确认的或有对价构成金融资产的，该金融资产应当分类为以公允价值计量且其变动计入当期损益的金融资产，不得指定为以公允价值计量且其变动计入其他综合收益的金融资产。

本书第 4～5 章所讲述的金融资产为《企业会计准则第 22 号——金融工具确认和计量》（2017）所规范的金融资产范围，不包括货币资金、长期股权投资等。同时，为便于对照会计报表项目学习和理解金融资产的基本业务及其相关会计处理，本书第 4～5 章并不按照会计准则三分类的顺序安排，而是按照金融资产的具体内容来讲述。

新准则下金融资产的分类有哪些主要变化？

如何从金融资产的合同现金流量特征来理解金融资产的三分类？

股权投资在新金融工具准则中是怎么划分的？

4.2　应收款项

应收款项主要包括应收票据、应收账款、其他应收款及预付账款①等。

4.2 即测即评

4.2.1　应收票据

1. 应收票据及其初始入账价值

（1）应收票据及其分类。

1）应收票据。从广义上讲，**应收票据**（notes receivable）作为一种债权凭证，应包括企业持有的未到期或未兑现的各种票据，如汇票、本票和支票等。但在我国会计实务中，支票、银行本票及银行汇票均为见票即付的票据，无须将其列为应收票据予以处理。因此，在我国应收票据仅指企业持有的未到期或未兑现的商业汇票。

在我国，商业汇票的期限一般不超过 6 个月，因而我国的应收票据是一种流

① 严格意义上讲，预付账款不属于金融资产，为便于教材内容安排，将其放在本章讲述。

动资产。在会计实务中，企业的应收票据是指收到的经承兑人承兑的商业汇票。

2）应收票据的分类。按照票据承兑人的不同，商业汇票分为**银行承兑汇票**（bank acceptance）和**商业承兑汇票**（commercial acceptance）两种。**承兑**（accept）是指汇票付款人承诺在汇票到期日支付汇票金额的票据行为。商业汇票必须经承兑后方可生效。

根据我国《商业汇票承兑、贴现与再贴现管理办法》的相关规定，商业汇票包括但不限于纸质或电子形式的银行承兑汇票、财务公司承兑汇票、商业承兑汇票等。银行承兑汇票的承兑人是承兑申请人的开户银行，商业承兑汇票的承兑人是付款人。

银行承兑汇票是指银行和农村信用合作社承兑的商业汇票。银行主要包括政策性开发性银行、商业银行和农村合作银行。财务公司承兑汇票是指企业集团财务公司承兑的商业汇票。商业承兑汇票是由银行、农村信用合作社、财务公司以外的法人或非法人组织承兑的商业汇票。银行承兑汇票、财务公司承兑汇票的承兑人应在中华人民共和国境内依法设立，具有银保监会或其派出机构颁发的金融许可证，且业务范围包含票据承兑。商业承兑汇票承兑人应为在中华人民共和国境内依法设立的法人及其分支机构和非法人组织。

按照票据是否带有追索权，商业汇票分为带追索权的商业汇票和不带追索权的商业汇票。**追索权**（right of recourse）是指企业在转让应收款项时，接受应收款项转让方在应收款项遭受拒付或逾期未付时向该应收款项转让方索取应收金额的权利。在我国，商业票据可背书转让，持票人可以对背书人、出票人和票据的其他债务人行使追索权。

一般来说，不确定性负债称为**或有负债**（contingent liability），因此，转让应收款项而产生的具有不确定性的被追索权利也属于一种或有负债。在我国会计实务中，就应收票据贴现而言，银行承兑汇票的贴现一般不会使企业被追索，商业承兑汇票的贴现有被追索的可能，在这种情况下，企业也就会因汇票贴现而产生或有负债。

按照我国企业会计准则的规定，符合金融资产终止确认条件的（将金融资产所有权上几乎所有的风险和报酬转移给转入方），应终止确认该金融资产（如银行承兑汇票的贴现）；不符合金融资产终止确认条件的（如商业承兑汇票的贴现），作为取得短期借款处理。

（2）应收票据的初始入账价值。应收票据按其有效期限是否在一年以内，可以分为短期应收票据和长期应收票据。应收票据初始入账价值的确定有两种方法，按票据面值入账和按票据到期值的现值入账。按票据面值入账比较简单实用；按票据到期值的现值入账比较科学合理。

在我国，长期应收票据尚不存在，短期应收票据又无须按现值计价。企业收到的商业汇票以票据面值入账。如果发生了长期应收票据业务，则按其到期值的现值入账，并在资产负债表上作为非流动资产列示。本章仅说明短期应收票据的会计处理。

2．应收票据到期日的确定

商业汇票自承兑日起生效，其到期日是由票据有效期限的长短决定的。在实务中，票据的期限一般有按月表示和按日表示两种。其中，按月表示的汇票付款期限自出票日起按月计算，按日表示的汇票付款期限自出票日起按日计算。

票据期限按月表示时，票据的期限不考虑各月份实际天数多少，统一按次月对应日为整月计算。例如，1 月 31 日签发承兑的期限为 1 个月、2 个月、3 个月和 6 个月的商业汇票，其到期日分别为 2 月 28 日（闰年为 2 月 29 日）、3 月 31 日、4 月 30 日和 7 月 31 日。

票据期限按日表示时，票据的期限不考虑月数，统一按票据的实际天数计算。在票据承兑日和票据到期日这两天中，只计算其中的一天。例如，1 月 31 日（当年 2 月份为 28 天时）签发承兑的期限为 30 天、60 天、90 天的商业汇票，其到期日分别为 3 月 2 日、4 月 1 日、5 月 1 日。

3. 应收票据的取得

企业收到承兑的商业汇票时，应按票面金额借记“应收票据”科目，并根据不同的业务内容分别贷记“主营业务收入”“应交税费”“应收账款”等科目。

例 4－1

北京宏达电子股份有限公司根据发生的有关应收票据业务，编制相关会计分录如下：

原始凭证
增值税专用发票
商业承兑汇票
记账凭证

（1）2021 年 3 月 10 日，宏达公司向北京万达科技有限公司（以下简称万达公司）销售一批原子力显微镜，价款 60 000 元，增值税 7 800 元，收到由万达公司承兑的商业承兑汇票一张，金额共计 67 800 元。相关的业务单据请扫描二维码。

借：应收票据——北京万达　　67 800
　　贷：主营业务收入　　60 000
　　　　应交税费——应交增值税（销项税额）　　7 800

原始凭证
银行承兑汇票
记账凭证

（2）3 月 12 日，原向北京康益技术有限公司销售产品应收货款共计 56 500 元（其中，产品价款 50 000 元，增值税 6 500 元），经双方协商，采用商业汇票方式结算，并收到银行承兑汇票一张。相关的业务单据请扫描二维码。

借：应收票据——北京康益　　56 500
　　贷：应收账款——北京康益　　56 500

4. 应收票据持有期间的利息

有些商业汇票在票面上规定有利率，这类商业汇票是带息票据，票据到期时，除收回票面款外，还同时收取一定的利息。

带息商业汇票到期之前，尽管利息尚未实际收到，但企业已经取得收取票据利息的权利。在会计核算上，应按权责发生制原则，于会计期末反映这部分利息收入，同时将应收而未实际收到的利息作为应收债权记录，借记“应收票据”科目，贷记“财务费用”（或“利息收入”）科目。至于企业于月末、季末还是年末对企业持有的应收票据计提票据利息，则根据企业采取的会计政策而定。

一般地，如果应收票据的利息金额较大，对企业财务成果有较大影响，应按月计提利息；如果应收票据的利息金额不大，对企业财务成果的影响较小，可以于季末或年末计提应收票据的利息。但企业至少应于会计年末计提持有商业汇票的利息，以便正确计算企业的财务成果，除非应计利息金额极小。

例4-2

某企业20×1年9月1日采用商业汇票结算方式销售产品一批，发票上注明的销售收入为103 540元，增值税额为13 460元，企业当即收到带息商业承兑汇票一张，期限为6个月，到期日为20×2年3月1日，票面利率为4%。按企业会计政策规定，企业于年末计提应收票据的利息。

该企业应编制有关会计分录如下：

(1) 20×1年9月1日收到商业承兑汇票时。

借：应收票据	117 000	
贷：主营业务收入		103 540
应交税费——应交增值税（销项税额）		13 460

(2) 20×1年12月31日计提应收票据利息1 560元（117 000×4%×4/12）。

借：应收票据	1 560	
贷：财务费用		1 560

需要说明的是，在本例中，利息收入是资产负债表日按应收票据规定的利率（名义利率）计算确定的，未考虑票面利率与资本市场实际利率的差异。从理论上讲，如果应收票据名义利率与实际利率相差较大且利息金额较大时，应按实际利率计算确定利息收入。从我国实际情况看，应收票据利息收入一般金额不大，而且应收票据多为短期债权，为简化核算手续，即使实际利率与名义利率有一定差距，一般也不再以实际利率计算利息收入。但对于带息长期应收票据，则应以实际利率计算利息收入。依实际利率计算利息收入的方法，参见第5章中债权投资的相关内容。

5. 应收票据到期

企业对持有的即将到期的商业汇票，应匡算划款时间，提前委托开户银行收款。一般来说，银行承兑汇票的票款能够及时收妥入账。商业承兑汇票的票款视付款人账户资金是否足额有两种可能：一是付款人足额支付票款，结清有关的债权债务；二是付款人账户资金不足，将托收的汇票退回，由收付款双方自行处理。

商业汇票到期时，应按商业汇票的到期值借记有关科目；按商业汇票的账面金额，贷记“应收票据”科目；按两者的差额（未计提利息部分），贷记“财务费用”科目。

需要指出的是，根据《中华人民共和国票据法》的规定，汇票到期被拒绝付款的，持票人可以对有关债务人行使追索权。因此，到期未兑现的应收票据，应按汇票到期值反映企业的债权（包括应收票据面值和应收利息两部分）情况。

商业汇票到期值是指票据到期应收的票款额，对于不带息票据来说，到期值就是票据面值；对于带息票据来说，其到期值是票据面值与应收票据到期利息的合计金额。计算应收票据到期利息的公式如下：

$$应收票据利息=应收票据面值\times 利率\times 时期$$

式中，应收票据面值是指商业汇票票面记载的金额；时期是指票据的有效期限；利率是指票据所规定的利率（一般以年利率表示）。

当商业汇票的期限按月数表示时，应收票据到期利息的计算公式如下：

$$应收票据利息=应收票据面值\times 利率\times \frac{时期(月数)}{12}$$

当商业汇票的期限按天数表示时，应收票据到期利息的计算公式是：

$$应收票据利息=应收票据面值\times 利率\times \frac{时期(天数)}{360}$$

例 4－3

某企业持有一张面值为 117 000 元的商业汇票，年利率为 9.6%，票据的出票日（承兑生效日）为 3 月 31 日，票据期限为 4 个月，到期日为 7 月 31 日，则该商业汇票的到期值为多少？

$$\begin{aligned}到期值&=117\,000+117\,000\times 9.6\%\times 4/12\\&=120\,744(元)\end{aligned}$$

例 4－4

某企业持有一张面值为 40 000 元的商业汇票，年利率为 4.2%，出票日（承兑生效日）为 1 月 31 日，期限为 90 天，到期日为 5 月 1 日，则该商业汇票的到期值为多少？

$$\begin{aligned}到期值&=40\,000+40\,000\times 4.2\%\times 90/360\\&=40\,420(元)\end{aligned}$$

一般地，应收票据利息应按月计算，但当应收票据利息金额不大或票据生效日和到期日在同一会计年度时，为了简化会计核算手续，也可以在票据到期收到票据本息时，再将利息收入记入“财务费用”科目贷方。如果应收票据利息金额较大，且票据生效日和到期日跨会计年度时，会计期末应确认当期应收利息，借记“应收票据”科目，贷记“财务费用”科目。

应收票据到期时，如果收到票款，应按实际收到的金额，借记“银行存款”科目；按应收票据的账面金额，贷记“应收票据”科目；按其差额（即未计提利息部分）贷记“财务费用”科目。

应收票据到期时，如果因付款人无力支付票款，而收到由银行退回的商业承兑汇票、委托收款凭证、未付票款通知书或拒绝付款证明等单证，应将应收票据的账面价值转入“应收账款”科目，并将应收票据到期值中尚未计提的利息借记“应收账款”科目，贷记“财务费用”科目。将到期不能收回的带息应收票据账面余额转入应收账款，期末不再对已经到期的应收票据计提利息，但协议规定对已经到期而未能实际收到票款的债权继续计算利息的除外。

根据《中华人民共和国票据法》的规定，汇票到期前或到期，持票人可以在提供被拒绝承兑或者被拒绝付款的有关证明的情况下，对背书人、出票人以及汇票的其他债务人行使追索权。持票人不能出示拒绝证明、退票理由书或者未按照规定期限提供其他合法证明的，丧失对其前手的追索权。但是，承兑人或者付款人仍应当对持票人承担责任。

汇票的出票人、背书人、承兑人和保证人对持票人承担连带责任。持票人可以不按照汇票债务人的先后顺序，对其中任何一人、数人或者全体行使追索权。持票人对汇票债务人中的一人或者数人已经进行追索的，对其他汇票债务人仍可以行使追索权。

例 4-5

某企业对某票据利息收入采用会计期末和票据到期分别确认的处理方法。根据发生的有关商业汇票的经济业务，编制相关会计分录。

（1）10月1日销售商品400 000元（其中，价款353 982元，增值税46 018元），并于当日收到承兑日为10月1日、面值为400 000元、利率为4.8%、期限为6个月、到期日为第二年4月1日的银行承兑汇票。

借：应收票据　　400 000
　贷：主营业务收入　　353 982
　　　应交税费——应交增值税（销项税额）　　46 018

（2）年末计提商业汇票的应计利息4 800元。

$$\text{当年应计利息}=400\,000\times4.8\%\times\frac{3}{12}=4\,800(\text{元})$$

借：应收票据　　4 800
　贷：财务费用　　4 800

（3）第二年4月1日，上述票据到期，票款全部收妥入账，共计409 600元。

借：银行存款　　409 600
　贷：应收票据　　404 800
　　　财务费用　　4 800

如果该票据为商业承兑汇票，票据到期时，付款人账户资金不足，由银行退票，则应编制如下会计分录：

借：应收账款　　409 600
　贷：应收票据　　404 800
　　　财务费用　　4 800

6. **应收票据的转让**

根据《支付结算办法》的有关规定，企业可以将持有的应收票据进行背书转让，用以购买所需物资或偿还债务。以应收票据偿还债务的会计处理原则和方法将在《高级会计学》的债务重组部分介绍，这里仅就应收票据背书转让取得材料物资的会计处理进行说明。

企业将持有的应收票据背书转让，如为带息应收票据，既可以先将未计提的票据利息借记“应收票据”科目，贷记“财务费用”科目，再把应收票据金额作为转让金额，也可以将应提未提利息作为转让应收票据价值的一部分直接计入接受资产价值的构成。取得所需材料物资时，按应计入取得物资成本的价值，借记“材料采购”或“原材料”“库存商品”等科目；按专用发票上注明的可以抵扣的增值税进项税额，借记“应交税费——应交增值税（进项税额）”科目；按应收票据的账面余额，贷记“应收票据”科目；按计提的利息，贷记“应收利息”科目；按收到或补付的差价款，借记或贷记“银行存款”科目。

例4-6

某企业根据发生的有关应收票据背书转让业务，编制如下会计分录：

（1）该企业采购一批材料，货款总计11 300元（其中，材料价款10 000元，增值税1 300元），将票据金额为12 000元的不带息商业承兑汇票背书转让，以支付该批材料的货款，同时收到差额款700元存入银行。

借：原材料　　10 000
　　应交税费——应交增值税（进项税额）　　1 300
　　银行存款　　700
　贷：应收票据　　12 000

（2）该企业采购一批材料，货款总计226 000元（其中，材料价款200 000元，增值税26 000元），将金额为220 000元的带息应收票据背书转让，至转让日该应收票据应计利息总额为300元（其中，上月末已经计提的利息为280元，尚未入账的应计利息为20元），同时以银行存款支付差额款5 700元。

借：应收票据　　20
　贷：财务费用　　20
借：原材料　　200 000
　　应交税费——应交增值税（进项税额）　　26 000
　贷：应收票据　　220 300
　　　银行存款　　5 700

当应收票据的背书转让企业承担因付款方不能到期支付票款的连带责任时，应收票据不符合金融资产终止确认条件。此时，转让应收票据实际上具有抵押性质，应收票据不能终止确认。因转让应收票据而购入的材料视为负债处理，并通过“应付账款”科目核算。

7. 应收票据的贴现

应收票据贴现是指企业以未到期应收票据向银行融通资金，银行按票据的应收金额扣除一定期间的贴现利息后将余额付给企业的筹资行为。

企业可以持未到期的商业汇票向银行申请贴现。将商业汇票贴现后，企业可以从银行取得贴现款。贴现款的计算公式如下：

$$贴现款=票据到期值-贴现息$$

$$贴现息=票据到期值\times 贴现率\times \frac{贴现天数}{360}$$

贴现天数是指自贴现日起至票据到期前一日止的实际天数，贴现日和票据到期日只计算其中的一天。如果 2 月 10 日将 1 月 31 日（当年 2 月份为 28 天）签发承兑的期限为 30 天、60 天和 90 天（到期日分别为 3 月 2 日、4 月 1 日、5 月 1 日）的商业汇票贴现，则其贴现天数分别为 20 天、50 天和 80 天。在会计实务中，无论商业汇票的到期日按日表示还是按月表示，贴现期一般均按实际贴现天数计算。

在会计上，企业应根据贴现的商业汇票是否带有追索权分别采用不同的方法进行处理。

（1）不带追索权的应收票据贴现。将不带追索权的应收票据贴现，企业在转让票据所有权的同时也将票据到期不能收回票款的风险一并转给了贴现银行，企业对票据到期无法收回的票款不承担连带责任，即符合金融资产终止确认的条件。因此，将不带追索权的商业汇票贴现时，企业应按实际收到的贴现款，借记“银行存款”科目；按贴现票据的账面金额，贷记“应收票据”科目；实际收到的贴现款与贴现的商业汇票的账面金额的差额，借记（贴现款小于应收票据账面金额及已计提的利息时）或贷记（贴现款大于应收票据账面金额及已计提的利息时）“财务费用”科目。

在我国，企业将银行承兑汇票贴现基本上不存在到期不能收回票款的风险，企业应将银行承兑汇票贴现视为不带追索权的商业汇票贴现业务，按金融资产终止确认的原则处理。

例 4-7

某企业于 2 月 10 日（当年 2 月份为 28 天）持签发承兑日为 1 月 31 日、期限为 90 天、面值为 500 000 元、利率为 4.8%、到期日为 5 月 1 日的银行承兑汇票到银行申请贴现，银行规定的月贴现率为 4.2‰。假定票据到期确认利息收入。

$$票据到期利息总额=500\,000\times 4.8\%\times \frac{90}{360}=6\,000(元)$$

$$票据到期值=500\,000+6\,000=506\,000(元)$$

$$贴现天数=80(天)$$

$$贴现息=506\,000\times 4.2‰\times \frac{80}{30}=5\,667.2(元)$$

$$贴现款=506\,000-5\,667.2=500\,332.8(元)$$

借：银行存款	500 332.80
贷：应收票据	500 000.00
财务费用	332.80

（2）带追索权的应收票据贴现。将带追索权的应收票据贴现，企业并未转嫁票据到期不能收回票据款的风险，贴现企业因背书而在法律上负有连带偿还责任。企业所承担的这种连带偿还责任是企业的一种或有负债，该债务直至贴现银行收到票据款后方可解除。因此，将带追索权的商业汇票贴现后，不符合金融资产终止确认的条件，不应冲销应收票据账户金额。

应收票据贴现利息应该如何处理？具有追索权的商业票据贴现时，短期借款应该按票面金额计量，还是按贴现金额计量？

一般地，企业将商业汇票贴现，是一种典型的带追索权的票据贴现业务。企业将带追索权的票据贴现，不符合金融资产终止确认的条件，会计上不应冲销“应收票据”账户。此时，一般根据实际收到的贴现款借记“银行存款”科目，贷记“短期借款”科目。

例 4-8

沿用例 4-7 的资料，假设贴现的汇票为商业承兑汇票，则该企业应编制如下会计分录：

借：银行存款	500 332.80	
贷：短期借款		500 332.80

票据到期日，无论票据付款人是否足额向贴现银行支付票款，贴现的票据均满足金融资产终止确认的条件，会计上应终止确认应收票据。

票据的付款人于汇票到期日将票款足额付给贴现银行，企业未收到有关追索债务的通知，则企业因票据贴现而产生的负债责任解除。这时应作为偿还短期借款对待，按照短期借款的账面价值，借记“短期借款”科目；按照应收票据的账面价值，贷记“应收票据”科目；按照两者的差额，借记或贷记“财务费用”科目。

如果票据的付款人于汇票到期日未能向贴现银行足额支付票款，企业则成为实际的债务人。贴现票据的企业能够向贴现银行支付票款的，收到银行有关偿债通知后，按照票据的到期值，借记“应收账款”科目；按照票据的账面价值，贷记“应收票据”科目；差额借记或贷记“财务费用”科目。同时按照短期借款账面价值，借记“短期借款”；按照票据的到期值，贷记“银行存款”科目；按照两者的差额，借记“财务费用”科目。贴现票据的企业若无力偿还票款，贴现银行将对无法偿还的票款做逾期贷款处理。

例 4-9

沿用例 4-8 的资料，票据到期时，票据付款人已足额向贴现银行支付票款，则到期日应编制如下会计分录：

借：短期借款	500 332.80	
贷：应收票据		500 000.00
财务费用		332.80

若票据到期时，票据付款人无法向贴现银行支付票款，而该企业能够偿还票

据款，则应编制如下会计分录：

借：应收账款	506 000	
贷：应收票据		500 000
财务费用		6 000
借：短期借款	500 332.80	
财务费用	5 667.20	
贷：银行存款		506 000.00

若票据到期时，票据付款人无法向贴现银行支付票款，而该企业也无力偿还票据款，则应编制如下会计分录：

借：应收账款	506 000	
贷：应收票据		500 000
财务费用		6 000
借：短期借款	500 332.80	
财务费用	5 667.20	
贷：短期借款——逾期贷款		506 000.00

对于商业汇票贴现业务，申请贴现的企业及贴现银行应建立相关的内部控制制度，特别是金融机构应审慎开展商业汇票承兑和贴现业务，采取有效措施防范市场风险、信用风险和操作风险。《商业汇票承兑、贴现与再贴现管理办法》规定，商业汇票的承兑人和贴现人应当具备良好的经营和财务状况，最近二年不得发生票据持续逾期或者未按规定披露信息的行为。商业汇票承兑人对承兑的票据应当具备到期付款的能力。财务公司承兑人所属的集团法人应当具备良好的经营和财务状况，最近二年不得发生票据持续逾期或者未按规定披露信息的行为，最近二年不得发生重大违法行为，以及其他严重损害市场主体合法权益或社会公共利益的行为。银行承兑汇票和财务公司承兑汇票的最高承兑余额不得超过该承兑人总资产的15%，银行承兑汇票和财务公司承兑汇票保证金余额不得超过该承兑人吸收存款规模的10%。

8. 应收票据备查簿

企业应设置应收票据备查簿，逐笔记录每一应收票据的种类、号数和出票日期、票面金额、票面利率、交易合同和付款人、承兑人、背书人姓名或单位名称、到期日、背书转让日、贴现日期、贴现率和贴现净额、未计提的利息，以及收款日期和收回金额、退票情况等资料。应收票据到期结清票款或退票后，应在应收票据备查簿内逐笔注销。

4.2.2 应收账款

1. 应收账款及其构成范围

（1）应收账款。**应收账款**（receivables）是企业因对外销售商品或产品、提供劳务等经营活动而应向客户收取的款项。应收账款一般属于应在一年（可跨年度）内收回的短期债权。在资产负债表上，应收账款应列为流动资产项目。

（2）应收账款的构成。在会计实务中，企业的应收账款主要包括因销售商品或产品、提供劳务而应向客户收取的商品价款，应收取的增值税销项税额及为客户代垫的运杂费等，不包括各种非经营活动发生的应收款项。存出的保证金和押金、购货的预付定金、对职工或股东的预付款、预付分公司款、应收认股款、与企业的经营活动无关的应收款项、超过一年的应收分期销货款以及采用商业汇票结算方式销售商品的债权等，均不属于会计上的应收账款。

2．应收账款的入账价值

一般来说，应收账款应按买卖双方成交时的实际发生额入账。但企业为了促进货物销售或及时回笼货款，在销售时往往实行商业折扣或现金折扣政策，其对应收账款入账价值的影响不同。

（1）**商业折扣**（commercial discount；sale discount）。商业折扣是指对商品价目单所列的价格给予一定的折扣，实际上是对商品报价进行的折扣。商业折扣一般用百分比来表示，如 5%、10%、20%等，也可用金额表示，如 100 元、200 元等。商品报价并不是企业对某一具体客户的应收款项，在会计上，应收客户款应以业务发生时的成交价入账。也就是说，企业发生销货、提供劳务等主要经营业务行为时，应收账款一般应按商品报价扣除商业折扣以后的实际成交价格入账。由此可见，商业折扣对会计核算不产生任何影响。

例 4-10

某企业销售甲商品，商品价目单中所列示的价格（不含增值税）为 100 元/件，现销售 20 件，并给予购货方 5%的商业折扣，则该企业销售甲商品的实际销售单价为 95 元/件（100×(1−5%)），销售 20 件的价款共计 1 900 元（95×20），应收取的销项税额为 247 元，共计 2 147 元。

借：应收账款　　2 147
　贷：主营业务收入　　1 900
　　　应交税费——应交增值税（销项税额）　　247

实际收到货款时：

借：银行存款　　2 147
　贷：应收账款　　2 147

（2）**现金折扣**（cash discount）。现金折扣是指销货企业为了鼓励客户在一定期间内早日偿还货款，对应收货款总额所给予的一定比率的扣减。现金折扣条件一般用“2/10，1/20，n/30”等表示，其含义分别是：10 天内付款给予 2%的折扣，20 天内付款给予 1%的折扣，30 天内付款无折扣。现金折扣使得企业应收账款的实收数额在规定的付款期限内，随着客户付款时间的推延而增加，因而会对会计核算产生影响。

现金折扣实质上是企业为了尽早收到销货款而采取的一种激励手段，并随时间的推延而变化，属于交易价格中的可变对价，在会计上一般作为对销售收入的调整。

具体方法如下：附有现金折扣条件的商品赊销时，将应收账款总额扣除估计的极有可能发生的现金折扣后的余额记入“应收账款”科目，将不含增值税的交易总价格扣除估计的现金折扣后的余额确认为主营业务收入，按照不扣除现金折扣的不含增值税的交易总价格和适用的增值税税率确定的增值税额记入“应交税费——应交增值税（销项税额）”科目。资产负债表日，重新估计可能收到的对价金额，如果实际收款时间晚于估计的收款时间，客户因此丧失的现金折扣额作为可变对价，调增应收账款和主营业务收入；如果实际收款时间早于估计的收款时间，客户享受了现金折扣，则按实际享受的现金折扣大于估计的现金折扣的金额减少应收账款和主营业务收入。

旧准则下现金折扣是怎么处理的？是总价法还是净价法？

新准则下现金折扣的会计处理发生了什么变化？现金折扣是按照含税价格计算，还是按照不含税价格计算？

存在现金折扣的退货，到底按什么金额来退？

买方取得的现金折扣应如何处理？

例4-11

某企业根据发生的有关应收账款的经济业务，编制相关会计分录。

1）该企业赊销甲产品，合同规定的客户付款期为企业交付货物后30天内，付款条件为“2/20，n/30”，按含增值税的价款计算现金折扣。当日开出增值税专用发票，发票上注明的不含税价款为50 000元，增值税额为6 500元，价税合计为56 500元。公司依客户以往付款情况的经验及客户现实经营状况，估计客户很可能在20天内结清全部款项，并很有可能获得1 130元（56 500×2%）的现金折扣。

借：应收账款　55 370
　贷：主营业务收入　48 870
　　应交税费——应交增值税（销项税额）　6 500

2）如果客户于20天内付款，则获得1 130元的现金折扣，实际收到贷款55 370元存入银行。

借：银行存款　55 370
　贷：应收账款　55 370

3）如果商品销售后20天内客户未能付款，则无法获得现金折扣。

借：应收账款　1 130
　贷：主营业务收入　1 130

4）如果30天内客户仍未付款，则应将应收账款56 500元做逾期处理，并按公司会计政策及本章关于坏账的会计处理方法估计可能的坏账。

3. 应收账款的抵借与让售

应收账款的抵借与让售又称保理安排或应收账款**保理**（factoring），是指应收账款转让方将收取应收账款的权利转让给第三方（保理人）以获取现金的交易事项。应收账款的抵借与让售是企业以应收账款保理业务获得融资并防范坏账的常用手段。

（1）应收账款的抵借。应收账款的抵借又称具有追索权的保理，是指对应收账款进行附带追索权的保理安排，应收账款转让方向保理人提供全部或部分追索权，并有义务根据追索权条款向保理人支付款项，或在特定情况下回购已出售的应收账款。这种情况下，追索权条款导致应收账款转让方几乎保留了应收账款所有的风险和报酬，应继续确认而不能终止确认被保理的应收账款，同时应收账款受让方（保理人）一般不能再转手出售保理的应收账款。

企业以应收账款抵借方式取得借款时，在抵借合同中主要规定借款限额和借款期限。借款限额是企业可以取得的最高借款额。应收账款中，借款限额以外的部分，主要是为应对销货折扣、销货退回、销货折让等事项，并用以支付部分或全部借款利息。一般情况下，企业在借款限额和借款期限内可随时取得借款。借款限额一般按应收账款金额的一定比率计算确定。比率的大小根据赊购方的信誉程度以及借款企业的财务状况等因素确定，一般在 30%～80%不等。借款利息一般根据实际取得的借款额按日计算。

企业以应收账款作抵押取得借款，可只将应收账款作抵押，也可在将应收账款作抵押的同时以开具有关票据的方式作出还款承诺。无论采用哪种方式，取得的借款都只是以应收账款作担保。应收账款抵借后并不改变应收账款的所有权，不需要通知赊购方，在会计上也不符合金融资产终止确认的条件，因此不需要冲减应收账款。待企业收到应收账款后再将取得的借款归还，并支付一定的利息。

取得借款时，按借款额，借记“银行存款”科目，贷记“短期借款”或“应付票据”科目；收到应收账款时，借记“银行存款”科目，贷记“应收账款”科目，同时按归还金融机构的借款本金，借记“短期借款”或“应付票据”科目，按支付的利息，借记“财务费用”科目，按支付的本息合计，贷记“银行存款”科目。资产负债表日，需要将用于抵借的应收账款进行表外披露。

例 4 - 12

某企业根据发生的有关应收账款抵借的经济业务，编制相关会计分录。

1）5 月 16 日该企业以应收账款 10 000 元作为抵押，向某银行取得 80%的借款，计 8 000 元。

借：银行存款　　8 000
　贷：短期借款　　8 000

如果企业同时开出票据对借款的归还作出承诺，则

借：银行存款　　8 000
　贷：应付票据　　8 000

2）6月20日收回现款9 000元，发生销货退回1 000元（其中，价款884.96元，增值税115.04元）。

借：银行存款 9 000.00
　　主营业务收入 884.96
　　应交税费——应交增值税（销项税额） 115.04
　贷：应收账款 10 000.00

3）6月20日归还银行借款8 000元，并按日利率0.3‰支付利息。

利息＝8 000×35×0.3‰＝84(元)

借：短期借款 8 000
　　财务费用 84
　贷：银行存款 8 084

（2）应收账款的让售。应收账款的让售又称无追索权的保理，是指对应收账款进行无追索权的保理安排，即应收账款的转让方不向受让方提供应收账款履约情况的担保，也就是说不论应收账款的收款时间长短和金额大小，转让方都无义务偿还让售应收账款的任何款项。这种情况下，应收账款的转让方几乎转移了应收账款所有的风险和报酬，应对应收账款整体予以终止确认，冲销应收账款账面金额，并通知赊购方将账款直接付给金融机构；应收账款受让方（保理人）也可以出售保理的应收账款。

应收账款的抵借与让售是应收账款融通的两种方式，两者的性质截然不同。抵借的应收账款并不改变应收账款的所有权，只是一种抵押行为，不符合金融资产终止确认的条件，企业仍应对其计提坏账准备；应收账款的让售改变了其所有权，让售的应收账款已满足金融资产终止确认的条件，会计实务中，一般也不再对应收金融机构款和应收扣留款计提坏账准备。在会计处理上，企业让售的应收账款的公允价值与其账面价值的差额作为“投资收益”核算。

4.2.3 其他应收款及预付账款

1. 其他应收款

其他应收款（other receivables）是指企业除应收票据、应收账款、预付账款、应收股利、应收利息、长期应收款、存出保证金等以外的各种应收及暂付款项。包括各种应收赔款、备用金、应收包装物租金、罚款、应向职工收取的各种垫付款项等。

企业应设置“其他应收款”科目对其他应收款的收付业务进行核算，并按其他应收款的项目以及债务人进行明细核算。

企业发生的拨出用于投资的各种款项，在尚未进行投资之前，属于企业的其他货币资金，该类款项一般通过“其他货币资金”科目进行核算，不属于其他应收款的范围。

例 4－13

某企业根据发生的有关其他应收款的经济业务，编制相关会计分录。

（1）某职工预借差旅费 500 元，以现金支付。

借：其他应收款　　500

　贷：库存现金　　500

（2）某职工报销差旅费 530 元（其中包含准予抵扣的增值税进项税额 30 元），原借 400 元，以现金补付 130 元。

借：管理费用　　500

　　应交税费——应交增值税（进项税额）　　30

　贷：其他应收款　　400

　　　库存现金　　130

（3）从外单位借入包装物，支付包装物押金 800 元。

借：其他应收款　　800

　贷：银行存款　　800

企业内各部门因经营业务需要，往往要准备一定数额的备用金。**备用金**（imprest）是指企业内部各车间、部门、职能科室等周转使用的货币资金，主要包括预付给科室、车间及非独立核算的经营单位等用于日常开支的款项。会计上，企业一般以“其他应收款”科目核算备用金业务。如果企业发生的备用金业务较多，也可以单独设置“备用金”科目进行核算。无论备用金通过“其他应收款——备用金”科目核算，还是通过“备用金”科目核算，都应按用款单位详细记录备用金的具体情况。

根据预付方式不同，备用金分为定额备用金和非定额备用金两种。不同形式备用金的会计处理方法也不一样。

定额备用金（imprest fund）是指用款单位按定额持有的备用金。其具体方法是：根据用款单位的实际需要核定备用金定额，由财会部门按定额将备用金支付给用款部门，待用款部门实际支用后，经财会部门审核，凭有效单据报账领款，以补足用款单位定额备用金。这种方法便于企业对备用金的使用进行控制，一般适用于有经常性费用开支的内部用款单位。由于用款单位报销领款后备用金数额仍按定额持有，因此报销费用时视同货币资金支付费用处理，借记“管理费用”等科目，贷记“银行存款”“库存现金”科目；在用款单位不再需要备用金时才将备用金收回，借记“库存现金”等科目，贷记“其他应收款——备用金”科目。

例 4－14

某企业根据发生的有关定额备用金的经济业务，编制相关会计分录。

（1）开出现金支票，向总务部门支付定额备用金 400 元。

借：其他应收款——备用金——总务部　　400

　贷：银行存款　　400

（2）总务部门向财会部门报销日常办公用品费200元，财会部门以现金支付。

借：管理费用　　200

　贷：库存现金　　200

（3）总务部门不再需要备用金，将备用金400元退回。

借：库存现金　　400

　贷：其他应收款——备用金——总务部　　400

非定额备用金（non imprest）是指用款单位不按固定额度持有的备用金。其一般做法是：根据实际需要由财会部门预付用款单位一定时期的备用金数额；用款单位支用备用金后向财会部门报账核销；备用金支用完毕，再根据需要由财会部门拨付下一时期的备用金。这种方法手续简单，但不便于对备用金的使用进行控制，一般适用于用款单位的非经常性开支。由于用款单位报账核销时财会部门并不以货币资金补充其备用金，而是作为债权的收回处理，因此用款单位报销费用时，应借记"管理费用"等科目，贷记"其他应收款——备用金"科目。

例4-15

某企业根据发生的有关非定额备用金的经济业务，编制相关会计分录。

（1）以现金拨付销售科备用金500元。

借：其他应收款——备用金——销售科　　500

　贷：库存现金　　500

（2）用款单位报销销售产品的运费436元（其中准予抵扣的增值税进项税额为36元）。

借：销售费用　　400

　　应交税费——应交增值税（进项税额）　　36

　贷：其他应收款——备用金——销售科　　436

预付账款是否属于金融资产？

2. 预付账款

预付账款（prepayments）一般是指企业按照购货合同规定，预先以货币资金支付供应单位的款项。

对于预付账款业务，企业一般设置"预付账款"科目进行核算，并按供应单位设置明细科目进行明细核算。

企业因购货而预付款项时，借记"预付账款"科目，贷记"银行存款"科目；收到所购货物时，按应计入物资采购成本的金额，借记"材料采购"或"原材料""库存商品"等科目，按增值税专用发票注明的增值税，借记"应交税费——应交增值税（进项税额）"科目，按发票账单注明的应付金额，贷记"预付账款"科目；补付款项时，借记"预付账款"科目，贷记"银行存款"科目；收到退回的款项时，借记"银行存款"科目，贷记"预付账款"科目。

例 4－16

某企业根据发生的有关预付账款的经济业务，编制相关会计分录。

（1）预付购买商品的货款 30 000 元。

借：预付账款	30 000	
贷：银行存款		30 000

（2）收到商品的价款为 32 000 元，增值税为 4 160 元，共计 36 160 元。

借：在途物资	32 000	
应交税费——应交增值税（进项税额）	4 160	
贷：预付账款		36 160
借：库存商品	32 000	
贷：在途物资		32 000

（3）补付商品款 6 160 元。

借：预付账款	6 160	
贷：银行存款		6 160

在会计实务中，预付账款业务不多时，可以通过“应付账款”科目核算预付账款业务；企业的应付账款业务不多时，也可以通过“预付账款”科目核算应付账款业务。需要指出的是，为了便于反映企业对客户的债权债务关系，对同一客户发生购货往来业务，只通过“应付账款”或只通过“预付账款”科目核算。会计期末，“应付账款”科目和“预付账款”科目所属的明细科目中，有的可能是借方余额，有的可能是贷方余额。其中，借方余额合计列示于资产负债表流动资产项下的“预付款项”项目，贷方余额合计列示于资产负债表流动负债项下的“应付账款”项目。

4.3 坏 账

4.3.1 坏账及其确认条件

4.3 即测即评

坏账（bad debt）是指企业无法收回的应收款项。一般符合下列条件之一，即可认为发生了坏账：

（1）债务人被依法宣告破产、撤销，其剩余财产确实不足清偿的应收款项；

（2）债务人死亡或依法被宣告死亡、失踪，其财产或遗产确实不足清偿的应收款项；

（3）债务人遭受重大自然灾害或意外事故，损失巨大，以其财产（包括保险赔偿）确实无法清偿的应收款项；

（4）债务人逾期未履行偿债义务，经法院裁决，确实无法清偿的应收款项；

（5）超过法定年限以上（一般为 3 年）仍未收回的应收款项；

（6）法定机构批准可核销的应收款项。

4.3.2 核算坏账的方法

企业因坏账而发生的损失称为坏账损失，对应收款项估计的坏账损失称为**坏账准备**（bad-debt provision；allowance for doubtful accounts），其在会计上有两种核算方法：一是直接转销法；二是备抵法。

1. 直接转销法

直接转销法（direct write-off method）是在实际发生坏账时直接冲销有关的应收款项，并确认坏账损失，借记"信用减值损失"科目，贷记"应收账款"科目。

在直接转销法下，若已经确认的坏账因债务人经济状况好转或其他原因又全部或部分收回时，为了通过应收账款等账簿记录反映债务人的偿债信誉，应首先按收回的金额冲销原确认坏账的会计分录，再反映应收款项的收回。即借记"应收账款"等科目，贷记"信用减值损失"科目；同时借记"银行存款"等科目，贷记"应收账款"等科目。

例 4-17

某企业根据发生的有关坏账的经济业务，编制相关会计分录。

（1）应收瑞林公司的账款共计 35 000 元，已确认无法收回。

借：信用减值损失　　35 000

　　贷：应收账款　　35 000

（2）已经确认为坏账的应收瑞林公司账款中，又收到 2 000 元。

借：应收账款　　2 000

　　贷：信用减值损失　　2000

同时，

借：银行存款　　2 000

　　贷：应收账款　　2 000

采用直接转销法对坏账进行核算，只有在实际发生坏账时才作为损失计入当期损益，并冲减应收款项，其核算手续比较简单。但采用这种方法，由于在实际发生坏账时才确认坏账损失，从而导致日常核算的应收账款价值虚增、利润虚列，既不符合权责发生制和收入与费用的配比原则，又不符合谨慎性原则。在资产负债表上，只能提供应收账款的账面余额，无法提供关于应收账款可收回金额的会计信息，歪曲了企业期末的财务状况。除非企业发生的坏账极小，对企业财务状况和经营成果的影响极小，否则一般不采用直接转销法核算坏账。

2. 备抵法

备抵法（allowance method）是根据应收款项可收回金额按期估计坏账损失并形成坏账准备，在实际发生坏账时再冲销坏账准备的方法。

按照《企业会计准则第22号——金融工具确认和计量》(2017) 准则的相关要求，企业对于《企业会计准则第14号——收入》(2017) 所规定的、不含重大融资成分（包括不考虑不超过一年的合同中融资成分的情况）的应收款项，应当始终按照整个存续期间内预期的信用损失的金额计量其损失准备。

采用备抵法核算坏账，每期估计的坏账损失直接计入当期损益，体现了稳健性原则的要求。在资产负债表上能如实反映应收账款的净额，使报表使用者能够了解企业应收账款的可变现金额。同时，在利润表上也避免了因应收账款价值虚列而造成的利润虚增，避免了企业明盈实亏。我国企业会计准则规定企业应采用备抵法核算各应收款项的坏账。

在备抵法下，按期估计坏账损失时，借记“信用减值损失”科目，贷记“坏账准备”科目；实际发生坏账时，借记“坏账准备”科目，贷记“应收账款”等科目。在资产负债表上，各应收款项按该应收款项余额减去提取的坏账准备后的净额反映。

采用备抵法核算各应收款项的坏账，应采用一定的方法合理估计各会计期间的坏账损失。按期估计坏账损失的方法主要有两种，即余额百分比法和账龄分析法。

(1) 余额百分比法。**余额百分比法** (percentage balance method) 是按应收款项余额的一定比例估计该应收款项的坏账损失。每期所估计的坏账损失，应根据坏账损失占应收款项余额的经验比例和该应收款项的余额确定。采用余额百分比法对坏账进行会计处理，需注意以下几个要点：

1) 企业首次计提坏账准备时，按各应收款项的余额和企业确定的该应收款项的坏账比例计算应提取的坏账准备，借记“信用减值损失”科目，贷记“坏账准备”科目。

2) 发生坏账时，按实际发生的坏账金额，借记“坏账准备”科目，贷记“应收账款”“其他应收款”等科目。

3) 已经确认的坏账又收回时，根据收回数额，借记“应收账款”“其他应收款”等科目，贷记“坏账准备”科目；同时借记“银行存款”等科目，贷记“应收账款”“其他应收款”等科目。

4) 会计期末估计的坏账准备与“坏账准备”科目的余额有差异时，应对“坏账准备”科目的余额进行调整，使调整后的“坏账准备”科目的贷方余额与估计的坏账数额一致。调整“坏账准备”科目贷方余额时，有以下三种情况：

第一种情况：调整前的“坏账准备”科目为借方余额时，该余额表明本期实际发生的坏账大于上期估计的坏账准备的差额。这时应按本期估计的坏账加上调整前“坏账准备”科目的借方余额之和作为计提坏账准备的数额，借记“信用减值损失”科目，贷记“坏账准备”科目。

第二种情况：调整前的“坏账准备”科目为贷方余额，而且该贷方余额小于本期估计的坏账准备额。这时应按“坏账准备”科目贷方余额小于本期估计坏账准备数额的差额作为计提坏账准备的数额，借记“信用减值损失”科目，贷记“坏账准备”科目。

第三种情况：调整前的“坏账准备”科目为贷方余额，而且该贷方余额大于本期估计的坏账准备数额。这时应按“坏账准备”科目贷方余额大于本期估计的坏账准备数额的差额冲减坏账准备，借记“坏账准备”科目，贷记“信用减值损失”科目。

下面以应收账款为例说明按余额百分比法计提坏账准备的会计处理方法。

例 4-18

某企业按应收账款余额的 5%计提坏账准备，根据发生的有关经济业务，编制相关会计分录。

20×1 年 12 月 31 日，首次计提坏账准备时，应收账款的年末余额为 200 000 元。

估计坏账损失=200 000×5%=10 000(元)

借：信用减值损失　　10 000
　贷：坏账准备　　10 000

20×1 年 12 月 31 日，应收账款净额为 190 000 元（200 000－10 000）。

20×2 年实际发生坏账 6 000 元时：

借：坏账准备　　6 000
　贷：应收账款　　6 000

20×2 年已经确认为坏账的 6 000 元又收回了 4 000 元。

借：应收账款　　4 000
　贷：坏账准备　　4 000
借：银行存款　　4 000
　贷：应收账款　　4 000

20×2 年 12 月 31 日，应收账款余额为 60 000 元，估计的坏账准备为 3 000 元（60 000×5%），应冲销多余的坏账准备 5 000 元（8 000－3 000）。应收账款净额为 57 000 元（60 000－3 000）。

借：坏账准备　　5 000
　贷：信用减值损失　　5 000

如果 20×2 年发生坏账 12 000 元，后又收回其中 4 000 元，则收回已经确认为坏账的 4 000 元应收账款后，“坏账准备”贷方余额为 2 000 元（10 000－12 000+4 000），20×2 年 12 月 31 日应补提坏账准备 1 000 元（3 000－2 000）。

借：信用减值损失　　1 000
　贷：坏账准备　　1 000

如果 20×2 年发生坏账 15 000 元，后又收回其中的 1 000 元，则“坏账准备”为借方余额 4 000 元（10 000－15 000+1 000），20×2 年 12 月 31 日应补提坏账准备 7 000 元（3 000+4 000）。

借：信用减值损失　　7 000
　贷：坏账准备　　7 000

（2）账龄分析法。**账龄分析法**（aging of accounts）按各应收款项账龄的长短，根据以往经验确定坏账准备百分比，并据以估计坏账准备。这里所指的账龄是指客户所欠账款的时间。虽然应收款项能否收回及其回收的程度与应收款项过期长短并无直接联系，但一般来说，账龄越长，账款不能收回的可能性就越大，因此企业可以按应收款项的账龄估计坏账准备。

以应收账款为例，账龄分析法下的应收账款账龄分析及坏账准备的计算见表4-1和表4-2。

表4-1 账龄分析表

20×1年12月31日　　单位：元

项目账龄	20×1年12月31日		20×0年12月31日	
	应收账款金额	百分比（%）	应收账款金额	百分比（%）
未到期	25 000	29.41	30 000	37.50
过期1个月	20 000	23.53	22 000	27.50
过期2个月	15 000	17.65	10 000	12.50
过期3个月	10 000	11.76	8 000	10.00
过期4个月	8 000	9.41	6 000	7.50
过期5个月	5 000	5.88	3 000	3.75
破产或追诉中	2 000	2.36	1 000	1.25
合计	85 000	100.00	80 000	100.00

表4-2 坏账准备计算表

20×1年12月31日　　单位：元

账龄	应收账款金额	估计损失百分比（%）	估计损失金额
未到期	25 000	1	250
过期1个月	20 000	3	600
过期2个月	15 000	5	750
过期3个月	10 000	7	700
过期4个月	8 000	20	1 600
过期5个月	5 000	50	2 500
破产或追诉中	2 000	80	1 600
合计	85 000		8 000

采用账龄分析法，各期估计的坏账准备应与账面上原有的坏账准备进行比较，并调整“坏账准备”科目余额，调整后的“坏账准备”科目余额应与估计的坏账准备数额一致，其核算原理与余额百分比法下的调整方法相同。下面以应收账款为例说明期末对“坏账准备”科目的调整方法。

例4-19

某企业采用账龄分析法估计坏账准备，根据发生的有关经济业务，编制相关会计分录。

20×1年年末“坏账准备”科目的贷方余额为7 000元，20×2年实际发生坏账损失4 000元。

借：坏账准备　　4 000

　贷：应收账款　　4 000

20×2年年末采用账龄分析法估计的坏账准备为8 000元，应补提坏账准备5 000元。

借：信用减值损失　　5 000
　贷：坏账准备　　5 000

从以上分析可以看出，余额百分比法和账龄分析法实际上都是百分比法，只是估计坏账准备的基础不同而已，两者各有利弊。采用余额百分比法计提坏账准备不考虑账龄结构，实际上是对不同账龄的应收款项按一个综合比率计提坏账准备。采用账龄分析法按不同账龄分别以不同的比率计提坏账准备，但没有考虑同一账龄的应收账款存在风险的差异。

按照现行会计准则的要求，企业一般应根据代表偿付能力的客户共同风险特征对应收款项进行分类，并依照会计准则要求按预期信用损失法对应收款项计提减值。

4.3.3 预期信用损失

预期信用损失（expected credit loss，ECL），是指以发生违约的风险为权重的金融工具信用损失的加权平均值。信用损失，是指企业按照原实际利率折现的、根据合同应收的所有合同现金流量与预期收取的所有现金流量之间的差额，即全部现金短缺的现值。发生违约的风险可以理解为**违约概率**（probability of default，PD）。应收款项的违约概率是指在该应收款项的整个存续期间债务人不能按照合同要求偿还款项或履行相关义务的可能性。

企业会计准则要求，对于收入会计准则所规定的、不含重大融资成分（或虽然包括重大融资成分但对不超过一年的融资成分不予考虑）的应收款项和合同资产，应当始终按照整个存续期内预期信用损失的金额计量其损失准备（企业对这种简化处理没有其他选择权，即只能这样处理）。关于合同资产，将在本书第12章收入部分予以介绍和说明。

《监管规则适用指引——会计类第2号》提出，企业在计量应收账款预期信用损失时，可以信用风险特征为依据，基于历史经验对细分客户群体发生损失情况进行分析判断，从而对客户群体进行恰当分组。在分组基础上，企业可运用简便方法，参照历史损失经验，编制应收账款逾期天数与固定准备率对照表，并计算预期信用损失。当应收账款信用风险特征发生变化时（如将应收账款转为对客户的股权投资、由客户以非货币性资产偿还等方式收回应收账款），企业应当对应收账款组合进行相应调整。

当企业采用简便方法以账龄为基础计量应收账款预期信用损失时，企业应充分考虑客户的类型、所处行业、信用风险评级、历史回款情况等信息，判断同一账龄组合中的客户是否具有共同的信用风险特征。若某一客户信用风险特征与组合中其他客户显著不同，或该客户信用风险特征发生显著变化，企业应调整该客户款项的账龄组合并按调整后账龄组合计量其预期信用损失。企业应基于重要性和成本效益原则建立和实施与应收账款相关的内部控制，识别、调整应收账款组合，并恰当计量预期信用损失。

就应收账款坏账核算而言，预期损失法是估计损失准备的一种具体方法，对估计的损失准备进行会计核算的方法原理与前述坏账准备的核算方法完全相同。

例 4－20

甲公司是一家制造业企业，有唯一固定的经营场所，客户群体众多但均为小客户，甲公司根据代表偿付能力的客户共同风险特征对应收账款进行分组，且始终按照应收账款的整个存续期内的预期信用损失对损失准备进行估计。甲公司使用逾期天数与违约损失率确定应收账款分组的预期信用损失，违约损失率以此类应收账款逾期存续期的历史违约率为基础，在每个资产负债表日根据前瞻性估计（如考虑宏观经济因素的变化、客户的预期现金流等因素）予以调整后确定。20×3 年年末，甲公司应收账款余额为 6 300 万元，估计的预期信用损失为 172 万元。甲公司按照前述坏账准备的核算方法对“坏账准备”账户进行调整，使得“坏账准备”调整后的贷方余额为 172 万元。

甲公司预期信用损失估计如表 4－3 所示。

表 4－3　违约损失率及逾期信用损失　　单位：元

项目	违约损失率	账面余额	整个存续期内的预期信用损失
未逾期	1%	24 000 000	240 000
逾期 1 个月	2.4%	15 000 000	360 000
逾期 2 个月	3%	10 000 000	300 000
逾期 3 个月	5%	8 000 000	400 000
逾期 4 个月	7%	6 000 000	420 000
合计	—	63 000 000	1 720 000

4.3.4　应收款项的列示

应收款项在资产负债表上的列示方法有两种：一是将应收款项余额、已计提的坏账准备和应收款项净额同时反映；二是按应收款项账面余额扣除已经计提的坏账准备后的净额反映。按我国有关规定，企业应采用第二种方法，即按应收款项净额（或称账面价值）列示于资产负债表的“应收账款”等项目。以例 4－19 的资料为例，20×2 年年末应收账款的列示方法如表 4－4 所示。

表 4－4　资产负债表

20×2 年 12 月 31 日　　单位：元

项目	期末余额	年初余额
应收票据		

续表

项目	期末余额	年初余额
应收账款	57 000	190 000
应收款项融资		
预付款项		
其他应收款		

在以净额列示应收账款时，还应按应收账款的账龄结构及客户类别等披露其构成情况。应收账款的披露格式见表 4－5 和表 4－6。

表 4－5　应收账款账龄结构

账龄结构	占比（%）	期末账面余额	年初账面余额
1 年以内（含 1 年）			
1～2 年（含 2 年）			
2～3 年（含 3 年）			
3 年以上			
合计			

表 4－6　应收账款客户类别信息

客户类别	期末账面余额	年初账面余额
客户 1		
客户 2		
⋮		
其他客户		
合计		

4.4　交易性金融资产

4.4 即测即评

4.4.1　交易性金融资产的特点

前已述及，**以公允价值计量且其变动计入当期损益的金融资产**（financial asset at fair value through profit or loss）主要是指按照企业会计准则的规定，除以摊余成本计量的金融资产和以公允价值计量且其变动计入其他综合收益的金融资产以外的金融资产。主要包括以交易为目的的债券、股票、基金和权证等。

形成以公允价值计量且其变动计入当期损益的金融资产的方式主要有两种，

一是购入；二是重分类，将一项以摊余成本计量的金融资产或以公允价值计量且其变动计入其他综合收益的金融资产重分类为以公允价值计量且其变动计入当期损益的金融资产。本部分仅就购入方式形成的交易性金融资产的会计处理进行说明，重分类请参见第 5 章 5.4 节。

4.4.2　交易性金融资产的取得

企业会计准则要求，企业初始确认金融资产，应当按照公允价值计量。公允价值通常为相关金融资产或金融负债的交易价格。对于以公允价值计量且其变动计入当期损益的金融资产的相关交易费用应当直接计入当期损益；对于其他类别的金融资产，相关交易费用应当计入初始确认金额。交易费用主要是指可直接归属于购买或处置该资产的增量费用。增量费用是指企业没有发生购买或处置该资产就不会发生的费用，主要包括支付给代理机构、咨询公司、券商、证券交易所、政府有关部门等的手续费、佣金以及其他必要支出。

在会计实务中，购入以公允价值计量且其变动计入当期损益的金融资产，其公允价值一般是指交易价格，但如果交易价格中包括了已宣告发放但尚未支取的利息或现金股利，应单独确认为应收项目（如应收股利、应收利息等）。支付的不含增值税的交易费用，作为当期费用计入投资收益。购买交易性金融资产的交易费用主要包括：支付给代理机构、咨询公司、券商、证券交易所、政府有关部门等的手续费、佣金以及其他必要支出。

取得交易性金融资产支付的交易费用以及购买价款中包含的现金股利或已到期的利息，应当如何处理？

在会计处理上，企业一般应设置“交易性金融资产”总账科目，并设置“成本”和“公允价值变动”明细科目进行核算。

例 4－21

2021 年 2 月 10 日，宏达公司从 A 股市场购入金发科技公司的股票 3 000 股，每股购买价格 10 元，另支付交易手续费 212 元（其中包括准予抵扣的增值税进项税额 12 元），款项以存入证券公司投资款支付。相关的业务单据请扫描二维码。

原始凭证
股票交割单
手续费发票
记账凭证

借：交易性金融资产——金发科技股票——成本	30 000	
投资收益	200	
应交税费——应交增值税（进项税额）	12	
贷：其他货币资金——存出投资款		30 212

4.4.3　交易性金融资产持有期间的股利或利息收益

在持有交易性金融资产期间可依法获得相关的股利或债券利息，除收回应收的部分外，会计上应将持有期间获得的现金股利或债券利息作为投资收益处理。按照会计准则的规定，企业同时满足以下三个条件时，才能确认股利收入并将其计入当期损益：(1) 企业收到股利的权利已经确立，比如发行股票的公司已经宣告发放现金股利；(2) 与股利相关的经济利益很可能流入企业，即该股利很可能收到；(3) 股利的金额能够可靠计量，即股利具有确定的金额。一般情况下，公司宣告发放股利即能满足这三个条件。企业持有上市公司股票应在上市公司宣告发放股利时，根据股利分配方案确定本企业应收的股利金额。

需要说明的是，如果企业持有期间获得了股票股利，不需做账务处理。但应于除权日①注明所增加的股数，以反映股份变动及实际拥有股份的情况。

例 4－22

承例4－21。金发科技公司于2月28日宣告发放股利，每股1元，股权登记日为3月10日。宏达公司持有金发科技股票3 000股，应收股利3 000元，该股利于3月15日实际收到。相关的业务单据请扫描二维码。

原始凭证
股利发放公告
股票存量表
记账凭证

(1) 3月10日。

借：应收股利——金发科技	3 000	
贷：投资收益		3 000

(2) 3月15日。

借：其他货币资金	3 000	
贷：应收股利——金发科技		3 000

4.4.4 交易性金融资产的期末计价

交易性金融资产能够反映其预计给企业带来的经济利益以及其预计获得价差的能力，在资产负债表日，应按当日各项交易性金融资产的公允价值②对其账面价值进行调整。

资产负债表日，如果其公允价值高于其账面价值，则两者之间的差额应增加账面价值，即一方面记录待实现收益的增加或待实现损失的减少，借记“交易性金融资产——公允价值变动”科目；另一方面反映其公允价值变动收益，贷记“公允价值变动损益”科目。如果其公允价值低于其账面价值，则两者之间的差额应调减账面价值，即一方面记录待实现收益的减少或待实现损失的增加，另一方面反映其公允价值变动损失，做相反的会计分录。

① 除权是由于公司股本增加，每股股票所代表的企业实际价值（每股净资产）有所减少，需要在发生该事实之后从股票市场价格中剔除这部分因素而形成的剔除行为。除权日在股市中是指某一个特定日期，如果某一上市公司宣布派发红利股份、红利、认股权证、以折让价供股或派发其他有价权益，在除权日之前一日持有其股票的投资者可享有该权益，在除权日当日或以后再买入该公司股票的投资者则不能享有该权益。

② 公允价值不等于可变现净值。金融资产按公允价值计量时，不扣除将来处置该金融资产时可能发生的交易费用。例如，一批股票公允价值为100万元，若将其变现，还应支付手续费、印花税等约1万元，则该批股票以公允价值计量时的金额为100万元而不是99万元。

例 4－23

承例 4－21 和例 4－22。2021 年 12 月 31 日，宏达公司持有金发科技公司股票的收盘价为每股 8 元，则这 3 000 股股票当日公允价值为 24 000 元，应调低该股票账面价值 6 000 元。相关的业务单据请扫描二维码。

借：公允价值变动损益　　6 000

　贷：交易性金融资产——金发科技股票——公允价值变动　　6 000

原始凭证
公允价值变动计算表
股票收盘价截图
记账凭证

4.4.5　交易性金融资产的出售

出售交易性金融资产时，按实际收到的金额，借记“其他货币资金”等科目，按出售该资产的账面价值，贷记“交易性金融资产”科目，两者的差额计入投资收益。同时，将出售部分分配的原计入公允价值变动损益的部分转为（重分类）投资收益。

例 4－24

承例 4－21 至例 4－23。假设 2022 年 3 月 16 日宏达公司出售 1 000 股金发科技公司的股票，收到款项 6 100 元。相关的业务单据请扫描二维码。出售时，宏达公司记录的持有金发科技公司 3 000 股股票的账面价值如下：

借方余额：交易性金融资产——金发科技股票——成本，30 000 元；

贷方余额：交易性金融资产——金发科技股票——公允价值变动，6 000 元；

账面价值：24 000 元。

宏达公司出售股票时：

借：其他货币资金——存出投资款　　6 100

　　交易性金融资产——金发科技股票——公允价值变动　　2 000

　　投资收益　　1 900

　贷：交易性金融资产——金发科技股票——成本　　10 000

同时，

借：投资收益　　2 000

　贷：公允价值变动损益　　2 000

4.4.6　交易性金融资产的列报

按照财务报表列报要求，交易性金融资产在会计报表上以账面价值列报，该金融资产在列报期间的公允价值变动作为企业营业利润的构成项目单独反映。

以本节资料为例，假定宏达公司无其他以公允价值计量且其变动计入当期损益的金融资产和负债，也无其他业务产生的投资收益，则宏达公司的交易性金融资产及其损益情况在会计报表上的列示如表 4-7 和表 4-8 所示。

表 4-7 宏达公司资产负债表

单位：元

资产	2021 年	2022 年
交易性金融资产	24 000	16 000

表 4-8 宏达公司利润表

单位：元

项目	2021 年	2022 年
一、营业收入		
减：营业成本		
⋮		
加：公允价值变动收益	−6 000	2 000
投资收益	2 800	−3 900
二、营业利润	−3 200	−1 900

需要说明的是，自资产负债表日起超过一年到期且预期持有超过一年的以公允价值计量且其变动计入当期损益的非流动金融资产的期末账面价值，在“其他非流动金融资产”中反映。

交易性金融资产处置后原确认的公允价值变动损益是否应当结转为投资收益？

公允价值变动损益结转或不结转为投资收益分别存在哪些问题？

思考题

1. 应收票据贴现如何处理？
2. 哪些应收款项应计提坏账准备？
3. 交易性金融资产应具备哪些特征？

练习题

1. 20×2 年 5 月 3 日，甲企业销售一批商品给乙企业，商品价目表中所列示的价格（不含增值税）为每件120元，共销售500件，并给予乙企业5%的商业折扣，增值税税率为13%，规定付款条件为“2/10，1/20，n/30”。根据以往经验，甲企业估计客户取得现金折扣及因产品质量导致退货的可能性几乎为零。乙企业于20×2年5月18日付款。20×2年5月19日乙企业发现有100件产品质量不合格，经协商，甲企业同意乙企业将该100件商品退回，并按该100件商品的实际收款额退款。甲公司开具了退货发票，并当即办理了退货付款手续。

要求：根据上述事项编制甲企业在5月3日、5月18日和5月19日的会计分录。

2. 某企业自20×1年起采用备抵法核算应收账款坏账损失，并按账龄分析法计提坏账准备。20×1年年末按应收账款账龄估计的坏账为10 000元；20×2年发生坏账4 000元，20×2年年末估计的坏账为14 000元；20×3年发生坏账20 000元，20×2年确认的坏账4 000元中有3 000元收回，20×3年年末估计的坏账为9 000元。

要求：根据上述资料编制该企业20×1年、20×2年及20×3年与坏账有关的各项会计分录。

3. 甲公司为增值税一般纳税人，适用的增值税税率为13%；商品销售均为正常的商品交易，销售价格均为公允价格，且不含增值税；除特别说明外，采用应收款项余额百分比法于每年6月30日和12月31日计提坏账准备，计提比例为1%。20×0年5月31日，“应收账款”科目借方余额为500万元，全部为向戊公司赊销商品应收的账款，“坏账准备”科目贷方余额为5万元；“应收票据”和“其他应收款”科目无余额。

甲公司20×1年6—12月的相关业务资料如下：

(1) 6月1日，向乙公司赊销一批商品，开出的增值税专用发票上注明的销售价格为1 000万元，增值税为130万元，合同规定的收款日期为20×1年12月1日。该商品销售符合收入确认条件。

(2) 6月10日，向丙公司赊销一批商品，开出的增值税专用发票上注明的销售价格为200万元，增值税为26万元，合同规定的收款日期为20×1年10月10日。该商品销售符合收入确认条件。

(3) 6月20日，向丁公司赊销一批商品，开出的增值税专用发票上注明的销售价格为500万元，增值税为65万元；收到丁公司开具的不带息商业承兑汇票，到期日为20×1年12月20日。该商品销售符合收入确认条件。

(4) 6月25日，收到应收戊公司账款400万元，款项已存入银行。

(5) 6月30日，甲公司对各项应收账款计提坏账准备。其中，对应收乙公司账款采用个别认定法计提坏账准备，计提比例为5%。假定6月份除上述业务外，甲公司没有发生其他有关应收款项的业务。

(6) 9月1日，将应收乙公司的账款质押给中国工商银行，取得期限为3个月的短期借款1 080万元，年利率为4%，到期一次还本付息。假定甲公司月末不预提短期借款利息。

(7) 9月10日，将应收丙公司的账款出售给中国工商银行，取得价款190

万元。协议约定，中国工商银行在账款到期日不能从丙公司收回账款时不得向甲公司追偿。

(8) 10月20日，将6月20日收到的丁公司商业承兑汇票向中国工商银行贴现，贴现金额560万元。协议约定，中国工商银行在票据到期日不能从丁公司收到票款时可向甲公司追偿。假定贴现利息于票据到期日一并进行会计处理。

(9) 12月1日，向中国工商银行质押借入的短期借款到期，以银行存款支付借款本息。至12月31日，甲公司尚未收到6月1日向乙公司赊销商品的账款。

(10) 12月20日，丁公司因财务困难未向中国工商银行支付票款。当日，甲公司收到中国工商银行退回已贴现的商业承兑汇票，并以银行存款支付全部票款；同时将应收票据转为应收账款。至12月31日，甲公司尚未收到6月20日向丁公司赊销商品的账款。

(11) 12月31日，甲公司对各项应收账款计提坏账准备，其中，对应收乙公司账款采用个别认定法计提坏账准备，计提比例为20%。假定20×1年下半年除上述业务外，甲公司没有发生其他有关应收款项的业务。

要求：根据上述资料，编制甲公司与上述公司相关业务的会计分录（假定应收票据不计提坏账准备；涉及商品销售的，只编制确认相关销售收入及增值税的会计分录；“应交税费”科目要求写出明细科目及专栏名称）。

4. 某企业发生下列交易性金融资产业务：

(1) 20×1年12月2日以存入证券公司的投资款购入M公司股票4 000股，作为交易性金融资产，每股购买价格5元，共计20 000元，另付交易手续费106元（其中包括准予抵扣的增值税进项税额6元）。

(2) 20×1年12月31日该股票每股收盘价6元，调整交易性金融资产账面价值。

(3) 20×2年3月24日收到M公司按10∶3的送股共1 200股。

(4) 20×2年3月29日将股票出售一半，收到款项16 000元存入证券公司投资款账户内。

(5) 20×2年6月30日，该股票每股收盘价8元，调整交易性金融资产账面价值。

要求：根据以上经济业务编制会计分录。

第5章 金融资产（下）

学习目标

1. 掌握：债权投资、其他债权投资、其他权益工具投资的核算；金融资产重分类的核算。

2. 理解：债权投资的摊余成本的构成，减值的核算；其他债权投资、其他权益工具投资的初始入账价值的构成，减值的核算。

3. 了解：债权投资的概念；其他债权投资、其他权益工具投资的特征。

5.1 债权投资

5.1.1 债权投资的性质与主要会计问题

5.1 即测即评

1. 债权投资的性质

债权投资（investment held-to-maturity）是指业务管理模式为以特定日期收取合同现金流量为目的的金融资产，具体来说是指企业购入的到期日固定、回收金额固定或可确定，且企业有明确意图和能力持有至到期的国债和企业债券等各种债券投资，其中，既包括发行期在一年以上的债券投资，也包括发行期在一年以内的债券投资。作为债权投资购入的债券，可以按不同的标准分类，例如，按付息情况可以分为分期付息债券与到期一次付息债券。

债权投资从企业管理金融资产的业务模式看，由于管理者的意图是持有到期，不准备随时出售，因而主要是收取合同现金流量。债权投资的合同现金流量特征是在到期日收取的合同现金流量仅为本金和以未偿付本金金额为基础的利息。根据债权投资的业务模式和合同现金流量特征判断，应划分为以摊余成本计量的金融资产。

本金是指金融资产在初始确认时的公允价值，本金金额可能因提前还款等原因在金融资产的存续期内发生变动；利息包括对货币时间价值、与特定时期未偿付本金金额相关的信用风险、其他基本借贷风险、成本和利润的对价。但货币时间价值要素有时可能存在修正。在货币时间价值要素存在修正的情况下，企业应当对相关修正进行评估，以确定其是否满足上述合同现金流量特征的要求。

2. 债权投资的主要会计问题

债权投资带来的主要会计问题包括：债权投资入账价值的确定和投资取得时的账务处理，企业取得债权投资之后投资收益的确定与账务处理，债权投资到期兑现的账务处理，以及债权投资的期末计价和相关账务处理等。

5.1.2 债权投资的取得

1. 债券溢折价的原因及其差额的含义

企业购入的准备持有至到期的债券，有些是按债券面值的价格购入的；有些是按高于债券面值的价格购入的，即溢价购入；有些是按低于债券面值的价格购入的，即折价购入。债券的溢价、折价主要是由于金融市场利率与债券票面利率不一致造成的。当债券票面利率高于金融市场利率时，债券发行者按债券票面利率会多付利息，在这种情况下，可能会导致债券溢价。这部分溢价差额属于债券购买者由于日后多获利息而给予债券发行者的利息返还。反之，当债券票面利率低于金融市场利率时，债券发行者按债券票面利率会少付利息，在这种情况下，可能会导致债券折价。这部分折价差额属于债券发行者由于日后少付利息而给予债券购买者的利息补偿。

2. 投资入账价值的确定

债权投资的初始计量就是要确定债权投资的入账金额。长期以来，债权投资都是以其取得成本作为入账金额的，但其取得成本应采用什么口径则存在分歧。分歧的焦点是，与债权投资相关的初始直接费用是计入当期损益，还是计入债权投资的取得成本。

将初始直接费用计入当期损益的好处是，取得成本中只包括债券的购买价格，便于分析债券投资与债券市场的关系，特别是便于与债券发行方或出售方联系起来进行分析，如从溢价、折价的角度进行分析，可以简化会计处理。但这种处理方法也存在问题，那就是从取得债券投资的企业的角度来看，其取得成本不完整。从本质上看，初始直接费用是债券投资成本的一部分，将其包括在取得成本之内，可以反映完整的取得成本，有利于分析与评价投资的效果。但这种处理模糊、淡化了债券投资与债券市场之间的关联，不便于从债券溢价和折价的角度分析。

我国现行会计准则规定，债权投资的初始直接费用应当包括在取得成本之内。债权投资应按购入时实际支付的价款作为初始入账价值，实际支付的价款包括支付的债券实际买价以及手续费、佣金等初始直接费用（可以抵扣的增值税进项税额除外)。但是，实际支付的价款中如果含有发行日或付息日至购买日之间分期付息的利息，按照重要性原则，应作为一项短期债权处理，不计入债券的初始入账价值。

下面的分析和举例都采用现行会计准则规定的方法，即初始直接费用计入投资成本。

3. 投资取得的账务处理

在确定债权投资的入账金额之后，还有一个具体的账务处理问题。企业取得一项债权投资，就意味着获得了合约规定的两项收款权利：一是债券到期时按债券面值收取款项的权利；二是基于票面利率分期或到期一次收取利息的权利。因此，债权投资的取得成本与债券面值之间的差额是一项重要的信息。

从会计信息使用者的角度，特别是企业内部管理的角度来看，债券面值是重要的信息，它代表了债券到期时企业需要偿还给债券投资者的本金，因此需要对其进行专门的明细反映。也就是说，需要将债权投资的初始入账价值拆分为面值、一次付息债券应计利息和初始入账价值（含初始直接费用）扣除一次付息债券应计利息与面值的差额三部分分别反映。为了表达方便，我们将该差额称为利息调整。它代表了债券存续期间的利息总额（未折现的金额）的一部分，严格说来是全部投资成本的一部分。因为初始直接费用部分并不是支付给债券提供者，而是支付给与债券投资相关的中介机构，是对投资方获取的利息总额的抵减。为了表述方便，可将其当作广义的利息看待。也就是在这个意义上将其称为利息调整。

取得债权投资的入账价值扣除一次付息债券应计利息后的金额大于债券面值的差额称为利息调整借差，为债券溢价金额与初始直接费用之和；取得债权投资的入账价值扣除一次付息债券应计利息后的金额小于债券面值的差额称为利息调整贷差，为债券折价金额减去初始直接费用的差额。如果债券折价金额小于初始直接费用，则其差额也为利息调整借差。利息调整借差、贷差本质上均是债权投资成本的组成部分，借差是债券面值的增项，贷差则是债券面值的减项。因此，为了反映各项债权投资的取得、收益、处置等情况，应设置“债权投资”科目，并设置“债券面值”“利息调整”“应计利息”等明细科目。

企业在发行日或付息日购入债券时，实际支付的价款中不含有利息。应按照购入债券的面值，借记“债权投资——债券面值”科目；按照可以抵扣的增值税进项税额，借记“应交税费——应交增值税（进项税额）”科目；按照实际支付的全部价款扣除面值以后的差额，借记或贷记“债权投资——利息调整”科目；按实际支付的全部价款，贷记“银行存款”等科目。

企业在发行日后或两个付息日之间购入债券时，实际支付的价款中含有自发行日或付息日至购入日之间的利息。这部分利息应分别按照不同的情况进行处理。其中，到期一次付息债券的利息由于不能在一年以内收回，应计入投资成本，借记“债权投资——应计利息”科目；分期付息债券的利息一般在一年以内能够收回，从性质上看属于企业获得的一项短期债权，

取得债权投资支付价款中所包含的利息应当如何处理?

应借记“应收利息”科目，不计入投资成本。①

例 5-1

甲公司于 20×1 年 1 月 1 日以 754 302 元的价格购买了乙公司于当日发行的总面值为 800 000 元、票面利率为 5%、5 年期的债券，确认为债权投资。债券利息在每年 12 月 31 日支付。甲公司还以银行存款支付了购买该债券发生的交易费用 12 720 元（其中包括准予抵扣的增值税进项税额 720 元）。

债权投资的入账金额＝754 302＋12 720－720＝766 302(元)

应确认的利息调整贷差＝800 000－766 302＝33 698(元)

借：债权投资——债券面值	800 000	
应交税费——应交增值税（进项税额）	720	
贷：债权投资——利息调整		33 698
银行存款		767 022

例 5-2

甲公司于 20×1 年 1 月 1 日以 825 617 元的价格购买了乙公司于当日发行的面值为 800 000 元、票面利率为 5%、5 年期的债券，确认为债权投资。债券利息在每年 12 月 31 日支付。甲公司还以银行存款支付了购买该债券发生的交易费用 10 600 元（其中包括准予抵扣的增值税进项税额 600 元）。

债权投资的入账金额＝825 617＋10 600－600＝835 617(元)

应确认的利息调整借差＝835 617－800 000＝35 617(元)

借：债权投资——债券面值	800 000	
——利息调整	35 617	
应交税费——应交增值税（进项税额）	600	
贷：银行存款		836 217

例 5-3

北京宏达电子股份有限公司于 2021 年 1 月 1 日以银行存款 737 260 元购买了驰名公司于当日发行的总面值为 800 000 元、票面利率为 5%、5 年期的到期一次付息债券，确认为债权投资。债券利息按单利计算，于债券到期时一次支付。北京宏达电子股份有限公司还以银行存款支付了购买该债券发生的交易费用 10 600 元（其中包括准予抵扣的增值税进项税额 600 元）。

原始凭证
债券交割单
增值税专用发票
建行付款通知书
记账凭证

债权投资的入账金额＝737 260＋10 600－600＝747 260(元)

应确认的利息调整贷差＝800 000－747 260＝52 740(元)

---

① 我国企业会计准则规定，购买日，实际支付价款中包含已到期尚未支取的利息，借记“应收利息”科目；未到期的利息，借记“债权投资——应计利息”科目。但资产负债表日，确认利息收入时，分期付息的应收利息，借记“应收利息”科目；一次付息的应收利息，借记“债权投资——应计利息”科目。前后处理的口径不同。本书按照可比性原则处理。分期付息的利息均作为“应收利息”处理，不计入摊余成本；一次付息的利息均作为“债权投资——应计利息”处理，计入摊余成本。

借：债权投资——债券面值　　800 000
　　应交税费——应交增值税（进项税额）　　600
　贷：债权投资——利息调整　　52 740
　　　银行存款　　747 860

5.1.3　债权投资的摊余成本与投资收益的确定

按照企业会计准则的规定，债权投资应按**摊余成本**（amortised cost）进行期末计价。确认投资的摊余成本，首先要确认投资的账面余额，在此基础上再考虑投资是否发生了减值。如果投资未发生减值，则投资的账面余额即为摊余成本。由于债权投资摊余成本的确定伴随着投资收益的确定，我们将这两个相关的问题放在一起讲述。

债权投资账面余额的确定有两种方法，也就是利息调整的摊销方法：**直线法**（straight-line method）与**实际利率法**（effective interest method）。我国现行会计准则要求采用实际利率法确定摊余成本。

直线法的特点是各期的摊销额和投资收益固定不变，但随着利息调整借差或贷差的摊销，债券投资成本在不断变化，因而各期的投资收益率也在变化。采用直线法能够简化计算工作，但在一项投资业务中各期投资收益率不同，不能正确反映各期的经营业绩。

实际利率法的特点是各期的投资收益率保持不变，但由于债券投资额在不断变化，各期的投资收益也在不断变化。实际利率法下，债券利息调整借差或贷差摊销额是票面利息与投资收益（即实际利息）的差额，在票面利息不变而投资收益变化的情况下，摊销额也是不断变化的。采用实际利率法能够使一项投资业务中各期的投资收益率相同，正确反映各期经营业绩，但计算较为复杂。

采用实际利率法时，期末债权投资就是按照未来现金流量和实际利率计算的现值计量的。实际利率，是指将债权投资在预计存续期的估计未来现金流量折现为该债权投资摊余成本所使用的利率。

1．按直线法确定摊余成本

按直线法确定摊余成本，就是将债权投资的初始利息调整总额在债券的存续期内平均分摊到各个会计期间。

例 5－4

承例 5－1。假定甲公司购买债券后采用直线法确定债权投资的摊余成本。

$$每年摊销利息调整贷差=\frac{33\,698}{5}=6\,739.60(元)$$

每年 12 月 31 日的账务处理如下：

(1) 收到利息。

借：银行存款　　40 000
　贷：投资收益　　40 000

（2）摊销利息调整。

借：债权投资——利息调整　　6 739.60

　贷：投资收益　　6 739.60

在直线法下，甲公司每年确认的债权投资的投资收益为：

$$40\,000+6\,739.60=46\,739.60(\text{元})$$

例5-5

承例5-2。假定甲公司购买债券后采用直线法确定债权投资的摊余成本。

$$\text{每年摊销利息调整借差}=\frac{35\,617}{5}=7\,123.40(\text{元})$$

每年12月31日的账务处理如下：

（1）收到利息。

借：银行存款　　40 000

　贷：投资收益　　40 000

（2）摊销利息调整。

借：投资收益　　7 123.40

　贷：债权投资——利息调整　　7 123.40

在直线法下，甲公司每年确认的债权投资的投资收益为：

$$40\,000-7\,123.40=32\,876.60(\text{元})$$

例5-6

承例5-3。假定宏达公司购买债券后采用直线法确定债权投资的摊余成本。

$$\text{每年摊销利息调整贷差}=\frac{52\,740}{5}=10\,548(\text{元})$$

在企业的债权投资是到期一次付息债券的情况下，其应计利息也是一项非流动资产，它与该项债权投资的初始成本没有本质区别。可以在“债权投资”科目下设置“应计利息”明细科目予以反映。

宏达公司每年12月31日的账务处理如下：

（1）确认应收利息。

借：债权投资——应计利息　　40 000

　贷：投资收益　　40 000

（2）摊销利息调整。

借：债权投资——利息调整　　10 548

　贷：投资收益　　10 548

在直线法下，宏达公司每年确认的债权投资的投资收益为：

$$40\,000+10\,548=50\,548(\text{元})$$

采用直线法确定摊余成本，操作比较简单。但这种方法无论从债权投资的期末计价还是从投资收益的确定来看，都存在理论上的缺陷。从债权投资的期末计价来看，按这种方法确定的债权投资的期末余额无法从统一的计量属性的角度进行解释；从投资收益的确定来看，由于各期期末债权投资的账面价值会随着利息调整的摊销而发生变化，因此，在利率相同的情况下，各期确认的投资收益应该不同，但按直线法所确定的各期投资收益是完全相同的。

2. 按实际利率法确定摊余成本

采用实际利率法确定债权投资的摊余成本，可以克服直线法的上述不足。可以从两个不同的角度来理解实际利率法的特点，一是从债权投资的期末计价来看，实际利率法要求期末债权投资按未来现金流量的现值计量，计算现值要以确定的债券投资实际利率作为折现率；二是从投资收益的确认来看，实际利率法要求以期初债券的账面价值乘以确定的债券投资实际利率，确认当期的投资收益，再将其与当期的票面利息相比较，以两者的差额作为当期应摊销的利息调整金额。采用这种方法可以保证各期按相同的投资收益率确认债权投资的投资收益，这个相同的投资收益率就是该债券的实际利率。

在债券分期付息的情况下，债券面值在到期时一次收回，其现值应根据债券面值乘以复利现值系数计算；债券票面利息分期等额收回，其现值应根据各期债券票面利息乘以年金现值系数计算。其计算公式为：

$$\text{债券初始入账价值}=\text{债券面值}\times(P/F,i,n)+\text{债券票面利息}\times(P/A,i,n)$$

采用插值法即可计算出债券实际利率 i。

依据例5-1的资料，设实际利率为 i，则有

$$766\ 302=800\ 000\times(P/F,i,5)+800\ 000\times5\%\times(P/A,i,5)$$

式中，$(P/F, i, 5)$ 是利率为 i、期限为5的复利现值系数；$(P/A, i, 5)$ 是利率为 i、期限为5的年金现值系数。采用插值法确定债券的实际利率 i 为6%。

同理，依据例5-2的资料，设实际利率为 r，则有

$$835\ 617=800\ 000\times(P/F,r,5)+800\ 000\times5\%\times(P/A,r,5)$$

采用插值法确定债券的实际利率 r 为4%。

在债券到期一次还本付息的情况下，不论是面值购入还是溢价或折价购入，不论是否含有初始直接费用，其实际利率均可采用下列公式计算：

由于

$$\text{债券初始入账价值}\times(1+\text{实际利率 }i)^n=\text{债券到期价值}$$

因此

$$\text{实际利率 }i=\sqrt[n]{\frac{\text{债券到期价值}}{\text{债券初始入账价值}}}-1$$

式中，n 为债券到期价值折现的期数。例如，企业取得5年期债券，如按年确认投资收益，则折现期为5期，利率 i 为年利率；如按半年确认投资收益，则折现

期为10期，实际利率 i 为半年利率；如按季度确认投资收益，则折现期为20期，实际利率 i 为季度利率。

依据例5-3的资料，设实际利率为 i，则有

$$实际利率\ i=\sqrt[5]{\frac{800\,000+800\,000\times5\%\times5}{747\,260}}-1=6\%$$

例5-7

承例5-1。假定甲公司购买债券后采用实际利率法确定债权投资的摊余成本。根据前面的计算结果可知，实际利率为6%。为了方便各期的账务处理，可以编制债权投资利息调整贷差摊销表，详见表5-1。

表5-1　利息调整贷差摊销表（分期付息）　单位：元

日期	实收利息	投资收益	利息调整贷差摊销	利息调整贷差余额	摊余成本
	(1)=面值×5%	(2)=期初(5)×6%	(3)=(2)-(1)	(4)=期初(4)-(3)	(5)=期初(5)+(3)
20×1.01.01				33 698.00	766 302.00
20×1.12.31	40 000	45 978.12	5 978.12	27 719.88	772 280.12
20×2.12.31	40 000	46 336.81	6 336.81	21 383.07	778 616.93
20×3.12.31	40 000	46 717.02	6 717.02	14 666.05	785 333.95
20×4.12.31	40 000	47 120.04	7 120.04	7 546.01	792 453.99
20×5.12.31	40 000	47 546.01*	7 546.01	0	800 000.00

*含尾数调整。

20×1年12月31日的账务处理如下：

(1) 收到利息。

借：银行存款　　40 000

　贷：投资收益　　40 000

(2) 摊销利息调整。

借：债权投资——利息调整　　5 978.12

　贷：投资收益　　5 978.12

同理，20×5年12月31日的账务处理如下：

(1) 收到利息。

借：银行存款　　40 000

　贷：投资收益　　40 000

(2) 摊销利息调整。

借：债权投资——利息调整　　7 546.01

　贷：投资收益　　7 546.01

例5-8

承例5-2。假定甲公司购买债券后采用实际利率法确定债权投资的摊余成本。

为了方便各期的账务处理，可以编制债权投资利息调整借差摊销表，详见表 5－2。

表 5－2　利息调整借差摊销表（分期付息）　　单位：元

日期	实收利息	投资收益	利息调整借差摊销	利息调整借差余额	摊余成本
	(1)＝面值×5%	(2)＝期初(5)×4%	(3)＝(1)－(2)	(4)＝期初(4)－(3)	(5)＝期初(5)－(3)
20×1.01.01				35 617.00	835 617.00
20×1.12.31	40 000	33 424.68	6 575.32	29 041.68	829 041.68
20×2.12.31	40 000	33 161.67	6 838.33	22 203.35	822 203.35
20×3.12.31	40 000	32 888.13	7 111.87	15 091.48	815 091.48
20×4.12.31	40 000	32 603.66	7 396.34	7 695.14	807 695.14
20×5.12.31	40 000	32 304.86*	7 695.14	0	800 000.00

*含尾数调整。

20×1 年 12 月 31 日的账务处理如下：

(1) 收到利息。

借：银行存款　　40 000

　贷：投资收益　　40 000

(2) 摊销利息调整借差。

借：投资收益　　6 575.32

　贷：债权投资——利息调整　　6 575.32

同理，20×5 年 12 月 31 日的账务处理如下：

(1) 收到利息。

借：银行存款　　40 000

　贷：投资收益　　40 000

(2) 摊销利息调整借差。

借：投资收益　　7 695.14

　贷：债权投资——利息调整　　7 695.14

例 5－9

承例 5－3。假定宏达公司购买债券后采用实际利率法确定债权投资的摊余成本。为了方便各期的账务处理，可以编制债权投资利息调整贷差摊销表，详见表 5－3。

表 5－3　利息调整贷差摊销表（到期一次付息）　　单位：元

日期	应计利息	投资收益	利息调整贷差摊销	利息调整贷差余额	摊余成本
	(1)＝面值×5%	(2)＝期初(5)×6%	(3)＝(2)－(1)	(4)＝期初(4)－(3)	(5)＝期初(5)＋(1)＋(3)
2021.01.01				52 740.00	747 260.00
2021.12.31	40 000	44 835.60	4 835.60	47 904.40	792 095.60
2022.12.31	40 000	47 525.74	7 525.74	40 378.66	839 621.34

续表

日期	应计利息	投资收益	利息调整贷差摊销	利息调整贷差余额	摊余成本
	(1)=面值×5%	(2)=期初(5)×6%	(3)=(2)−(1)	(4)=期初(4)−(3)	(5)=期初(5)+(1)+(3)
2023.12.31	40 000	50 377.28	10 377.28	30 001.38	889 998.62
2024.12.31	40 000	53 399.92	13 399.92	16 601.46	943 398.54
2025.12.31	40 000	56 601.46*	16 601.46	0	1 000 000.00

*含尾数调整。

宏达公司2021年12月31日的账务处理如下：

（1）确认应收利息。

借：债权投资——应计利息　　40 000

　贷：投资收益　　40 000

（2）摊销利息调整贷差。

借：债权投资——利息调整　　4 835.60

　贷：投资收益　　4 835.60

同理，2025年12月31日的账务处理如下：

（1）确认应收利息。

借：债权投资——应计利息　　40 000

　贷：投资收益　　40 000

（2）摊销利息调整贷差。

借：债权投资——利息调整　　16 601.46

　贷：投资收益　　16 601.46

记账凭证

2021—2025年的记账凭证可扫描二维码。

5.1.4 债权投资的到期兑现

债权投资的到期兑现，是指债权投资的期限届满时按面值收回投资及应收未收的利息。如果是一次付息的债券，到期时企业可以收回债券面值和利息；如果是分期付息的债券，到期时企业可以收回债券面值。一般来说，在债权投资到期时，溢价、折价金额已经摊销完毕，不论是按面值购入，还是溢价或折价购入，“债权投资”科目的余额均为债券面值和应计利息。收回债券面值及利息时，应借记“银行存款”科目，贷记“债权投资”科目。

例5-10

承例5-1。20×6年1月1日按面值收回投资时，编制会计分录如下：

借：银行存款　　800 000

　贷：债权投资——债券面值　　800 000

5.1.5　实际利率的修正

在债权投资存续期间，本金金额可能因提前还款等原因发生变动，利息也可能随之或因其他因素而发生变动，因此，企业应当对实际利率进行修正，以满足合同现金流量特征的要求。

例 5 - 11

承例 5 - 3 和例 5 - 9。假定驰名公司于 2022 年 12 月 31 日通知，该批债券将于 2024 年 6 月 30 日提前赎回，票面利率不变，仍为 5%，赎回价格为 940 000 元；当日，该债权投资的账面价值为 839 621.34 元。业务单据请扫描二维码。

该债权投资的存续期还有 1.5 年，修正实际利率：

$$实际利率=\sqrt[1.5]{\frac{940\,000}{839\,621.34}}-1=7.82\%$$

表 5 - 4　投资收益及利息调整贷差摊销表（到期一次付息）　　单位：元

日期	应计利息	投资收益	利息调整贷差摊销	利息调整贷差余额	摊余成本
	(1)=面值×5%	(2)=期初(5)×7.82%	(3)=(1)-(2)	(4)=期初(4)-(3)	(5)=期初(5)+(2)
2022.12.31				40 378.66	839 621.34
2023.12.31	40 000.00	65 658.39	25 658.39	14 720.27	905 279.73
2024.06.30	20 000.00	34 720.27*	14 720.27	0	940 000.00

*含尾数调整。

宏达公司 2023 年 12 月 31 日编制的会计分录如下：

(1) 确认应计利息。

借：债权投资——应计利息　　40 000

　贷：投资收益　　40 000

(2) 摊销利息调整贷差。

借：债权投资——利息调整　　25 658.39

　贷：投资收益　　25 658.39

原始凭证
债券交割单
建行进账单
记账凭证

或合并编制会计分录：

借：债权投资——应计利息　　40 000.00

　　　　　　——利息调整　　25 658.39

　贷：投资收益　　65 658.39

宏达公司 2024 年 6 月 30 日编制的会计分录如下：

(1) 确认应计利息。

借：债权投资——应计利息　　20 000

　贷：投资收益　　20 000

（2）摊销利息调整贷差。

借：债权投资——利息调整	14 720.27	
贷：投资收益		14 720.27

或合并编制会计分录：

借：债权投资——应计利息	20 000.00	
——利息调整	14 720.27	
贷：投资收益		34 720.27

（3）宏达公司收回到期债券本息940 000元时：

借：银行存款	940 000	
贷：债权投资——债券面值		800 000
——应计利息		140 000

5.1.6 债权投资的减值

1. 债权投资减值的确定

债权投资减值是指以预期信用损失为基础确认的价值减损。预期信用损失是指以发生违约的风险为权重的债权投资信用损失的加权平均值。

信用损失是指企业按照实际利率折现的、根据合同应收的所有合同现金流量与预期收取的所有现金流量之间的差额，即全部现金短缺的现值。对于债权投资，应按照其经信用调整的实际利率折现。由于预期信用损失考虑付款的金额和时间分布，因此，即使企业预计可以全额收款但收款时间晚于合同规定的到期期限，也会产生信用损失。

企业应当在资产负债表日对债权投资的账面价值进行检查，有客观证据表明该金融资产信用风险已经显著增加，应当计提减值准备。当对债权投资预期未来现金流量具有不利影响的一项或多项事件发生时，该债权投资成为已发生信用减值的金融资产。金融资产已发生信用减值的证据包括下列可观察信息：

（1）发行方或债务人发生重大财务困难；

（2）债务人违反合同，如偿付利息或本金违约或逾期等；

（3）债权人出于与债务人财务困难有关的经济或合同考虑，给予债务人在任何其他情况下都不会做出的让步；

（4）债务人很可能破产或进行其他财务重组；

（5）发行方或债务人财务困难导致该金融资产的活跃市场消失；

（6）以大幅折扣购买一项金融资产，该折扣反映了发生信用损失的事实。

金融资产发生信用减值，有可能是多个事件的共同作用所致，未必是可单独识别的事件所致。

预计未来现金流量现值，一般按照该债权投资经信用调整的实际利率折现计算。

企业通常能够可靠估计债权投资的现金流量和预计存续期。在极少数情况下，债权投资的未来现金流量或预计存续期无法可靠估计的，企业在计算确定其实际利率时，应当基于该债权投资在整个合同期内的合同现金流量。

对于购买的已发生信用减值的债权投资，企业应当在资产负债表日仅将自初始确认后整个存续期内预期信用损失的累计变动确认为减值准备。在每个资产负债表日，企业应当将整个存续期内预期信用损失的变动金额作为减值损失或利得计入当期损益。

债权投资发生减值时，应当将该债权投资的账面价值减记至预计未来现金流量的现值，减记的金额确认为信用减值损失，计入当期损益，借记“信用减值损失”科目，贷记“债权投资减值准备”科目。

2. 债权投资减值的转回

债权投资确认减值损失后，如有客观证据表明该资产的价值得以恢复，且客观上与确认该损失后发生的事项有关，原确认的减值损失应当予以转回，计入当期损益。但是，该转回后的账面价值不应超过假定不计提减值准备情况下该债权投资在转回日的摊余成本。

企业在前一会计期间已经按照相当于债权投资整个存续期内预期信用损失的金额计提了损失准备，但在当期资产负债表日，该债权投资已不再属于自初始确认后信用风险显著增加的情形的，企业应当在当期资产负债表日按照相当于未来12个月内预期信用损失的金额计量该债权投资的损失准备，由此形成的损失准备的转回金额应当作为减值利得计入当期损益。

总之，债权投资的减值包括两个方面的内容：首先要确定其账面余额；然后还要进行减值测试，如果发生减值，则需计提减值准备。这就意味着，资产负债表上“债权投资”项目在投资没有发生减值的情况下是按其账面余额计量的，在投资发生减值的情况下是按其可收回金额计量的。

例5-12

承例5-9。假定宏达公司于2023年发生严重亏损，至2023年12月31日，预计到期时仅能够收回债券面值800 000元，而无法收回债券利息。2024年驰名公司的经营状况有所好转，上年发生的亏损得到一定程度的弥补，至2024年12月31日，预计到期时除了能够收回债券面值800 000元外，还能够收回部分债券利息80 000元。2026年1月1日，收回债券面值和利息共计880 000元。假定该债权投资经信用调整的实际利率与初始利率相同。根据以上资料，编制会计分录如下：

(1) 2023年12月31日，确认信用减值损失。

估计未来现金流量现值$=800\,000\div(1+6\%)^2=711\,997.15$(元)

信用减值损失$=889\,998.62-711\,997.15=178\,001.47$(元)

借：信用减值损失　　178 001.47

　贷：债权投资减值准备　　178 001.47

2023年12月31日，该项债权投资转回减值准备前的账面价值为889 998.62元，未来收回金额按照初始确定的实际利率6%计算的现值为711 997.15元，确认信用减值损失178 001.47元。2023年12月31日，该项债权投资账面价值的构成如下：

面值＝800 000(元)
应计利息＝120 000(元)
利息调整贷差＝30 001.38(元)
减值准备＝178 001.47(元)
账面价值＝800 000＋120 000－30 001.38－178 001.47＝711 997.15(元)

(2) 2024年12月31日，确认当年投资收益。

票面利息＝800 000×5％＝40 000(元)
投资收益＝711 997.15×6％＝42 719.83(元)
利息调整贷差摊销＝42 719.83－40 000＝2 719.83(元)

借：债权投资——应计利息　　40 000
　贷：投资收益　　40 000
借：债权投资——利息调整　　2 719.83
　贷：投资收益　　2 719.83

2024年12月31日，该项债权投资减值损失恢复前账面价值的构成如下：

面值＝800 000(元)
应计利息＝120 000＋40 000＝160 000(元)
利息调整贷差＝30 001.38－2 719.83＝27 281.55(元)
减值准备＝178 001.47(元)
账面价值＝800 000＋160 000－27 281.55－178 001.47＝754 716.98(元)

(3) 2024年12月31日，确认信用减值损失转回。

估计未来现金流量现值＝880 000÷(1＋6％)＝830 188.68(元)
信用减值损失恢复＝830 188.68－754 716.98＝75 471.70(元)

借：债权投资减值准备　　75 471.70
　贷：信用减值损失　　75 471.70

2024年12月31日，该项债权投资转回减值准备前的账面价值为754 716.98元，未来收回金额按照初始确定的实际利率6％计算的现值为830 188.68元，确认信用减值损失转回75 471.70元。2024年12月31日，该项债权投资账面价值的构成如下：

面值＝800 000(元)
应计利息＝160 000(元)
利息调整贷差＝27 281.55(元)
减值准备＝178 001.47－75 471.70＝102 529.77(元)
账面价值＝800 000＋160 000－27 281.55－102 529.77＝830 188.68(元)

（4）2025 年 12 月 31 日，确认当年投资收益。

票面利息＝800 000×5%＝40 000（元）

投资收益＝830 188.68×6%＝49 811.32（元）

利息调整贷差摊销＝49 811.32－40 000＝9 811.32（元）

借：债权投资——应计利息	40 000	
贷：投资收益		40 000
借：债权投资——利息调整	9 811.32	
贷：投资收益		9 811.32

2025 年 12 月 31 日，该项债权投资账面价值的构成如下：

面值＝800 000（元）

应计利息＝160 000＋40 000＝200 000（元）

利息调整贷差＝27 281.55－9 811.32＝17 470.23（元）

减值准备＝102 529.77（元）

账面价值＝800 000＋200 000－17 470.23－102 529.77＝880 000（元）

（5）2026 年 1 月 1 日，收回债权投资的面值和利息。

借：银行存款	880 000.00	
债权投资——利息调整	17 470.23	
债权投资减值准备	102 529.77	
贷：债权投资——债券面值		800 000.00
——应计利息		200 000.00

5.2 其他债权投资

5.2.1 其他债权投资概述

5.2 即测即评

其他债权投资是指同时符合下列条件的金融资产：

（1）企业管理该金融资产的业务模式既以收取合同现金流量为目标又以出售该金融资产为目标。

（2）该金融资产的合同条款规定，在特定日期产生的现金流量，仅为对本金和以未偿付本金金额为基础的利息的支付。

具体来说，其他债权投资是指既可能持有至到期收取合同现金流量，也可能在到期之前出售的债券投资。企业取得其他债权投资，应将其划分为以公允价值计量且其变动计入其他综合收益的金融资产。在初始确认时，除符合上述条件的金融资产外，企业还可以将非交易性权益工具投资（如企业持有的限售股等）指定为以公允价值计量且其变动计入其他综合收益的金融资产，并确认股利收入。该指定一经做出，不得撤销。

其他债权投资采用实际利率法计算的利息应当计入当期损益，计入各期损益的金额应当与债权投资按摊余成本计量而计入各期损益的金额相等；该金融资产由于公允价值变动产生的所有利得或损失，应当计入其他综合收益；该金融资产发生的减值损失或利得，应计入当期损益；该金融资产终止确认时，之前计入其他综合收益的累计利得或损失，应当从其他综合收益中转出，计入当期损益。

为了反映其他债权投资的取得、处置、公允价值变动等情况，企业应当设置“其他债权投资”科目，并设置“债券面值”“利息调整”“应计利息”“公允价值变动”明细科目。

5.2.2 其他债权投资的取得

企业取得的债券如划分为其他债权投资，应按该债券的公允价值和相关交易费用（不含可以抵扣的增值税进项税额）之和作为该金融资产的入账价值，分别借记“其他债权投资——债券面值”“其他债权投资——应计利息”“应收利息”“应交税费——应交增值税（进项税额）”科目，借记或贷记“其他债权投资——利息调整”科目；根据实际支付的价款，贷记“银行存款”等科目。

例 5-13

20×3 年 1 月 1 日，甲公司购入乙公司当天发行的三年期分期付息债券，面值为 80 000 元，票面利率为 5%，每年 12 月 31 日付息，实际支付价款 77 961.69 元（其中包含准予抵扣的增值税进项税额 100 元）；甲公司既可能将其持有至到期，也可能提前出售，将其确认为其他债权投资。实际利率为 6%。编制会计分录如下：

借：其他债权投资——债券面值	80 000.00
应交税费——应交增值税（进项税额）	100.00
贷：其他债权投资——利息调整	2 138.31
银行存款	77 961.69

5.2.3 其他债权投资的收益

企业将债权投资划分为其他债权投资，应按照债券的摊余成本和初始确认的实际利率确定投资收益，根据应收的票面利息，借记“其他债权投资——应计利息”或“应收利息”等科目；根据以实际利率计算的实际利息收入，贷记“投资收益”科目；根据两者的差额，借记或贷记“其他债权投资——利息调整”科目。

例 5-14

承例 5-13。甲公司各年末确认该其他债权投资的投资收益，实际利率为 6%。为了简化举例，编制投资收益及利息调整贷差摊销表进行各期的会计处理，详见表 5-5。

表 5-5　投资收益及利息调整贷差摊销表（分期付息）　　单位：元

日期	实收票面利息	投资收益	利息调整贷差摊销	利息调整贷差余额	摊余成本
	(1)＝面值×5%	(2)＝期初(5)×6%	(3)＝(2)－(1)	(4)＝期初(4)－(3)	(5)＝期初(5)＋(3)
20×3.01.01				2 138.31	77 861.69
20×3.12.31	4 000	4 671.70	671.70	1 466.61	78 533.39
20×4.12.31	4 000	4 712.00	712.00	754.61	79 245.39
20×5.12.31	4 000	4 754.61*	754.61	0	80 000.00

*含尾数调整。

20×3 年 12 月 31 日编制的会计分录如下：

借：银行存款　　4 000.00

　　其他债权投资——利息调整　　671.70

　贷：投资收益　　4 671.70

其他年份以此类推。

5.2.4　其他债权投资的期末计价

资产负债表日，其他债权投资应当按照公允价值计量。按照我国企业会计准则的规定，其他债权投资公允价值与账面价值的差额，即公允价值的变动，不得计入当期损益，而应作为所有者权益变动，计入其他综合收益，借记或贷记“其他债权投资——公允价值变动”科目，贷记或借记“其他综合收益——金融资产公允价值变动”科目。

例 5-15

承例 5-14。甲公司各年年末持有的债券的公允价值见表 5-6。

表 5-6　公允价值变动计算表　　单位：元

日期	摊余成本	公允价值	累计公允价值变动	本期公允价值变动
	(1)	(2)	(3)＝(2)－(1)	(4)＝(3)－期初(3)
20×3.12.31	78 533.39	78 604.00	70.61	70.61
20×4.12.31	79 245.39	79 271.00	25.61	−45.00
20×5.12.31	80 000.00	80 000.00	0	−25.61

20×3 年 12 月 31 日编制的会计分录如下：

借：其他债权投资——公允价值变动　　70.61

　贷：其他综合收益——金融资产公允价值变动　　70.61

其他年份以此类推。

5.2.5 其他债权投资的出售

企业出售其他债权投资，应终止确认该金融资产，将实际收到的金额与其账面价值的差额确认为投资收益，同时，将原累计计入其他综合收益的公允价值变动转为投资收益。企业应根据实际收到的出售价款，借记“银行存款”等科目；根据其账面价值，贷记“其他债权投资”科目；根据其差额，贷记或借记“投资收益”科目。同时，根据累计公允价值变动原计入其他综合收益的金额，借记或贷记“其他综合收益——金融资产公允价值变动”科目，贷记或借记“投资收益”科目。

例5-16

承例5-15。假定20×5年1月3日，甲公司出售该债券，实际收到的价款为79 280元；该债券的账面价值为79 271元，其中，面值为80 000元，利息调整贷差为754.61元，公允价值变动为25.61元。编制会计分录如下：

借：银行存款	79 280.00	
其他债权投资——利息调整	754.61	
贷：其他债权投资——债券面值		80 000.00
——公允价值变动		25.61
投资收益		9.00
借：其他综合收益——金融资产公允价值变动	25.61	
贷：投资收益		25.61

5.2.6 其他债权投资的减值

如果其他债权投资预期可收回金额持续下降，应当确认为信用减值损失，计提减值准备。

对于其他债权投资，企业应当在其他综合收益中确认其减值准备，并将减值损失计入当期损益，而不应减少该金融资产的公允价值。

为了反映该金融资产减值准备的计提和核销等情况，应在“其他综合收益”科目下设置“金融资产减值准备”明细科目，该明细科目贷方登记计提的其他债权投资减值准备，借方登记转回以及处置其他债权投资核销的减值准备，期末贷方余额表示尚未核销的其他债权投资减值准备。

企业确认的其他债权投资信用减值损失，应根据减值的金额，借记“信用减值损失”科目，贷记“其他综合收益——金融资产减值准备”科目；不调整该金融资产的账面价值。如果该金融资产的减值恢复，应编制相反的会计分录。

例5-17

甲公司20×1年至20×2年根据发生的其他债权投资减值相关业务，编制会计分录如下：

（1）20×1年1月1日，以银行存款808 927元购买了乙公司于当日发行的总面值为800 000元、票面利率为5%、5年期的到期一次付息债券，确认为其他债权投资；还以银行存款支付了购买该债券发生的交易费用13 780元（其中包含准予抵扣的增值税进项税额780元）；计算确定的实际利率为4%。

入账价值＝808 927＋13 780－780＝821 927(元)
利息调整借差＝821 927－800 000＝21 927(元)

借：其他债权投资——债券面值	800 000	
——利息调整	21 927	
应交税费——应交增值税（进项税额）	780	
贷：银行存款		822 707

（2）20×1年12月31日，采用实际利率法确认投资收益；当日该债券的公允价值为850 000元，甲公司预计该投资到期时可收回金额持续下跌，预计到期时该债券的现金流量现值为830 000元，且逆转的可能性较小，确认资产减值。

1）确认投资收益及利息调整摊销。

票面利息＝800 000×5%＝40 000(元)
投资收益＝821 927×4%＝32 877(元)
利息调整借差摊销＝40 000－32 877＝7 123(元)

借：其他债权投资——应计利息	40 000	
贷：其他债权投资——利息调整		7 123
投资收益		32 877

该债券摊余成本＝821 927＋40 000－7 123＝854 804(元)

2）确认公允价值变动。

公允价值变动＝850 000－854 804＝－4 804(元)

借：其他综合收益——金融资产公允价值变动	4 804	
贷：其他债权投资——公允价值变动		4 804

3）确认减值损失。

减值损失＝854 804－830 000＝24 804(元)

借：信用减值损失	24 804	
贷：其他综合收益——金融资产减值准备		24 804

20×1年12月31日，在资产负债表上，该金融资产以其账面价值（即公允价值）850 000元列示，资产减值不影响其列示金额。

（3）20×2年12月31日，采用实际利率法确认投资收益；当日该债券的公允价值为885 000元，甲公司预计到期时该债券的现金流量现值为865 000元。

1）确认投资收益及利息调整摊销。

票面利息＝800 000×5%＝40 000(元)
投资收益＝854 804×4%＝34 192(元)
利息调整借差摊销＝40 000－34 192＝5 808(元)

借：其他债权投资——应计利息　　40 000
　贷：其他债权投资——利息调整　　5 808
　　　投资收益　　34 192

该债券摊余成本＝854 804＋40 000－5 808＝888 996(元)

2）确认公允价值变动。

公允价值变动＝885 000－888 996－(－4 804)＝808(元)

借：其他债权投资——公允价值变动　　808
　贷：其他综合收益——金融资产公允价值变动　　808

累计公允价值变动＝－4 804＋808＝－3 996(元)

3）确认减值损失。

减值损失＝888 996－865 000－24 804＝－808(元)

借：其他综合收益——金融资产减值准备　　808
　贷：信用减值损失　　808

累计信用减值损失＝24 804－808＝23 996(元)

20×2年12月31日，在资产负债表上，该金融资产以其账面价值（即公允价值）885 000元列示，资产减值不影响其列示金额。

5.3 其他权益工具投资

5.3 即测即评

5.3.1 其他权益工具投资概述

其他权益工具投资主要是指非交易性股票以及不具有控制、共同控制和重大影响的且没有公允价值的股权等。企业取得其他权益工具投资，一般应指定为以公允价值计量且其变动计入其他综合收益的金融资产。例如，企业持有的上市公司限售股尽管在活跃市场上有报价，但由于出售受到限制，不能随时出售，可指定为以公允价值计量且其变动计入其他综合收益的金融资产。其他权益工具投资的公允价值变动应计入其他综合收益；终止确认时，之前计入其他综合收益的累计利得或损失应当从其他综合收益中转出，计入留存收益。其他权益工具投资不需要计提减值准备。

其他权益工具投资一般应当以公允价值计量。但在用以确定公允价值的近期信息不足或者公允价值的可能估计金额分布范围很广的情况下，如果成本能够在该分布范围内反映对公允价值的最佳估计，则该成本可代表其在该分布范围内对公允价值的恰当估计。例如，持有的在活跃市场没有报价且对被投资企业不存在控制、共同控制和重大影响的股权投资，无法随时出售，也应确认为其他权益工具投资。

为了反映其他权益工具投资的取得、处置、公允价值变动等情况，企业应当设置"其他权益工具投资"科目，并设置"成本"和"公允价值变动"明细科目。

5.3.2 其他权益工具投资的取得

企业取得的股权如果划分为其他权益工具投资，应按该股权的公允价值和相关交易费用（不含可以抵扣的增值税进项税额）之和作为初始投资成本，借记"其他权益工具投资——成本"科目；按照可以抵扣的增值税进项税额，借记"应交税费——应交增值税（进项税额）"科目，贷记"银行存款"等科目。如果支付的价款中包含已宣告但尚未发放的现金股利，应确认为应收项目，借记"应收股利"科目。

例 5-18

甲公司 20×1 年 4 月 1 日购入 A 公司股票 10 000 股，每股市价为 20 元，实际支付价款 200 000 元，另支付交易费用 1 060 元（其中准予抵扣的增值税进项税额为 60 元），该股票在一年内不得出售，甲公司将其确认为其他权益工具投资。编制会计分录如下：

借：其他权益工具投资——成本　　201 000
　　应交税费——应交增值税（进项税额）　　60
　贷：银行存款　　201 060

5.3.3 其他权益工具投资的收益

企业将股权投资划分为其他权益工具投资，对于收到的属于取得该股权支付价款中包含的已宣告发放的现金股利，应视为该债权的收回，借记"银行存款"等科目，贷记"应收股利"科目；在该股权持有期间被投资单位宣告发放的现金股利，应将其确认为投资收益，宣告日，应借记"应收股利"科目，贷记"投资收益"科目；收到现金股利时，应借记"银行存款"等科目，贷记"应收股利"科目。

例 5-19

承例 5-18。20×1 年 5 月 10 日，A 公司宣告分派现金股利 0.20 元/股，5 月 30 日 A 公司实际发放现金股利。甲公司编制会计分录如下：

(1) A 公司 5 月 10 日宣告发放现金股利。

甲公司应收现金股利＝0.20×10 000＝2 000(元)

借：应收股利　　2 000
　贷：投资收益　　2 000

(2) 5 月 30 日甲公司收到现金股利。

借：银行存款　　2 000
　贷：应收股利　　2 000

5.3.4　其他权益工具投资的期末计价

其他权益工具投资都具有公允价值吗?

资产负债表日，其他权益工具投资应当按照公允价值计量。按照我国企业会计准则的规定，其他权益工具投资的公允价值与账面价值的差额，即公允价值的变动，不得计入当期损益，而应作为所有者权益变动，计入其他综合收益，借记或贷记“其他权益工具投资——公允价值变动”科目，贷记或借记“其他综合收益——金融资产公允价值变动”科目。

例5-20

承例5-18。20×1年12月31日，甲公司持有的A公司股票的账面价值为201 000元，公允价值为190 000元，公允价值下跌11 000元。编制会计分录如下：

借：其他综合收益——金融资产公允价值变动　　11 000
　贷：其他权益工具投资——公允价值变动　　11 000

5.3.5　其他权益工具投资的出售

其他权益工具投资的公允价值变动转为留存收益应该怎样进行会计处理?

企业出售其他权益工具投资，应将实际收到的价款与其账面价值的差额，计入其他综合收益；同时将累计确认的其他综合收益转为留存收益，不计入当期损益。企业应根据实际收到的出售价款，借记“银行存款”等科目；根据其账面价值，贷记“其他权益工具投资”科目；根据其差额，贷记或借记“其他综合收益——金融资产公允价值变动”科目。同时，根据累计公允价值变动原计入其他综合收益的金额，借记或贷记“其他综合收益——金融资产公允价值变动”科目，贷记或借记“利润分配——未分配利润”科目。

例5-21

承例5-20。20×2年3月5日，甲公司将持有的A公司股票全部出售，收取价款188 000元；A公司股票的账面价值为190 000元，其中，初始投资成本为201 000元，公允价值变动为－11 000元。编制会计分录如下：

（1）出售A公司股票。

借：银行存款　　188 000
　　其他综合收益——金融资产公允价值变动　　2 000
　　其他权益工具投资——公允价值变动　　11 000
　贷：其他权益工具投资——成本　　201 000

（2）结转累计计入其他综合收益的公允价值变动。

累计其他综合收益变动＝－11 000－2 000＝－13 000(元)

借：利润分配——未分配利润　　13 000

　贷：其他综合收益——金融资产公允价值变动　　13 000

5.4 金融资产的重分类

企业购入的债券根据业务管理模式可以分别确认为交易性金融资产、债权投资、其他债权投资。金融资产的重分类，是指企业购入债券的重分类。当企业外部或内部经营条件发生变动，改变其管理金融资产的业务模式时，应当对所有受影响的相关金融资产进行重分类。

企业对金融资产重分类，应当自重分类日起采用未来适用法进行相关会计处理，不得对以前已经确认的利得、损失（包括减值损失或利得）或利息进行追溯调整。重分类日，是指导致企业对金融资产进行重分类的业务模式发生变更后的首个报告期间的第一天。

5.4.1 债权投资重分类为交易性金融资产

企业将一项债权投资重分类为交易性金融资产时，应当按照该资产在重分类日的公允价值进行计量。原账面价值与公允价值之间的差额计入当期损益。

例如，企业筹划进行并购，近期需要货币资金，原确认的债权投资可能随时变现，不再适合划分为债权投资，因此应将其重分类为交易性金融资产。

重分类日，企业应根据该金融资产的摊余成本，借记“交易性金融资产——成本”科目，贷记“债权投资”等科目。同时，应调整公允价值变动，根据该金融资产公允价值与摊余成本的差额，借记或贷记“交易性金融资产——公允价值变动”科目，贷记或借记“公允价值变动损益”科目。

例5-22

甲公司20×3年12月31日持有一项债权投资，账面价值为120 000元，其中，债券面值为100 000元，利息调整借差为2 000元，应计利息为18 000元；该债券到期日为20×5年12月31日。当日，该债券的公允价值为116 000元。由于业务需要，甲公司将该项债权投资重分类为交易性金融资产。编制会计分录如下：

(1) 结转该债券账面价值。

借：交易性金融资产——成本　　120 000

　贷：债权投资——债券面值　　100 000

　　　　——利息调整　　2 000

　　　　——应计利息　　18 000

（2）调整公允价值。

借：公允价值变动损益　　4 000

　　贷：交易性金融资产——公允价值变动　　4 000

20×3年12月31日，该交易性金融资产的账面价值为116 000元（120 000－4 000）。

5.4.2 债权投资重分类为其他债权投资

企业将一项债权投资重分类为其他债权投资时，应当按照该金融资产在重分类日的公允价值进行计量。原账面价值与公允价值之间的差额计入其他综合收益。该金融资产重分类不影响其实际利率和预期信用损失的计量。

例如，企业筹划进行并购，该并购如果成功，则需要货币资金；如果不成功，则仍将该债券投资持有至到期。由于该债券投资既可能持有至到期，也可能随时出售，因此应将其重分类为其他债权投资。

重分类日，企业应根据该金融资产的摊余成本，借记“其他债权投资”科目，贷记“债权投资”等科目。同时，应调整公允价值变动，根据该金融资产公允价值与摊余成本的差额，借记或贷记“其他债权投资——公允价值变动”科目，贷记或借记“其他综合收益——金融资产公允价值变动”科目。

例5-23

甲公司20×3年12月31日持有一项债权投资，账面价值为120 000元，其中，债券面值为100 000元，利息调整借差为2 000元，应计利息为18 000元；该债券到期日为20×5年12月31日。当日，该债券的公允价值为116 000元。由于业务需要，甲公司将该项债权投资重分类为其他债权投资。编制会计分录如下：

（1）结转该债券账面价值。

借：其他债权投资——债券面值　　100 000

　　　　　　　　——利息调整　　2 000

　　　　　　　　——应计利息　　18 000

　　贷：债权投资——债券面值　　100 000

　　　　　　　　——利息调整　　2 000

　　　　　　　　——应计利息　　18 000

（2）调整公允价值。

借：其他综合收益——金融资产公允价值变动　　4 000

　　贷：其他债权投资——公允价值变动　　4 000

20×3年12月31日，该其他债权投资的账面价值为116 000元（100 000＋2 000＋18 000－4 000）。

5.4.3 其他债权投资重分类为债权投资

企业将一项其他债权投资重分类为债权投资时，应当将之前计入其他综合收益的累计利得或损失转出，调整该金融资产在重分类日的公允价值，并以调整后的金额作为新的账面价值，即视同该金融资产一直以摊余成本计量。该金融资产重分类不影响其实际利率和预期信用损失的计量。

重分类日，企业应根据该金融资产的摊余成本，借记“债权投资”科目，贷记“其他债权投资”科目；应根据该金融资产的公允价值变动，借记或贷记“其他债权投资——公允价值变动”科目，贷记或借记“其他综合收益——金融资产公允价值变动”科目；应根据该金融资产的减值准备，借记“其他综合收益——金融资产减值准备”科目，贷记“债权投资——减值准备”科目。

例5-24

承例5-17。假定甲公司于20×3年1月1日决定，将持有的确认为其他债权投资的乙公司债券重分类为债权投资。当日该债券的账面价值为885 000元，其中，债券面值为800 000元，利息调整借差为8 996元，应计利息为80 000元，公允价值变动为−3 996元；累计计提的金融资产减值准备为23 996元。

（1）结转摊余成本。

借：债权投资——债券面值	800 000	
——利息调整	8 996	
——应计利息	80 000	
贷：其他债权投资——债券面值		800 000
——利息调整		8 996
——应计利息		80 000

（2）结转公允价值变动。

借：其他债权投资——公允价值变动	3 996	
贷：其他综合收益——金融资产公允价值变动		3 996

（3）结转其他债权投资减值准备。

其他债权投资减值准备原计入其他综合收益，重分类为债权投资以后，只需要将其转入债权投资即可，原确认的减值损失不需要进行调整。

借：其他综合收益——金融资产减值准备	23 996	
贷：债权投资——减值准备		23 996

重分类后，该债权投资的账面价值为865 000元，即视同该债权投资一直采用摊余成本计量。

5.4.4 其他债权投资重分类为交易性金融资产

企业将一项其他债权投资重分类为交易性金融资产时，应当继续以公允价值计量该金融资产。同时，企业应当将之前计入其他综合收益的累计利得或损失从其他综合收益转入当期损益。

重分类日，企业应根据该金融资产的公允价值，借记“交易性金融资产”科目，贷记“其他债权投资”科目；根据将原计入其他综合收益的公允价值变动，借记或贷记“其他综合收益”科目，贷记或借记“公允价值变动损益”科目；根据其减值准备，借记“其他综合收益——金融资产减值准备”科目，贷记“信用减值损失”科目。

例 5－25

承例 5－17。假定甲公司于 20×3 年 1 月 1 日决定，将持有的作为其他债权投资的乙公司债券重分类为交易性金融资产。当日该债券的账面价值（即公允价值）为 885 000 元，其中，债券面值为 800 000 元，利息调整借差为 8 996 元，应计利息为 80 000 元，公允价值变动为－3 996 元；累计计提的金融资产减值准备为 23 996 元。

（1）结转摊余成本和公允价值。

借：交易性金融资产——成本　　885 000
　　其他债权投资——公允价值变动　　3 996
　贷：其他债权投资——债券面值　　800 000
　　　　　　　　　——利息调整　　8 996
　　　　　　　　　——应计利息　　80 000

（2）结转金融资产减值准备。

借：其他综合收益——金融资产减值准备　　23 996
　贷：信用减值损失　　23 996

（3）结转金融资产公允价值变动。

借：公允价值变动损益　　3 996
　贷：其他综合收益——金融资产公允价值变动　　3 996

5.4.5 交易性金融资产重分类为债权投资

企业将一项交易性金融资产重分类为债权投资时，应当以其在重分类日的公允价值作为新的账面余额，以该金融资产在重分类日的公允价值确定其实际利率。其后，按照债权投资的相关规定进行后续计量。

企业将原准备随时出售的债券改为持有至到期，重分类日应根据该债券的公允价值，借记“债权投资”科目，贷记“交易性金融资产”科目。原计入公允价值变动损益的部分转出至“投资收益”。

例 5－26

甲公司于 20×3 年 12 月 31 日决定将原准备随时出售的乙公司债券调整为持有至到期，将该交易性金融资产重分类为债权投资。当日该债券的公允价值为 1 105 000 元，其中，成本为 1 080 000 元，公允价值变动为 25 000 元；该债券系乙公司于 20×1 年 1 月 1 日发行，面值为 1 000 000 元，5 年期，票面利率为 4%，到期一次还本付息。假定甲公司于每年年末确认投资收益。

（1）结转该债券账面价值。

债券面值＝1 000 000（元）

应计利息＝1 000 000×4%×3＝120 000（元）

利息调整＝1 105 000－1 000 000－120 000＝－15 000（元）

借：债权投资——债券面值	1 000 000	
——应计利息	120 000	
贷：债权投资——利息调整		15 000
交易性金融资产——成本		1 080 000
——公允价值变动		25 000

重新计算实际利率：

$$实际利率\ i=\sqrt{\frac{1\,000\,000\times(1+4\%\times5)}{1\,105\,000}}-1=4.21\%$$

计算求得债券的实际利率为4.21%。

（2）结转公允价值变动。

借：公允价值变动损益	25 000	
贷：投资收益		25 000

5.4.6 交易性金融资产重分类为其他债权投资

企业将一项交易性金融资产重分类为其他债权投资时，应当继续以公允价值计量该金融资产，并根据该金融资产在重分类日的公允价值确定其实际利率。其后，按照其他债权投资的相关规定进行后续计量，并将重分类日视为初始确认日。

重分类日，企业应根据该金融资产的公允价值借记“其他债权投资”科目，贷记“交易性金融资产”科目。原计入公允价值变动损益的部分转出至投资收益。

例5-27

承例5-26。假定甲公司于20×3年12月31日决定将交易性金融资产重分类为其他债权投资。

（1）结转该债券账面价值。

债券面值＝1 000 000（元）

应计利息＝1 000 000×4%×3＝120 000（元）

利息调整＝1 105 000－1 000 000－120 000＝－15 000（元）

借：其他债权投资——债券面值	1 000 000	
——应计利息	120 000	
贷：其他债权投资——利息调整		15 000
交易性金融资产——成本		1 080 000
——公允价值变动		25 000

该债券的实际利率为4.21%。

（2）结转公允价值变动。

借：公允价值变动损益　　25 000

　贷：投资收益　　25 000

思考题

1. 债权投资的利息调整包括哪些内容？
2. 如何采用实际利率法确认投资收益和利息调整摊销？
3. 其他权益工具投资与其他债权投资公允价值变动的计量方法有何不同？
4. 什么情况下需要对其他债权投资计提资产减值准备？
5. 已计提减值准备的其他债权投资价格回升时应如何处理？
6. 如何进行金融资产重分类的会计处理？

练习题

1. 甲公司 20×1 年 1 月 1 日购入乙公司发行的债券确认为债权投资，债券面值 100 000 元，票面利率 6%，期限 5 年，实际支付银行存款 91 989 元（其中包含准予抵扣的增值税进项税额 100 元）。该债券每半年付息一次，付息日为 6 月 30 日和 12 月 31 日，到期还本，利息调整摊销采用实际利率法，购入债券时的实际利率为 8%。

要求：编制甲公司收到利息时的会计分录。

2. A 公司 20×1 年 1 月 1 日购入 B 公司当日发行的 4 年期债券，确认为债权投资，票面利率 12%，债券面值 1 000 元，A 公司按 1 050 元的价格购入 80 张，另支付有关手续费 424 元（其中包含准予抵扣的增值税进项税额 24 元），该债券到期一次还本付息。假设 A 公司按年计算利息。

要求：采用实际利率法于年末确认投资收益，编制有关会计分录。

3. 某企业发生下列其他权益工具投资业务：

（1）20×1 年 5 月 12 日购入 S 公司股票 40 000 股，指定为其他权益工具投资，购买价每股 8 元，另支付交易手续费 2 120 元（其中包含准予抵扣的增值税进项税额 120 元）。款项以银行存款支付。

（2）20×1 年 12 月 31 日，S 公司股票每股收盘价 7.5 元，确认其他权益工具投资公允价值变动。

（3）20×2 年 3 月 18 日，出售持有的 S 公司股票 10 000 股，收到款项 73 000 元存入银行。

（4）20×2 年 12 月 31 日，S 公司股票每股收盘价 6 元。

要求：根据以上经济业务，编制会计分录。

4. 某企业发生下列有关债券投资的业务：

(1) 20×1年1月1日购入当日发行的5年期到期一次付息债券，面值为100 000元，票面利率为5%，以银行存款实际支付的全部价款为103 212元（其中包含准予抵扣的增值税进项税额12元）；该企业准备将其持有至到期。该企业于每年年末确认利息收入。

(2) 20×4年1月1日，该企业因并购业务的需要，有可能将该债券随时出售；如果未能完成并购计划，该债券将继续持有至到期，当日该债券的公允价值为115 700元。

(3) 20×4年12月31日，该债券公允价值为120 200元。

(4) 20×5年1月1日，该企业完成了并购业务，并将债券出售，价款为119 300元，扣除交易费用318元（其中包含准予抵扣的增值税进项税额18元），实际收到价款118 982元。

要求：根据以上资料，逐笔编制相关会计分录（列出实际利率和各期利息收入的计算过程，实际利率在百分号前保留一位小数，实际利息收入保留整数）。

5. 某企业发生下列有关债券投资的业务：

(1) 20×1年1月1日购入当日发行的4年期到期一次付息债券，面值为1 000 000元，票面利率为5%，以银行存款实际支付的全部价款为982 120元（其中包含准予抵扣的增值税进项税额120元）；该企业既可能将其持有至到期，又可能随时出售。该企业于每年年末确认利息收入。

(2) 20×1年12月31日，该债券的公允价值为1 030 000元，预计可收回金额为1 020 000元。

(3) 20×2年1月1日，该企业决定随时出售该债券。

要求：根据以上资料，逐笔编制相关会计分录（列出实际利率和各期利息收入的计算过程，实际利率在百分号前保留一位小数，实际利息收入保留整数）。

第6章 长期股权投资

学习目标

1. 掌握：长期股权投资取得的核算，长期股权投资核算的成本法、权益法，以及成本法与权益法的转换。

2. 理解：取得长期股权投资的企业与被投资企业的关系，长期股权投资减值的核算。

3. 了解：长期股权投资的概念。

6.1 长期股权投资概述

6.1.1 长期股权投资的性质

长期股权投资（long-term stock investment）是指企业能够对被投资企业实施控制、共同控制或施加重大影响的权益性投资。在确定长期股权投资的日常会计处理和报表列报方法时，应重点考虑投资企业与被投资企业的关系。

6.1.2 投资企业与被投资企业的关系

按照投资企业对被投资企业的影响程度，投资企业与被投资企业的关系可以分为以下几种类型：

1. 控制

控制（control），是指企业拥有通过参与被投资企业的相关活动而享有可变回报的权力，并且有能力运用该权力影响其回报金额。

企业参与被投资企业的相关活动是指对被投资企业的回报产生重大影响的活动，通常包括商品或劳务的销售和购买、金融资产的管理、资产的购买和处置、研究与开发活动以及融资活动等。企业如果有能力主导被投资企业的相关活动，则不论其是否实际行使该权力，均视为拥有控制被投资企业的权力。

企业在判断是否拥有控制被投资企业的权力时，应当仅考虑与被投资企业相关的实质性权利，包括自身所享有的实质性权利以及其他投资方所享有的实质性权利。一般来说，企业拥有下列实质性权利，可以视为能够对被投资企业实施控制：

（1）持有被投资企业半数以上的表决权。

（2）持有被投资企业半数或以下的表决权，但通过与其他表决权持有人之间的协议能够控制半数以上表决权。

（3）持有被投资企业半数或以下的表决权，且未与其他表决权持有人签订协议、不能够控制半数以上表决权，但综合考虑下列事实和情况后，如果认为企业持有的表决权足以使其有能力主导被投资企业相关活动的，视为对被投资企业拥有控制的权力：

1）持有的表决权相对于其他投资方持有的表决权份额较大，且其他投资方持有的表决权比较分散；

2）持有被投资企业的潜在表决权，如可转换公司债券、可执行认股权证等；

3）其他合同安排产生的权利；

4）被投资企业以往的表决权行使情况等其他相关事实和情况。

（4）在难以判断其享有的实质性权利是否足以使其拥有控制被投资企业的权力时，如果存在其具有实际能力以单方面主导被投资企业相关活动的证据，视为拥有控制被投资企业的权力。这些证据包括但不限于下列事项：

1）能够任命或批准被投资企业的关键管理人员；

2）能够出于其自身利益决定或否决被投资企业的重大交易；

3）能够掌控被投资企业董事会等类似权力机构成员的任命程序；

4）与被投资企业的关键管理人员或董事会等类似权力机构中的多数成员存在关联方关系。

需要说明的是，在某些情况下，其他投资方享有的实质性权利有可能会阻止企业对被投资企业的控制。在这种情况下，企业尽管存在前述对被投资企业的权力，也不能视为能够对被投资企业实施控制。例如，A公司持有B公司60%的表决权股份，但B公司章程规定，任何投资方均有对B公司重大相关活动的一票否决权，则A公司对B公司不存在控制权。

拥有控制权的投资企业一般称为母公司，被母公司控制的企业一般称为子公司。

2. 共同控制

共同控制（joint control）是指按照相关约定对被投资企业所共有的控制，并且该被投资企业的相关活动必须经过分享控制权的各投资方一致同意后才能决策。被各投资方共同控制的企业，一般称为投资企业的合营企业。

需要说明的是，共同控制的特点是实施共同控制的任何一个投资方都不能够单独控制被投资企业，对被投资企业具有共同控制的任何一个投资方均能够阻止其他投资方单独控制被投资企业。此外，共同控制不要求所有投资方都对被投资企业实施共同控制。

3. 重大影响

重大影响（significant influence）是指企业对被投资企业的财务和经营政策有参与决策的权力，但并不能够控制或者与其他投资方一起共同控制这些政策的制定。一般来说，如果投资企业在被投资企业的董事会中派有董事，或能够参与被投资企业的财务和经营决策的制定，但不构成控制或共同控制，则可以认为对被投资企业形成重大影响。在确定能否对被投资企业施加重大影响时，应当考虑投资企业和其他投资方持有的被投资企业当期可转换公司债券、当期可执行认股权证等潜在表决权因素。

投资企业能够对被投资企业施加重大影响，则被投资企业称为投资企业的联营企业。

6.2 长期股权投资的取得

6.2即测即评

企业的长期股权投资可以分为两大类：一类是形成控股合并的长期股权投资，另一类是未形成控股合并的长期股权投资。**控股合并**（combination）是指一家公司通过股权投资取得对另一家公司控制权的行为。形成控股合并的长期股权投资，又分为同一控制下控股合并和非同一控制下控股合并的长期股权投资。未形成控股合并的长期股权投资，包括对合营企业和联营企业的长期股权投资。不同方式取得的长期股权投资，会计处理方法有所不同。

6.2.1 形成同一控制下控股合并的长期股权投资

同一控制下的控股合并，是指参与合并的企业在合并前后均受同一方或相同的多方最终控制，且该控制并非暂时性的。例如，A公司为B公司和C公司的母公司，A公司将其持有C公司60%的股权转让给B公司。转让股权后，B公司持有C公司60%的股权，但B公司和C公司仍由A公司所控制。

同一控制下的控股合并，在合并日取得对其他参与合并企业控制权的一方为合并方，参与合并的其他企业为被合并方。合并日，是指合并方实际取得对被合并方控制权的日期。

同一控制下的控股合并，合并双方的合并行为不完全是自愿进行和完成的，这种控股合并不属于交易行为，而是参与合并各方资产和负债的重新组合，因此，合并方应以被合并方所有者权益的账面价值为基础，对长期股权投资进行初始计量。

合并方以支付货币资金、转让非现金资产或承担债务等方式取得被合并方的股权，应在合并日按照享有被合并方所有者权益账面价值的份额作为长期股权投资的初始投资成本，借记“长期股权投资——投资成本”科目；按照支付的货币资金或转让非现金资产、承担债务的账面价值，贷记“银行存款”以及相应的资产或负债科目。长期股权投资初始投资成本大于支付的现金、转让的非现金资产以及所承担债务账面价值的差额，调增资本公积，即贷记“资本公积——资本溢价或股本溢价”科目；长期股权投资初始投资成本小于支付的现金、转让的非现金资产以及所承担债务账面价值的差额，调减资本公积，资本公积不足冲减的，冲减留存收益，即依次借记“资本公积——资本溢价或股本溢价”“盈余公积”“利润分配——未分配利润”科目。投资企业支付的价款中如果含有已宣告发放但尚未支取的现金股利，应作为债权处理，不计入长期股权投资成本。

合并方以发行股票等方式取得被合并方的股权，应在合并日按照取得被合并方所有者权益账面价值的份额作为长期股权投资的初始投资成本，借记“长期股权投资——投资成本”科目；按照发行股份的面值总额作为股本，贷记“股本”科目。长期股权投资初始投资成本大于所发行股份面值总额的差额，贷记“资本公积——资本溢价或股本溢价”科目。

合并方为进行企业合并发生的各项直接相关费用，包括支付的审计费用、评估费用、法律服务费用等，应当于发生时计入当期损益，根据直接相关费用的价款借记“管理费用”科目，根据可以抵扣的增值税借记“应交税费——应交增值税（进项税额）”等科目，根据支付的全部款项贷记“银行存款”等科目。

企业合并中，合并方发行债券或承担其他债务支付的手续费、佣金等，应当计入所发行债券及其他债务的初始成本。

企业合并中，发行权益性证券发生的手续费、佣金等费用，应当抵减权益性证券溢价收入，溢价收入不足冲减的，冲减留存收益。

同一控制下控股合并，初始投资成本与享有份额的差额如何处理?

例6-1

A公司为B公司和C公司的母公司。20×1年1月1日，A公司将其持有C公司60%的股权转让给B公司，双方协商确定的价格为8 000 000元，以货币资金支付；此外，B公司还以货币资金支付审计、评估费10 600元（其中可以抵扣的增值税为600元）。合并日，C公司所有者权益的账面价值为12 000 000元；B公司资本公积余额为2 000 000元。根据以上资料，编制B公司取得长期股权投资的会计分录如下：

B公司初始投资成本＝12 000 000×60%＝7 200 000(元)

借：长期股权投资——投资成本	7 200 000	
资本公积——资本溢价	800 000	
管理费用	10 000	
应交税费——应交增值税（进项税额）	600	
贷：银行存款		8 010 600

例6-2

A公司为B公司和C公司的母公司，持有B公司70%的股权，持有C公司

60%的股权。20×1 年 1 月 1 日，B 公司以发行每股面值为 1 元的股票 2 000 000 股，换取 A 公司持有的 C 公司 60%的股权，并以银行存款支付发行股票手续费 212 000 元（其中可以抵扣的增值税为 12 000 元）。合并日，C 公司所有者权益的账面价值为 12 000 000 元。根据以上资料，编制 B 公司取得长期股权投资的会计分录如下：

B 公司初始投资成本＝12 000 000×60%＝7 200 000(元)

借：长期股权投资——投资成本	7 200 000	
应交税费——应交增值税（进项税额）	12 000	
贷：股本		2 000 000
资本公积——股本溢价		5 000 000
银行存款		212 000

6.2.2 形成非同一控制下控股合并取得的长期股权投资

非同一控制下的控股合并，是指参与合并的各方在合并前后不受同一方或相同的多方最终控制。相对于同一控制下的控股合并而言，非同一控制下的控股合并是合并各方自愿进行的交易行为，作为一种公平的交易，应当以公允价值为基础进行计量。

非同一控制下的控股合并，在购买日取得对其他参与合并企业控制权的一方为购买方，参与合并的其他企业为被购买方。购买日，是指购买方实际取得对被购买方控制权的日期。

购买方在购买日以支付货币资金的方式取得被购买方的股权，应以支付的货币资金作为初始投资成本，借记“长期股权投资——投资成本”科目，贷记“银行存款”科目。购买方支付的价款中如果含有已宣告发放但尚未支取的现金股利，应作为债权处理，不计入长期股权投资成本。

购买方在购买日以付出货币资金以外的其他资产的方式取得被购买方的股权，付出的资产应按资产处置的方式进行处理，应按照资产的公允价值作为初始投资成本，借记“长期股权投资——投资成本”科目；按照资产的价值，贷记“主营业务收入”“其他业务收入”“固定资产清理”“应交税费——应交增值税（销项税额）”等科目；同时结转付出资产的成本，将其公允价值与账面价值的差额计入当期损益。

购买方以承担债务的方式取得被购买方的股权，应按照债务的公允价值作为初始投资成本，借记“长期股权投资——投资成本”科目，贷记有关负债科目。

购买方以发行股票等方式取得被购买方的股权，应在购买日按照发行股票等的公允价值作为长期股权投资的初始投资成本，借记“长期股权投资——投资成本”科目；按照发行股份的面值总额作为股本，贷记“股本”科目；按照长期股权投资初始投资成本与所发行股份面值总额之间的差额，贷记“资本公积——资本溢价或股本溢价”科目。

购买方为进行长期股权投资发生的各项直接相关费用，包括支付的审计费用、评估费用、法律服务费用等，应于发生时计入当期损益，根据直接相关费用的价款，借记“管理费用”科目，根据可以抵扣的增值税，借记“应交税费——应交增值税（进项税额）”等科目，根据支付的全部款项，贷记“银行存款”等科目。

例6-3

20×1年1月1日，W公司以货币资金10 000 000元以及一批库存商品、机器设备购入X公司70%的股权。库存商品的账面价值为900 000元，未计提存货跌价准备，不含增值税的公允价值为1 000 000元，增值税销项税额为130 000元；机器设备的原始价值为8 000 000元，累计折旧为3 000 000元，不含增值税的公允价值为6 000 000元，增值税销项税额为780 000元。此外，W公司还以货币资金支付审计、评估费212 000元（其中可以抵扣的增值税为12 000元）。购买日，X公司所有者权益的账面价值为25 000 000元，W公司与X公司不属于关联方。根据以上资料，编制W公司取得长期股权投资的会计分录如下：

W公司初始投资成本＝10 000 000＋1 000 000＋6 000 000＋130 000＋780 000
＝17 910 000（元）

借：长期股权投资——投资成本	17 910 000	
管理费用	200 000	
应交税费——应交增值税（进项税额）	12 000	
贷：银行存款		10 212 000
主营业务收入		1 000 000
固定资产清理		6 000 000
应交税费——应交增值税（销项税额）		910 000
借：主营业务成本	900 000	
贷：库存商品		900 000
借：固定资产清理	5 000 000	
累计折旧	3 000 000	
贷：固定资产		8 000 000
借：固定资产清理	1 000 000	
贷：资产处置损益		1 000 000

6.2.3 未形成控股合并的长期股权投资

未形成控股合并的长期股权投资，其初始投资成本的确定与形成非同一控制下控股合并的长期股权投资成本的确定方法基本相同。但发生的审计、法律服务、评估咨询等中介费用以及其他相关费用应计入长期股权投资成本。

例6-4

北京宏达电子股份有限公司于2021年1月1日以银行存款购入北京华辉科

原始凭证
投资协议书
所有者权益资料
付款通知单
增值税专用发票
记账凭证

技有限公司（以下简称华辉公司）40%的股权，确认为长期股权投资，对华辉公司有重大影响，实际支付购买价款4 000 000元，并支付相关审计费21 200元（其中可以抵扣的增值税为1 200元）；购买日，华辉公司所有者权益账面价值为9 000 000元，公允价值为10 500 000元。相关业务单据请扫描二维码。

根据以上资料，编制宏达公司取得长期股权投资的会计分录如下：

借：长期股权投资——投资成本	4 020 000	
应交税费——应交增值税（进项税额）	1 200	
贷：银行存款		4 021 200

6.3 长期股权投资核算的成本法

长期股权投资的后续计量，有**成本法**（cost method）和**权益法**（equity method）两种处理方法。其中，成本法适用于对子公司的长期股权投资，权益法适用于对合营企业和联营企业的长期股权投资。

采用成本法核算的长期股权投资，应按照初始投资成本计价，一般不予变更，只有在追加或收回投资以及长期股权投资减值时，才调整长期股权投资的账面价值。

投资企业在被投资企业宣告发放现金股利时，应作为投资收益处理，借记“应收股利”等科目，贷记“投资收益”科目；收到现金股利时，应借记“银行存款”等科目，贷记“应收股利”科目。如果收到的股利为股票股利，则只调整持股数量，降低每股成本，不做账务处理。

例6-5

承例6-3。W公司根据发生的有关长期股权投资业务，编制会计分录如下：

（1）20×1年5月15日，X公司宣告发放现金股利，共计2 000 000元。

W公司应收现金股利＝2 000 000×70%＝1 400 000(元)

借：应收股利	1 400 000	
贷：投资收益		1 400 000

（2）20×1年5月25日，收到X公司发放的现金股利1 400 000元，存入银行。

借：银行存款	1 400 000	
贷：应收股利		1 400 000

6.4 长期股权投资核算的权益法

6.4.1 权益法的适用范围

长期股权投资核算的权益法，是指长期股权投资的账面价值要随着被投资企业的所有者权益变动而相应变动，大体上反映在被投资企业所有者权益中占有的份额。

长期股权投资核算的权益法，适用于实施共同控制的合营企业或投资企业对被投资企业具有重大影响的联营企业的长期股权投资后续计量。

6.4 即测即评

需要说明的是，投资企业对联营企业的权益性投资，其中一部分通过风险投资机构、共同基金、信托公司或包括投连险基金在内的类似主体间接持有的，无论以上主体是否对这部分投资具有重大影响，投资企业都可以将间接持有的该部分投资确认为交易性金融资产，并将其余部分确认为长期股权投资，采用权益法核算。

6.4.2 权益法核算的科目设置

采用权益法进行长期股权投资的核算，可以在“长期股权投资”科目下设置“投资成本”“损益调整”“其他综合收益调整”“其他权益变动”等明细科目。权益法下，“长期股权投资”科目的余额反映全部投资成本。其中，“投资成本”明细科目反映购入股权时在被投资企业按公允价值确定的所有者权益中占有的份额及初始投资成本大于占有份额形成的商誉；“损益调整”明细科目反映购入股权以后随着被投资企业留存收益的增减变动而享有份额的调整数；“其他综合收益调整”明细科目反映购入股权以后随着被投资企业其他综合收益的增减变动而享有份额的调整数；“其他权益变动”明细科目反映购入股权以后随着被投资企业除了净损益、利润分配、其他综合收益以外的所有者权益增减变动而享有份额的调整数。

6.4.3 权益法下初始投资成本的调整

采用权益法进行长期股权投资的核算，投资企业为了更为客观地反映在被投资企业所有者权益中享有的份额，应将初始投资成本按照被投资企业可辨认净资产的公允价值和持股比例进行调整。可辨认净资产的公允价值，是指被投资企业可辨认资产的公允价值减去负债及或有负债公允价值后的余额。

可辨认净资产公允价值如何计量?

长期股权投资的初始投资成本大于投资时应享有被投资企业可辨认净资产公允价值份额的差额，性质与商誉相同，不调整长期股权投资的初始投资成本，在投资期间也不摊销；长期股权投资的初始投资成本小于投资时应享有被投资企业可辨认净资产公允价值份额的差额，应计入当期损益，同时调整长期股权投资的成本，借记“长期股权投资——投资成本”科目，贷记“营业外收入”科目。

例6-6

承例6-4。2021年1月1日宏达公司调整初始投资成本与享有华辉公司可

原始凭证
可辨认净资产资料
记账凭证

辨认净资产公允价值份额的差额，相关业务单据请扫描二维码。编制会计分录如下：

宏达公司享有华辉公司可辨认净资产公允价值的份额＝10 500 000×40％

＝4 200 000（元）

宏达公司应调整投资成本＝4 200 000－4 020 000

＝180 000（元）

借：长期股权投资——投资成本	180 000
贷：营业外收入	180 000

6.4.4 权益法下投资损益的确认

1. 投资收益的确认

企业持有的对合营企业或联营企业的投资，一方面应按照享有被投资企业净利润的份额确认为投资收益；另一方面作为追加投资，借记“长期股权投资——损益调整”科目，贷记“投资收益”科目。

权益法下，由于长期股权投资的初始投资成本已经按照股权取得日被投资企业可辨认净资产的公允价值进行了调整，因此，被投资企业的净利润应以其购买日各项可辨认资产等的公允价值为基础进行调整后加以确定，不应仅按照被投资企业的账面净利润与持股比例计算的结果简单确定。基于重要性原则，通常应考虑的调整因素为：以取得投资时被投资企业固定资产、无形资产的公允价值为基础计提的折旧额或摊销额，投资企业与被投资企业之间购买商品等形成的内部利润，以及减值准备的金额对被投资企业净利润的影响。其他项目如果重要，也应进行调整。

如果无法合理确定取得投资时被投资企业各项可辨认资产的公允价值，或者投资时被投资企业可辨认资产的公允价值与其账面价值相比，两者之间的差额不具有重要性，也可以按照被投资企业的账面净利润与持股比例计算的结果确认投资收益，但应在附注中说明这一事实，以及无法合理确定被投资企业各项可辨认资产公允价值的原因。

权益法下，如果投资企业与合营企业或联营企业之间发生内部交易，不论是投资企业向合营企业或联营企业销货（即顺流交易），还是联营企业或合营企业向投资企业销货（即逆流交易），其未实现的内部损益中属于投资企业享有的份额，投资企业在确认投资收益时均应予以扣除。在顺流交易的情况下，投资企业已经在个别财务报表中确认了销售损益，而联营企业或合营企业未实现销售，即损益未能最终实现；但是，联营企业或合营企业未实现的损益中，属于其他股东享有的份额，从投资企业的角度看其损益已经实现，不需要进行抵销处理，因此只是其中属于投资企业享有的份额应在确认投资收益时予以抵销。在逆流交易的情况下，合营企业或联营企业在个别财务报表中确认了销售损益，而投资企业未实现销售，即损益未能最终实现；但是，投资企业未实现的损益中，属于其他股东享有的份额，从投资企业的角度看相当于向其他股东购买货物的价值，合营企业或联营企业的销售损益已经实现，不需要进行抵销处理，因此也只是需要将其中属于投资企业享有的份额在确认投资收益时予以抵销。

例 6－7

承例 6－4。宏达公司 2021 年 1 月 1 日取得投资时，华辉公司的固定资产账面价值为 3 000 000 元，公允价值为 4 500 000 元，其他可辨认资产的公允价值与账面价值一致。按照固定资产账面价值计提的年折旧额为 200 000 元，按照公允价值应计提的年折旧额为 300 000 元。华辉公司 2021 年度实现的账面净利润为 1 500 000 元，不考虑所得税影响，按照被投资企业的账面净利润计算确定的投资收益应为 600 000 元（1 500 000×40%）；基于投资时固定资产的公允价值调整的净利润为 1 400 000 元［1 500 000－(300 000－200 000)］，宏达公司按照持股比例计算确认的当期投资收益应为 560 000 元（1 400 000×40%）。相关业务单据请扫描二维码。根据以上资料，编制宏达公司确认投资收益的会计分录如下：

原始凭证
北京华辉科技有限公司利润表
投资收益计算表
记账凭证

借：长期股权投资——损益调整　　560 000
　　贷：投资收益　　560 000

2021 年 12 月 31 日，宏达公司长期股权投资的账面余额为：

投资成本＝4 200 000(元)
损益调整＝560 000(元)
合计＝4 760 000(元)

例 6－8

承例 6－7。华辉公司 2022 年度实现的账面净利润为 2 400 000 元，当年华辉公司向宏达公司销售一批商品，不含增值税的销售价格为 3 000 000 元，商品销售成本为 2 400 000 元；宏达公司将购入的商品确认为管理用固定资产，折旧年限为 5 年，采用直线法计提折旧，不考虑净残值。其他条件同例 6－7。

华辉公司 20×2 年度基于投资时固定资产的公允价值调整后的净利润为 2 300 000 元［2 400 000－(300 000－200 000)］；此外，华辉公司向宏达公司销售商品视为未实现的利润 600 000 元（3 000 000－2 400 000）以及宏达公司计提折旧的影响额 120 000 元（3 000 000÷5－2 400 000÷5）应予以抵销。因此，宏达公司按照持股比例计算确认的 2022 年度投资收益应为 728 000 元［(2 300 000－600 000＋120 000)×40%］。相关业务单据请扫描二维码。根据以上资料，编制宏达公司确认投资收益的会计分录如下：

原始凭证
利润表
董事会决议
投资收益计算表
记账凭证

借：长期股权投资——损益调整　　728 000
　　贷：投资收益　　728 000

2. 投资损失的确认

如果被投资企业发生亏损，投资企业也应按持股比例确认应分担的损失，借记“投资收益”科目，贷记“长期股权投资——损益调整”科目。被投资企业的净亏损也应以其购买日各项可辨认资产等的公允价值为基础进行调整后加以确定；如发生内部交易，其未实现内部损益也应一并调整。

由于投资企业承担有限责任，因此投资企业在确认投资损失时，应以长期股权投资的账面价值以及其他实质上构成对被投资企业净投资的长期权益减记至零为限，投资企业负有承担额外损失义务的除外。其他实质上构成对被投资企业净投资的长期权益，通常是指长期性的应收项目，如企业对被投资企业的长期应收款，该款项的清偿没有明确的计划且在可预见的未来期间难以收回的，实质上构成长期权益。企业存在其他实质上构成对被投资企业净投资的长期权益项目以及负有承担额外损失义务的情况下，在确认应分担被投资企业发生的亏损时，应当按照以下顺序进行处理：

（1）减记长期股权投资的账面价值，同时确认投资损失。

（2）长期股权投资的账面价值减记至零时，如果存在实质上构成对被投资企业净投资的长期权益，应以该长期权益的账面价值为限减记长期权益的账面价值，同时确认投资损失。

（3）长期权益的价值减记至零时，如果按照投资合同或协议约定需要企业承担额外义务的，应按预计承担的金额确认为预计负债，同时确认投资损失。

按照以上顺序处理后，如果仍有尚未确认的投资损失，投资企业应在备查簿上登记，在被投资企业以后期间实现盈利时，在其收益分享额弥补完未确认的亏损分担额后，恢复确认收益分享额。

例 6-9

甲公司持有乙公司 30%的股权，采用权益法进行长期股权投资的核算。20×1 年 12 月 31 日，甲公司长期股权投资的账面价值为 1 200 000 元，其中，“投资成本”为 1 000 000 元，“损益调整”为 200 000 元；长期应收款账面价值为 300 000 元，属于实质上构成对乙公司净投资的长期权益。20×1 年度，乙公司发生巨额亏损，以可辨认资产等的公允价值为基础调整后的净亏损为 5 300 000 元。20×2 年度，乙公司以可辨认资产等的公允价值为基础调整后实现的净利润为 700 000 元。根据以上资料，编制甲公司调整投资损益的会计分录如下：

（1）20×1 年年末相关会计处理。

应分担的投资损失＝5 300 000×30%＝1 590 000(元)

以长期股权投资和长期权益账面价值为限实际确认的投资损失＝1 200 000＋300 000＝1 500 000(元)

未确认的投资损失＝1 590 000－1 500 000＝90 000(元)

借：投资收益	1 500 000	
贷：长期股权投资——损益调整		1 200 000
长期应收款减值准备		300 000

20×1 年年末，长期股权投资的账面价值为 0，长期应收款的账面价值为 0。

(2) 20×2 年度相关会计处理。

应享有的投资收益＝700 000×30%＝210 000(元)

实际确认的投资收益＝210 000－90 000＝120 000(元)

借：长期应收款减值准备　　120 000

　　贷：投资收益　　120 000

20×2 年年末，长期股权投资的账面价值为 0，长期应收款的账面价值为 120 000 元。

6.4.5　权益法下被投资企业分派股利的调整

采用权益法进行长期股权投资的核算，被投资企业分派的现金股利应视为投资的收回。投资企业应按照以被投资企业宣告分派的现金股利和持股比例计算的应分得现金股利，相应减少长期股权投资的账面价值，借记"应收股利"科目，贷记"长期股权投资——损益调整"科目。实际收到分派的现金股利时，借记"银行存款"等科目，贷记"应收股利"科目。

原始凭证
股利发放公告
应收股利计算表
建行进账单
记账凭证

例 6-10

承例 6-7。华辉公司 2022 年 5 月 10 日宣告分派现金股利 1 000 000 元；5 月 25 日实际发放现金股利 1 000 000 元。相关业务单据请扫描二维码。根据以上资料，编制宏达公司确认投资收益的会计分录如下：

(1) 5 月 10 日应收现金股利。

宏达公司应收股利＝1 000 000×40%＝400 000(元)

借：应收股利　　400 000

　　贷：长期股权投资——损益调整　　400 000

(2) 5 月 25 日实际收到现金股利。

借：银行存款　　400 000

　　贷：应收股利　　400 000

6.4.6　权益法下被投资企业其他综合收益的调整

采用权益法进行长期股权投资的核算，被投资企业其他综合收益增加，投资企业应调整长期股权投资的账面价值，并计入其他综合收益，借记"长期股权投资——其他综合收益调整"科目，贷记"其他综合收益"科目。如果被投资企业其他综合收益减少，投资企业做相反的处理。

例 6-11

承例 6-7。华辉公司 2022 年其他综合收益增加 800 000 元。根据以上资料，编制宏达公司确认其他综合收益调整的会计分录如下：

原始凭证
其他综合收益变动表
其他综合收益计算表
记账凭证

宏达公司其他综合收益调整＝800 000×40％＝320 000(元)

借：长期股权投资——其他综合收益调整　　320 000
　贷：其他综合收益　　320 000

2022 年 12 月 31 日，宏达公司长期股权投资的账面余额如下：

投资成本＝4 200 000(元)
损益调整＝560 000＋728 000－400 000＝888 000(元)
其他综合收益调整＝320 000(元)
合计＝5 408 000(元)

6.5 长期股权投资的处置

长期股权投资权益法确认的其他综合收益在处置时，是否需要转为留存收益?

长期股权投资**处置**（disposal）时，其账面价值与实际取得价款的差额应当计入当期损益。投资企业应根据实际收到的价款，借记“银行存款”等科目；根据处置长期股权投资的账面价值，贷记“长期股权投资”等科目；根据两者的差额，借记或贷记“投资收益”科目。采用权益法核算的长期股权投资，因被投资企业除净损益以外所有者权益的其他变动而计入其他综合收益的数额，也应转入当期损益。

例 6-12

承例 6-11。2023 年 1 月 10 日，宏达公司将持有的华辉公司股权全部出售，收取价款 5 500 000 元。相关业务单据请扫描二维码。根据以上资料，编制宏达公司处置长期股权投资的会计分录如下：

原始凭证
股票交割单
建行进账单
记账凭证

（1）处置长期股权投资。

借：银行存款　　5 500 000
　贷：长期股权投资——投资成本　　4 200 000
　　　　　　　　　——损益调整　　888 000
　　　　　　　　　——其他综合收益调整　　320 000
　　　投资收益　　92 000

（2）结转其他综合收益。

借：其他综合收益　　320 000
　贷：投资收益　　320 000

6.6 长期股权投资的减值

6.6.1 长期股权投资的可收回金额

每年年末，企业应对长期股权投资的账面价值进行检查。如果出现减值迹象，应对其可收回金额进行估计。**可收回金额**（recoverable amount）应当根据长期股权投资的公允价值减去处置费用后的净额与长期股权投资预计未来现金流量的现值两者之间较高者确定。

6.6.2 长期股权投资减值损失

如果长期股权投资可收回金额的计量结果表明其可收回金额低于账面价值，说明长期股权投资已经发生减值损失，应当将其账面价值减记至可收回金额，借记“资产减值损失”科目，贷记“长期股权投资减值准备”科目。长期股权投资减值损失一经确认，在以后会计期间不得转回。

例 6-13

承例 6-3。20×5 年 12 月 31 日 W 公司确认持有的 X 公司长期股权投资的可收回金额为 16 000 000 元。确认长期股权投资减值损失 1 910 000 元。20×6 年 1 月 10 日，W 公司将持有的 X 公司股权全部出售，收取价款 16 100 000 元。根据以上资料，编制 A 公司确认投资收益的会计分录如下：

（1）确认长期股权投资减值损失。

借：资产减值损失	1 910 000	
贷：长期股权投资减值准备		1 910 000

（2）处置长期股权投资。

借：银行存款	16 100 000	
长期股权投资减值准备	1 910 000	
贷：长期股权投资——投资成本		17 910 000
投资收益		100 000

6.7 长期股权投资后续计量方法的转换

企业在投资期间，由于追加投资或处置部分投资，会使投资企业与被投资企业的关系发生变化，其长期股权投资的后续计量方法也应随之进行相应调整。

6.7.1 处置部分长期股权投资后续计量方法的调整

1. 处置部分长期股权投资后由控制转为共同控制或重大影响

投资企业因处置部分投资对被投资企业不再具有控制权，但仍存在共同控制或重大影响的，应当将剩余投资改按权益法进行核算，并对该剩余股权视同自取得时即采用权益法核算进行调整。剩余长期股权投资账面价值大于原投资时按照剩余持股比例计算应享有被投资企业可辨认净资产公允价值份额的差额，视为商誉，不需要对剩余长期股权投资的初始成本进行调整；剩余长期股权投资账面价值小于原投资时按照剩余持股比例计算应享有被投资企业可辨认净资产公允价值份额的差额，应在调整长期股权投资初始成本的同时调整期初留存收益。对于原投资日至处置日之间被投资企业实现的以公允价值为基础计量的净利润、分配现金股利和所有者权益的其他变动，投资企业应采用权益法进行追溯调整，在调整长期股权投资账面价值的同时，调整期初留存收益、当期投资收益和其他综合收益。

例6-14

A公司20×1年1月1日以银行存款2 100 000元购入B公司60%的股权，形成非同一控制下的控股合并。20×1年1月1日B公司可辨认净资产公允价值为3 000 000元（假定可辨认净资产公允价值与账面价值相同），初始投资成本中包含的投资商誉为300 000元（2 100 000－3 000 000×60%）。20×3年12月31日，A公司将持有B公司20%的股权出售给C公司，收取价款720 000元。B公司20×1年实现净利润300 000元，未分派现金股利；20×2年实现净利润400 000元，分派现金股利200 000元，其他综合收益增加150 000元；20×3年实现净利润200 000元，分派现金股利300 000元。20×3年12月31日B公司可辨认净资产公允价值为3 600 000元，账面价值为3 550 000元（即按照原投资日可辨认净资产公允价值持续计量的公允价值）。根据以上资料，编制A公司20×3年12月31日与处置长期股权投资相关的会计分录如下：

(1) 处置投资。

借：银行存款　　720 000

　贷：长期股权投资——投资成本（2 100 000×20%÷60%）　　700 000

　　　投资收益　　20 000

处置投资后，剩余长期股权投资的初始成本为1 400 000元（2 100 000×40%÷60%），投资时按照剩余投资比例计算原投资日享有B公司可辨认净资产公允价值的份额为1 200 000元（3 000 000×40%），剩余长期股权投资的初始成本大于享有B公司可辨认净资产公允价值的份额200 000元，属于投资商誉，不需要对剩余长期股权投资初始成本进行调整。

(2) 采用权益法对享有B公司20×1年1月1日至20×3年12月31日净资产变动份额的调整如下：

调整年初未分配利润＝(300 000＋400 000－200 000)×40%＝200 000(元)

调整当年投资收益＝(200 000－300 000)×40％＝－40 000(元)

调整其他综合收益＝150 000×40％＝60 000(元)

借：长期股权投资——损益调整	160 000	
——其他综合收益调整	60 000	
投资收益	40 000	
贷：利润分配——未分配利润		200 000
其他综合收益		60 000

经过上述调整后，A 公司长期股权投资账面价值为 1 620 000 元（2 100 000－700 000＋160 000＋60 000），其中，享有按照原投资日 B 公司可辨认净资产公允价值持续计量的公允价值 40％的份额为 1 420 000 元（3 550 000×40％），投资商誉为 200 000 元。原投资日至投资处置日 B 公司可辨认净资产公允价值与账面价值的新增差额 50 000 元（3 600 000－3 550 000），A 公司不需要进行调整。

2. 处置部分长期股权投资后不存在控制、共同控制或重大影响

投资企业因处置部分长期股权投资丧失了对被投资企业的控制、重大影响或共同控制，处置后剩余的长期股权投资应当先视为处置，再根据管理意图确认为交易性金融资产或其他权益工具投资，应将其公允价值与账面价值之间的差额计入当期损益或其他综合收益。转换日，企业应当根据剩余股权的公允价值，借记"交易性金融资产"或"其他权益工具投资"科目；根据剩余股权的账面价值，贷记"长期股权投资"科目；根据其差额，贷记或借记"投资收益"或"其他综合收益"科目。

长期股权投资转换为交易性金融资产的，原股权投资因采用权益法核算而确认的其他综合收益，也应当计入当期损益，借记或贷记"其他综合收益"科目，贷记或借记"投资收益"科目。

例 6 - 15

承例 6 - 14。20×3 年 12 月 31 日 A 公司持有 B 公司 40％的股份，账面价值为 1 620 000 元，另确认其他综合收益 60 000 元。A 公司于 20×4 年 12 月 31 日再次将持有 B 公司 30％的股权出售给 C 公司，收取价款 1 500 000 元，对 B 公司不再具有重大影响，当日剩余股份的公允价值为 500 000 元，确认为交易性金融资产。B 公司 20×4 年实现净利润 500 000 元，未分派现金股利。根据以上资料，编制 A 公司 20×4 年 12 月 31 日与处置长期股权投资相关的会计分录如下：

（1）确认 20×4 年投资收益时。

投资收益＝500 000×40％＝200 000(元)

借：长期股权投资——损益调整	200 000	
贷：投资收益		200 000

（2）处置投资时。

处置投资的投资成本＝1 400 000×30％÷40％＝1 050 000（元）
处置投资的损益调整＝（160 000＋200 000）×30％÷40％＝270 000（元）
处置投资的其他综合收益调整＝60 000×30％÷40％＝45 000（元）
处置投资的账面价值＝（1 620 000＋200 000）×30％÷40％＝1 365 000（元）

借：银行存款	1 500 000	
贷：长期股权投资——投资成本		1 050 000
——损益调整		270 000
——其他综合收益调整		45 000
投资收益		135 000

（3）将剩余投资账面价值确认为交易性金融资产时。

剩余投资的投资成本＝1400 000－1050 000＝350 000（元）
剩余投资的损益调整＝360 000－270 000＝90 000（元）
剩余投资的其他综合收益调整＝60 000－45 000＝15 000（元）
剩余投资的账面价值＝350 000＋90 000＋15 000＝455 000（元）

借：交易性金融资产	500 000	
贷：长期股权投资——投资成本		350 000
——损益调整		90 000
——其他综合收益调整		15 000
投资收益		45 000

（4）结转原确认的其他综合收益时。

借：其他综合收益	60 000	
贷：投资收益		60 000

6.7.2 追加股权投资后续计量方法的调整

1. 追加股权投资后对被投资企业形成控制

投资企业因追加股权投资形成非同一控制下的控股合并，应当按照原持有的股权投资账面价值与新增投资成本之和，作为改按成本法核算的初始投资成本。调整原投资账面价值时，应按照改按成本法核算的初始投资成本，借记“长期股权投资”科目；按照原权益法核算的长期股权投资账面价值，贷记“长期股权投资”科目；按照以货币资金追加投资的金额，贷记“银行存款”等科目；按照原交易性金融资产的账面价值，贷记“交易性金融资产”等科目。

原持有的股权投资确认为长期股权投资的，因采用权益法核算而确认的其他综合收益，应当在处置该项投资时确认为投资收益，借记或贷记“其他综合收益”科目，贷记或借记“投资收益”科目。

2. 追加股权投资后对被投资企业形成共同控制或重大影响

投资企业因追加投资能够对被投资企业实施共同控制或施加重大影响但不构

成控制的，应当按照原持有的股权投资的公允价值与新增投资成本之和，作为改按权益法核算的初始投资成本，借记“长期股权投资”科目，贷记“银行存款”“交易性金融资产”等科目。

例6-16

A公司20×1年7月1日购入B公司股票1 000 000股，占B公司股本的2%，对B公司不具有重大影响，确认为交易性金融资产，实际支付股票价款8 000 000元，另支付相关税费42 400元（其中可以抵扣的增值税为2 400元）；20×1年12月31日，B公司股票每股市价为9元；20×2年7月1日，A公司又购入B公司股票10 000 000股，每股价格为9.8元，实际支付股票价款98 000 000元，另支付相关税费530 000元（其中可以抵扣的增值税为30 000元），能够对B公司施加重大影响，确认为长期股权投资。根据以上资料，编制A公司购入B公司股票相关的会计分录。

（1）20×1年7月1日购入股票。

借：交易性金融资产——成本	8 000 000	
投资收益	40 000	
应交税费——应交增值税（进项税额）	2 400	
贷：银行存款		8 042 400

（2）20×1年12月31日确认公允价值变动。

B公司股票公允价值变动＝9×1 000 000－8 000 000＝1 000 000(元)

借：交易性金融资产——公允价值变动	1 000 000	
贷：公允价值变动损益		1 000 000

（3）20×2年7月1日再次购入股票。

借：长期股权投资——投资成本	98 500 000	
应交税费——应交增值税（进项税额）	30 000	
贷：银行存款		98 530 000

（4）20×2年7月1日将交易性金融资产转为长期股权投资。

交易性金融资产公允价值＝9.8×1 000 000＝9 800 000(元)

借：长期股权投资——投资成本	9 800 000	
贷：交易性金融资产——成本		8 000 000
——公允价值变动		1 000 000
投资收益		800 000

（5）20×2年7月1日将原确认的公允价值变动损益转为投资收益。

借：公允价值变动损益	1 000 000	
贷：投资收益		1 000 000

20×2年7月1日，A公司对B公司长期股权投资的初始投资成本为108 300 000元（98 500 000＋9 800 000），后续采用权益法进行核算。

思考题

1. 在不同情况下如何确认长期股权投资的初始投资成本？
2. 长期股权投资核算的成本法包括哪些内容？
3. 长期股权投资核算的权益法包括哪些内容？
4. 如何进行长期股权投资后续计量方法转换的核算？

练习题

1. 20×1年1月1日，甲公司以银行存款500 000元购入乙公司80%的股份作为长期股权投资，采用成本法核算。发生的有关业务如下：

（1）20×1年5月18日乙公司宣告发放现金股利100 000元。

（2）20×2年5月15日乙公司宣告发放现金股利350 000元。

要求：编制甲公司有关长期股权投资的会计分录。

2. 20×1年1月1日，甲公司以银行存款5 000 000元购入乙公司30%的股份作为长期股权投资，采用权益法核算。乙公司20×1年1月1日可辨认净资产账面价值为14 000 000元，公允价值为15 000 000元，差额全部为固定资产的价值差额（假定固定资产采用直线法计提折旧，剩余平均折旧年限为20年，不考虑净残值）。发生的有关业务如下：

（1）20×1年5月乙公司宣告分派现金股利1 000 000元。

（2）20×1年乙公司实现净利润2 000 000元。

（3）20×1年乙公司其他综合收益增加300 000元。

要求：编制甲公司相关的会计分录。

3. 甲公司发生下列长期股权投资业务：

（1）20×1年1月5日，购入乙公司20%股份，确认为长期股权投资，对乙公司有重大影响，以银行存款支付全部价款220 000元，当日乙公司可辨认净资产公允价值为1 000 000元（与账面价值相同）。

（2）20×1年乙公司发生亏损300 000元，其他综合收益增加100 000元。

（3）20×1年12月31日确认长期股权投资减值损失40 000元。

（4）20×2年乙公司发生严重亏损800 000元。

（5）20×3年乙公司扭亏为盈，实现净利润50 000元。

（6）20×4年乙公司实现净利润250 000元。

要求：编制甲公司长期股权投资相关的会计分录（长期股权投资列示明细科目），并计算20×4年年末长期股权投资的账面价值（列出相关明细科目及总账科目余额）。

第7章 固定资产

学习目标

1. 掌握：固定资产购置、自行建造的核算，固定资产折旧的核算，固定资产改扩建的核算，固定资产清理的核算。

2. 理解：固定资产修理的核算，固定资产的期末计价。

3. 了解：固定资产的性质、分类、计价，取得附有弃置义务固定资产的核算。

7.1 固定资产概述

7.1.1 固定资产的性质

固定资产（fixed asset）是企业生产经营过程中的重要劳动资料。它能够在若干个生产经营周期中发挥作用，并保持其原有的实物形态，但其价值则由于损耗而逐渐减少。这部分减少的价值以折旧的形式分期转移到产品成本或费用中去，并在销售收入中得到补偿。

企业在生产经营过程中，并不是将所有的劳动资料全部列为固定资产。一般来说，生产经营用的劳动资料，使用年限在一年以上，单位价值较高，就应列为固定资产；否则，应列为低值易耗品。

固定资产的各组成部分如果具有不同使用寿命或者以不同方式为企业提供经济利益，并以不同的折旧率或折旧方法计提折旧，则应当分别将各组成部分确认为单项固定资产。如电梯、房屋的装修费等，应与房屋主体分别确认为单项固定资产。

什么是单位固定资产和单项固定资产?

7.1.2 固定资产的分类

企业固定资产的种类繁多，为了正确进行固定资产核算，应按不同标准对固定资产进行分类。

1. **按经济用途分类**

固定资产按经济用途分类，可以分为房屋及建筑物、机器设备、运输设备、动力传导设备、工具器具和管理用具等。

固定资产按经济用途进行分类，可以提供不同用途固定资产的价值信息。企业管理者可以根据这些信息分析企业生产能力与市场需求，决定增加或处置某类固定资产，以满足生产经营的需要。

2. **按使用情况分类**

新旧准则下“未使用固定资产”的范围有什么变化?

固定资产按使用情况分类，可以分为使用中固定资产和暂时闲置固定资产。使用中固定资产是指正在使用的各种固定资产；暂时闲置固定资产是指尚未投入使用或暂停使用的各种固定资产。

固定资产按使用情况进行分类，可以提供固定资产使用状况的信息。企业管理者可以根据这些信息了解固定资产的使用效率，加强暂时闲置固定资产的管理，及时处置持有待售固定资产，提高固定资产的使用效率。

7.1.3 固定资产的计价

为了正确反映固定资产价值的增减变动，应按一定的标准对固定资产进行计价。固定资产的计价标准一般有以下四种：

1. **原始价值**

原始价值也称为原价或原值，是指购建的固定资产在达到可使用状态之前所发生的全部耗费的货币表现。企业采用不同方式购建的固定资产，其原值的构成有所不同。一般来说，企业从外部取得的固定资产，其原值中包括固定资产的买价、运输途中发生的各种包装运杂费以及在使用前发生的各种安装调试费；企业自行建造的固定资产，其原值中包括建造过程中发生的全部耗费。固定资产原值的具体构成，本书将在后面结合取得固定资产的具体方式讲述。

2. **重置价值**

重置价值是指企业在当前的条件下，重新购置同样的固定资产所需的全部耗费的货币表现。重置价值的构成内容与原值的构成内容相同。

3. **折余价值**

折余价值也称为净值，是指固定资产原值减去已提折旧后的余额。

4. **现值**

现值是指固定资产在使用期间以及处置时产生的未来净现金流量的折现值。

7.1.4　固定资产核算的科目设置

为了反映固定资产的增减变动，应设置“固定资产”“累计折旧”“工程物资”“在建工程”等科目。

1. “固定资产”科目

“固定资产”科目总括反映固定资产原值的增减变动和结存情况。该科目借方登记增加固定资产的原值，贷方登记减少固定资产的原值，借方余额表示实有固定资产的原值。

2. “累计折旧”科目

“累计折旧”科目属于“固定资产”科目的抵减科目。该科目贷方登记计提的固定资产折旧，借方登记减少的固定资产的已提折旧，贷方余额表示全部固定资产已提折旧的累计数。

3. “工程物资”科目

“工程物资”科目反映各项工程物资实际成本的增减变动和结存情况，借方登记验收入库的工程物资的实际成本，贷方登记出库的工程物资的实际成本，借方余额表示库存的工程物资的实际成本。“工程物资”科目应按工程物资的品种设置明细账。

4. “在建工程”科目

“在建工程”科目反映各项工程的实际成本，借方登记各项工程发生的实际成本，贷方登记已完工程的实际成本，借方余额表示未完工程的实际成本。“在建工程”科目应按工程项目设置明细账。

7.2　固定资产的取得①

企业取得的固定资产，主要包括外购的固定资产和自行建造的固定资产等。

7.2 即测即评

7.2.1　固定资产的购置

企业购入的固定资产，有些不需要安装即可投入使用，有些则需要安装后才能使用；可能采用现购结算方式，也可能采用赊购结算方式。企业应根据不同情况，分别采用不同的核算方法。

① 需要说明的是，目前已全面实行营业税改征增值税，下面涉及增值税核算的内容，仅讲述基本核算方法，具体核算方法详见第 9 章 9.5 节“应交税费”。

1. 购入不需安装的固定资产

企业购入不需安装的固定资产，原始价值应根据实际支付的买价和包装运杂费计算，借记“固定资产”科目；根据可以抵扣的增值税进项税额，借记“应交税费——应交增值税（进项税额）”科目；根据支付的全部价款，贷记“银行存款”等科目。

企业采用赊购方式购入的固定资产，一般来说其价格要高于现购价格，这部分差额属于购买日至付款日之间企业应付的利息。这部分利息原则上不应计入固定资产成本，而应作为购买日至付款日之间的利息费用处理。但是，由于赊购的时间一般不长，利息费用不多，因此，按照重要性原则，赊购固定资产的价格一般按照其发票价格计算。企业采用赊购方式购入的不需安装的固定资产，应按其发票价格和支付（或应付）的包装运杂费，借记“固定资产”“应交税费——应交增值税（进项税额）”等科目，贷记“应付账款”“银行存款”等科目。

企业如果一揽子买进若干项可独立使用的固定资产，支付的全部价款应按合理的分配标准在各项固定资产之间进行分配。

例 7-1

北京宏达电子股份有限公司2021年12月15日购入一台不需安装的红外线测距设备，用银行存款支付买价20 000元，增值税2 600元，运输费200元，运输费增值税18元，合计22 818元，设备投入使用。相关业务单据请扫描二维码。根据以上资料，编制会计分录如下：

原始凭证
增值税专用发票
固定资产验收单
建行付款通知书
记账凭证

固定资产原始价值＝20 000＋200＝20 200(元)
增值税进项税额＝2 600＋18＝2 618(元)

借：固定资产——红外线测距设备　　20 200
　　应交税费——应交增值税（进项税额）　　2 618
　贷：银行存款　　22 818

2. 购入需要安装的固定资产

企业购入需要安装的固定资产，在安装过程中发生的实际安装费，应计入固定资产原值。固定资产安装工程可以采用自营安装方式，也可以采用出包安装方式。采用自营安装方式，安装费包括安装工程耗用的材料、人工以及其他支出；采用出包安装方式，安装费为向承租单位支付的安装价款。不论采用何种安装方式，固定资产的全部安装工程成本（包括固定资产买价以及包装运杂费和安装费）均应通过“在建工程”科目进行核算。

企业购入需要安装的固定资产，应根据实际支付的买价、包装运杂费，借记“在建工程”科目；根据可以抵扣的增值税进项税额，借记“应交税费——应交增值税（进项税额）”科目；根据实际支付的价款，贷记“银行存款”等科目。

企业发生的安装费，应计入安装工程成本，借记“在建工程”“应交税费——应交增值税（进项税额）”等科目，贷记“工程物资”“原材料”“应付职工薪酬”“银行存款”等科目。

安装工程完工固定资产交付使用后，根据其全部安装工程成本，借记“固定资产”科目，贷记“在建工程”科目。

例7-2

某企业购入需要安装的机器设备一台，用银行存款支付买价10 000元，增值税1 300元，运输费200元，运输费增值税18元，合计11 518元；机器设备出包安装，用银行存款支付安装费500元，增值税65元。该机器设备安装完工后交付使用。根据以上资料，编制会计分录如下：

（1）购入固定资产。

固定资产原始价值＝10 000＋200＝10 200(元)

增值税进项税额＝1 300＋18＝1 318(元)

借：在建工程	10 200	
应交税费——应交增值税（进项税额）	1 318	
贷：银行存款		11 518

（2）支付安装费。

借：在建工程	500	
应交税费——应交增值税（进项税额）	65	
贷：银行存款		565

（3）工程完工。

借：固定资产	10 700	
贷：在建工程		10 700

7.2.2 固定资产的自行建造

自行建造的固定资产是指企业利用自己的力量自营建造以及出包给他人建造的固定资产。企业自营建造的固定资产原值，原则上应包括建造期间的全部支出，如直接材料、直接人工、其他与自营建造固定资产相关的支出以及在固定资产达到预定可使用状态前发生的长期负债利息等。企业出包建造的固定资产，以实际支付的全部工程价款以及应负担的长期负债利息等作为原值。企业不论采用何种方式自行建造固定资产，均应通过“在建工程”科目进行核算。

1. 采用自营方式建造固定资产

企业自营工程耗用的材料物资，一般应单独进行核算。企业购入自营工程（增值税应税项目）所需材料物资时，应根据实际支付的买价和应计入工程物资成本的包装运杂费等，借记“工程物资”科目；根据可以抵扣的增值税进项税额，借记“应交税费”科目；根据支付的全部价款，贷记“银行存款”等科目。

企业自营工程领用材料物资时，应根据实际成本，借记“在建工程”科目，贷记“工程物资”科目。

企业自营工程领用本企业原材料以及库存商品时，应将原材料以及库存商品的实际成本计入自营工程成本，借记“在建工程”科目，贷记“原材料”“库存商品”等科目。

企业自营工程应负担的职工薪酬，应借记“在建工程”科目，贷记“应付职工薪酬”科目。

企业的辅助生产经营部门为自营工程提供的水、电、设备安装、运输等产品或劳务，应根据实际成本，借记“在建工程”科目，贷记“生产成本”等科目。

企业自营工程发生的其他支出，应借记“在建工程”科目，贷记“银行存款”等科目。

企业自营建造的固定资产在交付使用前应负担的借款费用，应计入自营工程成本，借记“在建工程”科目，贷记“应付利息”等科目。

企业自营工程中发生的报废损失，应计入工程成本；发生的残料收入，应冲减工程成本，借记“原材料”科目，贷记“在建工程”科目。

工程物资盘点时，如发现盘亏，应将盘亏物资的实际成本计入工程成本，借记“在建工程”科目，贷记“工程物资”科目。盘盈的工程物资，做相反的处理。

企业自营建造的固定资产在交付使用时，应根据自营工程的实际成本，借记“固定资产”科目，贷记“在建工程”科目。

已交付使用的固定资产办理竣工结算时，如该项固定资产的实际原值大于原入账价值，应对原入账价值进行调整，借记“固定资产”科目，贷记“在建工程”科目；实际原值小于原入账价值的差额做相反处理。固定资产在竣工结算之前已经计提的折旧，不需要再追溯调整。

例7-3

某企业根据自营方式建造生产流水线发生的经济业务，编制会计分录如下：

（1）购入工程用材料一批，价款200 000元，增值税26 000元，共计226 000元，用银行存款支付，材料入库。

借：工程物资　　200 000
　　应交税费——应交增值税（进项税额）　　26 000
　贷：银行存款　　226 000

（2）自营工程领用材料200 000元。

借：在建工程　　200 000
　贷：工程物资　　200 000

（3）自营工程应负担职工薪酬11 400元。

借：在建工程　　11 400
　贷：应付职工薪酬　　11 400

（4）用银行存款支付自营工程应负担的其他支出30 000元。

借：在建工程　　30 000
　贷：银行存款　　30 000

（5）自营工程某一部件报废，残料计价200元作为生产废料入库，应收有关责任者赔款1 000元。

借：原材料 200

　　其他应收款 1 000

　贷：在建工程 1 200

（6）该项工程完工交付使用，按实际工程成本240 200元（200 000＋11 400＋30 000－1 200）结转该项固定资产原值。

借：固定资产 240 200

　贷：在建工程 240 200

2. 采用出包方式建造固定资产

采用出包方式建造固定资产，应在“在建工程”科目下设置“预付工程款”及“工程成本”明细科目。“预付工程款”明细科目反映已经支付但尚未进行结算的工程款；“工程成本”明细科目反映已经结算的工程成本。

企业采用出包方式建造固定资产，一般需要预付工程款。由于预付的工程款在未来结算工程价款时应计入工程成本，因此，预付工程价款时，应借记“在建工程”科目[①]，贷记“银行存款”等科目。

结算工程进度款时，应根据结算的价款，借记“在建工程——工程成本”科目；根据应交增值税，借记“应交税费——应交增值税（进项税额）”科目；根据结算价款中的预付工程款，贷记“在建工程——预付工程款”科目；根据补付的工程进度款，贷记“银行存款”等科目。

工程完工结算全部工程款时，应根据补付的工程价款，借记“在建工程——工程成本”“应交税费——应交增值税（进项税额）”等科目，贷记“银行存款”等科目。

出包工程在达到预定使用状态之前应负担的借款费用，也应计入工程成本，借记“在建工程”科目，贷记“应付利息”等科目。

出包工程完工后，应结转为固定资产，根据工程实际成本，借记“固定资产”科目，贷记“在建工程”科目。

例7－4

丁公司采用出包方式建造生产流水线。合同规定：全部工程款（不含增值税）为5 000 000元，合同签订日预付25％工程款；工程完成60％时，结算工程进度款；工程全部完工并验收合格时，支付剩余工程款。丁公司根据发生的经济业务，编制会计分录如下：

（1）合同签订日，用银行存款预付工程款1 250 000元。

借：在建工程——预付工程款 1 250 000

　贷：银行存款 1 250 000

（2）工程完成60％，结算工程进度款3 000 000元，增值税390 000元，合

① 按照企业会计准则的要求，预付工程款应计入预付账款。但预付账款属于流动资产，未来收回存货，而预付工程款不属于流动资产，未来计入固定资产，所以本书处理时将其计入在建工程（预付工程款）。

计 3 390 000 元，扣除预付工程款 1 250 000 元，用银行存款补付工程款及增值税 2 140 000 元。

借：在建工程——工程成本　　3 000 000
　　应交税费——应交增值税（进项税额）　　390 000
　贷：在建工程——预付工程款　　1 250 000
　　　银行存款　　2 140 000

（3）工程全部完工，验收合格，用银行存款支付剩余工程款 2 000 000 元，增值税 260 000 元，合计 2 260 000 元。

借：在建工程——工程成本　　2 000 000
　　应交税费——应交增值税（进项税额）　　260 000
　贷：银行存款　　2 260 000

（4）房屋交付使用，结转为固定资产。

实际工程成本＝3 000 000＋2 000 000＝5 000 000(元)

借：固定资产　　5 000 000
　贷：在建工程　　5 000 000

7.2.3 取得附有弃置义务的固定资产

对于特殊行业的特殊固定资产，在确定其原始价值时，还应考虑弃置费用。弃置费用通常是指根据国家有关规定，企业承担的环境保护、生态恢复等义务而在未来弃置固定资产时预计发生的支出。例如，核电站的核设施，在未来弃置时，为恢复良好环境，企业应对其产生的核辐射等进行治理，预计发生的大额支出即为弃置费用。该项固定资产预计发生的弃置费用应计入固定资产的原始价值，通过折旧方式予以补偿。但是，由于弃置费用的数额一般较大，且支出的时间也较久远，因此，弃置费用应按照取得固定资产时的实际利率进行折现，将其现值计入固定资产的原始价值，借记“固定资产”“在建工程”等科目，贷记“预计负债”科目。

预计未来将发生的弃置费用与其现值之间的差额，应在固定资产使用期间内，分期确认为财务费用。企业应根据预计负债的账面价值和取得固定资产时的实际利率，确认各期应负担的财务费用，借记“财务费用”科目，贷记“预计负债”科目。

7.3 固定资产折旧

7.3 即测即评

7.3.1 折旧的性质

固定资产折旧（depreciation）是指固定资产由于损耗而减少的价值。固定资产损耗分为有形损耗和无形损耗两种。有形损耗是指固定资产在使用过程中由于使用和自然力的影响在使用价值和价值上的损耗；无形损耗是指由于技术进步而引起的固定资产价值上的损耗。固定资产与存货不同，它的价值不是一次转移计入产品成本或费用，而是在长期使用过程中，随着损耗程度，以折旧费项目分期计入产品成本或费用，并通过取得相应的收入而得到补偿。

7.3.2　计提折旧应考虑的因素

企业分期计算提取折旧时，应考虑的因素有固定资产应计提折旧总额和预计使用年限或预计工作总量。

1. 固定资产应计提折旧总额

固定资产应计提折旧总额是指单项固定资产从开始使用至报废清理的全部使用年限内应计提的折旧总额。从理论上讲，某项固定资产应计提折旧总额并不等于该项固定资产原值。这是因为固定资产在报废清理时会取得残值收入，这部分残值收入不需要通过计提折旧的方式予以补偿，应在计提折旧时预先估计，从原值中扣除；此外，固定资产在报废清理时还会发生清理费用，这部分清理费用应视为使用固定资产的必要支出，在计提折旧时应予以考虑，预计清理费用一般从预计残值收入中扣除。预计残值收入减去预计清理费用后的余额，称为预计净残值。某项固定资产的原值减去预计净残值，即为该项固定资产的应计提折旧总额。

在我国，预计净残值一般根据固定资产原值乘以预计净残值率计算。预计净残值率是指预计净残值与固定资产原值的比率。

2. 固定资产预计使用年限

固定资产预计使用年限是指固定资产预计的经济使用年限，应考虑固定资产的有形损耗和无形损耗。

3. 固定资产预计工作总量

固定资产预计工作总量是指固定资产从开始使用至报废清理的全部使用年限内预计完成的工作总量。固定资产预计工作总量由各企业根据本企业各项固定资产的具体情况自行确定。

以上三项因素中，固定资产应计提折旧总额是不论采用何种计提折旧的方法均应考虑的因素。如果企业按时间计提折旧，还应考虑固定资产预计使用年限；如果按完成的工作量计提折旧，则还应考虑固定资产预计工作总量。

7.3.3　折旧的计算方法

分类折旧法现在是否还适宜使用？

常用的固定资产折旧计算方法可以分为两类：直线法和加速折旧法。

1. 直线法

直线法是指按照时间或完成的工作量平均计提折旧的方法，主要包括年限平均法和工作量法。

（1）年限平均法。年限平均法是指按照固定资产的预计使用年限平均计提折旧的方法，其累计折旧额为使用时间的线性函数。采用这种方法，假定固定资产的服务潜力随着时间的推移而逐渐递减，其效能与固定资产的新旧程度无关。因此，固定资产的应计提折旧总额可以均匀摊配于预计使用年限内的各个会计期间。其计算公式为：

$$\text{年折旧额}=\frac{\text{固定资产原值}-(\text{预计残值收入}-\text{预计清理费用})}{\text{预计使用年限}}$$

$$=\frac{\text{固定资产应计提折旧总额}}{\text{预计使用年限}}$$

$$\text{月折旧额}=\frac{\text{年折旧额}}{12}$$

上述公式为计提固定资产折旧年限平均法的一般原理。在实际工作中，固定资产折旧额一般根据固定资产原值乘以折旧率计算。在年限平均法下，固定资产折旧率是固定资产折旧额与固定资产原值的比率，其计算公式为：

$$\text{年折旧率}=\frac{1-\text{预计净残值率}}{\text{预计使用年限}}$$

$$\text{月折旧率}=\frac{\text{年折旧率}}{12}$$

$$\text{月折旧额}=\text{固定资产原值}\times\text{月折旧率}$$

例 7-5

某企业某项固定资产原值为 700 000 元，预计净残值率为 4%，预计使用年限为 10 年，采用年限平均法计提折旧。其折旧率和月折旧额计算如下：

$$\text{该项固定资产年折旧率}=\frac{1-4\%}{10}=9.6\%$$

$$\text{该项固定资产月折旧率}=\frac{9.6\%}{12}=0.8\%$$

$$\text{该项固定资产月折旧额}=700\,000\times0.8\%=5\,600(\text{元})$$

（2）工作量法。工作量法是指按照固定资产预计完成的工作总量平均计提折旧的方法，其累计折旧额为完成工作量的线性函数。这种方法假定固定资产的服务潜力随着完成工作量的增加而逐渐递减，其效能与固定资产的新旧程度无关。因此，固定资产的应计提折旧总额可以均匀摊配于预计的每一单位工作量。采用工作量法计提折旧，也应首先确定固定资产应计提折旧总额；然后根据固定资产应计提折旧总额和预计完成的工作总量，确定单位工作量折旧额；最后根据单位工作量折旧额和某月实际完成的工作量，就可以计算出该月折旧额。计算公式如下：

$$\text{某项固定资产单位工作量折旧额}=\frac{\text{该项固定资产应计提折旧总额}}{\text{该项固定资产预计完成的工作总量}}$$

$$\text{某项固定资产月折旧额}=\begin{matrix}\text{该项固定资产}\\\text{单位工作量折旧额}\end{matrix}\times\begin{matrix}\text{该项固定资产该月}\\\text{实际完成的工作总量}\end{matrix}$$

不同的固定资产，其工作量有不同的表现形式。对于运输设备来说，其工作量表现为运输里程；对于机器设备来说，其工作量表现为机器工时和机器台班。

例 7-6

某企业运输汽车一辆，原值为 300 000 元，预计净残值率为 4%，预计行驶总里程为 800 000 千米。该汽车采用工作量法计提折旧。某月该汽车行驶 6 000 千米。该汽车的单位工作量折旧额和该月折旧额计算如下：

$$单位工作量折旧额=\frac{300\,000\times(1-4\%)}{800\,000}=0.36(元/千米)$$

$$该月折旧额=0.36\times6\,000=2\,160(元)$$

工作量法一般适用于价值较高的大型精密机床以及运输设备等固定资产的折旧计算。这些固定资产的价值较高，各月的工作量一般不是很均衡，采用年限平均法计提折旧，会使各月成本费用的负担不够合理。

2. 加速折旧法

加速折旧法也称为递减费用法，是指在固定资产使用初期计提折旧较多而在后期计提折旧较少，从而相对加速折旧的方法。采用加速折旧法，各年的折旧额呈递减趋势。为了简化折旧计算工作，月折旧额一般按年折旧额除以 12 计算。如果某项固定资产开始计提折旧的时间不是年初（1 月份），则该年度各月的折旧额以及下一年度前几个月的折旧额（即开始计提折旧 1 年之内各月的折旧额），均按年折旧额的月平均数计算。较常用的加速折旧法有双倍余额递减法和年数总和法两种。

（1）双倍余额递减法。双倍余额递减法是指按固定资产净值和双倍直线折旧率计提折旧的方法。其计算公式如下：

$$双倍直线折旧率=\frac{2}{预计使用年限}\times100\%$$

$$固定资产年折旧额=固定资产期初净值\times双倍直线折旧率$$

$$固定资产月折旧额=\frac{固定资产年折旧额}{12}$$

采用双倍余额递减法计提折旧，一般不考虑固定资产预计净残值。但是，必须注意下面两个问题：

1）在预计使用年限结束时，应避免固定资产净值大于预计净残值。如果固定资产净值大于预计净残值，意味着该项固定资产在预计使用年限内少提了折旧。为此，在固定资产使用期间内，某一年按双倍余额递减法计提的折旧额小于该年在剩余年限内按年限平均法计提的折旧额，则该年应改按年限平均法计提折旧。上述条件具体表述如下：

$$固定资产期初净值\times双倍直线折旧率<\frac{固定资产期初净值-预计净残值}{剩余使用年限}$$

例7-7

某企业某项固定资产原值为60 000元，预计净残值为2 000元，预计使用年限为5年。该项固定资产采用双倍余额递减法计提折旧。年折旧率及各年折旧额计算见表7-1。

表7-1 折旧计算表

（双倍余额递减法）

单位：元

年份	期初净值	年折旧率	年折旧额	累计折旧额	期末净值额
1	60 000	40%	24 000	24 000	36 000
2	36 000	40%	14 400	38 400	21 600
3	21 600	40%	8 640	47 040	12 960
4	12 960	—	5 480	52 520	7 480
5	7 480	—	5 480	58 000	2 000

从表7-1中可以看出，该项固定资产第4年如果仍按双倍余额递减法计提折旧，年折旧额应为5 184元（12 960×40%）；如果改按年限平均法计提折旧，年折旧额应为5 480元（(12 960－2 000)÷2）。由于该项固定资产第4年按双倍余额递减法计提的折旧额小于按年限平均法计提的折旧额，因此从第4年开始，该项固定资产改按年限平均法计提折旧。

我国企业会计准则规定，采用双倍余额递减法计提折旧，应在预计使用年限的最后两年改按年限平均法计提折旧。

需要说明的是，前述固定资产折旧的年份为固定资产的使用年份，而不是日历年份。上例中，假定该项固定资产于20×1年8月开始计提折旧，则20×1年8月至20×2年7月，各月的折旧额为2 000元（24 000÷12）；20×2年8月至20×3年7月，各月的折旧额为1 200元（14 400÷12），以此类推；该项固定资产20×2年的折旧额为20 000元（2 000×7＋1 200×5）。

2）在预计使用年限内，应避免固定资产期末净值小于预计净残值。如果固定资产期末净值小于预计净残值，意味着该项固定资产多提了折旧。为此，当某期按双倍余额递减法计提的折旧额大于剩余应计提折旧额（即期初净值减去预计净残值）时，从理论上讲，应从该期开始改按年限平均法计提折旧；但在实务中，由于采用加速折旧法会使折旧额逐年递减，该期的剩余应计提折旧额一定小于上年折旧额，按照重要性原则，可以将该期剩余应计提折旧额全部列作当期的折旧额，以后使用期间不再计提折旧。

例7-8

承例7-7。假定预计净残值为10 000元，其他条件不变。

该项固定资产第4年如按双倍余额递减法计提折旧5 184元，则第4年年末净值为7 776元（12 960－5 184），小于预计净残值10 000元。因此，该项固定资产第4年应提折旧2 960元（12 960－10 000）；第5年不再计提折旧。

（2）年数总和法。年数总和法是指按固定资产应计提折旧总额和某年尚可使用年数占各年尚可使用年数总和的比重（即年折旧率）计提折旧的方法。各年尚可使用年数总和（简称年数总和），是一个以预计使用年限 n 为初项和项数、级差为－1 的等差数列。其年折旧率和年折旧额的计算公式如下：

$$\text{年折旧率}=\frac{\text{该年尚可使用年数}}{\text{各年尚可使用年数总和}}$$

$$=\frac{\text{预计使用年限}-\text{已使用年数}}{\text{预计使用年限}\times\dfrac{\text{预计使用年限}+1}{2}}$$

$$\text{年折旧额}=\text{应计提折旧总额}\times\text{年折旧率}$$

例 7－9

某企业某项固定资产原值为 60 000 元，预计净残值为 3 000 元，预计使用年限为 5 年。该项固定资产按年数总和法计提折旧。该项固定资产的年数总和为：

$$\text{年数总和}=5+4+3+2+1=15$$

或

$$=5\times(5+1)\div 2=15$$

各年折旧率和折旧额计算见表 7－2。

表 7－2　折旧计算表

（年数总和法）

单位：元

年份	应计提折旧总额	年折旧率	年折旧额	累计折旧
1	60 000－3 000＝57 000	5/15	19 000	19 000
2	57 000	4/15	15 200	34 200
3	57 000	3/15	11 400	45 600
4	57 000	2/15	7 600	53 200
5	57 000	1/15	3 800	57 000

3. 直线法与加速折旧法的比较

采用直线法计提折旧，固定资产的转移价值平均摊配于其使用的各个会计期间或完成的工作量上，优点是使用方便，易于理解。但是，这种方法没有考虑固定资产使用过程中相关支出摊配于各个会计期间或完成工作量的均衡性。因为随着固定资产使用时间的推移，其磨损程度也会逐渐增加，使用后期的维修费支出将会高于使用前期的维修费支出，即使各个会计期间或单位工作量负担的折旧费相同，但各个会计期间或单位工作量负担的固定资产使用成本（折旧费与维修费之和）将会不同。

采用加速折旧法计提折旧，克服了直线法的不足。因为这种方法前期计提的折旧费较多而维修费较少，后期计提的折旧费较少而维修费较多，从而保持了各个会计期间负担的固定资产使用成本的均衡性。此外，由于这种方法前期计提的折旧费较多，能够使固定资产投资在前期较多地收回，在税法允许将各种方法计提的折旧费作为税前费用扣除的前提下，还能够减少前期的所得税额，符合谨慎性原则。但是，在固定资产各期工作量不均衡的情况下，这种方法可能导致单位工作量负担的固定资产使用成本不够均衡。

企业在计提折旧时，可以根据具体情况，选择各种折旧计算方法。但是，需要指出的是，按照可比性原则，折旧方法一经选定，不应随意改变，以保证会计核算方法的前后期一致，便于进行比较分析。如果企业根据具体情况的变化决定改变折旧方法，一般应于年初进行变更，以保持年度内折旧方法的一致，并将变更理由及折旧方法改变后对损益的影响在会计报表附注中予以揭示。

4. 计提折旧的范围

采用工作量法，应于月末根据该月固定资产完成的工作量计提折旧。

采用其他方法，除了已经提足折旧继续使用的固定资产以及过去单独估价入账的土地不提折旧以外，其他固定资产均应计提折旧。此外，提前报废的固定资产不补提折旧，其未提足折旧的净损失应计入营业外支出。

为什么要规定固定资产折旧当月增加的当月不提，当月减少的当月照提？这个规定合理吗？

5. 计提折旧的总分类核算

为了进行计提折旧的总分类核算，企业应按月根据固定资产计提折旧的范围和采用的折旧计算方法，编制固定资产折旧计算表。固定资产折旧计算表应反映各个使用单位各类固定资产当月应计提的折旧额。

企业计提的固定资产折旧应按用途进行分配，借记“制造费用”“管理费用”“销售费用”“其他业务成本”“在建工程”等科目，贷记“累计折旧”科目。

7.4 固定资产的后续支出

7.4 即测即评

固定资产的后续支出，是指固定资产投入使用以后发生的修理和改扩建等支出。

7.4.1 固定资产的修理

固定资产在长期使用过程中，由于自然损耗或使用磨损等原因，往往发生部分零部件的损坏。为了保证固定资产的正常运转及使用，企业需要对固定资产进行必要的修理。

1. 固定资产修理的特点

固定资产修理的主要目的是恢复其使用价值。一般来说，固定资产的各个零部件，按其作用和结构的复杂程度分别标明了复杂系数。固定资产的修理，按每次修理的零部件的复杂系数分类，可以分为日常修理和大修理两类。日常修理也称为中小修理，一般是指每次修理的零部件的复杂系数之和在规定的复杂系数以下的修理；大修理一般是指每次修理的零部件的复杂系数之和在规定的复杂系数以上的修理。不同的固定资产对划分日常修理和大修理的复杂系数的规定有所不同。

日常修理的特点是：修理范围小，成本支出少，修理次数多，间隔时间短。但是，需要指出的是，日常修理的间隔时间短，不一定意味着其受益期限短。这是因为日常修理的范围小，这次修理一部分，下次修理另一部分，每次修理的不一定是同一零部件，对于某一零部件来说，修理后的受益期也可能较长。

大修理的特点是：修理范围大，成本支出多，修理次数少，间隔时间长。但是也需要指出，大修理的成本支出多，是指某项固定资产的大修理成本支出相对每次日常修理成本支出而言较多，其支出数额在企业全部成本费用中的比重则不一定大。

2. 固定资产修理的核算方法

固定资产日常修理和大修理虽然各有特点，但界限的划分比较困难。因为有些固定资产并未标明各个零部件的复杂系数；有些虽标明了复杂系数，但各个零部件的修理程度又不一致。此外，固定资产修理间隔时间长短与受益期限的关系不很明确，成本支出数额多少又是相对而言的，因此在实际工作中日常修理和大修理往往一并核算，将实际发生的修理成本支出计入产品成本或当期损益，按用途进行分配，借记“制造费用”“管理费用”“销售费用”“其他业务成本”等科目；按支付的增值税进项税额，借记“应交税费——应交增值税（进项税额）”等科目；按发生的全部价款，贷记“银行存款”等科目。如果固定资产修理支出的数额较大，也可以确认为长期待摊费用，在一定期间内分期摊销。

修理费是计入管理费用，还是按用途分配更合理？

7.4.2　固定资产的改扩建

1. 固定资产改扩建的特点

固定资产的改扩建是指对原有固定资产进行的改良和扩充。固定资产改良（即改建）是指为了提高固定资产的质量而采取的措施，如以自动装置代替非自动装置等。固定资产扩充（即扩建）是指为了提高固定资产的生产能力而采取的措施，如房屋增加楼层等。由于固定资产改扩建后可以使固定资产的质量有所提高，或在实物量上有所增加，因而其原值也会有所增加。固定资产改扩建后，有些会延长使用年限从而增加生产能力，有些则仅仅会提高产品质量或增加生产能力而不延长使用年限。

2. 固定资产改扩建的核算

企业在固定资产进行改扩建的期间，由于停止使用，工期又比较长，因而应在改扩建之前将其账面价值转作在建工程，借记“在建工程”“累计折旧”“固定资产减值准备”科目，贷记“固定资产”科目。

固定资产改扩建工程支出的核算与自建工程支出的核算方法相同，应通过“在建工程”科目核算。固定资产改扩建过程中拆除的原有部件，其残值计价回收时应冲减改扩建工程支出，借记“原材料”等科目，贷记“在建工程”科目。固定资产改扩建工程完工后，应将改扩建工程的全部成本转为改扩建后的固定资产原值，借记“固定资产”科目，贷记“在建工程”科目。

固定资产改扩建后，应对改扩建后各期的固定资产折旧额进行调整。

例 7-10

某企业改建机器设备一台，改建前的原值为100 000元，预计使用年限为10年，预计净残值为5 000元，已使用8年，采用年限平均法计提折旧；该项机器设备采用出包方式进行改建，用银行存款支付改建工程款30 000元，增值税3 900元；改建机器设备拆除部件的残料计价2 000元入库；工程完工后，延长使用年限2年，预计净残值提高到6 000元。根据以上资料，编制会计分录如下：

（1）将改建前的固定资产原值及累计折旧注销，将其净值转作在建工程。

$$原值=100\ 000(元)$$

$$累计折旧=(100\ 000-5\ 000)\times\frac{8}{10}=76\ 000(元)$$

$$净值=100\ 000-76\ 000=24\ 000(元)$$

借：在建工程　　24 000
　　累计折旧　　76 000
　贷：固定资产　　100 000

（2）用银行存款支付改建工程款30 000元，增值税3 900元。

借：在建工程　　30 000
　　应交税费——应交增值税（进项税额）　　3 900
　贷：银行存款　　33 900

（3）拆除部件的残料计价2 000元入库。

借：原材料　　2 000
　贷：在建工程　　2 000

（4）改建工程完工，全部工程成本52 000元（24 000+30 000−2 000）计入固定资产原值。

借：固定资产　　52 000
　贷：在建工程　　52 000

（5）改建后第9～12年的各年折旧额计算。

$$改建后的年折旧额=\frac{52\ 000-6\ 000}{4}=11\ 500(元)$$

7.5 固定资产的清理

7.5 即测即评

固定资产的清理是指在固定资产出售或不能继续使用而报废时对固定资产进行的处置。

为了反映转入清理过程的固定资产账面价值、清理费支出、变价收入和其他收入的取得以及清理净损益的情况，应设置“固定资产清理”科目。该科目借方登记清理过程中发生的各项费用，包括转入清理过程的固定资产账面价值以及清理过程中发生的清理费用；贷方登记清理过程中发生的各项收入，包括转让收入、残料收入以及应向保险公司或有关责任者收取的赔款等。该科目贷方发生额大于借方发生额的差额，为清理过程中发生的净收益，应作为资产处置收益或营业外收入从该科目借方转出；反之，则为清理过程中发生的净损失，应作为资产处置损失或营业外支出从该科目的贷方转出。经过上述结转后，该科目应无余额。

7.5.1　固定资产的出售

1．出售固定资产账面价值的计算与结转

企业的固定资产出售时，首先应计算其账面价值。固定资产账面价值应根据固定资产原值减去累计折旧和固定资产减值准备计算。由于累计折旧可以不进行明细核算，因而固定资产明细账中可能不能提供累计折旧及账面价值资料。为此，计算固定资产账面价值，主要是计算其累计折旧。

固定资产累计折旧应根据采用的不同折旧方法和已计提折旧年限计算。

例7－11

某企业某项固定资产的原值为10 000元，预计净残值为400元，预计使用年限为10年，采用年限平均法计提折旧。该项固定资产20×1年1月31日投入使用，20×4年8月31日停止使用并出售。根据以上资料，计算该项固定资产出售时的累计折旧及净值。

$$月折旧额=\frac{10\,000-400}{10\times 12}=80(元)$$

已提折旧月数＝11(20×1年，因1月份开始使用当月不提折旧)
＋12(20×2年)＋12(20×3年)
＋8(20×4年，8月份停止使用当月照提折旧)
＝43(月)

累计折旧＝80×43＝3 440(元)

净值＝10 000－3 440＝6 560(元)

企业出售固定资产后，其原值和累计折旧应予以注销（如果已计提固定资产减值准备，则计提的减值准备也应一并注销），账面价值转入“固定资产清理”科目。结转出售固定资产账面价值、累计折旧和固定资产减值准备时，应按其账面价值，借记“固定资产清理”科目，按累计折旧，借记“累计折旧”科目，按已提固定资产减值准备，借记“固定资产减值准备”科目，按原值，贷记“固定资产”科目。

2．出售固定资产的清理费用

企业出售的固定资产，有些不发生清理费用，有些则需要拆除，会发生清理费用。在固定资产清理过程中，应估计实际发生的清理费用，借记“固定资产清理”科目；根据可以抵扣的增值税额，借记“应交税费——应交增值税（进项税额）”科目；根据支付的全部价款，贷记“银行存款”等科目。

3. 出售固定资产的收入

企业出售固定资产实际收取的价款和增值税额，应借记“银行存款”等科目，贷记“固定资产清理”“应交税费——应交增值税（销项税额）”科目。

4. 结转出售固定资产的净损益

企业出售固定资产的收入大于固定资产净值、清理费用之和的差额，为清理净收益，应作为资产处置收益，借记“固定资产清理”科目，贷记“资产处置损益”科目；出售固定资产的收入小于固定资产账面价值、清理费用之和的差额，为清理净损失，作为资产处置损失，借记“资产处置损益”科目，贷记“固定资产清理”科目。经过上述结转后，“固定资产清理”科目没有余额。

需要说明的是，资产处置损益属于营业利润的组成部分。企业出售固定资产，视为日常经营活动，因此其净损益计入资产处置损益。

例 7－12

北京宏达电子股份有限公司2021年12月20日出售自动数控设备，原值为50 000元，累计折旧为30 000元，未计提固定资产减值准备，清理过程中用现金支付清理费用150元，取得出售价款22 000元，增值税税额2 860元，存入银行。根据以上资料，编制会计分录如下：

原始凭证
增值税普通发票
增值税专用发票
机器设备处置单
记账凭证

（1）注销机器设备原值和累计折旧。

借：固定资产清理　　20 000
　　累计折旧　　30 000
　贷：固定资产　　50 000

（2）支付清理费用，未取得增值税专用发票。

借：固定资产清理　　150
　贷：库存现金　　150

（3）收取价款和增值税。

借：银行存款　　24 860
　贷：固定资产清理　　22 000
　　　应交税费——应交增值税（销项税额）　　2 860

（4）结转机器设备清理净损益。

机器设备清理净收益＝22 000－20 000－150＝1 850(元)

借：固定资产清理　　1 850
　贷：资产处置损益　　1 850

7.5.2 固定资产的报废

固定资产报废的原因一般有两类：一类是由于使用期限已满不再继续使用而

形成的正常报废；另一类是由于对折旧年限估计不准确或非正常原因造成的提前报废，如确定预计使用年限时未考虑无形损耗而在技术进步时必须淘汰的固定资产，以及由于管理不善或自然灾害造成的固定资产毁损等。

正常报废的固定资产已提足折旧，其账面价值应为预计净残值。但由于实际净残值与预计净残值可能有所不同，因而在清理过程中也可能发生净损益。

提前报废的固定资产未提足折旧，为了简化核算工作，未提足的折旧也不再补提，而是在计算清理净损益时一并考虑。此外，毁损的固定资产根据其毁损原因，有可能收回一部分赔偿款，如自然灾害造成的毁损有可能取得保险公司的赔款，管理不善造成的毁损有可能取得有关责任者的赔款。企业取得的赔款也视为清理过程中的一项收入，借记“其他应收款”等科目，贷记“固定资产清理”“应交税费——应交增值税（销项税额）”等科目，在计算清理净损益时也应一并考虑。

固定资产报废的核算方法与出售的核算方法基本相同，均需要通过“固定资产清理”科目进行核算。不同之处是，固定资产报废不属于日常经营活动，因此其净损益应计入营业外收入或营业外支出。

例 7-13

某企业某项固定资产的原值为 80 000 元，预计净残值为 2 500 元，预计使用年限为 10 年，现已使用 11 年（超龄使用 1 年），由于不能继续使用而报废。报废时残料计价 2 600 元入库，用银行存款支付清理费用 300 元。根据以上资料，编制会计分录如下：

（1）注销固定资产原值和累计折旧。

由于超龄使用不再计提折旧，因而累计折旧为 77 500 元（80 000－2 500）。

借：固定资产清理　　2 500
　　累计折旧　　77 500
　贷：固定资产　　80 000

（2）支付清理费用。

借：固定资产清理　　300
　贷：银行存款　　300

（3）残料计价入库。

借：原材料　　2 600
　贷：固定资产清理　　2 600

（4）结转固定资产清理净损益。

固定资产清理净损失＝2 500＋300－2 600＝200(元)

借：营业外支出　　200
　贷：固定资产清理　　200

例 7-14

某企业某项固定资产的原值为 30 000 元，累计折旧为 13 000 元，因自然灾害造成毁损。清理过程中残料出售，收取价款 1 500 元，增值税 195 元；用银行存款支付清理费用 500 元，增值税 30 元；应收保险公司赔偿款 14 000 元。根据以上资料，编制会计分录如下：

（1）注销固定资产原值和累计折旧。

借：固定资产清理　　17 000
　　累计折旧　　13 000
　贷：固定资产　　30 000

（2）支付清理费用。

借：固定资产清理　　500
　　应交税费——应交增值税（进项税额）　　30
　贷：银行存款　　530

（3）收取残料价款。

借：银行存款　　1 695
　贷：固定资产清理　　1 500
　　　应交税费——应交增值税（销项税额）　　195

（4）结转应收保险公司赔偿款。

借：其他应收款　　14 000
　贷：固定资产清理　　14 000

（5）结转固定资产清理净损益。

固定资产清理净损失＝(17 000＋500)－(1 500＋14 000)＝2 000(元)

借：营业外支出　　2 000
　贷：固定资产清理　　2 000

7.6 固定资产的减值及报表列示

7.6 即测即评

7.6.1 固定资产的减值迹象

每年年末，企业应对固定资产的账面价值进行检查。如果出现下列情况之一，表明该固定资产已出现减值迹象，应对固定资产的可收回金额进行估计。

（1）固定资产的市价当期大幅度下跌，其跌幅明显高于因时间的推移或者正常使用而预计的下跌。

（2）企业经营所处的经济、技术或者法律等环境以及固定资产所处的市场在当期或者将在近期发生重大变化，从而对企业产生不利影响。

（3）市场利率或者其他市场投资报酬率在当期已经提高，从而影响企业计算固定资产预计未来现金流量现值的折现率，导致固定资产可收回金额大幅度降低。

（4）有证据表明固定资产已经陈旧过时。

（5）固定资产已经或者将被闲置、终止使用或者计划提前处置。

（6）企业内部报告的证据表明固定资产的经济绩效已经低于或者将低于预期，如固定资产所创造的净现金流量或者实现的营业利润（或者亏损）远远低于（或者高于）预计金额等。

（7）其他表明固定资产可能已经发生减值的迹象。

7.6.2　固定资产可收回金额的计量

固定资产可收回金额应当根据固定资产的公允价值减去处置费用后的净额与固定资产预计未来现金流量的现值两者之间较高者确定。

固定资产的公允价值，应当根据公平交易中销售协议价格确定。不存在销售协议但存在资产活跃市场的，应当按照该固定资产的市场价格确定。固定资产的市场价格通常应当根据资产的买方出价确定。在不存在销售协议和固定资产活跃市场的情况下，应当以可获取的最佳信息为基础，估计固定资产的公允价值。

企业按照上述规定仍然无法可靠估计固定资产的公允价值减去处置费用后的净额的，应当以该固定资产预计未来现金流量的现值作为其可收回金额。

7.6.3　固定资产减值损失的确定

固定资产可收回金额的计量结果表明，固定资产可收回金额低于其账面价值的，应当将固定资产的账面价值减记至可收回金额，借记“资产减值损失”科目，贷记“固定资产减值准备”科目。固定资产减值损失确认后，减值固定资产的折旧费用应当在未来期间做相应调整，以使该固定资产在剩余使用寿命内，系统地分摊调整后的固定资产账面价值。固定资产减值损失一经确认，在以后会计期间不得转回。

例 7－15

某企业 20×1 年 1 月 31 日购入一台机器设备，原值为 200 000 元，预计净残值为 8 000 元，预计使用年限为 5 年，采用年限平均法计提折旧。20×2 年 12 月 31 日，该机器设备发生减值，公允价值减去处置费用后的金额为 100 000 元，未来现金流量的现值为 110 000 元。计提减值准备后，该机器设备的剩余使用年限预计为 2 年，预计净残值为 2 000 元。

（1）计算该机器设备至 20×2 年 12 月的累计折旧。

$$\text{月折旧额} = \frac{200\,000 - 8\,000}{12 \times 5} = 3\,200(\text{元})$$

$$\text{累计折旧} = 3\,200 \times (11 + 12) = 73\,600(\text{元})$$

（2）计算该机器设备 20×2 年 12 月 31 日的净值。

$$\text{固定资产净值} = 200\,000 - 73\,600 = 126\,400(\text{元})$$

（3）计提减值准备。可收回金额为公允价值减去处置费用后的金额与未来现金流量的现值两者中较高者，即110 000元。

应计提减值准备＝126 400－110 000＝16 400(元)

借：资产减值损失　　16 400
　贷：固定资产减值准备　　16 400

（4）20×3年1月起的月折旧额。

$$月折旧额=\frac{110\,000-2\,000}{12\times 2}=4\,500(元)$$

7.6.4 报表列示

1. “固定资产”项目

在资产负债表中，“固定资产”项目反映资产负债表日企业固定资产的期末账面价值和企业尚未清理完毕的固定资产清理净损益。该项目应根据“固定资产”科目的期末余额，减去“累计折旧”和“固定资产减值准备”科目的期末余额后的金额，以及“固定资产清理”科目的期末余额填列。

2. “在建工程”项目

在资产负债表中，“在建工程”项目反映资产负债表日企业尚未达到预定可使用状态的在建工程的期末账面价值和企业为在建工程准备的各种物资的期末账面价值。该项目应根据“在建工程”科目的期末余额，减去“在建工程减值准备”科目的期末余额后的金额，以及“工程物资”科目的期末余额，减去“工程物资减值准备”科目的期末余额后的金额填列。

思考题

1. 如何确定自行建造固定资产的成本？
2. 什么是固定资产的有形损耗？什么是无形损耗？
3. 固定资产折旧的直线法和加速折旧法各有哪些特点？
4. 固定资产修理的特点有哪些？
5. 如何进行固定资产改扩建的核算？
6. 如何进行固定资产处置的核算？

练习题

1. 甲企业20×1年7月31日购入一台不需要安装的机器设备，以银行存款支付买价2 000万元，增值税260万元，采用双倍余额递减法计提折旧，预计使用年限为8年，预计净残值为100万元。20×8年9月30日将该机器设备出售，收取价款300万元，增值税39万元，以银行存款支付清理费用20万元。

要求：

（1）计算各年应计提的折旧额（直线法计提折旧额大于双倍余额递减法计提折旧额的年份，改按直线法计提折旧）。

（2）编制该机器设备购入及清理的会计分录。

2. 乙公司于20×1年6月1日对一生产线进行改扩建，改扩建前该生产线的原价为12 000 000元，已提折旧2 000 000元，已提减值准备500 000元。改扩建过程中实际领用工程物资2 000 000元，领用企业生产用的原材料一批，实际成本为300 000元，分配工程人员工资800 000元，企业辅助生产车间为工程提供有关劳务支出500 000元，该生产线于20×1年10月31日达到预定可使用状态。该公司对改扩建后的固定资产采用年数总和法计提折旧，预计尚可使用年限为5年，预计净残值为500 000元。

要求：

（1）编制上述与固定资产改扩建有关业务的会计分录。

（2）计算改扩建后的固定资产20×2年应计提的折旧额。

第8章　无形资产与投资性房地产

学习目标

1. 掌握：购入、自行研究开发无形资产的核算，无形资产摊销的核算，无形资产出租的核算，无形资产处置的核算；投资性房地产出租收入的核算，投资性房地产后续计量的核算，投资性房地产转换的核算。

2. 理解：无形资产减值的核算。

3. 了解：无形资产的性质、分类；投资性房地产的性质。

8.1　无形资产

8.1即测即评

8.1.1　无形资产的性质

无形资产（intangible assets）是指企业拥有或者控制的没有实物形态的可辨认经济资源，其为企业带来多少经济利益具有较大不确定性。一般来说，只有同时具有以下特征的经济资源才能确认为无形资产。

1. 无实体性

无形资产没有实物形态。这一特征，主要是相对于固定资产等具有实物形态的资产而言的。但需要指出的是，没有实物形态并不是无形资产独有的特性，还有许多资产也不具有实物形态，如应收账款、对外投资等。

2. 长期性

无形资产应能在较长时期内供企业使用，一般来说，使用年限应在一年以上。这一特征，主要是相对于应收账款等没有实物形态的流动资产而言的。但需要指出的是，能在较长时期内供企业使用也不是无形资产的独有特征，还有一些无实物形态的资产也能在较长时期内供企业使用，如债权投资、长期股权投资等。

3. 不确定性

无形资产能为企业带来多少未来的经济利益具有较大的不确定性。当代科学技术的迅猛发展，使得许多无形资产的经济寿命难以准确地预计，因而也使得无形资产能为企业带来多少未来的经济利益难以准确地预计。这一特征，主要是相对于债权投资等既没有实物形态又能在较长时期内供企业使用的资产而言的。

4. 可辨认性

无形资产能够从企业中分离或者划分出来，并能单独或者与相关合同、资产或负债一起，用于出售、转移、授予许可、租赁或者交换。这一特征，主要是相对于商誉等不可辨认经济资源而言的。

8.1.2　无形资产的分类

无形资产按照不同的标准，可以分为不同的类别。

1. 按经济内容分类

无形资产按其反映的经济内容，可以分为专利权、非专利技术、商标权、著作权、土地使用权和特许权等。

(1) 专利权。专利权是指经国家专利管理机关审定并授予发明者在一定年限内对其成果的制造、使用和出售的专门权利。专利权一般包括发明专利权、实用新型专利权和外观设计专利权等。专利权受法律保护。在某项专利权的有效期间内，该项专利权的非持有者如需使用与之相同的原理、结构和技术用于生产经营，应向该专利权的持有者支付专利使用费，否则就视为侵犯了专利权。

(2) 非专利技术。非专利技术是指发明者未申请专利或不够申请专利的条件而未经公开的先进技术，包括先进的生产经验、技术设计资料与原料配方等。非专利技术不需到有关管理机关注册登记，只靠少数技术持有者采用保密方式维持其独占性。只要非专利技术不泄露于外界，就可以由其持有者长期享用，因而非专利技术没有固定的有效期。

(3) 商标权。商标是指企业拥有的在某类指定的商品上使用特定名称或图案的权利。商标经管理机关核准后，成为注册商标，受法律保护。

(4) 著作权。著作权也称为版权，是指著作者或文艺作品创作者以及出版商依法享有的在一定年限内发表、制作、出版和发行其作品的专有权利。著作权受法律保护，未经著作权所有者许可或转让，他人不得占有和行使。

(5) 土地使用权。土地使用权是指企业经国家土地管理机关批准享有的在一定期间内对国有土地开发、利用和经营的权利。在我国，土地归国家所有，任何单位或个人只能拥有土地使用权，没有土地所有权。

(6) 特许权。特许权是指企业经批准在一定区域内，以一定的形式生产经营某种特定商品的权利。特许权可以是政府授予的，也可以是某单位或个人授予的。

2. 按来源途径分类

无形资产按其来源途径，可以分为外来无形资产和自创无形资产。

(1) 外来无形资产。外来无形资产是指企业通过从国内外科研单位及其他企业购进、接受投资等方式从企业外部取得的无形资产。

（2）自创无形资产。自创无形资产是指企业自行开发、研制的无形资产。

3. 按经济寿命期限分类

无形资产按是否具备确定的经济寿命期限，可以分为期限确定的无形资产和期限不确定的无形资产。

（1）期限确定的无形资产。期限确定的无形资产是指在有关法律中规定有最长有效期限的无形资产，如专利权、商标权、著作权、土地使用权和特许权等。这些无形资产在法律规定的有效期限内受法律保护；有效期满时，如果企业未继续办理有关手续，将不再受法律保护。

（2）期限不确定的无形资产。期限不确定的无形资产是指没有相应法律规定其有效期限，其经济寿命难以预先准确估计的无形资产，如非专利技术。这些无形资产的经济寿命取决于技术进步的快慢以及技术保密工作的好坏等因素。当新的可替代技术成果出现时，旧的非专利技术自然贬值；当技术不再是秘密时，也就无价值可言。

8.1.3 无形资产的取得①

企业取得的无形资产，只有在其产生的经济利益很可能流入企业且其成本能够可靠地计量的情况下，才能加以确认。企业的无形资产，按其取得方式主要可以分为购入和自行研究开发的无形资产。

1. 购入的无形资产

企业购入无形资产的实际成本，包括购买价款、相关税费以及直接归属于使该项资产达到预定用途所发生的如律师费、咨询费、公证费、鉴定费、注册登记费等其他支出。企业应根据购入无形资产的实际成本，借记“无形资产”科目；根据支付的增值税额，借记“应交税费——应交增值税（进项税额）”科目；根据支付的全部价款，贷记“银行存款”等科目。

企业购入的土地使用权，应根据不同情况分别进行确认：

（1）企业购入的用于非房屋建筑物的土地使用权，应单独确认为无形资产，在使用期限内分期摊销。

（2）企业购入的用于房屋建筑物的土地使用权，由于土地使用权和房屋建筑物的使用年限不同，应单独确认为无形资产，不计入房屋建筑物成本；土地使用权和房屋建筑物成本在使用期限内应分别摊销和计提折旧。

（3）企业购入房屋建筑物实际支付价款中包含的土地使用权价值，应采用合理的方法将其从支付的全部价款中分离出来，单独确认为无形资产；如果无法将其进行合理的分离，则应计入房屋建筑物成本。

（4）房地产开发企业购入用于建造对外出售房屋建筑物的土地使用权，应计入房屋建筑物等存货成本，不确认为无形资产。

---

① 需要说明的是，目前已全面实行营业税改征增值税，下面涉及增值税核算的内容，仅讲述基本核算方法，具体核算方法详见第 9 章 9.5 节“应交税费”。

如果企业购买无形资产的价款超过正常信用条件延期支付，实质上具有融资性质，无形资产的成本应以购买价款的现值为基础确定。实际支付的价款与购买价款的现值之间的差额，除按照会计准则规定应予资本化的以外，应当在信用期间内计入当期财务费用。

企业取得的土地使用权应当确认为什么资产？

例 8-1

北京宏达电子股份有限公司 2021 年 12 月 15 日购入信息存储专利权，双方协商确认不含增值税价值为 600 000 元，增值税为 36 000 元，以银行存款支付。相关业务单据请扫描二维码。根据以上资料，编制会计分录如下：

借：无形资产——专利权	600 000
应交税费——应交增值税（进项税额）	36 000
贷：银行存款	636 000

原始凭证
专利权转让合同
增值税专用发票
专利验收单
建行付款通知单
记账凭证

2. 自行研究开发的无形资产

党的二十大报告指出，必须坚持科技是第一生产力、人才是第一资源、创新是第一动力，深入实施科教兴国战略、人才强国战略、创新驱动发展战略，开辟发展新领域新赛道，不断塑造发展新动能新优势。[①] 为了实现这一目标，企业应该加大科研投入，加快科技创新，实现科教兴国战略。

企业自行研究开发项目的支出，应当区分研究阶段支出与开发阶段支出。研究是指为获取并理解新的科学或技术知识而进行的具有独创性的有计划调查。开发是指在进行商业性生产或使用前，将研究成果或其他知识应用于某项计划或设计，以生产出新的或具有实质性改进的材料、装置、产品等。

研究阶段的特点在于其属于探索性的过程，是为了进一步的开发活动进行资料及相关方面的准备。从已经进行的研究活动看，将来是否能够转入开发、开发后是否会形成无形资产等具有较大的不确定性。为此，企业研究阶段发生的支出应予以费用化。企业应根据自行研究开发项目在研究阶段发生的支出，借记“研发支出——费用化支出”“应交税费——应交增值税（进项税额）”科目，贷记有关科目；期末应根据发生的全部研究支出，借记“研发费用”科目[②]，贷记“研发支出——费用化支出”科目。

开发阶段相对研究阶段而言，应当是完成了研究阶段的工作，并且在很大程度上形成一项新产品或新技术的基本条件已经具备。企业自行研究开发项目在开发阶段发生的支出，同时满足下列条件的，应当予以资本化：

（1）完成该无形资产以使其能够使用或出售在技术上具有可行性；

---

① 习近平. 高举中国特色社会主义伟大旗帜 为全面建设社会主义现代化国家而团结奋斗：在中国共产党第二十次全国代表大会上的报告. 北京：人民出版社，2022：33.

② 按照企业会计准则的规定，“研发费用”科目为“管理费用”科目所属的二级科目。由于利润表将“研发费用”从“管理费用”项目中分离出来，单设项目反映，因此，为了便于利润表的填列，本教材单独设立“研发费用”总账科目替代“管理费用——研发费用”科目。

（2）具有完成该无形资产并使用或出售的意图；

（3）无形资产产生经济利益的方式，包括能够证明运用该无形资产生产的产品存在市场或无形资产自身存在市场，无形资产将在内部使用的，应当证明其有用性；

（4）有足够的技术、财务资源和其他资源支持，以完成该无形资产的开发，并有能力使用或出售该无形资产；

（5）归属于该无形资产开发阶段的支出能够可靠地计量。

企业开发阶段发生的直接用于新产品、新技术、新工艺的原材料、职工薪酬等支出，应予以资本化；发生的用于管理、培训等方面的支出，不应资本化，而应予以费用化。企业开发阶段发生的资本化支出，应借记"研发支出——资本化支出""应交税费——应交增值税（进项税额）"科目，贷记有关科目；在确认无形资产时，应根据发生的全部开发支出，借记"无形资产"科目，贷记"研发支出——资本化支出"科目。企业开发阶段发生的费用化支出，其核算方法与研究阶段发生支出的核算方法相同。

企业取得的仍处于研究阶段的无形资产，在取得后发生的支出也应当按照上述规定处理。

例8-2

某企业自行开发某项专利技术，研究和开发阶段发生的应予以费用化的支出100 000元，开发阶段发生符合资本化条件的支出300 000元，支付增值税24 000元；开发成功后发生注册登记费10 000元，增值税600元，均以银行存款支付。根据以上资料，编制会计分录如下：

（1）发生各项支出。

借：研发支出——费用化支出　　100 000
　　　　　　——资本化支出　　300 000
　　应交税费——应交增值税（进项税额）　　24 000
　贷：银行存款　　424 000

（2）期末结算费用化支出。

借：研发费用　　100 000
　贷：研发支出——费用化支出　　100 000

（3）登记注册后。

借：无形资产——专利权　　310 000
　　应交税费——应交增值税（进项税额）　　600
　贷：研发支出——资本化支出　　300 000
　　　银行存款　　10 600

无法区分研究阶段支出和开发阶段支出的，应当将其发生的研发支出全部费用化。

8.1.4 无形资产的摊销

1. 无形资产的摊销期限

企业应当于取得无形资产时分析判断其使用寿命。如果无形资产的使用寿命是有限的，则应估计该使用寿命的年限或者构成使用寿命的产量等类似计量单位数量；无法预见无形资产为企业带来经济利益期限的，应当视为使用寿命不确定的无形资产。

使用寿命有限的无形资产，其应摊销金额应当在使用寿命内系统合理摊销。如果预计使用寿命超过了相关合同规定的受益年限或法律规定的有效年限，无形资产的摊销期限一般按下列原则确定：

（1）合同规定了受益年限，而法律未规定有效年限，摊销年限以合同规定的受益期限为上限；

（2）合同未规定受益年限，而法律规定了有效年限，摊销年限以法定有效年限为上限；

（3）合同规定了受益年限，法律也规定了有效年限，摊销年限以受益年限与有效年限中较短者为上限。

使用寿命不确定的无形资产不应摊销。

2. 无形资产的摊销方法

无形资产的摊销方法，应当反映与该项无形资产有关的经济利益的预期实现方式，可以采用年限平均法、工作量法、双倍余额递减法和年数总和法等。无法可靠确定预期实现方式的，应当采用年限平均法摊销。

无形资产的应摊销金额为其成本扣除预计残值后的金额。已计提减值准备的无形资产，还应扣除已计提的无形资产减值准备累计金额。使用寿命有限的无形资产，如果有第三方承诺在无形资产使用寿命结束时购买该无形资产，或可以根据活跃市场得到预计残值信息，并且该市场在无形资产使用寿命结束时很可能存在，则可以预计其净残值；否则，其残值应当视为零。

为了分别反映无形资产的原始价值和累计摊销额，应设置“累计摊销”这一备抵科目。摊销无形资产价值时，应借记“管理费用”“制造费用”“其他业务成本”等科目，贷记“累计摊销”科目。

例8-3

承例8-1。信息存储专利权法律规定的有效年限为20年，合同规定的受益年限为10年，采用年限平均法摊销，不预计净残值。根据以上资料，编制会计分录如下：

原始凭证
累计摊销计算表
记账凭证

$$年摊销额=\frac{600\ 000}{10}=60\ 000(元)$$

$$月摊销额=\frac{60\ 000}{12}=5\ 000(元)$$

借：制造费用　5 000
　贷：累计摊销　5 000

8.1.5　无形资产的处置

无形资产的处置包括无形资产的出售和报废等。

1. 无形资产的出售

无形资产出售是指将无形资产的所有权转让给他人。即在出售以后，企业不再对该项无形资产拥有占有、使用、收益、处置的权利。

企业出售无形资产时，应将出售所得的不含增值税价款扣除无形资产账面价值后的差额确认为当期损益。企业出售无形资产时，应按出售无形资产的全部价款，借记“银行存款”等科目；按应缴纳的增值税，贷记“应交税费——应交增值税（销项税额）”科目；按无形资产的累计摊销额，借记“累计摊销”科目；按无形资产的原始价值，贷记“无形资产”科目（如果计提了减值准备，还应借记“无形资产减值准备”科目）；按其差额，借记或贷记“资产处置损益”科目。

例8-4

某企业出售一项无形资产，收取价款100 000元，增值税6 000元；以银行存款支付律师费2 000元，增值税120元；该项无形资产的原始价值为150 000元，累计摊销额为70 000元，未计提减值准备。根据以上资料，编制会计分录如下：

出售无形资产净损益＝100 000－(150 000－70 000)－(2 120－120)
＝18 000(元)

借：银行存款	106 000
累计摊销	70 000
应交税费——应交增值税（进项税额）	120
贷：应交税费——应交增值税（销项税额）	6 000
无形资产	150 000
银行存款	2 120
资产处置损益	18 000

2. 无形资产的报废

无形资产报废是指无形资产由于已被其他新技术所代替或不再受法律保护等原因，预期不能为企业带来经济利益而进行的处置。无形资产报废时，应按照累计摊销额，借记“累计摊销”科目；按照计提的减值准备，借记“无形资产减值准备”科目；按照原始价值，贷记“无形资产”科目；按照账面价值，借记“营业外支出”科目。

8.1.6 无形资产的期末计价及报表列示

1. 无形资产的期末计价

期末对无形资产进行摊销之后，还应对其进行减值测试。如果无形资产已经发生减值，应对其计提减值准备。衡量无形资产是否发生减值的标准是其可收回金额。

（1）无形资产的可收回金额。每年年末，企业应对无形资产的账面价值进行检查。如果出现减值迹象，应对无形资产的可收回金额进行估计。可收回金额应当根据无形资产的公允价值减去处置费用后的净额与无形资产预计未来现金流量的现值两者之间较高者确定。

（2）无形资产的减值损失。无形资产可收回金额的计量结果表明，资产的可收回金额低于其账面价值的，应当将资产的账面价值减记至可收回金额，借记“资产减值损失”科目，贷记“无形资产减值准备”科目。

无形资产减值损失确认后，减值无形资产的摊销费用应当在未来期间做相应调整，以使该无形资产在剩余使用寿命内，系统地分摊调整后的无形资产账面价值。

无形资产减值损失一经确认，在以后会计期间不得转回。

例 8－5

甲公司 20×1 年 1 月 5 日购入一项专利权，实际成本为 300 000 元，预计使用年限为 10 年。20×4 年 12 月 31 日，该项专利权发生减值，预计未来现金流量的现值为 120 000 元，公允价值为 110 000 元。该项专利权发生减值以后，预计剩余使用年限为 5 年。20×7 年 1 月 5 日，甲公司将该专利权出售，收取价款 60 000 元，增值税 3 600 元。根据以上资料，编制会计分录如下：

（1）计算该项专利权在 20×4 年 12 月 31 日计提减值准备前的累计摊销和账面余额。

$$累计摊销=\frac{300\ 000}{10}\times4=120\ 000(元)$$

$$账面余额=300\ 000-120\ 000=180\ 000(元)$$

（2）计提减值准备。

$$可收回金额=120\ 000(元)$$

$$应计提的减值准备=180\ 000-120\ 000=60\ 000(元)$$

借：资产减值损失　　60 000
　　贷：无形资产减值准备　　60 000

（3）计算剩余使用年限内年摊销额。

$$剩余使用年限内年摊销额=\frac{120\ 000}{5}=24\ 000(元)$$

（4）计算该项专利权在 20×7 年 1 月 5 日的累计摊销和账面价值。

$$20\times5 年 1 月至 20\times6 年 12 月的摊销额=24\ 000\times2=48\ 000(元)$$

$$累计摊销=120\ 000+48\ 000=168\ 000(元)$$

$$账面价值=300\ 000-168\ 000-60\ 000=72\ 000(元)$$

（5）出售专利权。

$$出售无形资产净损益=60\ 000-72\ 000=-12\ 000(元)$$

借：银行存款	63 600	
累计摊销	168 000	
无形资产减值准备	60 000	
资产处置损益	12 000	
贷：无形资产		300 000
应交税费——应交增值税（销项税额）		3 600

2. 报表列示

（1）“无形资产”项目。在资产负债表中，“无形资产”项目反映全部无形资产的账面价值，即以无形资产的原始价值扣除累计摊销和无形资产减值准备后的净额列示。

（2）“开发支出”项目。在资产负债表中，“开发支出”项目反映全部处于开发阶段的无形资产符合资本化条件的支出，可以按照“研发支出”科目的余额直接列示。

8.2 投资性房地产

8.2 即测即评

投资性房地产（investment property）是指为赚取租金或资本增值，或两者兼有而持有的房地产，主要包括：已出租的建筑物、已出租的土地使用权、持有并准备增值后转让的土地使用权等。

8.2.1 投资性房地产的取得

拟出租但还未出租的房屋建筑物，是确认为固定资产，还是确认为投资性房地产？

企业取得的投资性房地产，不论是外购还是自行建造或开发，均应按照取得成本进行初始计量，借记“投资性房地产——成本”科目；按照可抵扣的增值税额，借记“应交税费——应交增值税（进项税额）”科目；根据支付的全部价款，贷记“银行存款”等科目。其取得成本的确认与计量方法与取得固定资产或无形资产的方法相同。

8.2.2 投资性房地产的出租收入

投资性房地产对外出租取得的出租收入，属于其他业务收入。企业取得出租收入时，应根据收取的全部价款，借记“银行存款”等科目；根据确认的收入金额，贷记“其他业务收入”科目；根据收取的增值税额，贷记“应交税费——应交增值税（销项税额）”科目。

8.2.3　投资性房地产的后续计量

投资性房地产的后续计量模式有**成本模式**（cost model）和**公允价值模式**（fair value model）。一个企业的投资性房地产只能采用一种计量模式，计量模式一经确定，不得随意变更。

1. 投资性房地产采用成本模式进行后续计量

采用成本模式计量的投资性房地产比照固定资产或无形资产对已出租的建筑物或土地使用权进行计量，并计提折旧或摊销；投资性房地产的累计折旧和累计摊销，可以设置“投资性房地产累计折旧（摊销）”科目进行核算。企业计提已出租的建筑物折旧或摊销已出租土地使用权时，应借记“其他业务成本”科目，贷记“投资性房地产累计折旧（摊销）”科目。如果投资性房地产存在减值迹象，应当进行减值测试，计提相应的减值准备，借记“资产减值损失”科目，贷记“投资性房地产减值准备”科目。

2. 投资性房地产采用公允价值模式进行后续计量

采用公允价值模式计量的投资性房地产，应当同时满足以下条件：

（1）投资性房地产所在地有活跃的房地产交易市场，投资性房地产可以在房地产交易市场中直接交易。

（2）企业能够从房地产交易市场上取得同类或类似房地产的市场价格及其他相关信息，从而对投资性房地产的公允价值做出科学合理的估计。

采用公允价值模式计量的投资性房地产，不计提折旧或摊销。资产负债表日，应以投资性房地产的公允价值为基础，对其账面价值进行调整，差额计入当期损益，借记或贷记“投资性房地产——公允价值变动”科目，贷记或借记“公允价值变动损益”科目。

需要说明的是，如果将投资性房地产由成本模式计量转为公允价值模式计量，属于会计政策变更，需要进行追溯调整。在这种情况下，首先，应将以前年度和当年计提的折旧和摊销予以冲销，将投资性房地产的账面价值还原为初始成本，并调整期初留存收益及当年的其他业务成本，借记“投资性房地产累计折旧（摊销）”科目，贷记“利润分配——未分配利润”和“其他业务成本”科目；其次，将投资性房地产初始成本按照变更日当年年初的公允价值进行调整，借记或贷记“投资性房地产——公允价值变动”科目，贷记或借记“利润分配——未分配利润”科目；最后，将投资性房地产变更日当年年初的公允价值调整为变更日的公允价值，借记或贷记“投资性房地产——公允价值变动”科目，贷记或借记“公允价值变动损益”科目。

已采用公允价值模式计量的投资性房地产，不得从公允价值模式转为成本模式。

8.2.4 投资性房地产的转换

1. 其他资产转换为投资性房地产

企业将作为存货的房地产改用于出租，或将自用的土地使用权改用于出租或资本增值，或将自用房屋建筑物改用于出租，应将上述资产转换为投资性房地产。

（1）投资性房地产采用成本模式计量。在成本模式下，企业应将其他资产转换前的账面价值作为转换后投资性房地产的入账价值，其中，原始价值、累计折旧、累计摊销应分别进行结转，借记“投资性房地产”“累计折旧”“累计摊销”科目，贷记“固定资产”“无形资产”“库存商品”“投资性房地产累计折旧（摊销）”等科目。如果其他资产发生减值，计提的减值准备也应一并结转。

（2）投资性房地产采用公允价值模式计量。自用房地产或存货转换为采用公允价值模式计量的投资性房地产时，应将转换当日的公允价值作为投资性房地产的入账价值。转换当日的公允价值小于原账面价值的，其差额计入当期损益，借记“投资性房地产”“累计折旧”“累计摊销”“公允价值变动损益”等科目，贷记“固定资产”“无形资产”“库存商品”等科目；转换当日的公允价值大于原账面价值的，其差额计入其他综合收益，借记“投资性房地产”“累计折旧”“累计摊销”等科目，贷记“固定资产”“无形资产”“库存商品”“其他综合收益”等科目。如果其他资产发生过减值，计提的减值准备也应一并结转。

2. 投资性房地产转换为其他资产

企业的投资性房地产转为自用，应将投资性房地产转换为其他资产。

（1）投资性房地产采用成本模式计量。在成本模式下，企业应将投资性房地产转换前的账面价值作为转换后其他资产的入账价值，其中，原始价值、累计折旧、累计摊销应分别进行结转，账务处理与其他资产转换为投资性房地产相反。

自用的房屋转为出租后又转回自用，投资性房地产应如何转换?

（2）投资性房地产采用公允价值模式计量。采用公允价值模式计量的投资性房地产转换为自用房地产时，应当以其转换当日的公允价值作为自用房地产的入账价值，公允价值与原账面价值的差额计入当期损益，借记“固定资产”“无形资产”等科目，贷记“投资性房地产”科目，借记或贷记“公允价值变动损益”科目。

8.2.5 投资性房地产的处置

投资性房地产处置是指投资性房地产的出售或报废。企业在出售投资性房地产或投资性房地产永久退出使用且预计不能从其处置中取得经济利益时，应当终止确认该项投资性房地产。按照企业会计准则的规定，出售投资性房地产的收入确认为营业收入。

1. **采用成本模式计量的投资性房地产处置**

采用成本模式计量的投资性房地产处置时，应根据实际收到的全部价款，借记“银行存款”等科目；根据确认的收入，贷记“其他业务收入”科目；根据收取的增值税额，贷记“应交税费——应交增值税（销项税额）”科目。结转投资性房地产成本，根据累计折旧或累计摊销额，借记“投资性房地产累计折旧（摊销）”科目；根据投资性房地产的成本，贷记“投资性房地产——成本”科目；根据已计提的减值准备，借记“投资性房地产减值准备”科目；根据其差额，借记“其他业务成本”科目。

交易性金融资产的公允价值变动损益在处置时是不是要转为投资收益？投资性房地产确认的公允价值变动损益在处置时应当如何处理？与交易性金融资产有什么区别？

2. **采用公允价值模式计量的投资性房地产处置**

采用公允价值模式计量的投资性房地产处置时，应根据实际收到的全部价款，借记“银行存款”等科目；根据确认的收入，贷记“其他业务收入”科目；根据收取的增值税额，贷记“应交税费——应交增值税（销项税额）”科目。结转投资性房地产成本，根据投资性房地产的初始成本，贷记“投资性房地产——成本”科目；根据公允价值变动，借记或贷记“投资性房地产——公允价值变动”科目；根据投资性房地产账面价值，借记“其他业务成本”科目。同时，还要按出售投资性房地产公允价值变动额，借记或贷记“公允价值变动损益”科目，贷记或借记“其他业务成本”科目。如果其他资产转换为投资性房地产时有计入其他综合收益的金额，也应一并结转，借记“其他综合收益”科目，贷记“其他业务成本”科目。

投资性房地产的处置收入作为营业收入是否合理？

8.2.6 投资性房地产账务处理举例

例 8-6

某企业 20×1 年 12 月 31 日购入一栋房屋，以银行存款支付全部买价 30 000 000 元，增值税 2 700 000 元，合计 32 700 000 元；已经与乙公司签订租赁合同，将购入的房屋确认为投资性房地产，采用成本模式进行后续计量，采用年限平均法计提折旧，预计使用年限为 50 年，预计净残值为 0。20×2 年 1 月 1 日至 20×3 年 6 月 30 日，该企业共收取租金 3 000 000 元，增值税 270 000 元，合计 3 270 000 元。20×3 年 6 月 30 日，该企业将投资性房地产的后续计量模式由成本模式改为公允价值模式，当日的公允价值（不含增值税，本例下同）为 32 000 000 元，年初的公允价值为 31 500 000 元。20×3 年下半年，该企业收取租金 1 000 000 元，增值税 90 000 元；20×3 年 12 月 31 日，该房屋的公允价值为 34 000 000 元。根据以上资料，编制有关会计分录如下：

(1) 20×1 年 12 月 31 日购入房屋。

借：投资性房地产——成本　　30 000 000
　　应交税费——应交增值税（进项税额）　　2 700 000
　贷：银行存款　　32 700 000

（2）20×2年1月至20×3年6月收取租金（为了简化举例，汇总编制会计分录）。

借：银行存款　　3 270 000
　贷：其他业务收入　　3 000 000
　　　应交税费——应交增值税（销项税额）　　270 000

（3）20×2年1月至20×3年6月计提房屋折旧（为了简化举例，汇总编制会计分录）。

年折旧额＝30 000 000÷50＝600 000(元)

累计折旧＝600 000×1.5＝900 000(元)

借：其他业务成本　　900 000
　贷：投资性房地产累计折旧　　900 000

（4）20×3年6月30日将该投资性房地产的后续计量由成本模式转换为公允价值模式。

1）注销投资性房地产累计折旧，其中，上年折旧600 000元，本年折旧300 000元。

借：投资性房地产累计折旧　　900 000
　贷：利润分配——未分配利润　　600 000
　　　其他业务成本　　300 000

2）调整20×3年年初投资性房地产公允价值变动。

公允价值大于账面价值的差额＝31 500 000－30 000 000＝1 500 000(元)

借：投资性房地产——公允价值变动　　1 500 000
　贷：利润分配——未分配利润　　1 500 000

3）调整20×3年6月30日投资性房地产公允价值变动。

公允价值大于账面价值的差额＝32 000 000－31 500 000＝500 000(元)

借：投资性房地产——公允价值变动　　500 000
　贷：公允价值变动损益　　500 000

（5）收取20×3年下半年租金。

借：银行存款　　1 090 000
　贷：其他业务收入　　1 000 000
　　　应交税费——应交增值税（销项税额）　　90 000

（6）20×3年12月31日调整投资性房地产公允价值。

公允价值变动＝34 000 000－32 000 000＝2 000 000(元)

借：投资性房地产——公允价值变动　　2 000 000
　贷：公允价值变动损益　　2 000 000

例8－7

某企业20×1年12月31日购入一栋房屋，以银行存款支付买价30 000 000元，增值税2 700 000元，合计32 700 000元，作为管理用房使用，采用年限平均法计提折旧，预计使用年限为50年，预计净残值为0。20×3年6月30日，该企业将房屋的用途改为出租，并以公允价值模式计量，当日的公允价值（不含增值税，本例下同）为32 000 000元。20×3年下半年，该企业收取租金1 000 000元，增值税90 000元；20×3年12月31日，该房屋的公允价值为34 000 000元。20×4年1月10日，该企业将房屋出售，收取价款32 400 000元，增值税2 916 000元，合计35 316 000元，存入银行。根据以上资料，编制有关会计分录如下：

（1）20×1年12月31日购入房屋。

借：固定资产	30 000 000	
应交税费——应交增值税（进项税额）	2 700 000	
贷：银行存款		32 700 000

（2）20×2年1月至20×3年6月计提房屋折旧（为了简化举例，汇总编制会计分录）。

年折旧额＝30 000 000÷50＝600 000(元)

累计折旧＝600 000×1.5＝900 000(元)

借：管理费用	900 000	
贷：累计折旧		900 000

（3）20×3年6月30日将固定资产转换为投资性房地产。

公允价值大于账面价值的差额＝32 000 000－(30 000 000－900 000)

＝2 900 000(元)

借：投资性房地产——成本	32 000 000	
累计折旧	900 000	
贷：固定资产		30 000 000
其他综合收益		2 900 000

（4）收取20×3年下半年租金。

借：银行存款	1 090 000	
贷：其他业务收入		1 000 000
应交税费——应交增值税（销项税额）		90 000

（5）20×3年12月31日调整投资性房地产公允价值。

公允价值变动＝34 000 000－32 000 000＝2 000 000(元)

借：投资性房地产——公允价值变动	2 000 000	
贷：公允价值变动损益		2 000 000

（6）20×4年1月出售投资性房地产。

1）取得出售收入。

借：银行存款	35 316 000
贷：其他业务收入	32 400 000
应交税费——应交增值税（销项税额）	2 916 000

2）结转出售成本。

借：其他业务成本	34 000 000
贷：投资性房地产——成本	32 000 000
——公允价值变动	2 000 000

3）结转公允价值变动损益。

借：公允价值变动损益	2 000 000
贷：其他业务成本	2 000 000

4）结转原计入其他综合收益的金额。

借：其他综合收益	2 900 000
贷：其他业务成本	2 900 000

8.2.7 投资性房地产的报表列示

在资产负债表中，"投资性房地产"项目反映全部投资性房地产的账面价值。

以成本模式计量的投资性房地产，该项目以原始价值扣除累计折旧（或摊销）和投资性房地产减值准备后的净额列示。

以公允价值模式计量的投资性房地产，该项目可以根据"投资性房地产"科目的余额直接列示。

思考题

1. 无形资产有哪些特征？
2. 如何确定自行开发无形资产的成本？
3. 投资性房地产的后续计量有哪几种模式？

练习题

1. 20×1年1月1日，甲公司外购用于生产A产品的非专利技术，以银行存款支付买价2 000 000元，增值税120 000元，合计2 120 000元。根据相关法律，该项非专利技术的有效期限为10年。20×1年12月31日，甲公司估计该项非专利技术预计使用年限还有6年。20×3年12月31日，与该项非专利技术相关的经济因素发生不利变化，致使该项非专利技术发生减值。甲公司估计其可收回金额为1 000 000元，公允价值无法可靠计量，预计使用年限不变。20×5年1月5日，甲公司将该项非专利技术出售，收取价款800 000元，增值税48 000

元，合计 848 000 元；结转无形资产成本。

要求：编制甲公司从非专利技术购入到出售的相关会计分录。

2. 乙公司自行研制一项新型技术，成功后拟申请专利。研究过程中，发生职工薪酬 100 000 元，以银行存款支付各项费用 200 000 元（未取得增值税专用发票）；开发过程中，发生职工薪酬 200 000 元，以银行存款支付其他各项费用 500 000 元（其中职工薪酬全部符合资本化条件，其他各项费用未取得增值税专用发票，符合资本化条件的为 400 000 元）。该项目研制成功后申请专利，以银行存款支付申请专利费 10 000 元，获专利部门批准领取了专利证书。

要求：编制有关该专利权的各项会计分录。

3. 20×1 年 12 月 31 日，丙公司购入一栋房屋，以银行存款支付买价 50 000 000 元，增值税 4 500 000 元，合计 54 500 000 元，作为管理用房使用，采用年限平均法计提折旧，预计使用年限为 50 年，预计净残值为 0。20×2 年 12 月 31 日，该公司将房屋的用途改为出租，并以公允价值模式计量，当日的公允价值为 48 500 000 元。20×3 年，该企业收取房屋租金 1 500 000 元，增值税 135 000 元；20×3 年 12 月 31 日，该房屋公允价值为 48 200 000 元。20×4 年 1 月 10 日，该企业将房屋出售，收取买价 47 800 000 元，增值税 4 302 000 元，合计 52 102 000 元，存入银行。

要求：根据以上资料，编制有关会计分录。

第 9 章　流动负债

学习目标

1. 掌握：短期借款的核算；应付票据的核算；应付职工薪酬的核算；应交增值税、消费税的核算。

2. 理解：应付账款的核算；应交城市维护建设税、教育费附加的核算；其他应付及预收款项的核算。

3. 了解：流动负债的性质，流动负债的入账价值。

9.1　流动负债的性质、分类与计价

9.1.1　流动负债的性质

流动负债（current liability）是指企业在一年或超过一年的一个营业周期内，需要以流动资产或增加其他负债来抵偿的债务，主要包括短期借款、应付票据、应付账款、合同负债（或预收账款）、应付职工薪酬、应付股利、应付利息、应交税费和其他应付款等。

确认流动负债的目的，主要是将其与流动资产进行比较，反映企业的短期偿债能力。短期偿债能力是债权人非常关心的财务指标，在资产负债表上必须将流动负债与非流动负债分别列示。

9.1.2　流动负债的分类

流动负债按照不同的标准可以分为不同的类别，以满足不同的需要。

1. 按照偿付手段分类

流动负债按照偿付手段分类，可以分为货币性流动负债和非货币性流动负债。

（1）货币性流动负债。货币性流动负债是指需要以货币资金来偿还的流动负

债，主要包括短期借款、应付票据、应付账款、应付职工薪酬、应付股利、应交税费和其他应付款。

（2）非货币性流动负债。非货币性流动负债是指不需要用货币资金来偿还的流动负债，主要为合同负债（或预收账款）。

2. 按照偿付金额是否确定分类

按照偿付金额是否确定分类，可以分为金额可以确定的流动负债和金额需要估计的流动负债。

（1）金额可以确定的流动负债。金额可以确定的流动负债是指有确切的债权人和偿付日期并有确切的偿付金额的流动负债，主要包括短期借款、应付票据、已经取得结算凭证的应付账款、合同负债（或预收账款）、应付职工薪酬、应付股利、应付利息、应交税费和其他应付款等。

（2）金额需要估计的流动负债。金额需要估计的流动负债是指没有确切的债权人和偿付日期，或虽有确切的债权人和偿付日期但其偿付金额需要估计的流动负债，主要包括没有取得结算凭证的应付账款等。结算凭证尚未到达但已经入库的存货，其应付账款应于月末估计确定。

3. 按照形成方式分类

按照形成方式分类，可以分为融资活动形成的流动负债和营业活动形成的流动负债。

（1）融资活动形成的流动负债。融资活动形成的流动负债是指企业从银行和其他金融机构筹集资金形成的流动负债，主要包括短期借款、应付股利和应付利息。

（2）营业活动形成的流动负债。营业活动形成的流动负债是指企业在正常的生产经营活动中形成的流动负债，可以分为外部结算业务形成的流动负债和内部往来形成的流动负债。外部结算业务形成的流动负债主要包括应付票据、应付账款、合同负债（或预收账款）、应交税费、其他应付款中应付外单位的款项等；内部往来形成的流动负债主要包括应付职工薪酬和其他应付款中应付企业内部单位或职工的款项。

需要说明的是，将流动负债进行上述划分是相对而言的。企业的一项流动负债属于何种类型，除了按上述标准进行一般的分类外，还应进行具体分析，确定该项负债的性质。

9.1.3 流动负债的入账价值

负债是企业应在未来偿付的债务，从理论上讲，其入账价值应按未来应付金额的现值计量。流动负债也是负债，从理论上讲也不应例外。但是，流动负债的偿付时间一般不超过一年，未来应付的金额与折现值相差不多，按照重要性原则，其差额往往忽略不计，因而流动负债入账价值一般按照业务发生时的金额计量。

不同业务形成的流动负债，发生时的金额既可能是未来应付的金额，也可能是未来应付金额的现值。如果形成流动负债的业务发生时双方协定不计算利息，则发生时的金额即为未来应付的金额。例如，企业赊购一批存货，应付账款为 1 000 元，付款期为两个月，不计利息，则两个月后应付的金额为 1 000 元。在这种情况下，未来应付的金额 1 000 元中实际上已经隐含了两个月的利息，其现值应为扣除两个月利息后的余额，但与未来应付的金额相差不多。按照重要性原则，应付票据的入账价值一般按照 1 000 元计量，即按照未来应付的金额计量。如果形成流动负债的业务发生时双方协定计算利息，则发生时的金额为现在应付的金额，未来应付的金额为现在应付的金额与应付利息之和。例如，上例业务中双方协商采用商业汇票结算，计算利息，年利率为 6%，则业务发生时的金额 1 000 元为现在应付的金额，两个月应付的利息为 10 元，未来应付的金额为 1 010 元。在这种情况下，应付票据的入账价值仍按 1 000 元计量，即按照现在应付的金额计量。

9.2 短期借款

短期借款（short-term bank loans）是指企业从银行或其他金融机构借入的偿还期在一年以内（特殊情况下在超过一年的一个营业周期以内，本章下同）的款项。

9.2.1 短期借款的取得

企业从银行或其他金融机构借入款项时应签订借款合同，注明借款金额、借款利率和还款时间等。取得短期借款时，应借记“银行存款”科目，贷记“短期借款”科目。“短期借款”科目应按债权人以及借款种类、还款时间设置明细账。

例 9－1

北京宏达电子股份有限公司 2021 年 4 月 1 日从银行取得偿还期为 6 个月的借款 80 000 元，年利率为 6%，每季度结息一次。相关业务单据请扫描二维码。

根据以上资料，编制会计分录如下：

借：银行存款　　80 000

　贷：短期借款　　80 000

原始凭证
借款合同
建行进账单
记账凭证

9.2.2 短期借款的利息费用

企业取得短期借款而发生的利息费用，一般应作为财务费用处理，计入当期损益。银行或其他金融机构一般按季度在季末月份结算借款利息，每季度的前两个月不支付利息。

按照权责发生制原则，当月应负担的利息费用即使在当月没有支付，也应作为当月的利息费用处理，应在月末估计当月的利息费用数额进行预提，借记“财务费用”科目，贷记“应付利息”科目。在实际支付利息的月份，应根据已经预提的数额，借记“应付利息”科目；实际支付的利息大于预提数的差额，为当月应负担的利息费用，借记“财务费用”科目；根据实际支付的利息，贷记“银行存款”科目。在实际支付利息的月份，也可以先根据实际支付的利息，借记“应付利息”科目，贷记“银行存款”科目；月末再调整应付利息的差额，借记“财务费用”科目，贷记“应付利息”科目。采用月末调整应付利息差额的方法，能够在应付利息明细账中全面反映借款利息的预提和支出数额。

例 9－2

承例 9－1。北京宏达电子股份有限公司采用预提法进行利息费用的核算，相关业务单据请扫描二维码。编制会计分录如下：

原始凭证
利息费用计算表
记账凭证

(1) 4 月、5 月预提利息费用 400 元，共预提 800 元。

借：财务费用　　400
　贷：应付利息　　400

(2) 6 月份实际支付借款利息 1 200 元。

借：应付利息　　800
　　财务费用　　400
　贷：银行存款　　1 200

6 月份也可以在实际支付借款利息时：

借：应付利息　　1 200
　贷：银行存款　　1 200

6 月末预提利息费用：

借：财务费用　　400
　贷：应付利息　　400

在短期借款的数额不多，各月负担的利息费用数额不大的情况下，年内各月份也可以采用简化的核算方法，即于实际支付利息的月份，将其全部作为当月的财务费用处理，借记“财务费用”科目，贷记“银行存款”科目。但在年末，如果有应由本年负担但尚未支付的借款利息，应予以预提，否则会影响年度所得税的计算。

9.2.3　短期借款的偿还

企业在短期借款到期偿还借款本金时，应借记“短期借款”科目，贷记“银行存款”科目。

例 9－3

承例 9－1。北京宏达电子股份有限公司 2021 年 10 月 1 日偿还短期借款 80 000 元，相关业务单据请扫描二维码。编制会计分录如下：

借：短期借款　　80 000
　贷：银行存款　　80 000

9.3 应付票据与应付账款

9.3 即测即评

应付票据和应付账款均属于企业在购货过程中形成的流动负债。

9.3.1 应付票据

应付票据（notes payable）是指企业采用商业汇票结算方式延期付款购入货物应付的票据款。在我国，商业汇票的付款期限最长为6个月，因而应付票据即短期应付票据。

1. 商业汇票的签付

商业汇票结算方式是一种延期付款的结算方式。企业采用商业汇票结算方式购入货物，应向供货单位签付已承兑的商业汇票。企业也可以签付商业汇票，用以抵偿应付账款。商业汇票按承兑人分类，可以分为商业承兑汇票和银行承兑汇票两种。实际工作中使用的商业汇票，一般为不带息的商业汇票。

企业签付商业汇票，不论是商业承兑汇票还是银行承兑汇票，其到期价值即为票面价值。按照重要性原则，应付票据应按业务发生时的金额即票面价值（亦即到期价值）作为入账价值。企业取得结算凭证并签付商业汇票后，应按票面价值借记“原材料”“应交税费——应交增值税（进项税额）”等科目，贷记“应付票据”科目。企业向银行申请承兑支付的手续费，应计入财务费用。

2. 商业汇票到期

企业签付的商业汇票到期时，应无条件支付票据款。由于企业筹集付款资金的方法和能力有所不同，到期时可能会出现有能力支付票据款和无力支付票据款两种情况。

（1）有能力支付票据款。在商业汇票到期时，如果企业有能力支付票据款，则企业的开户银行在收到商业汇票付款通知时无条件支付票据款。企业在收到开户银行的付款通知时核销应付票据。支付票据款时，应借记“应付票据”科目，贷记“银行存款”科目。

（2）无力支付票据款。在商业汇票到期时，如果企业无力支付票据款，则应根据不同承兑人承兑的商业汇票作不同的处理。

采用商业承兑汇票进行结算，承兑人即为付款人。如果付款人无力支付票据款，银行将把商业承兑汇票退还给收款人，由收付款双方协商解决。由于商业汇票已经失效，付款人应将应付票据款转为应付账款，企业应按票面价值借记“应付票据”科目，贷记“应付账款”科目。

采用银行承兑汇票进行结算，承兑人为承兑银行。如果付款人无力支付票据款，承兑银行将代为支付票据款，并将其转为对付款人的逾期贷款。由于商业汇票已经失效，付款人应将应付票据款转为短期借款，企业应按票面价值借记“应付票据”科目，贷记“短期借款”科目。企业支付的罚息，应计入财务费用。

例9-4

某企业3月1日购入原材料一批，买价为10 000元，增值税为1 300元，共计11 300元，原材料已验收入库，采用商业汇票结算方式进行结算。该企业签付一张商业汇票，付款期限为3个月。6月1日用银行存款支付票据款11 300元。根据以上资料，编制会计分录如下：

(1) 3月1日签付商业汇票11 300元。

借：原材料　　10 000
　　应交税费——应交增值税（进项税额）　　1 300
　　贷：应付票据　　11 300

(2) 6月1日支付票据款11 300元。

借：应付票据　　11 300
　　贷：银行存款　　11 300

(3) 假定该商业汇票为商业承兑汇票，6月1日商业汇票到期时该企业无力支付票据款。

借：应付票据　　11 300
　　贷：应付账款　　11 300

(4) 假定该商业汇票为银行承兑汇票，6月1日商业汇票到期时该企业无力支付票据款。

借：应付票据　　11 300
　　贷：短期借款　　11 300

9.3.2 应付账款

应付账款（accounts payable）是指企业在正常的生产经营过程中因购进货物或接受劳务应在一年以内偿付的债务。

1. 应付账款的入账时间

从理论上讲，应付账款的入账时间应为结算凭证取得的时间。因为在赊购情况下企业取得结算凭证的同时可以取得货物，也意味着取得了该项货物的产权，应在确认资产的同时确认负债。在实际工作中，由于应付账款的偿付期限较短，往往在月内能够付款，为了简化核算工作，一般在取得结算凭证时不做账务处理，而在实际支付货款时作为资产入账。但是，结算凭证已到而月末仍未支付货款，则应确认资产和负债。

如果购进的货物已验收入库，而结算凭证在月末仍未到达，企业应对其进行估价，同时确认资产和负债。但为了规范实际支付货款时的核算方法，应在下月1日编制红字会计凭证冲销。

2. 应付账款的入账价值

一般来说，应付账款不再单独计算利息，业务发生时的金额即为未来应付的金额，延期付款期间的利息已经隐含在业务发生时的金额之内，按照重要性原则，应付账款的入账价值一般按照业务发生时的金额即未来应付的金额确定。企业确认应付账款时，应借记有关科目，贷记“应付账款”科目；偿付应付账款时，应借记“应付账款”科目，贷记“银行存款”等科目。

例 9-5

某企业 4 月 3 日赊购原材料一批，发票中注明的买价为 10 000 元，增值税为 1 300 元，共计 11 300 元，原材料已经入库。5 月 5 日实际支付价款 11 300 元。

（1）4 月 3 日购入原材料。

借：原材料	10 000	
应交税费——应交增值税（进项税额）	1 300	
贷：应付账款		11 300

（2）5 月 5 日支付价款 11 300 元。

借：应付账款	11 300	
贷：银行存款		11 300

9.4 应付职工薪酬

9.4 即测即评

9.4.1 应付职工薪酬的核算内容

党的二十大报告指出，“分配制度是促进共同富裕的基础性制度。坚持按劳分配为主体、多种分配方式并存，构建初次分配、再分配、第三次分配协调配套的制度体系。努力提高居民收入在国民收入分配中的比重，提高劳动报酬在初次分配中的比重。坚持多劳多得，鼓励勤劳致富，促进机会公平，增加低收入者收入，扩大中等收入群体。完善按要素分配政策制度，探索多种渠道增加中低收入群众要素收入，多渠道增加城乡居民财产性收入。加大税收、社会保障、转移支付等的调节力度。完善个人所得税制度，规范收入分配秩序，规范财富积累机制，保护合法收入，调节过高收入，取缔非法收入。引导、支持有意愿有能力的企业、社会组织和个人积极参与公益慈善事业”。① 企业应当助力共同富裕目标的实现，科学筹划、合理安排、规范发放职工薪酬。

应付职工薪酬（wages payable）是指职工为企业提供服务后，企业应当支付给职工的各种形式的报酬或补偿。

职工主要是指与企业订立劳动合同的所有人员，含全职、兼职和临时职工，也包括虽未与企业订立劳动合同但由企业正式任命的人员。未与企业订立劳动合同或未由企业正式任命，但向企业提供的服务与职工提供的服务类似的人员，也属于职工的范畴，包括通过企业与劳务中介公司签订用工合同而向企业提供服务的人员。

职工薪酬是指企业为获得职工提供的服务或解除劳动关系而给予的各种形式的报酬或补偿。职工薪酬包括短期薪酬、离职后福利、辞退福利和其他长期职工福利。企业提供给职工配偶、子女、受赡养人、已故员工遗属及其他受益人等的福利，也属于职工薪酬。

① 习近平. 高举中国特色社会主义伟大旗帜 为全面建设社会主义现代化国家而团结奋斗：在中国共产党第二十次全国代表大会上的报告. 北京：人民出版社，2022：46-47.

1. 短期薪酬

短期薪酬是指企业在职工提供相关服务的年度报告期间结束后12个月内需要全部予以支付的职工薪酬。短期薪酬具体包括：职工工资、奖金、津贴和补贴，职工福利费，医疗保险费、工伤保险费和生育保险费等社会保险费，住房公积金，工会经费和职工教育经费，短期带薪缺勤，短期利润分享计划，非货币性福利以及其他短期薪酬。

2. 离职后福利

离职后福利是指企业为获得职工提供的服务而在职工退休或与企业解除劳动关系后，提供的各种形式的报酬和福利。

3. 辞退福利

辞退福利是指企业在职工劳动合同到期之前解除与职工的劳动关系，或者为鼓励职工自愿接受裁减而给予职工的补偿。

4. 其他长期职工福利

其他长期职工福利是指除短期薪酬、离职后福利、辞退福利之外所有的职工薪酬，包括长期带薪缺勤、长期残疾福利、长期利润分享计划等。

为了反映职工薪酬的发放和提取情况，应设置“应付职工薪酬”科目进行核算，该科目应按照职工薪酬的类别设置明细科目。

9.4.2　应付短期薪酬

1. 应付工资

（1）工资总额。工资总额是指企业在一定时期内实际支付给职工的劳动报酬总数。企业的工资总额一般由计时工资、计件工资、奖金、津贴和补贴、加班加点工资和特殊情况下支付的工资六个部分组成。

（2）工资结算。工资的核算分为工资结算的核算和工资分配的核算。工资结算包括工资的计算和工资的发放。一般来说，企业发放工资的时间在月度的上旬或中旬，无法统计职工当月的出勤时间或产量，往往按照上月的出勤和产量记录计算发放当月的工资。企业有时还为某些部门代扣一些款项，如代扣社会保险费等，应付职工的工资总额减去代扣款，即为应付给职工的现金。为了反映企业工资总额的构成，便于进行工资结算的核算，企业应编制工资结算汇总表。工资结算汇总表应按照职工类别和工资总额构成项目分别反映。

例9-6

甲公司11月份的工资结算汇总表如表9-1所示。

表9-1　工资结算汇总表　　单位：元

项目	应付工资	代扣款项			应发现金
		社会保险费等	个人所得税	合计	
生产工人	800 000	150 000	30 000	180 000	620 000

续表

项目	应付工资	代扣款项			应发现金
		社会保险费等	个人所得税	合计	
车间管理人员	45 000	8 000	1 500	9 500	35 500
企业管理人员	147 000	30 000	5 000	35 000	112 000
销售人员	33 000	6 000	1 000	7 000	26 000
在建工程人员	65 000	12 000	2 000	14 000	51 000
合计	1 090 000	206 000	39 500	245 500	844 500

为了反映企业与职工的工资结算情况，应在“应付职工薪酬”科目下设置“工资”明细科目。

企业在发放工资之前，应按照应发现金合计数提取现金，借记“库存现金”科目，贷记“银行存款”科目；实际发放工资时，按照实发工资数额，借记“应付职工薪酬——工资”科目，贷记“库存现金”科目；如果企业将应发给职工的工资通过银行转账方式直接转入职工的银行账户，则不必提取现金，应按照实发工资数额，借记“应付职工薪酬——工资”科目，贷记“银行存款”科目。结转代扣社会保险费和住房公积金时，借记“应付职工薪酬——工资”科目，贷记“其他应付款”等科目；结转代扣个人所得税时，借记“应付职工薪酬——工资”科目，贷记“应交税费”科目；实际缴纳社会保险费和住房公积金以及个人所得税时，借记“其他应付款”“应交税费”科目，贷记“银行存款”等科目。

例 9－7

承例 9－6。甲公司 11 月份根据有关的工资结算业务，编制会计分录如下：

1）通过银行转账方式，实际发放工资 844 500 元。

借：应付职工薪酬——工资	844 500	
贷：银行存款		844 500

2）结转代扣款 245 500 元。

借：应付职工薪酬——工资	245 500	
贷：其他应付款——应付社会保险费等		206 000
应交税费——应交个人所得税		39 500

3）缴纳由职工个人负担的社会保险费等 206 000 元。

借：其他应付款	206 000	
贷：银行存款		206 000

4）缴纳个人所得税 39 500 元。

借：应交税费——应交个人所得税	39 500	
贷：银行存款		39 500

（3）工资分配。工资分配是指将企业发放的工资，于月末按照用途进行分配。按照权责发生制原则，企业当月分配的工资额应为按照职工当月的出勤或产量记录计算的工资额，但是采用这种方法，月末计算职工工资的工作量很大，影

响财务报表的及时报送。在企业各月工资总额相差不多的情况下，为了简化核算工作，也可以按照当月实际支付的工资额进行分配，也就是说，当月分配的工资额，为按照职工上月出勤或产量记录计算的工资额，采用这种方法，“应付职工薪酬——工资”科目月末没有余额。

企业进行工资分配时，应按照工资的用途分别记入有关科目。一般来说，应根据生产车间职工工资计入产品成本，其中，生产工人的工资借记“生产成本”科目，车间管理人员的工资借记“制造费用”科目；应根据销售人员的工资，借记“销售费用”科目；应根据在建工程人员工资，借记“在建工程”科目；应根据自行开发无形资产人员工资，借记“研发支出”科目；应根据其他人员的工资，借记“管理费用”科目；应根据职工工资总额，贷记“应付职工薪酬——工资”科目。

为了便于进行工资分配的核算，企业应编制工资分配汇总表。

例9-8

承例9-7。甲公司11月份的工资分配汇总表如表9-2所示（工资额按上月出勤和产量记录计算）。

表9-2 工资分配汇总表 单位：元

应借科目	生产工人	车间管理人员	企业管理人员	销售人员	在建工程人员	合计
生产成本	800 000					800 000
制造费用		45 000				45 000
管理费用			147 000			147 000
销售费用				33 000		33 000
在建工程					65 000	65 000
合计	800 000	45 000	147 000	33 000	65 000	1 090 000

根据工资分配汇总表，编制会计分录如下：

借：生产成本　800 000
　　制造费用　45 000
　　管理费用　147 000
　　销售费用　33 000
　　在建工程　65 000
　贷：应付职工薪酬——工资　1 090 000

2. 应付福利费

在我国，企业职工从事生产经营活动除领取劳动报酬外还享受一定的福利补助，如职工生活困难补助费等。为了反映职工福利的支付与分配情况，应在“应付职工薪酬”科目下设置“职工福利”明细科目。

（1）应付福利费的支出。企业发生福利费支出时，应借记“应付职工薪酬——职工福利”科目，贷记有关科目。

（2）应付福利费的分配。月末，企业应按照用途对发生的职工福利费进行分配。在各月实际发生的职工福利费相差不多的情况下，可以根据实际发生的金额进行分配；如果各月发生的职工福利费相差较大，则应根据估计的金额进行分配。

企业分配职工福利费时，应借记“生产成本”“制造费用”“管理费用”“销售费用”“在建工程”“研发支出”等科目，贷记“应付职工薪酬——职工福利”科目。

例 9－9

甲公司 11 月份用现金支付生产工人福利费 5 000 元，编制会计分录如下：

（1）支付福利费。

借：应付职工薪酬——职工福利　　5 000

　　贷：库存现金　　5 000

（2）月末分配福利费。

借：生产成本　　5 000

　　贷：应付职工薪酬——职工福利　　5 000

3. 应付医疗、工伤和生育等社会保险费以及住房公积金

（1）医疗、工伤和生育等社会保险费以及住房公积金的计提。医疗、工伤和生育等社会保险费是按国家规定由企业和职工共同负担的费用。住房公积金是按照国家规定由企业和职工共同负担用于解决职工住房问题的资金。职工负担的医疗、工伤和生育等社会保险费以及住房公积金属于职工薪酬的范畴，这里所说的医疗、工伤和生育等社会保险费以及住房公积金，是指企业负担的医疗、工伤和生育等社会保险费以及住房公积金。为了反映企业负担的医疗、工伤和生育等社会保险费以及住房公积金的提取和缴纳情况，应在“应付职工薪酬”科目下设置“社会保险费”和“住房公积金”明细科目。

应由企业负担的医疗、工伤和生育等社会保险费以及住房公积金，应在职工为其提供服务的会计期间，根据职工工资的一定比例计算，并按照规定的用途进行分配，借记“生产成本”“制造费用”“管理费用”“销售费用”“在建工程”“研发支出”等科目，贷记“应付职工薪酬——社会保险费（或住房公积金）”科目。

（2）医疗、工伤和生育等社会保险费以及住房公积金的缴纳。企业缴纳企业负担的医疗、工伤和生育等社会保险费以及住房公积金时，借记“应付职工薪酬”科目，贷记“银行存款”科目。

例 9－10

承例 9－7。甲公司 11 月应负担生产工人医疗、工伤和生育等社会保险费 170 000 元，车间管理人员医疗、工伤和生育等社会保险费 9 000 元，行政管理人员医疗、工伤和生育等社会保险费 35 000 元，销售人员医疗、工伤和生育等社会保险费 7 000 元，在建工程人员医疗、工伤和生育等社会保险费 14 000 元，合计 235 000 元。编制会计分录如下：

（1）计提企业负担的医疗、工伤和生育等社会保险费。

借：生产成本　　170 000

制造费用 9 000
管理费用 35 000
销售费用 7 000
在建工程 14 000
贷：应付职工薪酬——社会保险费（或住房公积金） 235 000

（2）缴纳企业负担的医疗、工伤和生育等社会保险费235 000元。

借：应付职工薪酬——社会保险费（或住房公积金） 235 000
贷：银行存款 235 000

4. 应付工会经费和职工教育经费

（1）应付工会经费。党的二十大报告指出，“深化工会、共青团、妇联等群团组织改革和建设，有效发挥桥梁纽带作用。坚持走中国人权发展道路，积极参与全球人权治理，推动人权事业全面发展”。[①] 工会的基本职责是维护职工利益，工会是中国共产党领导的职工自愿结合的工人阶级群众组织，是党联系职工群众的桥梁和纽带，是国家政权的重要社会支柱，是会员和职工利益的代表。为了反映工会经费的提取和使用情况，应在“应付职工薪酬”科目下设置“工会经费”明细科目。

企业计提工会经费时，应根据职工工资的一定比例计算，并按职工工资的用途进行分配，借记“生产成本”“制造费用”“管理费用”“销售费用”“在建工程”“研发支出”等科目，贷记“应付职工薪酬——工会经费”科目。

企业的工会作为独立法人，一般可以在银行独立开户，实行独立核算。企业划拨工会经费时，应借记“应付职工薪酬——工会经费”科目，贷记“银行存款”科目。如果企业的工会经费由企业代管，则在发生工会经费支出时，借记“应付职工薪酬——工会经费”科目，贷记有关科目。

例9－11

甲公司工会独立核算，11月按照职工工资总额的2%计提工会经费，其中，按照生产工人工资计提16 000元，按照车间管理人员工资计提900元，按照行政管理人员工资计提2 940元，按照销售人员工资计提660元，按照在建工程人员工资计提1 300元，合计21 800元。编制会计分录如下：

1）计提工会经费21 800元。

借：生产成本 16 000
制造费用 900
管理费用 2 940
销售费用 660
在建工程 1 300
贷：应付职工薪酬——工会经费 21 800

2）划拨工会经费21 800元。

① 习近平. 高举中国特色社会主义伟大旗帜 为全面建设社会主义现代化国家而团结奋斗：在中国共产党第二十次全国代表大会上的报告. 北京：人民出版社，2022：38.

借：应付职工薪酬——工会经费　21 800
　贷：银行存款　21 800

（2）应付职工教育经费。职工教育经费是按国家规定由企业负担的用于职工教育培训方面的经费。为了反映职工教育经费的提取和使用情况，应在“应付职工薪酬”科目下设置“职工教育经费”明细科目。

企业的职工教育经费，一般据实列支。企业发生各项教育经费支出时，应借记“应付职工薪酬——职工教育经费”科目，贷记“银行存款”等科目。

企业分配职工教育经费时，应根据实际发生的职工教育经费，按职工工作的性质进行分配，借记“生产成本”“制造费用”“管理费用”“销售费用”“在建工程”“研发支出”等科目，贷记“应付职工薪酬——职工教育经费”科目。

例9-12

甲公司11月为培训生产工人以银行存款支付教育经费10 000元，为培训在建工程人员以银行存款支付教育经费2 000元，合计12 000元。编制会计分录如下：

1）支付职工教育经费12 000元。

借：应付职工薪酬——职工教育经费　12 000
　贷：银行存款　12 000

2）分配职工教育经费12 000元。

借：生产成本　10 000
　　在建工程　2 000
　贷：应付职工薪酬——职工教育经费　12 000

5. 应付短期带薪缺勤

短期带薪缺勤是指企业支付工资或提供补偿的职工缺勤，包括年休假、病假、短期伤残、婚假、产假、丧假、探亲假等。短期带薪缺勤分为累积带薪缺勤和非累积带薪缺勤。

（1）累积带薪缺勤是指带薪缺勤权利可以结转下期的带薪缺勤，本期尚未用完的带薪缺勤权利可以在未来期间使用。例如，某职工每年可以享受10天带薪休假，当年由于工作任务较重，未能按时休假，如果该企业规定当年未休假的时间可以递延一年，则当年未休假的时间属于累积带薪缺勤。为了反映累积带薪缺勤的提取和使用情况，应在“应付职工薪酬”科目下设置“累积带薪缺勤”明细科目。

职工当期未享受带薪缺勤而在未来可以享受带薪缺勤的情况下，增加了当期为企业提供的服务。因此，企业应当在职工提供服务从而增加了其未来享有的带薪缺勤权利时，确认与累积带薪缺勤相关的职工薪酬，并以累积未行使权利而增加的预期支付金额计量，计入当期成本费用，借记“生产成本”“制造费用”“管理费用”“销售费用”“在建工程”“研发支出”等科目，贷记“应付职工薪酬——累积带薪缺勤”科目。

职工在未来期间实际享受前期带薪缺勤时，由于该期间职工未提供服务，应冲减该期间的成本费用，借记“应付职工薪酬——累积带薪缺勤”科目，贷记“生产成本”“制造费用”“管理费用”“销售费用”“在建工程”“研发支出”等科目。

（2）非累积带薪缺勤是指带薪缺勤权利不能结转下期的带薪缺勤，本期未用完的带薪缺勤权利将予以取消，并且职工离开企业时也无权获得现金支付。例如，某职工每年可以享受 10 天带薪休假，当年由于工作任务较重，未能按时休假，如果该企业规定当年未休假的时间不能递延，则当年未休假的时间属于非累积带薪缺勤。

企业应当在职工实际发生带薪缺勤的会计期间确认与非累积带薪缺勤相关的职工薪酬。这部分职工薪酬属于前述应付工资的范畴。

例 9－13

甲公司 20×1 年有一名生产工人按照规定每年可以享受 5 天带薪休假，由于工作任务较重，该职工当年未能带薪休假，公司规定，可以将未享受的带薪休假时间递延到 20×2 年。该职工的日工资为 300 元。编制会计分录如下：

（1）20×1 年确认应付带薪缺勤薪酬 1 500 元（300×5）。

借：生产成本	1 500	
贷：应付职工薪酬——累积带薪缺勤		1 500

（2）20×2 年该职工实际享受了上年未享受的带薪休假。

借：应付职工薪酬——累积带薪缺勤	1 500	
贷：生产成本		1 500

6. 应付利润分享计划

利润分享计划是指因职工提供服务而与职工达成的基于利润或其他经营成果提供薪酬的协议。为了反映利润分享计划的提取和发放情况，应在“应付职工薪酬”科目下设置“利润分享计划”明细科目。

企业确认职工利润分享计划薪酬时，应借记“生产成本”“制造费用”“管理费用”“销售费用”“在建工程”“研发支出”等科目，贷记“应付职工薪酬——利润分享计划”科目。

在企业实际发放利润分享计划薪酬时，应借记“应付职工薪酬——利润分享计划”科目，贷记“银行存款”等科目。

7. 应付非货币性福利

（1）非货币性福利的支付。非货币性福利是指企业以非货币性资产支付给职工的薪酬，主要包括企业以自己的产品或其他有形资产发放给职工作为福利，向职工无偿提供自己拥有的资产供其使用，以及为职工无偿提供类似医疗保健服务等。为了反映非货币性福利的支付与分配情况，应在“应付职工薪酬”科目下设置“非货币性福利”明细科目。

企业以其生产的产品作为非货币性福利提供给职工的，应当作为正常产品销售处理，按照该产品的公允价值确定非货币性福利金额，借记“应付职工薪酬——非货币性福利”科目，贷记“主营业务收入”“应交税费——应交增值税（销项税额）”科目；同时结转产品销售成本，借记“主营业务成本”科目，贷记“库存商品”科目。

企业无偿向职工提供住房等资产使用的，应当根据该住房每期应计提的折旧确定非货币性福利金额，借记“应付职工薪酬——非货币性福利”科目，贷记“累计折旧”等科目。租赁住房等资产供职工无偿使用的，应当根据每期应付的租金确定非货币性福利金额，借记“应付职工薪酬——非货币性福利”科目，贷记“银行存款”等科目。

（2）非货币性福利的分配。企业应按照用途对实际发生的非货币性福利进行分配。企业分配非货币性福利时，应借记“生产成本”“制造费用”“管理费用”“销售费用”“在建工程”“研发支出”等科目，贷记“应付职工薪酬——非货币性福利”科目。

9.4.3 其他应付职工薪酬

1. 离职后福利

职工离职后还将享受待业、养老保险、企业年金等福利。离职后福利计划是指企业与职工就离职后福利达成的协议，或者企业为向职工提供离职后福利制定的规章或办法等。企业应当将离职后福利计划分类为设定提存计划和设定受益计划。

（1）设定提存计划。设定提存计划是指向独立的基金缴存固定费用后，企业不再承担进一步支付义务的离职后福利计划，主要包括企业负担的待业、养老等社会保险费。为了反映设定提存计划的提取和支付情况，应在“应付职工薪酬”科目下设置“设定提存计划”明细科目。企业应当在职工为其提供服务的会计期间，将根据设定提存计划计算的应缴存金额确认为负债，并计入当期成本费用。

企业设定提存计划的会计核算方法与前述医疗、工伤、生育等社会保险费的核算方法相同，这里不再赘述。

（2）设定受益计划。设定受益计划是指除设定提存计划以外的离职后福利计划。企业应当计量设定受益计划所产生的义务，并确定相关义务的归属期间。为了反映设定受益计划的提取和发放情况，应在“应付职工薪酬”科目下设置“设定受益计划”明细科目。企业应当将设定受益计划所产生的义务予以折现，以确定设定受益计划义务的现值和当期服务成本。

企业确认设定受益计划产生的应付职工薪酬，应借记“生产成本”等科目，贷记“应付职工薪酬——设定受益计划”科目；并于年末确认相关的利息费用，借记“财务费用”等科目，贷记“应付职工薪酬——设定受益计划”科目。

如果职工在离职后将长期享有设定受益计划，企业应采用保险精算的方法对设定受益计划的应付职工薪酬进行重新计量。企业重新计量设定受益计划应付职工薪酬所产生变动的金额，应计入其他综合收益，借记或贷记“应付职工薪酬——设定受益计划”科目，贷记“其他综合收益”科目。企业确认的这部分其他综合收益，在后续会计期间不允许转回至损益，但企业可以将其转为期初留存收益。

企业实际支付设定受益计划职工薪酬时，应借记“应付职工薪酬——设定受益计划”科目，贷记“银行存款”等科目。

企业在某一职工的设定受益计划结束时应当进行设定受益计划结算，确认一项结算利得或损失，借记或贷记“应付职工薪酬——设定受益计划”科目，贷记“营业外收入”或借记“营业外支出”科目。同时，将原确认的其他综合收益转为期初留存收益，借记或贷记“其他综合收益”科目，贷记或借记“盈余公积”“利润分配——未分配利润”科目。

2. 应付辞退福利

辞退福利是指企业在职工劳动合同到期之前解除与职工的劳动关系，或者为鼓励职工自愿接受裁减而给予职工的补偿。为了反映辞退福利的提取和支付情况，应在“应付职工薪酬”科目下设置“辞退福利”明细科目。

(1) 辞退福利的提取。辞退福利通常采取解除劳动关系时一次性支付补偿的方式，也有通过提高退休后养老金或其他离职后福利标准的方式，或者将职工薪酬的工资部分支付到辞退后未来某一期末。企业应当按照辞退计划条款的规定，合理预计并确认辞退福利产生的应付职工薪酬，计入当期损益。

由于被辞退职工不再能给企业带来任何经济利益，辞退福利应当计入当期费用而不计入资产成本。企业应当根据已确定的辞退福利，借记“管理费用”科目，贷记“应付职工薪酬——辞退福利”科目。

(2) 辞退福利的支付。企业实际支付辞退福利时，应借记“应付职工薪酬——辞退福利”科目，贷记“银行存款”等科目。

3. 应付其他长期职工福利

其他长期职工福利是指除了前述各项职工薪酬以外的长期职工福利，主要包括长期带薪缺勤、长期利润分享计划和长期残疾福利等。为了反映其他长期职工福利的提取和支付情况，应在“应付职工薪酬”科目下设置“其他长期职工福利”明细科目。

(1) 应付其他长期职工福利的提取。企业确认的长期带薪缺勤、长期利润分享计划等，应当按照前述带薪缺勤、利润分享计划的有关规定进行会计处理。

长期残疾福利水平取决于职工提供服务期间长短的，企业应当在职工提供服务的期间确认应付长期残疾福利义务，计量时应当考虑长期残疾福利支付的可能性和预期支付的期限；长期残疾福利与职工提供服务期间长短无关的，企业应当在导致职工长期残疾的事件发生的当期确认应付长期残疾福利义务。

一般来说，企业确认的应付其他长期福利，偿付期在一年以上的，应当按照一定的折现率折现，借记有关成本费用科目，贷记“应付职工薪酬——其他长期职工福利”科目；并于年末确认相关的利息费用，借记“财务费用”等科目，贷记“应付职工薪酬——其他长期职工福利”科目。

(2) 其他长期福利的支付。企业实际支付其他长期福利时，应借记“应付职工薪酬——其他长期职工福利”科目，贷记“银行存款”等科目。

9.5 应交税费

9.5 即测即评

党的二十大报告指出，“全面依法治国是国家治理的一场深刻革命，关系党执政兴国，关系人民幸福安康，关系党和国家长治久安。必须更好发挥法治固根本、稳预期、利长远的保障作用，在法治轨道上全面建设社会主义现代化国家”。① 税收是国家财政收入的重要来源。企业依法纳税是企业的义务，企业应当按照税法规定及时足额缴纳税费。

应交税费（taxes payable）是指企业在生产经营过程中产生的应向国家缴纳的各种税费，主要包括增值税、消费税、城市维护建设税、教育费附加和所得税等。本章主要讲述应交增值税、消费税、城市维护建设税以及教育费附加的核算，应交所得税的核算将在第12章讲述。

9.5.1 应交增值税

1. 纳税义务人

增值税是以销售货物、提供加工修理修配劳务、提供服务、销售无形资产或不动产等各项活动的增值额为征税对象的一种流转税。在我国境内从事上述活动以及进口货物的单位和个人为增值税纳税义务人。

按照我国现行制度规定，纳税义务人分为一般纳税人和小规模纳税人两种。小规模纳税人是指年销售额在规定的数额以下、会计核算不健全的纳税义务人，其应交增值税采用简化的核算方法（后面讲述）。

2. 增值税税率

一般纳税人适用的增值税税率，按照业务内容分为以下几档：

（1）13%。销售或者进口货物以及提供加工修理修配劳务、租赁有形动产，适用的税率为13%。

（2）9%。销售或者进口下列货物、提供服务，适用的税率为9%：1）农产品（含粮食）、食用植物油、食用盐；2）自来水、暖气、冷气、热水、煤气、石油液化气、天然气、沼气、居民用煤炭制品；3）图书、报纸、杂志、音像制品、电子出版物；4）饲料、化肥、农药、农机、农膜、二甲醚；5）提供交通运输、邮政、基础电信、建筑、不动产租赁服务；6）销售不动产，转让土地使用权等。

（3）6%。提供上述（1）、（2）项以外的服务，适用的税率为6%。主要包括现代服务业、金融保险业以及租赁、转让无形资产（土地使用权除外）、提供增值电信服务等。

（4）3%。采用简易计税方法的项目征收率为3%。

---

① 习近平.高举中国特色社会主义伟大旗帜 为全面建设社会主义现代化国家而团结奋斗：在中国共产党第二十次全国代表大会上的报告.北京：人民出版社，2022：40.

(5) 零税率。出口货物，适用的税率为零。

需要说明的是，企业在同一项经营活动中涉及不同税率的业务，应就高确认增值税税率。例如，企业销售商品，同时负责送货并收取运费，则销售商品的收入和运费收入均应按照13%确定增值税额。企业的不同经营活动分别涉及不同税率的业务时，如果能够将不同业务进行单独和准确的核算，能够判断不同业务价格的合理性，则可以分别使用不同的税率。例如，某企业既销售商品，也对外提供其他运输服务，商品销售和运输服务不属于同一项业务且均能够进行单独和准确的核算，能够确认各项价格的合理性，则销售商品按照13%确定增值税额，提供运输服务按照9%确定增值税额。

3. 会计科目及专栏设置

增值税一般纳税人应当在“应交税费”科目下设置“应交增值税”“未交增值税”“预交增值税”“待认证进项税额”“待转销项税额”“转让金融商品应交增值税”“简易计税”“代扣代交增值税”明细科目。

(1)“应交税费——应交增值税”明细科目设置。应交增值税对于一般纳税人来说，在一般情况下属于一种价外税，即收取的增值税不计入收入，支付的增值税一般也不计入成本，在价外单独核算。为此，应在“应交税费”科目下设置“应交增值税”明细科目进行核算。“应交增值税”明细科目还应按照应交增值税的构成内容设置专栏，进行明细核算。

“应交增值税”明细科目的借方一般设置“进项税额”“已交税金”“转出未交增值税”“减免税款”“出口抵减内销产品应纳税额”等专栏；贷方一般设置“销项税额”“进项税额转出”“出口退税”“转出多交增值税”等专栏。贷方专栏中“进项税额转出”和“出口退税”两项为借方专栏中“进项税额”的抵减项目。

本月销项税额大于抵减后的进项税额、减免税款、出口抵减内销产品应纳税额之和的，其差额为本月应交增值税额。本月应交增值税额大于借方专栏“已交税金”的差额，为本月未交增值税，应从“应交增值税”明细科目借方（“转出未交增值税”专栏）转出，转入“未交增值税”明细科目贷方；本月应交增值税额小于借方专栏“已交税金”的差额，为本月多交增值税，应从“应交增值税”明细科目贷方（“转出多交增值税”专栏）转出，转入“未交增值税”明细科目借方。经过上述结转后，“应交增值税”明细科目应无余额。

本月销项税额小于抵减后的进项税额、减免税款、出口抵减内销产品应纳税额之和的，其差额为本月尚未抵扣的增值税额，应留待以后月份抵扣，因此“应交税费——应交增值税”明细科目如果有余额，应为借方余额，即尚未抵扣的增值税额。

(2)“应交税费——未交增值税”明细科目设置。“应交税费——未交增值税”明细科目反映企业月末累计未交增值税或多交增值税。该明细科目贷方登记转入的当月应交未交增值税，借方登记转入的当月多交或预交的增值税和实际缴纳的以前期间欠交增值税。该科目借方余额为累计多交增值税，贷方余额为累计未交增值税。

需要说明的是，企业在缴纳增值税时，应将补交的以前月份未交增值税记入“应交税费——未交增值税”科目借方，将缴纳的当月增值税记入“应交税费——应交增值税（已交税金）”科目借方。

（3）“应交税费——预交增值税”明细科目设置。“应交税费——预交增值税”明细科目反映企业转让不动产、提供不动产经营租赁服务、提供建筑服务、采用预收款方式销售自行开发的房地产项目等，以及其他按现行增值税制度规定应预交的增值税额。该明细科目借方登记预交的增值税，贷方登记转出的已经发生纳税义务的预交增值税，月末借方余额为转让不动产、提供不动产经营租赁服务、提供建筑服务、销售自行开发的房地产项目尚未发生纳税义务的预交增值税。

（4）“应交税费——待认证进项税额”明细科目设置。“应交税费——待认证进项税额”明细科目反映企业由于未经税务机关认证而不得从当月销项税额中抵扣的进项税额。包括：已取得增值税扣税凭证、按照现行增值税制度规定准予从销项税额中抵扣，但尚未经税务机关认证的进项税额；已申请稽核但尚未取得稽核相符结果的海关缴款书进项税额。该明细科目借方登记支付的待认证进项税额，贷方登记转出的经过认证的进项税额，月末借方余额为尚未认证的进项税额。

（5）“应交税费——待转销项税额”明细科目设置。“应交税费——待转销项税额”明细科目反映企业销售货物、加工修理修配劳务、服务、无形资产或不动产，已确认相关收入（或利得）但尚未发生增值税纳税义务而需于以后期间确认为销项税额的增值税额。该明细科目贷方登记未来应缴纳的销项税额，借方登记转出的确认的销项税额，月末贷方余额为未来应缴纳的销项税额。

（6）“应交税费——转让金融商品应缴增值税”明细科目设置。“应交税费——转让金融商品应交增值税”明细科目反映企业转让金融商品发生的增值税额。该明细科目贷方登记转让金融商品应缴纳的销项税额以及月末转入“未交增值税”明细科目的多交增值税，借方登记转让金融商品亏损可以抵扣的增值税额、本月缴纳的增值税额以及月末转入“未交增值税”明细科目的未交增值税，月末借方余额为转让金融商品亏损尚未抵扣的增值税额。

（7）“应交税费——简易计税”明细科目设置。“应交税费——简易计税”明细科目反映企业发生的教育辅助服务等采用简易计税方法应交的增值税。该明细科目贷方登记应交增值税，借方登记预交、补交的增值税，月末贷方余额为未交的增值税，借方余额为多交的增值税。

（8）“应交税费——代扣代交增值税”明细科目设置。“应交税费——代扣代交增值税”明细科目反映企业购进在境内未设经营机构的境外单位或个人在境内的应税行为代扣代交的增值税。该明细科目贷方登记代扣的增值税，借方登记代交的增值税，月末贷方余额为未交的增值税。

4. 增值税进项税额

增值税进项税额是指一般纳税人购进货物、加工修理修配劳务、服务、无形资产或不动产而支付或负担的且经过税务机关认证可以在当月抵扣的增值税额。企业支付的增值税进项税额能否在销项税额中抵扣，应视具体情况而定。

（1）不得抵扣的进项税额。按我国税法规定，下列项目的进项税额不得从销项税额中抵扣：

1）用于简易计税项目、免征增值税项目、集体福利或者个人消费的购进货物、加工修理修配劳务、服务、无形资产或不动产；用于企业的交际应酬消费属于个人消费。

2）非正常损失的购进货物，以及相关的加工修理修配劳务和交通运输服务。

3）非正常损失的在产品、产成品所耗用的购进货物（不包括固定资产）、加工修理修配劳务和交通运输服务。

4）非正常损失的不动产，以及该不动产所耗用的购进货物、设计服务和建筑服务。

5）非正常损失的不动产在建工程所耗用的购进货物、设计服务和建筑服务。新建、改建、扩建、修缮、装饰不动产，均属于不动产在建工程。

6）购进的贷款服务、餐饮服务、居民日常服务和娱乐服务。

7）财政部和国家税务总局规定的其他情形。

需要说明的是，非正常损失是指因管理不善造成货物被盗、丢失、霉烂变质，以及因违反法律法规造成货物或者不动产被依法没收、销毁、拆除的情形。非正常损失的不动产以及在建工程所耗用的购进货物，是指构成不动产实体的材料和设备，包括建筑装饰材料和给排水、采暖、卫生、通风、照明、通讯、煤气、消防、中央空调、电梯、电气、智能化楼宇设备及配套设施。

企业如果兼营简易计税方法计税项目、免征增值税项目而无法划分不得抵扣的进项税额，按照下列公式计算不得抵扣的进项税额：

$$\text{不得抵扣的进项税额}=\text{当期无法划分的全部进项税额}\times\frac{\text{当期简易计税方法计税项目销售额}+\text{免征增值税项目销售额}}{\text{当期全部销售额}}$$

（2）可以抵扣的进项税额。一般来说，凡是未明确不得抵扣的进项税额都可以抵扣。可以抵扣的进项税额又分为两种情况：取得增值税扣税凭证和未取得增值税扣税凭证。

1）取得增值税扣税凭证。企业购进的一般货物、加工修理修配劳务、服务、无形资产或不动产，必须取得增值税扣税凭证，并经税务机关认证，才能从销项税额中抵扣。这部分可以抵扣的增值税额不计入购进货物、加工修理修配劳务、服务、无形资产的成本。

需要说明的是，按照增值税相关规定，企业从依照 3%征收率计算缴纳增值税的小规模纳税人处取得农产品增值税专用发票的，以增值税专用发票上注明的金额和 9%的扣除率计算进项税额，相当于多抵扣 6 个百分点。

企业购进货物、加工修理修配劳务、服务和无形资产时，应根据增值税专用发票中货物、加工修理修配劳务、服务和无形资产的价款，借记“原材料”“库存商品”“固定资产”“工程物资”“在建工程”“无形资产”“管理费用”“销售费用”等科目；根据经税务机关认证的增值税专用发票中的增值税额，借记“应交税费——应交增值税（进项税额）”科目；根据全部价款，贷记“银行存款”等科目。

企业从小规模纳税人处购入农产品，应根据增值税专用发票注明的买价和 9%扣除率计算确定的进项税额，借记“应交税费——应交增值税（进项税额）”等科目；根据全部价款减去进项税额的差额，借记“原材料”等科目；根据全部价款，贷记“银行存款”等科目。

2）未取得增值税扣税凭证。企业购进的货物或服务，在下列情况下未取得增值税专用发票的，其进项税额可以抵扣。

企业购进的货物如为免税的农产品，由于销售方无须缴纳增值税，因而企业无法取得增值税专用发票。但是按照增值税相关规定，企业可以根据农产品销售发票或收购发票，以免税农产品买价的 9%作为进项税额抵扣。企业购进农产品时，应按买价的 91%借记“原材料”等科目，按买价的 9%借记“应交税费——应交增值税（进项税额）”科目，按买价贷记“银行存款”等科目。

企业取得注明旅客身份信息的航空运输电子客票行程单的，按照下列公式计算进项税额：

$$航空旅客运输进项税额=\frac{票价+燃油附加费}{1+9\%}\times 9\%$$

企业取得注明旅客身份信息的铁路车票的，按照下列公式计算进项税额：

$$铁路旅客运输进项税额=\frac{票面金额}{1+9\%}\times 9\%$$

企业取得注明旅客身份信息的公路、水路等其他客票的，按照下列公式计算进项税额：

$$公路、水路等其他旅客运输进项税额=\frac{票面金额}{1+3\%}\times 3\%$$

例 9 - 14

长江公司为增值税一般纳税人，8 月份根据发生的有关增值税进项税额的业务编制会计分录如下：

（1）购入原材料一批，买价 2 000 000 元，增值税 260 000 元，运费 1 000 元，运费增值税 90 元，共计 2 261 090 元，原材料入库，货款用银行存款支付；已收到增值税专用发票，经税务机关认证可以抵扣。

原材料成本＝2 000 000＋1 000＝2 001 000(元)

进项税额＝260 000＋90＝260 090(元)

借：原材料　　2 001 000

　　应交税费——应交增值税（进项税额）　　260 090

　贷：银行存款　　2 261 090

（2）从小规模纳税人处购入农产品一批，作为原材料入库，增值税专用发票注明的买价为 200 000 元，增值税为 6 000 元，用银行存款支付，增值税经税务机关认证可以抵扣。

进项税额＝200 000×9%＝18 000(元)

原材料成本＝200 000＋6 000－18 000＝188 000(元)

借：原材料　　188 000
　　应交税费——应交增值税（进项税额）　　18 000
　贷：银行存款　　206 000

（3）购入免税农产品一批，作为原材料入库，收购发票注明的价款为400 000元，用银行存款支付，增值税经税务机关认证可以抵扣。

进项税额＝400 000×9%＝36 000(元)
原材料成本＝400 000－36 000＝364 000(元)

借：原材料　　364 000
　　应交税费——应交增值税（进项税额）　　36 000
　贷：银行存款　　400 000

（4）购入不需要安装的机器设备一台，买价500 000元，增值税65 000元，运费500元，运费增值税45元，共计565 545元，用银行存款支付；已收到增值税专用发票，经税务机关认证可以抵扣。

固定资产原始价值＝500 000＋500＝500 500(元)
进项税额＝65 000＋45＝65 045(元)

借：固定资产　　500 500
　　应交税费——应交增值税（进项税额）　　65 045
　贷：银行存款　　565 545

（5）购入精装修房屋一栋，买价3 000 000元，增值税270 000元，共计3 270 000元，用银行存款支付；已收到增值税专用发票，经税务机关认证可以抵扣。

借：固定资产　　3 000 000
　　应交税费——应交增值税（进项税额）　　270 000
　贷：银行存款　　3 270 000

（6）企业管理人员张某报销出差机票，票款1 060元，民航发展基金（机场建设费）50元，燃油附加费30元，合计1 140元，以银行存款转账支付。

进项税额＝(1 060＋30)÷(1＋9%)×9%＝90(元)
差旅费(机票)＝1 060＋30＋50－90＝1 050(元)

借：管理费用　　1 050
　　应交税费——应交增值税（进项税额）　　90
　贷：银行存款　　1 140

5. 增值税待认证进项税额

待认证进项税额是指已经取得增值税专用发票但尚未经过税务机关认证而不得从当期销项税额中抵扣的增值税额。

企业购进货物、加工修理修配劳务、服务、无形资产、不动产及不动产在建工程时，应根据增值税专用发票中货物、加工修理修配劳务、服务、无形资产、不动产及不动产在建工程的价款，借记“原材料”“库存商品”“固定资产”“工程物资”“在建工程”“无形资产”“管理费用”“销售费用”等科目；根据未经税务机关认证的可抵扣增值税额，借记“应交税费——待认证进项税额”科目；根据全部价款，贷记“银行存款”等科目。

待税务机关认证以后，应根据认证的增值税额，借记“应交税费——应交增值税（进项税额）”科目，贷记“应交税费——待认证进项税额”科目。

例9－15

长江公司8月份根据发生的有关增值税待认证进项税额的业务，编制会计分录如下：

（1）赊购原材料一批，买价300 000元，增值税26 000元，共计326 000元，原材料入库，货款用银行存款支付；已收到增值税专用发票，尚未经税务机关认证。

借：原材料	300 000	
应交税费——待认证进项税额	26 000	
贷：银行存款		326 000

（2）购入免税农产品一批，作为原材料入库，收购价100 000元，用银行存款支付，增值税尚未经税务机关认证。

借：原材料	91 000	
应交税费——待认证进项税额	9 000	
贷：银行存款		100 000

6. 增值税进项税额转出

企业在购进货物、固定资产、无形资产或者不动产时，如果不能直接认证其进项税额能否抵扣，支付的进项税额可以先予以抵扣，待以后用于不得抵扣进项税额的项目或发生非正常损失时，再将其进项税额转出，抵减当期进项税额，计入不得抵扣项目或相关资产的成本。

企业的固定资产、无形资产或者不动产改变用途用于不得抵扣进项税额的项目或发生非正常损失时，其不得抵扣的进项税额计算方法如下：

不得抵扣的进项税额＝固定资产、无形资产或者不动产净值×适用税率

进项税额转出时，应借记有关科目，贷记“应交税费——应交增值税（进项税额转出）”科目。

例9－16

长江公司8月份根据发生的增值税进项税额转出业务，编制会计分录如下：

（1）由于管理不善，毁损产成品一批，实际成本200 000元，所耗购进货物的进项税额为11 900元。

借：待处理财产损溢　211 900

　贷：库存商品　200 000

　　　应交税费——应交增值税（进项税额转出）　11 900

（2）一栋生产用房改用于集体福利，原值为2 000 000元（增值税进项税额已经全部抵扣），累计折旧为130 000元，净值为1 870 000元。

不得抵扣的进项税额＝1 870 000×9%＝168 300(元)

借：固定资产　168 300

　贷：应交税费——应交增值税（进项税额转出）　168 300

7. 增值税销项税额

增值税销项税额是指一般纳税人销售货物、加工修理修配劳务、服务、无形资产或不动产收取价款中所含的增值税额。

（1）计征增值税的销售额。计征增值税的销售额是指企业销售货物、加工修理修配劳务、服务、无形资产或不动产向购买方收取的除销项税额、代扣代交的消费税以及代垫运杂费以外的全部价款和价外费用。价外费用主要包括手续费、包装费、违约金（延期付款利息）和自营运杂费等。

（2）销项税额的计算。企业如果采用不含税定价的方法，销项税额可以直接根据不含税的销售额乘以增值税税率计算；如果采用合并定价的方法，销项税额应根据下列公式计算：

$$\text{不含税销售额}=\frac{\text{含税销售额}}{1+\text{增值税税率}}$$

$$\text{销项税额}=\text{不含税销售额}\times\text{增值税税率}$$

企业销售货物、加工修理修配劳务、服务、无形资产或不动产以后，应根据全部价款，借记“银行存款”等科目；根据销项税额，贷记“应交税费——应交增值税（销项税额）”科目；根据其他价款和价外费用，贷记“主营业务收入”“固定资产清理”等科目。

什么是视同销售？如何理解视同销售？视同销售包括哪些内容？用实物、货物或者无形资产、固定资产对外投资、捐赠等，会计处理上是按照公允价值确认收入，还是按照成本结转？

发生退货的，如原增值税专用发票已做认证，应根据税务机关的销售退回证明单开具红字增值税专用发票；如原增值税专用发票未做认证，应将发票退回。发生销售折让的，应根据税务机关的销售折让证明单开具红字增值税专用发票。企业应根据冲减的销售额，借记“主营业务收入”等科目；根据冲减的销项税额，借记“应交税费——应交增值税（销项税额）”科目；根据退回的全部价款，贷记“银行存款”等科目。

（3）视同销售行为。视同销售行为是指企业在会计核算中未作销售处理而税法中要求按照销售缴纳增值税的行为。主要包括：

1）将自产或委托加工的货物用于免征增值税项目；

2）将自产或委托加工的货物用于集体福利或个人消费；

3）将自产、委托加工或购买的货物以及无形资产、不动产用于投资、提供给其他单位或个体经营者；

4）将自产、委托加工或购买的货物分配给股东或投资者；

5）将自产、委托加工或购买的货物以及无形资产、不动产无偿赠送他人；

6）向其他单位或者个人无偿提供服务。

上述视同销售行为中，企业均应按照资产处置的方法进行核算。

例 9-17

长江公司8月份根据发生的有关销项税额业务，编制会计分录如下：

（1）销售甲产品100件，不含税的价款为5 000 000元，增值税税率为13%，增值税销项税额为650 000元，共计5 650 000元，款项收到，存入银行；该批产品成本为4 000 000元。

借：银行存款	5 650 000	
贷：主营业务收入		5 000 000
应交税费——应交增值税（销项税额）		650 000
借：主营业务成本	4 000 000	
贷：库存商品		4 000 000

（2）用原材料一批对外投资。原材料的账面价值为1 300 000元，投资双方协商的不含税价值为1 500 000元，增值税额为195 000元。

借：长期股权投资	1 695 000	
贷：其他业务收入		1 500 000
应交税费——应交增值税（销项税额）		195 000
借：其他业务成本	1 300 000	
贷：原材料		1 300 000

（3）销售乙产品20件，成本为60 000元，不含税的价款为100 000元，另负责运输，运输成本为300元，收取了不含税的自营运输费500元；自营运输费应一并按照13%的税率计算缴纳增值税，增值税销项税额为13 065元。共计113 565元，款项收到，存入银行。

借：银行存款	113 565	
贷：主营业务收入		100 000
其他业务收入		500
应交税费——应交增值税（销项税额）		13 065
借：主营业务成本	60 000	
贷：库存商品		60 000
借：其他业务成本	300	
贷：生产成本		300

（4）销售的甲产品2件外观存在质量问题。经销商，给予买方10%的销售折让，以银行存款退回买价10 000元，增值税1 300元，合计11 300元；已收到税务机关的销售折让证明单，并开具红字增值税专用发票。

借：主营业务收入 10 000

应交税费——应交增值税（销项税额） 1 300

贷：银行存款 11 300

8. **增值税待转销项税额**

待转销项税额是指企业销售货物、加工修理修配劳务、服务、无形资产或不动产，已确认相关收入（或利得）但尚未发生增值税纳税义务而需于以后期间确认为销项税额的增值税额。

企业确认收入或利得的时点早于按照增值税制度确认增值税纳税义务发生时点的，应将相关销项税额记入“应交税费——待转销项税额”科目，待实际发生纳税义务时再转入“应交税费——应交增值税（销项税额）”。

例9-18

长江公司8月至10月根据发生的有关待转销项税额业务，编制会计分录如下：

(1) 8月10日，采用分期收款方式销售丙产品200件，不含税的价款为10 000 000元，增值税税率为13%，合同约定于9月10日和10月10日分别收取价款5 650 000元；增值税条例规定，增值税纳税义务的发生时点为合同约定的收款日期，确认待转销项税额1 300 000元。该批产品成本为7 000 000元。

借：应收账款 11 300 000

贷：主营业务收入 10 000 000

应交税费——待转销项税额 1 300 000

借：主营业务成本 7 000 000

贷：库存商品 7 000 000

(2) 9月10日，收到销售丙产品价款及增值税共计5 650 000元，存入银行。

借：银行存款 5 650 000

贷：应收账款 5 650 000

借：应交税费——待转销项税额 650 000

贷：应交税费——应交增值税（销项税额） 650 000

(3) 10月10日，收到销售丙产品价款及增值税共计5 650 000元，存入银行。

借：银行存款 5 650 000

贷：应收账款 5 650 000

借：应交税费——待转销项税额 650 000

贷：应交税费——应交增值税（销项税额） 650 000

9. **增值税出口退税及出口抵减内销产品应纳税额**

按照税法规定，出口货物的增值税税率为零，即出口货物在出口环节不征收增值税，但企业在购进出口货物或购进出口货物所耗原材料时还要照章支付增值税进项税额。企业支付的进项税额，按规定可以先计入增值税进项税额，在货物出口以后，再根据出口报关单等有关凭证，向税务机关申报办理该项出口货物的退税。

按照现行制度规定，企业购进出口货物支付的进项税额，不全额退还；未退还的部分，作为进项税额转出，计入出口货物的销售成本。

未实行“免、抵、退”办法的企业出口货物按规定退税的，应根据按照相关规定计算的应收出口退税额，借记“应收出口退税款”科目，贷记“应交税费——应交增值税（出口退税）”科目；收到出口退税时，借记“银行存款”科目，贷记“应收出口退税款”科目。

实行“免、抵、退”办法的企业出口货物，按相关规定计算的出口退税额，可以抵减内销产品的销项税额。企业应根据按照规定计算的当期出口货物的进项税抵减内销产品的应纳税额，借记“应交税费——应交增值税（出口抵减内销产品应纳税额）”科目，贷记“应交税费——应交增值税（出口退税）”科目。在规定期限内，内销产品的应纳税额不足以抵减出口货物的进项税额，不足部分按有关税法规定给予退税的，应在实际收到退税款时，借记“银行存款”科目，贷记“应交税费——应交增值税（出口抵减内销产品应纳税额）”科目。

企业无论是否实行“免、抵、退”办法，其退税额低于购进时取得的增值税专用发票上的增值税额的差额，均不得在销项税额中抵扣，应自进项税额中转出，计入出口商品的营业成本，借记“主营业务成本”科目，贷记“应交税费——应交增值税（进项税额转出）”科目。

例 9－19

长江公司8月份根据发生的有关出口退税业务（该公司实行“免、抵、退”办法），编制会计分录如下：

（1）出口丙产品2件，价款折合人民币2 700 000元，尚未收到；成本为2 300 000元。

借：应收账款	2 700 000	
贷：主营业务收入		2 700 000
借：主营业务成本	2 300 000	
贷：库存商品		2 300 000

（2）出口丙产品2件的进项税额为255 000元，申报退税后，应退回税款195 000元，允许企业抵减内销产品销项税额。

借：应交税费——应交增值税（出口抵减内销产品应纳税额）	195 000	
贷：应交税费——应交增值税（出口退税）		195 000

（3）出口丙产品所耗原材料未退回的进项税额60 000元（255 000－195 000），计入销售成本。

借：主营业务成本	60 000	
贷：应交税费——应交增值税（进项税额转出）		60 000

10. 增值税减免税款

增值税减免税款是指按照增值税的有关规定，当期直接减免的增值税额。企业应根据税务机关批准的当期直接减免的增值税额，借记“应交税费——应交增值税（减免税款）”科目，贷记“其他收益”等科目。

例 9-20

长江公司 8 月份根据发生的有关减免税款业务，编制会计分录如下：

（1）提供技术服务，收取价款 100 000 元，增值税 6 000 元，共计 106 000 元，款项存入银行。

借：银行存款　106 000

　贷：主营业务收入　100 000

　　　应交税费——应交增值税（销项税额）　6 000

（2）经税务机关批准，可以全额抵减当期销项税额。

借：应交税费——应交增值税（减免税款）　6 000

　贷：其他收益　6 000

11. 金融服务应交增值税

（1）金融服务的内容。金融服务是指经营金融保险的业务活动，包括贷款服务、直接收费金融服务、保险服务和金融商品转让。

贷款是指将资金贷与他人使用而取得利息收入的业务活动。各种占用、拆借资金取得的收入，包括保本收益金融商品持有期间或到期的利息收入等，按照贷款服务缴纳增值税；以货币资金投资收取的固定利润或者保底利润，按照贷款服务缴纳增值税。

直接收费金融服务是指为货币资金融通及其他金融业务提供相关服务并且收取费用的业务活动，包括提供账户管理、财务担保、资产管理、信托管理、基金管理、金融交易场所（平台）管理等服务。

保险服务是指投保人根据合同约定，向保险人支付保险费，保险人对于合同约定的可能发生的事故因其发生所造成的财产损失承担赔偿保险金责任，或者当被保险人死亡、伤残、疾病或者达到合同约定的年龄、期限等条件时承担给付保险金责任的商业保险行为。包括人身保险服务和财产保险服务。

金融商品转让是指转让外汇、有价证券、非货物期货和其他金融商品所有权的业务活动。其他金融商品转让包括基金、信托、理财产品等各类资产管理产品和各种金融衍生品的转让。企业购入基金、信托、理财产品等各类资产管理产品持有至到期，不属于金融商品转让。

（2）金融服务应交增值税的会计处理。企业购买保本收益的金融商品，在持有期间或到期收到利息时应缴纳增值税，根据应收的全部利息，借记“应收利息”等科目；根据应缴纳的增值税，贷记“应交税费——应交增值税（销项税额）”科目；根据扣除增值税确认的收益，贷记“投资收益”科目。

企业购买非保本收益的金融商品，在持有期间或到期收到利息时，不缴纳增值税。

企业购买的金融商品在到期之前进行转让，应按照规定以盈亏相抵后的余额作为销售额计算缴纳增值税。金融商品实际转让月末，如产生转让收益，则根据应交增值税借记“投资收益”等科目，贷记“应交税费——转让金融商品应交增值税”科目；如产生转让损失，则按可结转下月抵扣的税额，借记“应交税费——转让金融商品应交增值税”科目，贷记“投资收益”等科目。按照增值税的有关规定，年末如有尚未弥补的亏损，不得结转下年，应根据年末“应交税费——转让金融商品应交增值税”科目借方余额，借记“投资收益”科目，贷记“应交税费——转让金融商品应交增值税”科目。缴纳增值税时，应借记“应交税费——转让金融商品应交增值税”科目，贷记“银行存款”等科目。

例 9-21

长江公司8月份根据发生的有关金融商品服务业务，编制会计分录如下：

（1）8月1日，确认应收债权投资利息212 000元。该债券为保本收益债券，于当年2月1日按照面值购入（当日发行），3年期，票面利率为4.24%，每半年付息一次，支付价款1 000 000元。

应交增值税＝212 000÷(1＋6%)×6%＝12 000(元)

投资收益＝212 000－12 000＝200 000(元)

借：应收利息	212 000	
贷：应交税费——应交增值税（销项税额）		12 000
投资收益		200 000

（2）8月10日，出售保本收益理财产品一批，收到价款502 500元。该理财产品于7月10日购入（到期日为10月10日），实际支付价款500 000元（未发生交易费用），确认为其他流动资产。

借：银行存款	502 500	
贷：其他流动资产		500 000
投资收益		2 500

（3）8月20日，出售非保本收益理财产品一批（无到期日），收到价款299 726元。该基金于7月5日购入，实际支付价款300 000元（未发生交易费用），确认为其他流动资产。

借：银行存款	299 726	
投资收益	274	
贷：其他流动资产		300 000

（4）8月31日，结转当月转让金融商品应交增值税。

销售额＝2 500－274＝2 226(元)

应交增值税＝2 226÷(1＋6%)×6%＝126(元)

借：投资收益	126	
贷：应交税费——转让金融商品应交增值税		126

12. 当月应交增值税与实交增值税

企业根据当月“应交税费——应交增值税”科目的借、贷方发生额，可以计算出当月应交增值税额，其计算公式为：

应交增值税＝销项税额－(进项税额－进项税额转出－出口退税)
－减免税款－出口抵减内销产品应纳税额

企业应交的增值税额，应根据具体情况按日缴纳或按月预交。缴纳当月应交增值税时，应借记“应交税费——应交增值税（已交税金）”科目，贷记“银行存款”科目。

企业补交以前期间未交增值税时，应借记“应交税费——未交增值税”科目，贷记“银行存款”科目。

例9-22

长江公司8月份根据前述“应交税费——应交增值税”科目，计算当月应交增值税，并根据实际缴纳的增值税，编制会计分录如下：

（1）8月份应交增值税计算如下：

进项税额＝260 090＋18 000＋36 000＋65 045＋270 000＋90
＝649 225(元)
进项税额转出＝11 900＋168 300＋60 000＝240 200(元)
出口退税＝195 000(元)
销项税额＝650 000＋195 000＋13 065－1 300＋6 000＋12 000
＝874 765(元)
减免税款＝6 000(元)
出口抵减内销产品应纳税额＝195 000(元)
应交增值税＝874 765－(649 225－240 200－195 000)－6 000－195 000
＝459 740(元)

（2）8月份补交7月末未交增值税200 000元，并预交8月份增值税300 000元，合计500 000元。

借：应交税费——未交增值税	200 000	
——应交增值税（已交税金）	300 000	
贷：银行存款		500 000

13. 预交增值税

预交增值税是指转让不动产、提供不动产经营租赁服务、提供建筑服务、采用预收款方式销售自行开发的房地产项目等，以及其他按现行增值税制度规定应预交的增值税额（如预售报纸杂志预交的增值税）。

企业预交增值税时，借记“应交税费——预交增值税”科目，贷记“银行存款”科目。月末，企业应将“预交增值税”明细科目余额转入“未交增值税”明细科目，借记“应交税费——未交增值税”科目，贷记“应交税费——预交增值税”科目。但是，转让不动产、提供不动产经营租赁服务、提供建筑服务、采用预收款方式销售自行开发的房地产项目在预交增值税后，应直至纳税义务发生时方可从“应交税费——预交增值税”科目结转至“应交税费——未交增值税”科目。因此，该明细科目月末如有余额，应为借方余额，即转让不动产、提供不动产经营租赁服务、提供建筑服务、采用预收款方式销售自行开发的房地产项目已经预交但尚未发生纳税义务的增值税。

例 9－23

长江公司 8 月份根据发生的有关预交增值税业务，编制会计分录如下：

（1）8 月 31 日，收到预售商品房款 1 500 000 元。

借：银行存款　　1 500 000

　　贷：合同负债　　1 500 000

（2）预交增值税 45 000 元。

借：应交税费——预交增值税　　45 000

　　贷：银行存款　　45 000

需要说明的是，“预交增值税”明细科目月末通常没有余额，因为其月末余额会转到“未交增值税”明细科目；但存在特殊情况，即转让不动产、提供不动产经营租赁服务、提供建筑服务、采用预收款方式销售自行开发的房地产项目预交的增值税，是在纳税义务发生时才转到“未交增值税”明细科目的，所以月末有可能存在余额，例 9－23 中的“应交税费——预交增值税”科目借方余额 45 000 元即为预售商品房预交的增值税。

14. 转出未交增值税与多交增值税

月末，企业应将当月未交增值税或多交、预交增值税从“应交税费——应交增值税”“应交税费——预交增值税”科目转出，转入“应交税费——未交增值税”科目。转出未交增值税时，应借记“应交税费——应交增值税（转出未交增值税）”科目，贷记“应交税费——未交增值税”科目；转出多交、预交增值税时，应借记“应交税费——未交增值税”科目，贷记“应交税费——应交增值税（转出多交增值税）”科目。

例 9－24

根据例 9－22“应交税费——应交增值税”科目计算结果，转出未交增值税。

转出未交增值税＝459 740－300 000＝159 740(元)

借：应交税费——应交增值税（转出未交增值税）　　159 740

　　贷：应交税费——未交增值税　　159 740

月末未交增值税为：

月末未交增值税＝月初未交增值税－当月补交增值税＋当月未交增值税－当月预交增值税(其他按现行增值税制度规定应预交的增值税额)

＝200 000－200 000＋159 740－0＝159 740(元)

15. 简易计税

企业提供教育辅助服务等，经税务机关批准，可以选择简易计税方法计算缴纳增值税，不得抵扣进项税额。应纳税额计算公式：

应纳税额＝销售额×征收率

企业取得采用简易计税方法的收入时，应根据收到的全部价款，借记“银行存款”等科目；根据应交增值税，贷记“应交税费——简易计税”科目；根据确认的收入，贷记“其他业务收入”等科目。实际缴纳增值税时，借记“应交税费——简易计税”科目，贷记“银行存款”科目。

例9－25

长江公司8月份根据发生的有关简易计税业务，编制会计分录如下：

（1）收取业务培训费412 000元，经税务机关批准采用简易计税方法计算缴纳增值税。

应交增值税＝412 000÷(1＋3%)×3%＝12 000(元)

确认收入＝412 000－12 000＝400 000(元)

借：银行存款	412 000	
贷：其他业务收入		400 000
应交税费——简易计税		12 000

（2）补交7月未交简易计税增值税9 000元。

借：应交税费——简易计税	9 000	
贷：银行存款		9 000

16. 代扣代交增值税

按照现行增值税制度规定，境外单位或个人在境内发生应税行为，在境内未设有经营机构的，以购买方为增值税扣缴义务人。

企业向境内未设有经营机构的境外单位或个人购进服务、无形资产或不动产，应根据计入相关成本费用或资产的金额，借记“生产成本”“无形资产”“固定资产”“管理费用”等科目；根据可抵扣的增值税额，借记“应交税费——应交增值税（进项税额）”科目；根据应付或实际支付的金额，贷记“银行存款”“应付账款”等科目；根据应代扣代交的增值税额，贷记“应交税费——代扣代交增值税”科目。实际缴纳代扣代交增值税时，借记“应交税费——代扣代交增值税”科目，贷记“银行存款”科目。

例9－26

长江公司8月份根据发生的有关代扣代交增值税业务，编制会计分录如下：

（1）接受境内未设有经营机构的境外单位提供的咨询服务，用于简易计税项目，全部价款为318 000元，实际支付100 000元，代扣代交增值税6 000元。

借：其他业务成本　　106 000
　贷：应交税费——代扣代交增值税　　6 000
　　银行存款　　100 000

（2）补交7月末未交代扣代交增值税9 000元。

借：应交税费——代扣代交增值税　　9 000
　贷：银行存款　　9 000

17．小规模纳税人

小规模纳税人应交增值税的核算采用简化的方法，即购进货物或接受应税劳务支付的增值税进项税额，一律不予抵扣，均计入购进货物和接受应税劳务的成本；销售货物或提供应税劳务时，按应征增值税销售额的3%计算。

小规模纳税人的应征增值税销售额计算方法与一般纳税人相同。一般来说，小规模纳税人采用销售额和应纳税额合并定价的方法，销售货物或提供应税劳务后应进行价税分离，其计算公式为：

$$\text{不含税销售额}=\frac{\text{含税销售额}}{1+\text{征收率}}$$

$$\text{应纳税额}=\text{不含税销售额}\times\text{征收率}$$

小规模纳税人应在“应交税费”科目下设置“应交增值税”“转让金融商品应交增值税”“代扣代交增值税”明细科目，不需要设置专栏及其他明细科目。

小规模纳税人的应征税额也不计入销售收入。在销售货物或提供应税劳务时，应按全部价款借记“银行存款”等科目，按不含税的销售额贷记“主营业务收入”等科目，按应征税额贷记“应交税费——应交增值税”科目。

转让金融商品应交增值税与代扣代交增值税的核算方法与一般纳税人相同。

如果小规模纳税人的会计核算健全，能按会计制度和税务机关的要求准确核算进项税额、销项税额和应纳税额，可以认定为一般纳税人。

例9-27

某企业为小规模纳税人，适用的增值税征收率为3%，某月根据发生的购销业务，编制会计分录如下：

（1）购进原材料一批，价款10 000元，增值税1 300元，共计11 300元，款项用银行存款支付。

借：原材料　　11 300
　贷：银行存款　　11 300

（2）销售产品一批，全部价款为30 900元，款项收到，存入银行。

$$\text{不含税销售额}=\frac{30\,900}{1+3\%}=30\,000(\text{元})$$

$$\text{应征税额}=30\,000\times3\%=900(\text{元})$$

借：银行存款　　30 900
　贷：主营业务收入　　30 000
　　　应交税费——应交增值税　　900

18. 增值税项目的财务报表列示

“应交税费”科目下的“应交增值税”“未交增值税”“待认证进项税额”“预交增值税”“转让金融商品应交增值税”等明细科目期末借方余额应根据情况，在资产负债表中的“其他流动资产”或“其他非流动资产”项目列示；“应交税费——待转销项税额”等科目期末贷方余额应根据情况，在资产负债表中的“其他流动负债”或“其他非流动负债”项目列示；“应交税费”科目下的“未交增值税”“简易计税”“转让金融商品应交增值税”“代扣代交增值税”等科目期末贷方余额应在资产负债表中的“应交税费”项目列示。

例9－28

长江公司8月份根据例9－14至例9－26业务，在资产负债表列示有关增值税项目如下：

明细科目余额：

“应交增值税”明细科目借方余额＝0
“待认证进项税额”明细科目借方余额＝35 000(元)
“预交增值税”明细科目借方余额＝45 000(元)
“待转销项税额”明细科目贷方余额＝1 300 000(元)
“转让金融商品应交增值税”明细科目贷方余额＝126(元)
“未交增值税”明细科目贷方余额＝159 740(元)
“简易计税”明细科目贷方余额＝12 000(元)
“代扣代交增值税”明细科目贷方余额＝6 000(元)

资产负债表项目列示：

“其他流动资产”项目＝0＋35 000＋45 000＝80 000(元)
“其他流动负债”项目＝1 300 000(元)
“应交税费”项目＝126＋159 740＋12 000＋6 000＝177 866(元)

9.5.2 应交消费税

1. 纳税义务人

在我国境内生产、委托加工和进口应征消费税的消费品的单位和个人，为消费税的纳税义务人。

2. 销售产品应交消费税

消费税与增值税不同，一般来说属于价内税，即营业收入中包含消费税，也就是说，消费税应由营业收入来补偿。消费税实行从价定率、从量定额或者从价定率和从量定额复合计税方法计算应纳税额。

由于企业销售应税消费品的销售收入中含有应交消费税，在核算消费税时，可设置“税金及附加”科目。该科目属于费用类科目。企业结转应交消费税时，应根据应纳税额借记“税金及附加”科目，贷记“应交税费——应交消费税”科目；实际缴纳消费税时，应借记“应交税费——应交消费税”科目，贷记“银行存款”科目。

例 9－29

某企业某月根据发生的有关消费税业务，编制会计分录如下：

（1）销售应税消费品一批，不含增值税的价款为 50 000 元，增值税销项税额为 6 500 元，共计 56 500 元，款项收到，存入银行。

借：银行存款　　56 500
　贷：主营业务收入　　50 000
　　应交税费——应交增值税（销项税额）　　6 500

（2）销售该产品的消费税税率为 10%，结转应交消费税 5 000 元。

借：税金及附加　　5 000
　贷：应交税费——应交消费税　　5 000

3. 视同销售应交消费税

企业将自产的应税消费品用于本企业生产非应税消费品、在建工程、管理部门、非生产机构、提供劳务以及用于馈赠、赞助、集资、广告、样品、职工福利、奖励等方面，均应视同销售，计算缴纳消费税。

例 9－30

某企业某月根据发生的有关视同销售业务，编制会计分录如下：

（1）管理部门领用自产的应税消费品甲产品 1 件，实际成本为 5 000 元，同类产品的销售价格为 10 000 元，消费税税率为 20%。

应交消费税＝10 000×20%＝2 000(元)

借：管理费用　　7 000
　贷：库存商品　　5 000
　　应交税费——应交消费税　　2 000

（2）将自产的应税消费品乙产品一批对外捐赠，实际成本为 200 000 元，同类产品的销售价格为 400 000 元，增值税税率为 13%，采用从价定率办法计算缴纳消费税，消费税税率为 20%。

增值税销项税额＝400 000×13%＝52 000(元)

消费税＝400 000×20%＝80 000(元)

借：营业外支出　　452 000
　贷：主营业务收入　　400 000
　　应交税费——应交增值税（销项税额）　　52 000

借：税金及附加　　80 000
　贷：应交税费——应交消费税　　80 000
借：主营业务成本　　200 000
　贷：库存商品　　200 000

4. 委托加工应交消费税

企业委托外单位加工应税消费品，按税法规定，应由受托方在向委托方交货时代扣代缴消费税。

企业收回委托加工的应税消费品，如果用于连续生产应税消费品，按税法规定，缴纳的消费税可以抵扣，应借记“应交税费——应交消费税”科目，贷记“银行存款”等科目；在企业最终销售应税消费品时，再根据其销售额计算应交的全部消费税，借记“税金及附加”科目，贷记“应交税费——应交消费税”科目；应交的全部消费税扣除收回委托加工应税消费品时缴纳的消费税为应补交的消费税，缴纳消费税时，借记“应交税费——应交消费税”科目，贷记“银行存款”科目。

企业收回委托加工的应税消费品，如果不再加工而是直接出售，则缴纳的消费税应计入收回的应税消费品的成本，借记“委托加工物资”等科目，贷记“银行存款”等科目；在应税消费品出售时，不必再计算缴纳消费税。如果以高于受托方的计税价格出售的，不属于直接出售，需按规定申报缴纳消费税，在计税时准予扣除受托方已代收代缴的消费税。

例 9 - 31

某企业根据发生的有关委托加工应税消费品业务，编制会计分录如下：

(1) 发出原材料一批，实际成本 100 000 元，加工应税消费品。

借：委托加工物资　　100 000
　贷：原材料　　100 000

(2) 收回加工完成的应税消费品，作为原材料入库，用银行存款实际支付不含税的加工费 20 000 元，增值税 2 600 元，经税务机关认证可以抵扣；采用从价定率办法计算缴纳消费税，消费税税率为 20%，支付消费税 30 000 元，共计 52 600 元。

1) 如果收回的应税消费品用于连续生产应税消费品。

借：委托加工物资　　20 000
　　应交税费——应交增值税（进项税额）　　2 600
　　　　　　——应交消费税　　30 000
　贷：银行存款　　52 600
借：原材料　　120 000
　贷：委托加工物资　　120 000

2) 如果收回的应税消费品直接出售。

借：委托加工物资　　50 000
　　应交税费——应交增值税（进项税额）　　2 600
　贷：银行存款　　52 600

借：原材料　　150 000
　贷：委托加工物资　　150 000

5. 缴纳消费税

企业实际缴纳消费税时，应借记“应交税费——应交消费税”科目，贷记“银行存款”科目。

9.5.3 应交城市维护建设税与教育费附加

城市维护建设税与教育费附加均为一种附加的税费。按照现行法规的有关规定，城市维护建设税与教育费附加均应根据应交增值税、消费税之和的一定比例计算缴纳。城市维护建设税与教育费附加均属于价内税，应由营业收入来补偿。

结转应交城市维护建设税与教育费附加时，应借记“税金及附加”科目，贷记“应交税费——应交城市维护建设税”“应交税费——应交教育费附加”科目；实际缴纳城市维护建设税与教育费附加时，应借记“应交税费——应交城市维护建设税”“应交税费——应交教育费附加”科目，贷记“银行存款”科目。

例9-32

某企业适用的城市维护建设税税率为7%，适用的教育费附加费率为5%。某月，根据取得的各项收入形成的应交增值税、消费税，计算并结转应交城市维护建设税与教育费附加如表9-3所示。

表9-3　应交城市维护建设税与教育费附加计算表　　单位：元

项目	税基	应交城市维护建设税	应交教育费附加	合计
应交增值税	100 000	7 000	5 000	12 000
应交消费税	50 000	3 500	2 500	6 000
合计	150 000	10 500	7 500	18 000

编制会计分录如下：

借：税金及附加　　18 000
　贷：应交税费——应交城市维护建设税　　10 500
　　　　　　　——应交教育费附加　　7 500

9.6 其他应付款与合同负债（或预收账款）

9.6.1 其他应付款

其他应付款（other payables）是指除短期借款、应付票据、应付账款、应付职工薪酬、应交税费、应付利润以及预提费用以外的各种偿付期在一年以内的款项，如出租、出借包装物收取的押金等。

其他应付款的数额一般能够直接确定。发生其他应付款时，应借记有关科目，贷记“其他应付款”科目；偿付其他应付款时，应借记“其他应付款”科目，贷记“银行存款”等科目。

9.6.2 合同负债（或预收账款）

预收账款（advances from customers）是指企业在销货之前预先向购买方收取的款项，应在一年以内用产品或劳务来偿付。

合同负债是指企业已收客户对价而应向客户转让商品的义务，如企业在转让承诺的商品之前已收取的款项。企业可以设置“合同负债”科目核算。因“合同负债”科目的核算内容与“预收账款”科目基本相同，设置了“合同负债”科目的，可以不再设置“预收账款”科目。

企业发生的预收账款业务，一般可以通过“合同负债”科目核算。收到预收账款时，应借记“银行存款”科目，贷记“合同负债”科目；销售货物或提供劳务时，应借记“合同负债”科目，贷记“主营业务收入”“应交税费——应交增值税（销项税额）”等科目；退还多收的货款时，应借记“合同负债”科目，贷记“银行存款”科目；收到购买方补付的货款时，应借记“银行存款”科目，贷记“合同负债”科目。采用这种方式，在销货的全部价款大于预收账款而尚未收到购买方补付的账款时，“合同负债”科目所属的明细科目会有借方余额。月末，“合同负债”所属明细科目的借方余额，在资产负债表上应列入“应收账款”项目。

在企业预收账款业务不多的情况下，为了简化核算工作，也可以不设“合同负债”科目，预收的账款记入“应收账款”科目的贷方。采用这种方式，“应收账款”科目所属的明细科目可能会有贷方余额。月末，“应收账款”科目所属明细科目的贷方余额，在资产负债表上应列入“预收款项”项目。

例 9-33

某企业根据发生的有关预收账款业务，编制会计分录如下：

（1）8月31日预收长空公司货款20 000元，存入银行。

借：银行存款	20 000	
贷：合同负债——长空公司		20 000

（2）9月30日向长空公司发货一批，不含税的价款为50 000元，增值税为6 500元，用银行存款代垫运杂费100元，共计56 600元；长空公司尚未补付货款。

借：合同负债——长空公司	56 600	
贷：主营业务收入		50 000
应交税费——应交增值税（销项税额）		6 500
银行存款		100

9月30日，“合同负债——长空公司”明细科目借方余额36 600元，列入资产负债表的“应收账款”项目。

（3）10月6日，收到长空公司补付的货款36 600元，存入银行。

借：银行存款	36 600	

贷：合同负债——长空公司　36 600

如果该企业不设“合同负债”科目，发生上述业务应编制会计分录如下：

（1）8月31日预收货款。

借：银行存款　20 000

　贷：应收账款——长空公司　20 000

（2）8月31日“应收账款——长空公司”明细科目贷方余额20 000元，应列入资产负债表的“预收款项”项目。

（3）9月30日发货。

借：应收账款——长空公司　56 600

　贷：主营业务收入　50 000

　　应交税费——应交增值税（销项税额）　6 500

　　银行存款　100

（4）10月6日收到补付货款。

借：银行存款　36 600

　贷：应收账款——长空公司　36 600

思考题

1. 职工薪酬包括哪些内容？
2. 一般纳税人进行增值税的核算应设置哪些明细科目？
3. 一般纳税人支付的哪些增值税进项税额不能抵扣？
4. 一般纳税人的哪些业务应视同销售？
5. “应交税费”科目下与增值税有关的明细科目余额在资产负债表中如何列示？
6. 企业收回哪些应税消费品支付的消费税应计入应税消费品成本？

练习题

1. 甲公司为增值税一般纳税人，销售商品适用的增值税税率为13%，转让金融商品适用的增值税税率为6%。该公司20×1年3月初“应交税费——未交增值税”科目贷方余额为100 000元，“应交税费”其他明细科目无余额；3月份发生下列有关增值税的经济业务：

（1）购入一批原材料，增值税专用发票上注明的原材料价款为200 000元，增值税为26 000元，经税务机关认证可以抵扣，货款已经支付，另购入材料过程中支付运费1 000元，运费增值税90元；材料已经到达并验收入库。

（2）购入一批原材料，增值税专用发票上注明的原材料价款为100 000元，增值税为13 000元，尚未经税务机关认证，货款尚未支付，原材料已经到达并验收入库。

（3）收购农业产品，实际支付的价款为10 000元，收购的农业产品已验收入库，增值税抵扣税率为9%，经税务机关认证可以抵扣。

(4) 一批原材料用于建造集体福利设施，成本为20 000元，购进原材料时进项税额2 600元已经抵扣。

(5) 购入一栋房屋，增值税专用发票上注明的房屋价款为30 000 000元，增值税为2 700 000元，经税务机关认证可以抵扣，款项已经支付。

(6) 用原材料对外投资，该批原材料的成本为500 000元，双方协议不含增值税的价格为600 000元。

(7) 销售产品一批，销售价格为4 520 000元（含增值税），实际成本为3 600 000元，提货单和增值税专用发票已交购货方，货款尚未收到。该销售符合收入确认条件。

(8) 自行建造机器设备在建工程领用库存商品一批，实际成本为40 000元，市场售价为50 000元。

(9) 采用分期收款方式销售一批产品，不含增值税的价款为5 000 000元，收款期为5个月，自下月起每月月末收取价款1 000 000元，同时开具相应金额的增值税专用发票并收取增值税；该批产品实际成本为3 000 000元。

(10) 出售一批尚未到期的保本收益公司债券，收到款项3 000 000元；该批公司债券取得时确认为其他债权投资，出售时成本为2 682 000元，未确认公允价值变动损益。

(11) 月末盘亏原材料一批，该批原材料的实际成本为30 000元，经查为计量误差所致，经批准可以处理。

(12) 用银行存款缴纳上月未交增值税100 000元。

(13) 月末结转未交增值税。

要求：

(1) 根据上述业务编制有关会计分录。

(2) 计算有关增值税明细科目3月末余额，并说明在资产负债表中的列示。

2. 甲公司为增值税一般纳税人，增值税税率为13%，消费税税率为10%。材料按照实际成本进行核算，20×1年6月发生下列经济业务：

(1) 委托加工原材料一批（属于应税消费品），发出原材料成本为170 000元，支付加工费10 000元，增值税为1 300元，经税务机关认证可以抵扣；受托方代扣代交消费税20 000元。委托加工的原材料已全部收回，将直接出售，加工费和税金已用银行存款支付。

(2) 收回的委托加工原材料全部出售，收取价款200 000元，增值税26 000元，存入银行。

要求：根据上述业务编制有关会计分录。

第 10 章　非流动负债

学习目标

1. 掌握：非流动负债的性质与种类；长期借款、应付债券和借款费用资本化的账务处理。

2. 理解：借款费用的金额确定与会计处理的一般问题。

3. 了解：预计负债的账务处理。

10.1　非流动负债概述

10.1 即测即评

10.1.1　非流动负债的性质与种类

非流动负债（non-current liability）是流动负债以外的负债，通常是指偿还期限在一年以上的债务。与流动负债相比，非流动负债具有偿还期限较长、金额较大的特点，这就决定了其会计处理也具有不同于流动负债的特点。

由于非流动负债的偿还期限较长且金额较大，未来的现金流出量（未来支付的利息与本金）与其现值之间的差额较大，因而从理论上讲，非流动负债宜按其现值入账，而不宜按其未来应偿付金额入账。由于非流动负债的利息额往往较大，因而利息的确认与计量对于如实反映企业的财务状况与经营成果便显得十分重要。此外，非流动负债的利息既可能是分期支付，也可能于到期还本时一次支付，因而非流动负债的应付未付利息本身既可能是流动负债，也可能是非流动负债。

常见的非流动负债主要有长期借款、应付债券等。

10.1.2　与非流动负债有关的借款费用

企业对外借款，承担债务，要发生一定的借款费用。借款费用是指企业因借款而发生的利息、折价或溢价的摊销和辅助费用，以及因外币借款而发生的汇兑差额。

1．非流动负债利息的计算

由于非流动负债的期限长，而且一般金额较大，因而利息是一项很重要的因素。利息的计算方法有单利和复利两种。

（1）单利。单利是指在涉及两个或两个以上的计息期的情况下，各期的利息均只按最初的本金计算，所生利息不加入本金重复计算以后期间的利息。其计算公式如下：

单利利息＝本金×利率×计息期数

本利和＝本金×(1＋利率×计息期数)

例 10－1

某企业向银行借入 3 年期借款 100 000 元，年利率 8%，按单利计算，到期一次还本付息。

每年的利息＝100 000×8%＝8 000(元)

3 年利息总额＝100 000×8%×3＝24 000(元)

本利和＝100 000×(1＋8%×3)＝124 000(元)

（2）复利。复利是一种将前期利息加入后期本金计算利息的方法，俗称利滚利。其计算公式如下：

本利和＝本金×(1＋利率)^n

若用 R 表示本利和，P 表示本金，i 表示利率，n 表示期数，则有

$$R=P(1+i)^n$$

例 10－2

假设例 10－1 中借款利息按复利计算。

本利和＝100 000×(1＋8%)^3＝100 000×1.259 71＝125 971(元)

各年的应付利息可分别计算如下：

第 1 年的利息＝100 000×8%＝8 000(元)

第 2 年的利息＝(100 000＋8 000)×8%＝8 640(元)

第 3 年的利息＝(108 000＋8 640)×8%＝9 331(元)

3 年累计利息＝8 000＋8 640＋9 331＝25 971(元)

现值与终值是两个重要的概念。现值是现在付款或收款的金额。终值则是未来某个时点付款或收款的金额，也就是本利和。这两个概念是建立在货币时间价值基础之上的。今天的 1 元钱存入银行，将来除了收回本金外，还可获得一定的利息。这说明今天 1 元钱的价值大于未来 1 元钱的价值。所谓货币时间价值，是指一定数

额的货币在不同时点的价值差额。在现实生活中，通常以利率或折现率这样的相对数表示货币时间价值。在计算复利的情况下，现值和终值的关系如下：

$$终值=现值\times(1+i)^n$$
$$现值=终值\times(1+i)^{-n}$$

式中，i 为利率；n 为期数；$(1+i)^n$ 称为复利终值系数，可记为（F/P，i，n）；$(1+i)^{-n}$ 称为复利现值系数或折现系数，可记为（P/F，i，n）。为了简化计算工作，复利终值系数与复利现值系数均可查表得到。例如，例 10－2 中，复利终值系数为：

$$(F/P,8\%,3)=1.259\ 71$$

（3）年金。在若干期内每期等额付款或收款，称为年金。每期等额付款或收款的终值，称为年金终值；每期等额付款或收款的现值，称为年金现值。如果在每期期末付款或收款，则称为普通年金。在计算复利的情况下，若用 R 表示每期付款或收款额，则普通年金的终值与现值可计算如下：

$$年金终值=R\cdot\frac{(1+i)^n-1}{i}$$

$$年金现值=R\cdot\frac{1-(1+i)^{-n}}{i}$$

式中，$\frac{(1+i)^n-1}{i}$称为年金终值系数，可记作(F/A，i，n)；$\frac{1-(1+i)^{-n}}{i}$称为年金现值系数或年金折现系数，可记作（P/A，i，n）。为了简化计算工作，年金终值系数与年金现值系数均可查表求得。

2. 与非流动负债有关的借款费用的会计处理

借款费用的会计处理，就是确定一定时期的借款费用金额以及应归属何种会计要素的过程。具体来说，就是指借款费用究竟应作为期间费用（财务费用）计入当期损益，还是应计入相关资产的成本。前者称为借款费用的费用化，后者称为借款费用的资本化。

主张费用化者认为，企业举借债务所发生的借款费用属于筹资过程中发生的筹资费用，与借入资金的运用无关，因此应将其计入当期损益，而不应计入购置资产的成本。如果将借款费用资本化，会使同类资产的取得成本仅仅由于筹资方式不同而产生差异：用借入资金购置资产的成本要高于用自有资金购置资产的成本，而且这种差异往往较大。

主张资本化者认为，非流动负债往往是为了取得某项长期资产而借入的，其借款费用与所取得的资产有紧密的联系，它与构成资产成本的其他要素并无本质上的区别，因而应将借款费用计入所取得资产的成本。此外，如果将借款费用费用化，那么在还款前的各个会计期间，会由于巨额的借款费用而导致盈利偏少乃至亏损，而借款所购置的资产往往在还款之后的相当长时期内仍然发挥作用。因此，费用化不利于正确反映各期损益。

1993 年版的《国际会计准则第 23 号——借款费用》规定，借款费用的基准处理方法是：借款费用于发生的当期确认为一项费用，而不管借款如何使用。作为允许选用的处理方法，对于那些可直接计入相关资产的购置、建造或生产成本的借款费用允许予以资本化。这里的相关资产是指需要经过相当长时间才能达到可以使用或可销售状态的资产。2007 年 3 月，国际会计准则理事会发布修订后的《国际会计准则第 23 号——借款费用》，取消了对可直接归属于符合条件的资产的购建或者生产的借款费用立即费用化的选择权，要求对这部分借款费用予以资本化，计入相关资产成本。

我国现行《企业会计准则第 17 号——借款费用》规定，企业发生的借款费用，可直接归属于符合资本化条件的资产的购建或者生产的，应当予以资本化，计入相关资产成本；其他借款费用应当在发生时根据其发生额确认为费用，计入当期损益。关于借款费用资本化的具体会计处理，将在 10.6 节专门讨论。

10.2　长期借款

10.2.1　长期借款的性质与核算内容

10.2 即测即评

长期借款是企业从银行或其他金融机构借入的期限在一年以上的款项。

为了总括反映长期借款的增减变动等情况，企业应设置“长期借款”科目。取得长期借款应记入该科目贷方，偿还长期借款则记入该科目借方。

按照权责发生制原则，企业应分期确认长期借款的利息。企业取得的长期借款，通常是到期一次支付利息的，因而应付未付的借款利息与本金一样，属于非流动负债，应贷记“长期借款”科目。确认的利息费用则应根据借款的用途等情况，确定应予费用化还是资本化，分别借记“财务费用”或“在建工程”等科目。

10.2.2　长期借款的账务处理

例 10 - 3

北京宏达电子股份有限公司 2021 年 1 月 1 日从工行取得长期借款 300 000 元，用于企业的经营周转，期限为 3 年，年利率为 10%，按复利计息，每年计息一次，到期一次归还本息。借入款项已存入开户银行。相关业务单据请扫描二维码。

由于该项长期借款用于企业的经营周转，因而按期确认的借款利息应当费用化，计入财务费用。

(1) 取得借款时。

借：银行存款	300 000	
贷：长期借款		300 000

（2）第 1 年年末计息时。

第 1 年的利息＝300 000×10%＝30 000（元）

借：财务费用	30 000	
贷：长期借款		30 000

（3）第 2 年年末计息时。

第 2 年的利息＝（300 000＋30 000）×10%＝33 000（元）

借：财务费用	33 000	
贷：长期借款		33 000

（4）第 3 年年末计息时。

第 3 年的利息＝（330 000＋33 000）×10%＝36 300（元）

借：财务费用	36 300	
贷：长期借款		36 300

（5）到期偿还本息时。

3 年累计利息＝30 000＋33 000＋36 300＝99 300（元）
应归还本利和＝300 000＋99 300＝399 300（元）

借：长期借款	399 300	
贷：银行存款		399 300

原始凭证
借款合同
建行进账单
记账凭证

原始凭证
利息费用计算表
记账凭证

原始凭证
利息费用计算表
记账凭证

原始凭证
利息费用计算表
记账凭证

原始凭证
建行付款通知书
记账凭证

10.3 应付债券

10.3.1 应付债券的性质与分类

10.3 即测即评

1. 应付债券的性质

企业可以依照法定程序，以对外发行债券的形式筹集资金。债券是依照法定程序发行的、约定在一定期限内还本付息的一种有价证券。**应付债券**（bonds payable）是企业因发行债券筹措资金而形成的一种非流动负债。

债券的票面上一般都载明以下内容：（1）企业名称；（2）债券面值；（3）票面

利率；(4) 还本期限和还本方式；(5) 利息的支付方式；(6) 债券的发行日期等。

企业发行债券通常须经董事会及股东会正式核准。若向社会公众公开发行，则须经有关证券管理机构核准。

为了便于债券的发行，债券发行企业可以聘请信托人充当债券持有者的权益代表。信托人一般是银行或大型信托公司。债券的发行均附有契约，以说明债券的发行条款及企业用作担保的抵押限制。例如，契约可能规定，债券发行企业只有在其营运资金超过某一限额时才能发放股利。债券发行企业如果违反契约规定的条款，信托人可以处置发行公司用作担保的资产，或采取其他法律手段以维护债券投资者的利益。

2. 应付债券的分类

企业发行的债券，可以按不同的方式进行分类。在很多情况下，债券的种类不同，其会计处理也不相同。

(1) 按偿还本金的方式分类。

1) 一次还本债券：全部在一个固定的到期日偿还本金的债券。

2) 分期还本债券：按不同的到期日分期偿还本金的债券。

(2) 按支付利息的方式分类。

1) 到期一次付息债券：在到期日支付全部利息的债券。

2) 分期付息债券：每隔一段时期支付一次利息的债券。例如，每半年付一次息，或每年付一次息。

(3) 按可否转换为发行企业股票分类。

1) 可转换公司债券：可按一定条件转换为发行企业普通股股票的债券。

2) 不可转换公司债券：不能转换为发行企业普通股股票的债券。

(4) 按有无担保品分类。

1) 抵押债券：发行企业以特定资产作为抵押担保而发行的债券。

2) 信用债券：没有特定资产作为抵押担保，单凭发行企业的信用而发行的债券。

(5) 按是否记名分类。

1) 记名债券：将持有人的姓名登记于发行公司的债券。

2) 不记名债券：不将持有人的姓名登记于发行公司的债券。

本节着重介绍一次还本、不可转换公司债券的会计处理。

10.3.2 债券的发行及账务处理

1. 债券的发行价格、市场利率与实际利率

债券的发行，首先涉及发行价格与市场利率、实际利率的关系问题。

就债券发行企业而言，债券的发行价格与市场利率、实际利率是影响会计处理的重要因素。债券的发行价格，是债券发行企业在发行债券时向债券投资者收取的全部现金或现金等价物。

债券的发行价格受很多因素的影响。就公司内部而言，除了债券的面值、期限、票面利率、利息支付方式之外，发行企业自身的信用状况、资本结构等也会影响债券的发行价格。就企业外部来说，资本市场上的利率水平、供求关系等，也是影响债券发行价格的重要因素。

债券一旦印制完毕，就已确定了债券发行之后债券发行企业应承担的未来付款义务：按面值偿还债券的本金以及支付按面值与票面利率计算的债券利息。这种未来付款义务在债券发行之后正式生效。企业发行债券后，一方面按发行价格向债券投资者收取一定数额的现金或现金等价物，另一方面承担起未来支付一定金额的义务。

就某种债券来说，债券发行时发行企业与债券投资者双方均能接受的利率，称为该种债券的市场利率。它与债券的发行价格是紧密相连的。如果债券发行时的市场利率已知，则该种债券的发行价格，等于到期偿还的债券面值按债券发行时的市场利率计算的现值加上债券票面利息按债券发行时的市场利率折算的现值之和。反过来，如果债券的发行价格已定，则该债券的市场利率是使发行企业的未来应偿付金额（面值与票面利息）的现值之和等于债券发行价格的折现率。

债券发行价格与市场利率的关系可表示如下：

$$\text{债券的发行价格}=\text{到期偿还面值按市场利率折算的现值}+\text{票面利息按市场利率折算的现值}$$

另一个相关的重要概念是实际利率。债券的实际利率是指将债券在预期存续期间内的未来现金流量折算为该债券当前账面价值所使用的利率（折现率）。债券发行时的实际利率与市场利率之间的关系取决于与债券发行直接相关的交易费用的会计处理方法。

交易费用的会计处理方法有两种：

第一种方法是交易费用不计入债券的初始确认金额，而是一次性全部计入当期损益或相关资产的购建成本。在这种情况下，债券发行时的实际利率等于市场利率。

第二种方法是交易费用计入债券的初始确认金额，也就是减少债券的入账金额（账面价值）。在这种情况下，债券发行时的实际利率不等于市场利率，确切地说，债券的实际利率大于市场利率。债券的入账金额、发行价格与实际利率之间的关系可表示如下：

$$\text{债券的入账金额}=\text{债券的发行价格}-\text{交易费用}$$

或

$$=\text{到期偿还面值按实际利率折算的现值}+\text{票面利息按实际利率折算的现值}$$

我国现行会计准则要求对应付债券（不属于以公允价值计量且其变动计入当期损益的债券）的交易费用采用第二种会计处理方法。

2. 应付债券入账金额的确定

应付债券的初始计量就是要确定应付债券的入账金额，而确定其入账金额的关键在于与债券发行相关的交易费用如何处理。与债券发行相关的交易费用，是指与债券发行直接相关的手续费、佣金等费用。如前所述，交易费用的处理有两种方法。

方法一：将交易费用计入当期损益或购建资产的成本。这种方法的好处是，应付债券的入账金额中只包括债券的发行价格，便于分析债券发行与债券市场的关系，特别是便于与债券购买方联系起来进行分析，例如从溢价、折价的角度进行分析；可以简化会计处理。但这种处理方法也存在问题，那就是从发行债券的企业的角度来看，应付债券的入账金额所反映的筹资成本不完整，因为交易费用被排除在筹资成本之外。在采用这种方法的情况下，应付债券的折价和溢价自然成为应付债券会计处理的重点。通常需要在“应付债券”总账科目下设置专门的“溢价”和“折价”明细科目，需要重点关注溢价和折价的摊销问题。

方法二：将交易费用计入应付债券的初始确认金额。我国现行会计准则规定，应付债券的交易费用应当包括在入账金额之内。也就是说，应付债券应按发行时实际收到的价款扣除相关的手续费、佣金等交易费用后的金额入账。从本质上来看，交易费用是债券筹资成本的一部分，将其包括在应付债券的初始确认金额内可以反映完整的筹资成本，有利于分析与评价筹资的效果。但这种处理方式模糊、淡化了债券筹资与债券市场之间的关联，不便于从债券溢价和折价的角度分析。

在采用方法二的情况下，会计处理的重点发生了转移，仅仅关注溢价和折价已经不够，需要将债券的溢价、折价和交易费用合在一起考虑。于是，我们在日常会计处理中引入利息调整概念。

利息调整＝面值－(发行价格－交易费用)

按上式计算的利息调整如为正，则是利息调整借差；如为负，则是利息调整贷差。于是，会计处理的重点自然转向利息调整借差和利息调整贷差。

下面的分析和举例都采用上述方法二，即我国现行会计准则规定的方法。

3. 应付债券账务处理的设计

在确定了应付债券的入账金额之后，还有一个具体的账务处理问题。

企业发行债券，就意味着承担了合约规定的两项付款义务：一是债券到期时按债券面值支付款项的义务；二是基于票面利率分期或到期一次支付利息的义务。因此，应付债券的入账金额与债券面值之间的差额是一项重要的信息。

从会计信息使用者的角度特别是企业内部管理的角度来看，债券面值是重要的信息，它代表了债券到期时企业需要偿还给债券投资者的本金，因此需要对其进行专门的明细反映。也就是说，我们需要将应付债券的初始计量金额拆分为面值和面值与入账金额的差额两部分分别反映。为了表述方便，我们将该差额称为利息调整（其实“利息调整”这一称谓并不十分科学）。它代表了债券存续期间的全部利息总额（未折现的金额）的一部分，严格来说是全部筹资成本的一部分，因为其中交易费用部分并不是支付给债券购买者，而是支付给为债券发行提供相关服务的中介机构。为了表述方便，可将其当作广义的利息看待。也就是在这个意义上将其称为利息调整。

应付债券的入账金额小于债券面值的差额称为利息调整借差，入账金额大于债券面值的差额称为利息调整贷差。利息调整借差本质上是债券筹资成本的组成部分，而利息调整贷差则是债券筹资成本的减项。

因此，为了方便分析和管理，可以在“应付债券”科目下设置“面值”“利息调整”等明细科目，也可以将利息调整细分为利息调整借差和利息调整贷差。

企业在付息日发行债券时，实际收到的价款中不含有利息，应按照发行债券的面值，贷记“应付债券——面值”科目；按照实际收到的全部价款扣除面值以后的差额，借记或贷记“应付债券——利息调整”科目；按实际收到的全部价款，借记“银行存款”等科目。

企业在两个付息日之间发行债券时，实际收到的价款中含有自上个付息日至下个付息日之间的利息。这部分利息应分别不同情况进行处理。其中，到期一次付息债券的利息由于不需要在一年以内支付，应计入债券的初始计量金额，贷记“应付债券——应计利息”科目；分期付息债券的利息一般在一年以内支付，从性质上看属于企业承担的一项短期债务，应贷记“应付利息”科目，不计入债券的初始计量金额。

本节的举例都假定相关的利息费用全部费用化，计入当期的财务费用。关于利息资本化的讨论，请见本章 10.6 节。

4. 债券发行的账务处理举例

例 10－4

北京宏达电子股份有限公司于 2021 年 1 月 1 日以 781 302 元的价格发行总面值为 800 000 元、票面年利率为 5%、5 年期的债券，用于公司的经营周转。债券利息在每年 12 月 31 日支付。发行该债券发生交易费用 15 000 元，从发行债券所收到的款项中扣除。相关业务单据请扫描二维码。

原始凭证
债券发行结果公告
建行进账单
记账凭证

应付债券的入账金额＝781 302－15 000＝766 302(元)

应确认的利息调整借差＝800 000－766 302＝33 698(元)

借：银行存款	766 302	
应付债券——利息调整	33 698	
贷：应付债券——面值		800 000

例 10－5

丁公司于 20×1 年 1 月 1 日以 850 617 元的价格发行总面值为 800 000 元、票面利率为年利率 5%、5 年期的债券，用于公司的经营周转。债券利息在每年 12 月 31 日支付。发行该债券发生的交易费用 15 000 元，从发行债券所收到的款项中扣除。

应付债券的入账金额＝850 617－15 000＝835 617(元)

应确认的利息调整贷差＝835 617－800 000＝35 617(元)

借：银行存款	835 617	
贷：应付债券——面值		800 000
——利息调整		35 617

例10－6

M公司于20×3年1月1日以757 260元的价格发行总面值为800 000元、票面利率为年利率5%、5年期的到期一次付息债券，用于公司的经营周转。债券利息按单利计算，于债券到期时一次支付。发行该债券发生的交易费用10 000元，从发行债券所收到的款项中扣除。

应付债券的入账金额＝757 260－10 000＝747 260(元)

应确认的利息调整借差＝800 000－747 260＝52 740(元)

借：银行存款	747 260
应付债券——利息调整	52 740
贷：应付债券——面值	800 000

10.3.3 应付债券的摊余成本与利息费用的确定

应付债券通常按摊余成本进行后续计量。摊余成本的确定有两种方法，也就是利息调整的摊销方法：直线法与实际利率法。现行会计准则要求采用实际利率法确定应付债券的摊余成本。

当采用实际利率法时，期末应付债券就是按照未来现金流量的现值计量的，只不过此时计算现值所用的折现率是债券发行时的实际利率，它是一个在债券存续期内保持不变的折现率，从这个意义上来讲，这样的处理方法意味着应付债券是基于历史成本模式进行后续计量的。

确定摊余成本的过程同时也是确认利息费用的过程。

1. 按直线法确定摊余成本

按直线法确定摊余成本，就是将应付债券的初始利息调整总额在债券的存续期内平均分摊到各个会计期间。

例10－7

承例10－4。假定宏达公司发行债券后采用直线法确定应付债券的摊余成本。

$$每年摊销利息调整借差=\frac{33\ 698}{5}=6\ 739.6(元)$$

宏达公司每年12月31日的账务处理如下：

(1) 支付利息。

借：财务费用	40 000
贷：银行存款	40 000

(2) 摊销利息调整借差。

借：财务费用	6 739.60
贷：应付债券——利息调整	6 739.60

在直线法下，宏达公司每年应确认的应付债券的利息费用为：

40 000＋6 739.6＝46 739.6(元)

例 10-8

承例 10-5。假定丁公司发行债券后采用直线法确定应付债券的摊余成本。

$$每年摊销利息调整贷差=\frac{35\ 617}{5}=7\ 123.4（元）$$

丁公司每年 12 月 31 日的账务处理如下：

（1）支付利息。

借：财务费用　　40 000

　贷：银行存款　　40 000

（2）摊销利息调整贷差。

借：应付债券——利息调整　　7 123.40

　贷：财务费用　　7 123.40

在直线法下，丁公司每年应确认的应付债券的利息费用为：

$$40\ 000-7\ 123.4=32\ 876.6（元）$$

例 10-9

承例 10-6。假定 M 公司发行债券后采用直线法确定应付债券的摊余成本。

$$每年摊销利息调整借差=\frac{52\ 740}{5}=10\ 548（元）$$

企业的应付债券如果是到期一次付息债券，则其应计利息也是一项非流动负债，它与该项应付债券的初始计量金额没有本质区别。可以在“应付债券”科目下设置“应计利息”明细科目予以反映。

M 公司每年 12 月 31 日的账务处理如下：

（1）确认应付利息。

借：财务费用　　40 000

　贷：应付债券——应计利息　　40 000

（2）摊销利息调整借差。

借：财务费用　　10 548

　贷：应付债券——利息调整　　10 548

在直线法下，M 公司每年应确认的应付债券的利息费用为：

$$40\ 000+10\ 548=50\ 548（元）$$

2. 按实际利率法确定摊余成本

采用直线法确定摊余成本，操作比较简单。但这种方法无论从应付债券的期末计价还是从利息费用的确定来看，都存在理论上的缺陷。从应付债券的期末计价来看，按这种方法确定的各期应付债券的期末余额，无法从统一的计量属性的角度进行解释。从利息费用的确定来看，由于各期应付债券的账面价值会随着利息调整的摊销而发生变化，因此，在利率相同的情况下，各期确认的利息费用应该不同。但按直线法所确定的各期利息费用是完全相同的。

采用实际利率法确定应付债券的摊余成本，可以克服直线法的上述不足。可以从两个不同的角度来理解实际利率法的特点，一是从应付债券的期末计价来看，实际利率法要求期末应付债券按未来现金流量的现值计量，计算现值要以债券发行时的实际利率作为折现率。二是从利息费用的确认来看，实际利率法要求以期初债券的账面价值乘以债券发行时的实际利率，据以确定当期应确认的利息费用，再将其与当期的票面利息相比较，以两者的差额作为当期应摊销的利息调整金额。按这种方法确定的各期利息费用会随着债券账面价值的变动而变动，并与债券的账面价值保持同方向的固定比例关系。

在对应付债券的后续计量采用实际利率法的情况下，需要在债券发行时即确定所发行债券的实际利率。实际利率是使所发行债券的名义未来现金流量的现值等于该债券的入账金额的折现率。通常需要采用插值法确定债券的实际利率。

依据例 10-4 的资料，设实际利率为 i，则有

$$766\,302=800\,000\times(P/F,i,5)+800\,000\times5\%\times(P/A,i,5)$$

采用插值法确定债券的实际利率 i 为 6%。

依据例 10-5 的资料，设实际利率为 r，则有

$$835\,617=800\,000\times(P/F,r,5)+800\,000\times5\%\times(P/A,r,5)$$

采用插值法确定债券的实际利率 r 为 4%。

依据例 10-6 的资料，设实际利率为 t，则有

$$747\,260=(800\,000+800\,000\times5\%\times5)\times(P/F,t,5)$$

计算求得债券的实际利率 t 为 6%。

例 10-10

承例 10-4。假定宏达公司发行债券后采用实际利率法确定应付债券的摊余成本。已知所发行债券的实际利率为 6%。为了方便各期的账务处理，可以编制应付债券利息调整借差摊销表，详见表 10-1。

表 10-1　利息调整借差摊销表

（分期付息）

单位：元

期次（年）	实付利息	利息费用	利息调整借差摊销	利息调整借差余额	摊余成本
	(1)＝面值×5%	(2)＝期初(5)×6%	(3)＝(2)－(1)	(4)＝期初(4)－(3)	(5)＝面值－(4)
0				33 698.00	766 302.00
1	40 000	45 978.12	5 978.12	27 719.88	772 280.12
2	40 000	46 336.81	6 336.81	21 383.07	778 616.93
3	40 000	46 717.02	6 717.02	14 666.05	785 333.95
4	40 000	47 120.04	7 120.04	7 546.01	792 453.99
5	40 000	47 546.01*	7 546.01	0	800 000.00

* 含尾数调整。

第 1 年（2021 年）12 月 31 日的账务处理如下：

(1) 支付利息。

借：财务费用　　40 000

　贷：银行存款　　40 000

（2）摊销利息调整借差。

借：财务费用　5 978.12

贷：应付债券——利息调整　5 978.12

同理，第5年（2025年）12月31日的账务处理如下：

（1）支付利息。

借：财务费用　40 000

贷：银行存款　40 000

（2）摊销利息调整借差。

借：财务费用　7 546.01

贷：应付债券——利息调整　7 546.01

例10-11

承例10-5。假定丁公司发行债券后采用实际利率法确定应付债券的摊余成本。

已知所发行债券的实际利率为4%。为了方便各期的账务处理，可以编制应付债券利息调整贷差摊销表，详见表10-2。

表10-2　利息调整贷差摊销表

（分期付息）

单位：元

期次（年）	实付利息	利息费用	利息调整贷差摊销	利息调整贷差余额	摊余成本
	(1)＝面值×5%	(2)＝期初(5)×4%	(3)＝(2)－(1)	(4)＝期初(4)－(3)	(5)＝面值＋(4)
0				35 617.00	835 617.00
1	40 000	33 424.68	6 575.32	29 041.68	829 041.68
2	40 000	33 161.67	6 838.33	22 203.35	822 203.35
3	40 000	32 888.13	7 111.87	15 091.48	815 091.48
4	40 000	32 603.66	7 396.34	7 695.14	807 695.14
5	40 000	32 304.86*	7 695.14	0	800 000.00

*含尾数调整。

第1年（20×1年）12月31日的账务处理如下：

（1）支付利息。

借：财务费用　40 000

贷：银行存款　40 000

（2）摊销利息调整贷差。

借：应付债券——利息调整　6 575.32

贷：财务费用　6 575.32

同理，第5年（20×5年）12月31日的账务处理如下：

（1）支付利息。

借：财务费用　40 000

贷：银行存款　40 000

（2）摊销利息调整贷差。

借：应付债券——利息调整　　7 695.14

　贷：财务费用　　7 695.14

例 10－12

承例 10－6。假定 M 公司发行债券后采用实际利率法确定应付债券的摊余成本。

已知所发行债券的实际利率为 6%。为了方便各期的账务处理，可以编制应付债券利息调整借差摊销表，详见表 10－3。

表 10－3　利息调整借差摊销表

（到期一次付息）　　单位：元

期次（年）	应计利息	利息费用	利息调整借差摊销	利息调整借差余额	摊余成本
	(1)＝面值×5%	(2)＝期初(5)×6%	(3)＝(2)－(1)	(4)＝期初(4)－(3)	(5)＝面值－(4)＋$\sum$(1)
0				52 740.00	747 260.00
1	40 000	44 835.60	4 835.60	47 904.40	792 095.60
2	40 000	47 525.74	7 525.74	40 378.66	839 621.34
3	40 000	50 377.28	10 377.28	30 001.38	889 998.62
4	40 000	53 399.92	13 399.92	16 601.46	943 398.54
5	40 000	56 601.46*	16 601.46	0	1 000 000.00

* 含尾数调整。

第 1 年（20×3 年）12 月 31 日的账务处理如下：

（1）确认应付利息。

借：财务费用　　40 000

　贷：应付债券——应计利息　　40 000

（2）摊销利息调整借差。

借：财务费用　　4 835.60

　贷：应付债券——利息调整　　4 835.60

同理，第 5 年（20×7 年）12 月 31 日的账务处理如下：

（1）确认应付利息。

借：财务费用　　40 000

　贷：应付债券——应计利息　　40 000

（2）摊销利息调整借差。

借：财务费用　　16 601.46

　贷：应付债券——利息调整　　16 601.46

10.3.4　应付债券的偿还

1. 分期付息债券的偿还

例 10－13

承例 10－4。北京宏达电子股份有限公司 2021 年 1 月 1 日发行的债券于 2026

原始凭证
建行付款通知书
记账凭证

年1月1日到期，用银行存款800 000元偿还债券的面值。相关业务单据请扫描二维码。

借：应付债券——面值　　800 000
　贷：银行存款　　800 000

2. 到期一次付息债券的偿还

例 10－14

承例10－6。M公司20×3年1月1日发行的债券于20×8年1月1日到期，用银行存款1 000 000元偿还债券的面值和全部利息。

借：应付债券——面值　　800 000
　　　　　　——应计利息　　200 000
　贷：银行存款　　1 000 000

10.4 可转换公司债券

10.4 即测即评

10.4.1 可转换公司债券的性质

可转换公司债券（convertible bond）是指可以在一定期间之后按规定的转换比率或转换价格转换为发行企业股票的债券。

可转换公司债券具有债权性证券与权益性证券的双重性质，因而可称为混合性证券。对于可转换公司债券的持有者来说，一方面，可以定期获取利息收入，到期收回本金，因而可转换公司债券投资具有一般债券投资的性质；另一方面，当债券发行企业的股票价格上涨时，可以将债券按规定比率转换为债券发行企业的股票，从而享受股票增值的利益。

对于债券发行企业来说，一方面，要定期支付债券的利息，到期偿还债券的本金，因而可转换公司债券具有一般债券的债务性质；另一方面，由于赋予了债券持有者按规定条件将债券转换为本企业股票的权利，即转换权，这种转换权与认股权相似，因而，从这个意义上说，可转换公司债券又具有所有者权益的性质。正是可转换公司债券的这种特殊性，导致其会计处理的复杂性。

从理论上讲，可转换公司债券的发行价格由两部分构成：一是债券面值及票面利息按市场利率折算的现值；二是转换权的价值。

10.4.2 可转换公司债券的发行

可转换公司债券发行时的会计处理面临一个关键问题：是否要确认转换权的价值。相应的会计处理方法有两种：一是确认转换权价值；二是不确认转换权价值。我国现行会计准则要求采用第一种方法，即确认转换权价值。下面着重介绍第一种方法。

采用这种方法，在可转换公司债券发行时，要将其包含的负债成分和权益成分进行分拆，将负债成分确认为应付债券，将权益成分确认为其他权益工具。负债成分的金额为假设债券不附转换权时的发行价格，通常采用折现的方法确定其金额：也就是以不附转换权的债券的市场利率为折现率对债券的未来现金流量折算的现值。权益成分的金额为可转换公司债券的发行价格总额减去负债成分的金额后的余额。企业发行可转换公司债券发生的交易费用，应当按照负债成分和权益成分的公允价值的比例进行分摊。企业按实际收到的款项，借记“银行存款”等科目，按可转换公司债券的面值，贷记“应付债券——可转换公司债券——面值”科目，按权益成分的公允价值，贷记“其他权益工具”科目，按借贷双方之间的差额，借记或贷记“应付债券——可转换公司债券——利息调整”科目。

例 10－15

京龙公司于 20×3 年 1 月 1 日发行面值为 300 000 元、票面利率为 4%、5 年期的可转换公司债券，用于企业经营周转。规定每年 12 月 31 日支付利息。发行 2 年后，可按每 1 000 元面值转换为该企业每股面值为 1 元的普通股 600 股。实际发行价格为 287 013 元，市场利率为 5%。已知不附转换权时该债券的发行价格为 274 726 元，市场利率为 6%。假定没有发生交易费用。该公司采用实际利率法确定债券的摊余成本。

根据以上资料，进行如下会计处理：

转换权价值＝287 013－274 726＝12 287(元)
利息调整借差＝300 000－274 726＝25 274(元)

(1) 20×3 年 1 月 1 日发行债券时。

借：银行存款	287 013	
应付债券——可转换公司债券——利息调整	25 274	
贷：应付债券——可转换公司债券——面值		300 000
其他权益工具		12 287

(2) 20×3 年 12 月 31 日支付利息时。

实付利息＝300 000×4%＝12 000(元)
利息费用＝274 726×6%＝16 484(元)

借：财务费用	16 484	
贷：应付债券——可转换公司债券——利息调整		4 484
银行存款		12 000

10.4.3 可转换公司债券的转换

如何确认可转换公司债券的转换权价值?

当债券持有者按规定将可转换公司债券转换为普通股股票时，企业一方面要注销这部分债券的账面价值，另一方面要反映所有者权益的增加。问题的关键是，企业应否确认转换损益。对此，有账面价值法与市价法两种会计处理方法。我国现行会计准则要求采用账面价值法。下面着重介绍这种方法。

账面价值法的特点是，将被转换债券的账面价值作为换发股票的价值不确认转换损益。其理由如下：

(1) 企业发行证券的交易不能产生损益，如有损益也应计入资本公积或冲减留存收益。

(2) 企业发行可转换公司债券时就已准备接受债券的转换，现在发生的债券转换是按照预定条款办理的，由此发生的债券收回与股票发行是一笔不可分离的交易，因而无损益可言。

例10-16

承例10-15。假定京龙公司可转换公司债券的持有者于20×5年1月1日行使转换权，将该公司于20×3年1月1日发行的可转换公司债券的80%转换为普通股股票。

确定转换日债券的账面价值与未摊销利息调整借差，计算结果详见表10-4。20×4年12月31日，全部债券的账面价值为283 963元，未摊销利息调整借差总额为16 037元。因此，转换日（20×5年1月1日）的账务处理如下：

已转换债券的账面价值＝283 963×80%＝227 170(元)

已转换债券的未摊销利息调整借差＝16 037×80%＝12 830(元)

表10-4 利息调整借差摊销表

（实际利率法）

单位：元

期次（年）	实付利息	利息费用	利息调整借差摊销	未摊销利息调整借差	账面价值
	(1)＝面值×4%	(2)＝期初(5)×6%	(3)＝(2)－(1)	(4)＝期初(4)－(3)	(5)＝面值－(4)
0				25 274	274 726
1	12 000	16 484	4 484	20 790	279 210
2	12 000	16 753	4 753	16 037	283 963

转换普通股的股数＝$\frac{300\ 000}{1\ 000}$×80%×600＝144 000(股)

应贷记“股本”的金额＝144 000×1＝144 000(元)

应借记“其他权益工具”的金额＝12 287×80%＝9 830(元)

应贷记“资本公积”的金额＝227 170＋9 830－144 000

＝93 000(元)

因此，转换日应编制会计分录如下：

借：应付债券——可转换公司债券——面值	240 000
其他权益工具	9 830
贷：应付债券——可转换公司债券——利息调整	12 830
股本	144 000
资本公积——股本溢价	93 000

10.4.4 可转换公司债券的偿付

可转换公司债券发行之后，除了债券持有者按规定主动将债券转换为发行企业的股票之外，还可能发生提前偿付与诱导转换的业务。至于到期偿付，则与一般债券类似，这里不再重复。

1. 提前偿付

可转换公司债券的提前偿付，是指由可转换公司债券的发行企业通知赎回或从证券市场上提前购回。对于这种提前偿付业务的性质，有两种不同的观点。与此相适应，对这种业务的会计处理也有两种不同的方法。一种观点认为，可转换公司债券的提前偿付与不可转换公司债券的提前偿付一样，属于债券的收回。因此，债券收回价格与债券账面价值之间的差额应确认为当期损益。另一种观点认为，可转换公司债券具有股票的某些特征，这种债券在发行之后其价值会随着债券发行企业的股票价值的波动而发生变动，在这种情况下提前偿付债券可视为股票的收回。因此，债券收回价格与债券账面价值的差额，应调整其他权益工具，而不应计入当期损益。

例 10－17

承例 10－15。假定京龙公司于 20×5 年 1 月 1 日从证券市场上购回本公司于 20×3 年发行的可转换公司债券的 80%，面值为 240 000 元，购买价格为 250 000 元。该公司在发行可转换公司债券时采用确认转换权价值的会计处理方法。

从例 10－16 的计算可知，购回债券的账面价值为 227 170 元，购回债券的未摊销利息调整借差为 12 830 元，应冲减发行时确认的其他权益工具 9 830 元，则

购回债券损失＝250 000－227 170－9 830＝13 000(元)

(1) 若购回损益计入当期损益，则编制如下会计分录：

借：应付债券——可转换公司债券——面值	240 000	
其他权益工具	9 830	
财务费用	13 000	
贷：应付债券——可转换公司债券——利息调整		12 830
银行存款		250 000

(2) 若购回损益调整其他权益工具，则编制如下会计分录：

借：应付债券——可转换公司债券——面值	240 000	
其他权益工具	22 830	
贷：应付债券——可转换公司债券——利息调整		12 830
银行存款		250 000

2. 诱导转换

可转换公司债券的发行企业按照比原规定更为优惠的条件促使债券持有者提

前转换，这种转换称为诱导转换。诱导转换的手段一般有三种：提高转换比例；发给额外的认股权；转移现金或其他资产。

与一般转换一样，诱导转换的会计处理方法有账面价值法与市价法两种。所不同的是，在诱导转换的情况下，若采用账面价值法，则应按多交付的证券及资产的公允市价确认债券转换费用。

例 10－18

承例 10－15。假定京龙公司于 20×4 年 1 月 1 日诱导转换 20×3 年发行的全部可转换公司债券。其具体措施是：将转换比例提高为面值 1 000 元的债券可转换普通股股票 900 股。转换日该公司普通股的每股市价为 2.5 元。该公司在发行可转换公司债券时采用确认转换权价值的会计处理方法，在债券转换时采用账面价值法。

从表 10－4 可知，转换日债券的账面价值为 279 210 元，未摊销利息调整借差为 20 790 元。

$$\text{按原规定需换发股票}=\frac{300\ 000}{1\ 000}\times 600=180\ 000(\text{股})$$

$$\text{按新条件需换发股票}=\frac{300\ 000}{1\ 000}\times 900=270\ 000(\text{股})$$

诱导转换费用＝(270 000－180 000)×2.5＝225 000(元)

股票的入账价值＝债券的账面价值＋债券发行时确认的其他权益工具＋多发行股票的市价

＝279 210＋12 287＋225 000

＝516 497(元)

应贷记“股本”的金额＝270 000×1＝270 000(元)

应贷记“资本公积”的金额＝516 497－270 000＝246 497(元)

应编制会计分录如下：

借：应付债券——可转换公司债券——面值	300 000	
其他权益工具	12 287	
财务费用	225 000	
贷：应付债券——可转换公司债券——利息调整		20 790
股本		270 000
资本公积——股本溢价		246 497

10.5 预计负债

10.5.1 预计负债的性质

预计负债是基于某些或有事项引发的义务而确认的负债。其主要特点是，相关义务的发生本身或发生的具体时间、金额等方面具有一定的不确定性，其计量需要某种程度的估计或预计。

10.5 即测即评

10.5.2　或有事项的特征

或有事项是指过去的交易或者事项形成的不确定事项，该事项的结果须由某些未来事项的发生或不发生才能决定。典型的或有事项有未决诉讼、未决仲裁、债务担保、产品质量保证、票据贴现和背书转让。经济越发展业务越复杂，或有事项这种经济现象就会越来越多地存在于企业的经营活动之中，并且会对企业的财务状况、经营成果产生较大影响。

（1）或有事项是由过去的交易或事项形成的。或有事项的现存状况是过去交易或事项引起的客观存在。

（2）或有事项的结果具有不确定性。或有事项的结果是否发生具有不确定性，或者或有事项的结果预计将会发生，但发生的具体时间或金额具有不确定性。

（3）或有事项的结果须由未来事项决定。或有事项的结果只能由未来不确定事项的发生或不发生才能决定。常见的或有事项主要包括：未决诉讼或仲裁、债务担保、产品质量保证（含产品安全保证）、承诺、亏损合同、重组义务、商业承兑汇票背书转让或贴现等。

上述不确定事项可能对应预计负债、或有负债和或有资产三种不同情形。可以把这些不确定事项分为有利事项和不利事项两种类型，在会计处理时，应遵循稳健性原则进行处理。

对有利事项（即形成或有资产的事项）不应确认、计量和披露，如果很可能导致未来经济利益流入企业，应当披露其形成原因、预计产生的财务影响，否则一般不作披露。

对不利事项（即与或有事项相关的义务），有两种处理办法：一是确认为预计负债；二是作为或有负债披露。企业应当在附注中对或有负债（不包括极小可能导致经济利益流出企业的或有负债）作如下披露：

1）或有负债的种类及其形成原因，包括已贴现商业承兑汇票、未决诉讼、未决仲裁、对外提供担保等形成的或有负债。

2）经济利益流出不确定性的说明。

3）或有负债预计产生的财务影响，以及获得补偿的可能性；无法预计的，应当说明原因。

下面着重讨论或有事项形成的预计负债的确认、计量以及相关的账务处理和信息披露问题。

10.5.3　预计负债的确认

基于负债的定义和确认条件，我国现行会计准则规定，与或有事项相关的义务同时满足下列条件的，应当确认为预计负债。

1. 该义务是企业承担的现时义务

按照负债的定义，负债的一个重要特征是它代表企业承担的现时义务。然而，与或有事项相关的义务既可能是现时义务，也可能是潜在义务。要基于或有事项确认一项预计负债，就必须要求与或有事项相关的义务是现时义务而不是潜在义务。现时义务是企业在当前条件下已经承担的义务，是已经确定企业必须履行的义务。

2. 履行该义务很可能导致经济利益流出企业

按照负债的定义，负债的另一个重要特征是，履行现时义务预期会导致经济利益流出企业。然而，与各种或有事项相关的现时义务导致经济利益流出企业具有不确定性，不同的或有事项其相关的现时义务导致经济利益流出企业的可能性往往有较大的差异。依据负债的确认条件，要确认一项负债，需要与现时义务有关的经济利益很可能流出企业。因此，要基于或有事项确认一项预计负债，就必须要求履行与或有事项相关的现时义务很可能导致经济利益流出企业。如果履行与或有事项相关的现时义务导致经济利益流出企业的可能性超过 50%，就可以认为履行该义务很可能导致经济利益流出企业。

3. 该义务的金额能够可靠地计量

或有事项固有的不确定性决定了由或有事项产生的现时义务的金额也具有不确定性，因而需要进行估计。要基于或有事项确认一项预计负债，就必须要求与或有事项相关的现时义务的金额能够合理地估计。

与或有事项相关的义务不能同时满足上述确认条件者，通常作为或有负债。例如，或有事项导致的义务不是现时义务而是潜在义务，属于或有负债而不能确认预计负债；或有事项导致的义务虽然是现时义务，但履行该现时义务不是很可能导致经济利益流出企业或该义务的金额不能可靠计量，因而不符合负债的确认条件，不能确认为预计负债，只能作为或有负债在表外进行披露。

或有负债不需要在表内反映，企业应根据具体情况决定是否应当在表外披露。

由于预计负债的金额要在资产负债表内反映，因此预计负债的计量是一个很重要的问题。

10.5.4 预计负债的初始计量与后续计量

1. 预计负债的初始计量

我国现行会计准则规定，预计负债应当按照履行相关现时义务所需支出的最佳估计数进行初始计量。

如果所需支出存在一个连续范围，且该范围内各种结果发生的可能性相同，那么最佳估计数应当按照该范围内的中间值确定。此处的中间值可以理解为相同可能性下的各种支出的平均数。

如果不符合上述条件，最佳估计数应当分别下列情况处理：

（1）或有事项涉及单个项目的，按照最可能发生金额确定。

（2）或有事项涉及多个项目的，按照各种可能结果及相关概率计算确定。

企业在确定最佳估计数时，应当综合考虑与或有事项有关的风险、不确定性和货币时间价值等因素。货币时间价值影响重大的，应当通过对相关未来现金流出进行折现后确定最佳估计数。

相关现时义务的金额通常应当等于未来应支付的金额。未来应支付金额与其现值相差较大的，如油井或核电站的弃置费用等，应当按照未来应支付金额的现值确定。企业应当考虑可能影响履行现时义务所需金额的相关未来事项，如未来技术进步、相关法规出台等。企业不应考虑预期处置相关资产的利得。

由于企业的经济业务复杂，可能存在各种不同的、与预期负债的确认和初始计量相关的情况。主要有：存在第三方补偿、待执行合同转为亏损合同等。

（1）存在第三方补偿。企业清偿预计负债所需支出全部或部分预期由第三方补偿的，补偿金额只有在基本确定能够收到时才能作为资产单独确认。确认的补偿金额不应当超过预计负债的账面价值。

（2）待执行合同变为亏损合同。企业与其他企业签订的商品销售合同、劳务提供合同、让渡资产使用权合同、租赁合同等，均属于待执行合同。所谓待执行合同，是指合同各方尚未履行任何合同义务，或部分地履行了同等义务的合同。亏损合同，是指履行合同义务不可避免会发生的成本超过预期经济利益的合同。亏损合同的不可避免成本客观地反映了履行或终止该合同的最低净成本，即履行该合同的成本与不履行该合同而付出的违约金及赔偿金二者中的较低者。

如果一项合同尚未执行或已经部分执行，如果可以预见其将转为亏损合同，并且该合同产生的义务如果满足预计负债的确认条件，就应当将该义务确认为预计负债，这符合稳健性原则。

待执行合同变为亏损合同时，合同存在标的资产的，应当对标的资产进行减值测试并按规定确认减值损失，通常不确认预计负债；合同不存在标的资产的，亏损合同相关义务满足规定条件时，应当确认预计负债。

2. 预计负债的后续计量

企业应当在资产负债表日对预计负债的账面价值进行复核。有确凿证据表明该账面价值不能真实反映当前最佳估计数的，应当按照当前最佳估计数对该账面价值进行调整。

如何确定预计负债的最佳估计数？

10.5.5　预计负债的账务处理

企业的预计负债需要在资产负债表上以单独的项目列示。为正确核算和披露因或有事项而确认的预计负债，企业应设置“预计负债”科目，并在该科目下分别不同性质的或有事项设置“产品质量保证”“亏损合同”“未决诉讼”等明细科目，进行明细核算。

1. 产品质量保证形成的预计负债

企业售出附有质量保证协议的产品后，如果在协议规定的保证期限内发生质量问题，则企业应负责修理或退换等，也就会发生相应的质量保证费用。在这种情况下，企业销售产品或商品时实际上承担了一种质量保证义务。为了如实地反映企业的财务状况和经营成果，应于期末根据很可能发生的质量保证费用确认为预计负债，借记“销售费用”科目，贷记“预计负债”科目。

例 10－19

甲公司 20×6 年 2 月销售 A 产品 20 000 台，公司承诺在产品售出后两年内免费保修。根据以往经验判断，约有 5%的 A 产品需要返修，预计每台 A 产品的保修费用为 100 元。

根据以上资料，甲公司于 20×6 年 2 月末进行如下会计处理：

预计保修费用＝20 000×5%×100＝100 000(元)

借：销售费用	100 000	
贷：预计负债——产品质量保证		100 000

2. 未决诉讼形成的预计负债

例 10－20

20×7 年 11 月 2 日，丙公司因侵犯 B 公司的专利权被 B 公司起诉，要求赔偿 200 万元，至 12 月 31 日法院尚未判决。丙公司经研究认为，侵权事实成立，诉讼败诉的可能性为 80%，最大可能赔偿金额为 160 万元。

丙公司会计处理如下：

借：营业外支出	1 600 000	
贷：预计负债——未决诉讼		1 600 000

3. 亏损合同形成的预计负债

企业与其他单位签订的商品销售合同、劳务合同、租赁合同等有可能成为亏损合同。亏损合同是履约成本超过预期经济利益的合同。亏损合同产生的义务满足预计负债确认条件的，应当确认为预计负债。所确认的预计负债应当反映企业退出该合同的最低净成本，即履行该合同的成本与未能履行该合同而发生的补偿成本或处罚金额两者之中的较低者。

例 10－21

乙公司于 20×3 年 1 月以经营租赁的方式租入某住宅区的附属商业用房，从事餐饮经营，租赁期 5 年，年租金为 1 500 000 元。该租赁合同为不可撤销合同。至 20×4 年年末，该餐饮业务连续出现较大的亏损，公司决定从 20×5 年 1 月 1 日起停业。由于商用房屋租赁市场不景气，租赁价格下跌。该房屋如果按 3 年的租期转租，每年的转租价格扣除流转税后预计为 1 200 000 元。乙公司如果继续在原处经营餐饮，预计要比转租的损失更大。总之，乙公司无论是继续经营餐饮还是转租都是亏损，因此该租赁合同变为亏损合同。假定合同规定每年的租金都在年末一次支付。乙公司应当在 20×4 年年末根据预计未来期间（20×5 年至 20×7 年）可能发生的最小损失金额确认预计负债。

该亏损合同涉及未来 3 年，未来应支付金额与其现值相差较大，应当按照未来应支付金额的现值确定预计负债的入账价值。假定公司确定的与该项亏损合同相关的折现率为 5%。

（1）20×4 年 12 月 31 日确认亏损合同形成的预计负债。

未来 3 年可能发生的最小损失的现值 $=(1\,500\,000-1\,200\,000)\times(P/A,5\%,3)$

$=300\,000\times2.723\,25$

$=816\,975$（元）

借：营业外支出	816 975	
贷：预计负债——亏损合同		816 975

（2）20×5 年 12 月 31 日确认利息费用、支付租金和收到租金。

20×5 年应负担的利息 $=816\,975\times5\%=40\,849$（元）

借：财务费用	40 849	
贷：预计负债——亏损合同		40 849
借：其他业务成本	1 200 000	
预计负债	300 000	
贷：银行存款		1 500 000
借：银行存款	1 200 000	
贷：其他业务收入		1 200 000

20×5 年年末预计负债的余额 $=816\,975-300\,000+40\,849=557\,824$（元）

（3）20×6 年 12 月 31 日确认利息费用、支付租金和收到租金。

20×6 年应负担的利息 $=557\,824\times5\%=27\,891$（元）

借：财务费用	27 891	
贷：预计负债——亏损合同		27 891

支付租金和收取租金的会计分录同 20×5 年。

20×6 年年末预计负债的余额 $=557\,824-300\,000+27\,891=285\,715$（元）

（4）20×7 年 12 月 31 日确认利息费用、支付租金和收到租金。

20×7 年应负担的利息 $=285\,715\times5\%=14\,285$（元）

借：财务费用	14 285	
贷：预计负债——亏损合同		14 285

支付租金和收取租金的会计分录同 20×5 年。

20×7年年末预计负债的余额为0。

4. 固定资产弃置义务形成的预计负债

例10－22

丁公司经政府审批建造一座核电站。20×6年1月1日，该核电站建造完成并交付使用，建造成本共190 000 000元，预计使用寿命20年，预计使用期满时将发生弃置费用8 000 000元。假定折现率（实际利率）为8%。

本例中，固定资产的预计弃置费用涉及的未来应支付金额与其现值相差较大，应当按照未来应支付金额的现值确定预计负债的入账价值。

（1）20×6年1月1日。

$$\text{弃置费用的现值} = 8\,000\,000 \times (P/F, 8\%, 20) = 8\,000\,000 \times 0.214\,55 = 1\,716\,400(\text{元})$$

借：固定资产	191 716 400	
贷：在建工程		190 000 000
预计负债——固定资产弃置义务		1 716 400

（2）20×6年12月31日。

$$20\times6\text{年应负担的利息} = 1\,716\,400 \times 8\% = 137\,312(\text{元})$$

借：财务费用	137 312	
贷：预计负债——固定资产弃置义务		137 312

（3）20×7年12月31日。

$$20\times7\text{年应负担的利息} = (1\,716\,400 + 137\,312) \times 8\% = 148\,297(\text{元})$$

借：财务费用	148 297	
贷：预计负债——固定资产弃置义务		148 297

以后会计年度的会计处理此处从略。

10.5.6 预计负债的信息披露

1. 预计负债的表内列报

预计负债应在资产负债表负债方的非流动负债部分单项列示，其列示金额为“预计负债”科目的余额。

2. 预计负债的表外披露

企业应在财务报表附注中对预计负债作如下披露：

（1）预计负债的种类、形成原因以及经济利益流出不确定性的说明。

（2）各类预计负债的期初、期末余额和本期变动情况。

（3）与预计负债有关的预期补偿金额和本期已确认的预期补偿金额。

10.6 借款费用资本化

10.6.1 借款费用资本化的基本原理

10.6 即测即评

1. 借款费用的内容

借款费用（borrowing costs）是指企业因借款而发生的利息及其他相关成本。借款费用本质上是企业因借入资金所付出的代价，因此利息和作为利息费用调整金额的借款折价或溢价的摊销等应是借款费用的主要组成部分。为安排借款所发生的辅助费用和外币借款汇兑差额也是借款的代价，应包括在借款费用中。上述借款费用中的各个项目都是指在每一会计期间按照权责发生制应当予以确认的借款费用。因借款而发生的利息就是指特定期间应计的利息费用，而不是指某项借款在其存续期间的全部利息费用，它不包括该会计期间之前和之后发生的利息费用。

2. 借款费用资本化的资产范围

借款费用的处理有两种基本方法：费用化和资本化。前者是将借款费用作为流量处理，于发生的当期确认为费用，计入当期损益，纳入当年的利润表；后者是将借款费用作为存量处理，将其金额计入相关资产成本，纳入当年的资产负债表，并随该资产的价值流转而流转。

企业发生的借款费用可直接归属于符合资本化条件的资产的购建或者生产的，应当予以资本化，计入相关资产成本；其他借款费用，应当在发生时根据其发生额确认为费用，计入当期损益。符合资本化条件的资产，是指需要经过相当长时间（指为资产的购建或者生产所必需的时间，通常为 1 年以上）的购建或者生产活动才能达到预定可使用或者可销售状态的固定资产、投资性房地产、存货等资产，如船舶、大型成套设备等。

3. 可予资本化的借款范围

所谓可予资本化的借款，是指能够将其所产生的利息费用及其他相关成本纳入某项资产成本的借款。可予资本化的借款既包括专门借款，也包括一般借款。

4. 借款费用开始资本化的时间

在明确借款费用确认的基本原则和借款费用应予资本化的资产范围之后，就需要确定开始资本化的时间（即开始资本化的条件）。借款费用同时满足下列条件的，才能开始资本化：

（1）资产支出已经发生。资产支出包括为购建或者生产符合资本化条件的资产而以支付现金、转移非现金资产或者承担带息债务形式发生的支出。

（2）借款费用已经发生。

（3）为使资产达到预定可使用或者可销售状态所必要的购建或者生产活动已经开始。

上述条件中所说的资产支出，是指为购建固定资产或生产需要相当长时间才能达到预定可使用或者可销售状态的存货以及投资性房地产时，以支付现金、转移非现金资产或者承担带息债务形式发生的支出，它们都会导致公司资源的流出（占用了借款资金），因此，它们就应承担相应的借款费用。

为使资产达到预定可使用或者可销售状态所必要的购建或者生产活动主要是指固定资产的实体建造活动或存货的生产活动。这些活动是使这些资产达到预定可使用状态所必需的，企业往往发生与这些活动有关的、无法避免的借款费用。

5. 借款费用资本化金额的计算

一般借款利息资本化金额怎么计算?

我国会计准则区分了专门借款和一般借款两种情况，不同情况下的资本化金额的计算办法不同。

（1）为购建或者生产符合资本化条件的资产而借入的专门借款。为购建或者生产符合资本化条件的资产而借入专门借款的，应当以专门借款当期实际发生的利息费用（包括利息调整借差或贷差的摊销），减去将尚未动用的借款资金存入银行取得的利息收入或进行暂时性投资取得的投资收益后的金额确定。即

$$\begin{array}{c}\text{每一会计期间}\\\text{专门借款利息的}\\\text{资本化金额}\end{array}=\begin{array}{c}\text{专门借款当期}\\\text{实际发生的}\\\text{利息费用}\end{array}-\begin{array}{c}\text{尚未动用的}\\\text{借款资金的}\\\text{利息收入}\end{array}-\begin{array}{c}\text{尚未动用的借款资金}\\\text{暂时性投资取得的}\\\text{投资收益}\end{array}$$

会计准则的规定就是将专门借款当期实际发生的净利息费用全部进行资本化处理，在资本化期间内，全部计入符合资本化条件的资产成本，不计算借款资本化率。

（2）为购建或者生产符合资本化条件的资产而占用的一般借款。为购建或者生产符合资本化条件的资产而占用了一般借款的，企业应当根据累计资产支出超过专门借款部分的资产支出加权平均数乘以所占用一般借款的资本化率，计算确定一般借款应予资本化的利息金额。资本化率应当根据一般借款加权平均利率计算确定。

一般借款的资本化率按下列原则确定：

1）如果为购建或者生产符合资本化条件的资产只占用一笔一般借款，则资本化率为该项借款的利率。

2）如果为购建或者生产符合资本化条件的资产占用一笔以上一般借款，则资本化率为这些借款的加权平均利率。其中，加权平均利率按如下公式计算：

$$\text{加权平均利率}=\frac{\text{所占用一般借款当期实际发生的利息之和}}{\text{所占用一般借款本金加权平均数}}\times 100\%$$

式中：

$$\begin{array}{c}\text{一般借款本金}\\\text{加权平均数}\end{array}=\sum\left(\begin{array}{c}\text{每笔一般}\\\text{借款本金}\end{array}\times\frac{\text{每笔一般借款在当期所占用的天数}}{\text{会计期间涵盖的天数}}\right)$$

此外还规定，每一会计期间的利息资本化金额，不应当超过当期相关借款实际发生的利息金额。

6. 利息调整借差和贷差的摊销方法

我国会计准则规定，借款存在利息调整借差和贷差的，应当按照实际利率法确定每一会计期间应摊销的利息调整借差和贷差金额，调整每期利息。

7. 借款发生的辅助费用的处理

因借款而发生的辅助费用，是指企业在借款过程中发生的诸如手续费、佣金、印刷费、承诺费等费用。由于这些费用是因安排借款而发生的，也是借入资金的一部分代价，因而这些费用也构成了借款费用的组成部分。

会计准则区分了发生辅助费用的来源是专门借款还是一般借款两种情况：

（1）专门借款发生的辅助费用，在所购建或者生产的符合资本化条件的资产达到预定可使用或者可销售状态之前发生的，应当在发生时根据其发生额予以资本化，计入符合资本化条件资产的成本；在所购建或者生产的符合资本化条件的资产达到预定可使用或者可销售状态之后发生的，应当在发生时根据其发生额确认为费用，计入当期损益。

（2）一般借款发生的辅助费用，应当在发生时根据其发生额确认为费用，计入当期损益。

8. 暂停资本化

符合资本化条件的资产在购建或者生产过程中发生非正常中断，且中断时间连续超过 3 个月的，应当暂停借款费用的资本化。在中断期间发生的借款费用应当确认为费用，计入当期损益，直至资产的购建或者生产活动重新开始。如果中断是所购建或者生产的符合资本化条件的资产达到预定可使用或者可销售状态必要的程序，借款费用的资本化应当继续进行。

非正常中断通常是企业管理决策上的原因，或者其他不可预见方面的原因等所导致的中断，包括由于劳务纠纷、发生安全事故、改变设计图纸、资金周转困难等导致的工程中断，不包括为使所购置或建造的固定资产达到预定可使用状态所必要的程序而发生的中断，或由于可预见的不可抗力因素导致的中断，后两类中断属于正常中断。例如，某企业在建造厂房期间，逢连绵雨季，妨碍了工程的进行，工程施工不得不中断，待雨季过后再继续施工。由于该地区该季节出现连绵雨季是正常情况，因此在这种由于雨季而耽搁施工的持续期间内，借款费用资本化应继续进行。

9. 停止资本化的一般情况

购建或者生产符合资本化条件的资产达到预定可使用或者可销售状态时，借款费用应当停止资本化。确定停止资本化的时点非常重要，因为在符合资本化条件的资产达到预定可使用或者可销售状态之后所发生的借款费用，应当在发生时根据其发生额确认为费用，计入当期损益。时点的偏移将直接影响到借款费用资本化或费用化的金额。

购建或者生产符合资本化条件的资产达到预定可使用或者可销售状态，可从下列几个方面进行判断：

（1）符合资本化条件的资产的实体建造（包括安装）或者生产工作已经全部

完成或者实质上已经完成。

（2）所购建或者生产的符合资本化条件的资产与设计要求、合同规定或者生产要求相符或者基本相符，即使有极个别与设计、合同或者生产要求不相符的地方，也不影响其正常使用或者销售。

（3）继续发生在所购建或生产的符合资本化条件的资产上的支出金额很少或者几乎不再发生。

符合上述几个条件之一，即应认为购建或者生产符合资本化条件的资产达到了预定可使用或者可销售状态。

购建或者生产符合资本化条件的资产需要试生产或者试运行的，在试生产结果表明资产能够正常生产出合格产品，或者试运行结果表明资产能够正常运转或者营业时，应当认为该资产已经达到预定可使用或者可销售状态，应停止借款费用的资本化。

10. 资产分别购建或生产、分别完工情况下的停止资本化问题

日常生活中，资产分别购建或生产、分别完工的情况十分普遍。企业应区别不同情况界定借款费用应停止资本化的时点。

（1）购建或者生产的符合资本化条件的资产的各部分分别完工，且每部分在其他部分继续建造过程中可供使用或者可对外销售，且为使该部分资产达到预定可使用或可销售状态所必要的购建或者生产活动实质上已经完成的，应当停止与该部分资产相关的借款费用的资本化。例如，由若干幢建筑物构成的工厂厂房，每幢厂房在其他厂房继续建造期间均可单独使用，那么，当其中的一幢厂房完工并达到预定可使用状态时，应停止该厂房借款费用的资本化。

（2）购建或者生产的资产的各部分分别完工，但必须等到整体完工后才可使用或者可对外销售的，应当在该资产整体完工时才停止借款费用的资本化。也就是说，即使资产的各部分分别完工，也应在该资产整体完工时才停止借款费用的资本化。已经完工部分的借款费用仍应继续资本化。例如，涉及几项工程的钢铁厂，只有每项工程都建造完成后整个钢铁厂才能正常运转，因而每一个单项工程完工后不停止资本化，须等到整个钢铁厂完工，达到预定可使用状态时才停止资本化。

10.6.2 借款费用资本化的应用举例

例 10－23

北方公司委托华伟公司于 20×4 年 1 月 1 日开始建造一座厂房，工期预计为 1 年零 6 个月，工程采用出包方式，分别于 20×4 年 1 月 1 日、20×4 年 7 月 1 日和 20×5 年 1 月 1 日向施工方华伟公司支付工程进度款。

公司为建造该厂房于 20×4 年 1 月 1 日专门借款 3 000 万元，借款期限为 3 年，年利率为 6%，按年支付利息。

公司将暂时未动用的专门借款全部用于固定收益债券短期投资，该短期投资的月收益率为 0.4%。

在厂房建造过程中，使用了两笔一般借款。一般借款的具体情况如下：

(1) 向甲银行取得长期借款 2 000 万元，期限为 20×3 年 10 月 1 日至 20×6 年 10 月 1 日，年利率为 6%，按年支付利息。

(2) 发行总面值为 8 000 万元的公司债券，于 20×3 年 1 月 1 日发行，期限为 5 年，票面年利率为 8%，按年支付利息。该债券的实际利率与票面利率相同。

厂房于 20×5 年 6 月 30 日完工，达到预定可使用状态。

公司为建造该厂房的支出如表 10-5 所示。

表 10-5 建造厂房支出 单位：万元

资产支出时间	每期资产支出金额	累计资产支出金额	闲置借款资金用于短期投资金额
20×4 年 1 月 1 日	2 000	2 000	1 000
20×4 年 7 月 1 日	3 000	5 000	
20×5 年 1 月 1 日	2 000	7 000	
总计	7 000	—	

分析：由于北方公司为建造厂房既借入了专门借款，又使用了一般借款，因此，公司应当首先计算专门借款的利息资本化金额，然后计算所占用一般借款的利息资本化金额。

(1) 计算专门借款的利息资本化金额。

20×4 年专门借款的利息资本化金额＝3 000×6%－1 000×0.4%×6
＝156(万元)

20×5 年专门借款的利息资本化金额＝3 000×6%×180/360＝90(万元)

(2) 计算一般借款的利息资本化金额。在建造厂房的过程中，自 20×4 年 7 月 1 日起已经有 2 000 万元支出占用了一般借款，另外，20×5 年 1 月 1 日支出的 2 000 万元也占用了一般借款。北方公司的一般借款有两笔，故需要计算一般借款利息资本化率以及占用一般借款的两笔支出的加权平均数。

$$一般借款利息资本化率=\frac{2\,000\times6\%+8\,000\times8\%}{2\,000+8\,000}\times100\%=7.6\%$$

20×4 年占用一般借款的资产支出加权平均数＝2 000×180/360＝1 000(万元)

20×4 年应予资本化的一般借款利息金额＝1 000×7.6%＝76(万元)

20×5 年占用一般借款的资产支出加权平均数＝(2 000＋2 000)×180/360＝2 000(万元)

20×5 年应予资本化的一般借款利息金额＝2 000×7.6%＝152(万元)

(3) 汇总确定公司建造厂房应予资本化的利息金额。

20×4 年利息资本化金额＝156＋76＝232(万元)

20×5 年利息资本化金额＝90＋152＝242(万元)

（4）账务处理。

20×4年12月31日：

$$20\times4\text{年实际应付借款利息总额}=3\,000\times6\%+2\,000\times6\%+8\,000\times8\%=940(\text{万元})$$

借：在建工程　2 320 000

　　财务费用　6 840 000

　　应收利息（或银行存款）　240 000

　贷：应付利息　9 400 000

20×5年6月30日：

$$20\times5\text{年上半年实际应付借款利息总额}=940\div2=470(\text{万元})$$

借：在建工程　2 420 000

　　财务费用　2 280 000

　贷：应付利息　4 700 000

厂房在20×5年6月30日完成实体建造工作，达到预定可使用状态，应停止借款费用的资本化。

思考题

1. 非流动负债与流动负债相比有何特殊性，对会计处理有何影响？
2. 什么是应付债券的利息调整借差和利息调整贷差？
3. 应付债券利息调整摊销的直线法与实际利率法有何区别？它们对报表结果有何影响？
4. 可转换公司债券带来了哪些特殊的会计问题？你认为应当如何处理？
5. 借款费用的费用化和资本化这两种处理方法各有何优缺点？这两种处理方法对财务报表有何不同的影响？如果允许随意选择，你作为公司经理愿意选择哪种方法？为什么？

练习题

1. 红星实业股份有限公司20×7年1月1日经批准，发行10 000万元记账式公司债券，用于公司的日常周转。债券期限为5年。债券票面年利率为4%，在债券存续期内固定不变，债券利息按年计算，每年年底支付，本金到期一次还清。每张债券面值为100元。债券发行时，根据市场利率和票面利率的比较，红星实业股份有限公司决定按照每张债券110元的价格发行。给承销商的债券发行佣金及手续费为500万元，直接从债券收入中扣除。该公司采用实际利率法确定债券的摊余成本，并且与债券相关的借款费用不符合资本化的条件。

要求：

(1) 计算红星实业股份有限公司发行的该种债券每年的利息调整摊销金额。

(2) 为红星实业股份有限公司编制与该债券有关的所有会计分录。

2. 华为公司于20×7年1月1日动工兴建一条新的生产线，工期为2年。工程采用出包方式，由天欣建设有限公司承建。华为公司分别于20×7年1月1日、4月1日、7月1日和10月1日向天欣建设有限公司支付工程进度款500万元、1 000万元、2 500万元和2 000万元。该生产线于20×8年12月31日完工，并立即投产。

公司为建造该条生产线筹措了三笔专门借款，分别为：

(1) 20×7年1月1日筹措专门借款2 000万元，借款期限为3年，年利率为5%，利息按年支付。

(2) 20×7年7月1日筹措专门借款1 500万元，借款期限为5年，年利率为6%，利息按年支付。

(3) 20×7年10月1日筹措专门借款1 000万元，借款期限为2年，年利率为4%，利息按年支付。假定闲置的专门借款资金均用于短期投资，短期投资的月平均收益率为0.3%。

公司为建造该条生产线还占用了两笔一般借款，分别为：

(1) 向工商银行借入长期借款1 000万元，期限为20×6年11月1日至20×8年11月1日，年利率为4%，按年支付利息。

(2) 发行公司债券10 000万元，于20×7年7月1日发行，期限为3年，年利率为5%，按年支付利息。

要求：根据上述资料，计算20×7年公司建造该条生产线应予资本化的利息费用金额。

第 11 章　所有者权益

学习目标

1. 掌握：实收资本的核算，资本溢价和其他综合收益的核算；库存股的核算，股份支付的核算；留存收益的核算。

2. 理解：其他权益工具的核算。

3. 了解：所有者权益的分类；独资企业和合伙企业所有者权益的特点；公司制企业所有者权益的特点。

11.1　所有者权益概述

11.1即测即评

11.1.1　所有者权益的性质

所有者权益（owners equity）是指企业所有者对企业净资产的要求权。所谓净资产，在数量上等于企业全部资产减去全部负债后的余额，这可以通过对会计恒等式的变形来表示：资产－负债＝所有者权益。

企业的所有者和债权人均是企业资金的提供者，因而所有者权益和负债（债权人权益）二者均是对企业资产的要求权，但二者之间又存在明显的区别。主要的区别有：

（1）性质不同。负债是企业对债权人负担的经济责任，在企业清算时债权人对企业的资产有优先要求权；所有者权益则是所有者对剩余资产的要求权，这种要求权在顺序上置于债权人的要求权之后。

（2）权利不同。债权人只有获取企业用以清偿债务的资产的要求权，而没有经营决策的参与权和收益分配权；所有者则可以参与企业的经营决策及收益分配。

（3）偿还期限不同。企业的负债通常都有约定的偿还日期；所有者权益在企业的存续期内一般不存在抽回问题，即不存在约定的偿还日期，是企业的一项可以长期使用的资金，只有在企业清算时才予以偿还。

（4）风险不同。债权人获取的利息一般是按一定利率计算、预先可以确定的固定数额，企业不论盈利与否均应按期付息，风险较小；所有者获得多少收益，则视企业的盈利水平及经营政策而定，风险较大。

（5）计量不同。负债必须在发生时按照规定的方法单独计量；所有者权益则不必单独计量，而是对资产和负债计量以后形成的结果。

11.1.2　独资企业所有者权益的特点

企业的组织形式多种多样。不同组织形式的企业，其所有者权益也有所不同。独资企业是指由个人独立出资建立的企业。独资企业具有以下特点：

（1）独资企业不是独立的法律主体。依照许多国家的法律规定，独资企业在法律上不具有独立的人格，因而不能单独拥有行为能力。也就是说，独资企业的财产和对外所负的债务在法律上被视为出资人（习惯上称之为业主）个人的财产和债务，企业行为实质上就是业主个人行为。

（2）业主对企业的债务单独负有无限清偿责任。独资企业在清算时，如果企业的财产不足以清偿债务，则业主应以个人的财产予以清偿。

（3）独资企业不是纳税主体。由于独资企业不是法律主体，业主负有无限责任，企业的行为视为业主个人行为，因此企业的收益视为业主个人的收益，应按照个人所得税法计算缴纳个人所得税，而不是缴纳企业所得税。

（4）业主对企业的财产和赚取的利润具有完全的支配权。由于独资企业不是法律主体，业主负有无限责任，企业的行为视为业主个人行为，因此业主有权任意处置企业的财产和赚取的利润。

（5）开办手续简便。由于独资企业负有无限责任，一般来说，开办程序比较简单，开办费支出也比较少，能够较快完成注册登记手续。

鉴于以上独资企业的特点，其所有者权益一般不必划分为投入资本、资本公积、其他综合收益和留存收益等，可以统称为业主权益。业主对企业进行投资，以及从企业中提取款项，完全是其自主行为，可以直接增加或减少业主权益。企业赚取的利润视为业主个人所得，可以转为业主权益，无须单独以“未分配利润”项目反映。在独资企业的会计报表中，设置业主权益表，反映业主权益的增减变动。

11.1.3　合伙企业所有者权益的特点

合伙企业是指两人以上按照协议出资、共同经营、共负盈亏的企业。合伙企业与独资企业基本相同，不是法律主体，负有无限责任，取得的收益由出资人（习惯上称为合伙人）按个人所得缴纳个人所得税。合伙企业与独资企业的主要区别在于：为了明确各合伙人之间的责、权、利关系，应订立书面形式的合伙契约，以契约形式规定企业收益的分配方法、合伙人出资额的转让方法以及企业的解散与清算的程序等。合伙企业由于合伙人之间存在的契约关系，具有以下几个显著的特征：

（1）各合伙人之间互为代理。一般来说，在合伙企业的业务范围内，任何一个合伙人所执行的业务，均视为所有合伙人共同执行的业务。

（2）合伙人对企业的债务负有无限连带责任。由于合伙人之间互为代理，因而作为合伙人，不论出资多少，均对合伙企业的债务负有连带清偿责任。也就是说，在合伙企业清算时，当某个合伙人的个人财产不足以清偿其应承担的相应份额的债务时，其他合伙人应以个人财产代为偿还。

（3）财产共有。各合伙人可以以现金或其他财产向合伙企业投资入伙，但在投入以后，被投入的财产即成为全体合伙人的共有财产，原合伙人不能再对其投入的财产提出要求权。该项财产如果在将来被变卖，变卖的损益也属于合伙人共有的损益。

鉴于上述合伙企业的特点，其所有者权益虽然与独资企业一样，不必划分为投入资本、资本公积、其他综合收益和留存收益等，但应按合伙人分别予以反映。各合伙人对企业进行的投资，应分别记入业主权益中各合伙人的名下；各合伙人从企业中抽减资金，意味着将减少其在合伙企业业主权益中的份额。合伙企业的损益，应按照合伙契约中规定的方法进行分配，记入业主权益中各合伙人的名下。与独资企业所不同的是，就某个合伙人来说，不论是向企业投入资本，还是从企业中抽减资金，或是将其出资额转让给他人，都要受到其他合伙人意图的制约。

11.1.4 公司制企业的特点及所有者权益的分类

1. 公司制企业的特点

公司制企业包括股份有限公司、有限责任公司和国有独资公司等。公司具有以下特点：

（1）公司是法律主体。公司经有关部门核准成立后在法律上就具有独立的人格，具有与自然人同样的享有权利和承担义务的能力。公司应以自己的名义而不是以股东的名义对外开展业务。公司的财产和对外所负的债务，在法律上不再视为股东个人的财产和债务，股东只具有对公司净资产的要求权。

（2）公司以其全部资产对公司的债务承担有限责任。公司在清算时，如果公司的全部资产不足以清偿债务，股东不必以个人的财产予以清偿，只需以其认购的股份对公司承担有限责任。

（3）公司是纳税主体。公司作为法人，取得的收益应按照企业所得税法计算缴纳企业所得税。

（4）股东持有的公司股份不得抽回但可以转让。股东在公司登记注册后不得抽回出资，但可以转让全部出资或部分出资。

2. 公司制企业所有者权益的分类

基于公司制企业的特点，其所有者权益应划分为实收资本（或股本）、其他权益工具、资本公积、其他综合收益和留存收益五部分。

（1）实收资本。**实收资本**（paid-in capital）是指所有者在企业注册资本的范围内实际投入的资本。所谓注册资本，是指企业在设立时向工商行政管理部门登记的资本总额，也就是全部出资者设定的出资额之和。企业对资本的筹集，应该按照法律、法规、合同和章程的规定及时进行。如果是一次筹集的，实收资本应等于注册资本；如果是分期筹集的，在所有者最后一次缴入资本以后，实收资本应等于注册资本。注册资本是企业的法定资本，是企业承担民事责任的财力保证。

在不同类型的企业中，实收资本的表现形式有所不同。在股份有限公司，实收资本表现为实际发行股票的面值，也称为股本；在其他企业，实收资本表现为所有者在注册资本范围内的实际出资额，也称为实收资本。

实收资本按照所有者的性质不同，可以分为国家投入资本、法人投入资本、个人投入资本和外方投入资本。国家投入资本是指有权代表国家投资的政府部门或者机构以国有资产投入企业所形成的资本；法人投入资本是指我国具有法人资格的单位以其依法可以支配的资产投入企业所形成的资本；个人投入资本是指我国公民以其合法财产投入企业所形成的资本；外方投入资本是指外国投资者以及我国香港、澳门和台湾地区的投资者将资产投入企业所形成的资本。

（2）其他权益工具。**其他权益工具**（other equity instruments）是指企业发行的除普通股以外的归类为权益工具的各种金融工具，主要包括归类为权益工具的优先股、永续债（如长期限含权中期票据）、认股权、可转换公司债券等金融工具。

（3）资本公积。**资本公积**（capital reserve）是指所有者投入的尚未确认为实收资本（或股本）的其他资本，主要包括资本或股本溢价、发行可转换公司债券、认股权证以及实行股权激励等形成的归属于所有者的资本。

（4）其他综合收益。**其他综合收益**（other comprehensive income）是指在企业经营活动中形成的未计入当期损益但归所有者所共有的利得或损失，主要包括其他债权投资和其他权益工具投资公允价值变动、权益法下被投资单位其他综合收益调整、债权投资重分类为其他债权投资公允价值变动以及非投资性房地产转换为投资性房地产转换日公允价值高于账面价值差额等形成的利得或损失。

（5）留存收益。留存收益是指归所有者所共有的、由利润转化而形成的所有者权益，主要包括**法定盈余公积**（statutory surplus reserve）、**任意盈余公积**（free surplus reserve）和**未分配利润**（undistributed profit）。

11.2 实收资本（或股本）与其他权益工具

11.2.1 有限责任公司和国有独资公司的实收资本

企业接受股东和国家投入的资本，应通过“实收资本”科目进行核算。在有限责任公司中，“实收资本”科目应按股东设置明细账，反映各股东实缴注册资本的数额。股东和国家投入的资本，从其形态上看，可以分为接受货币投资、实物投资、无形资产投资和股权投资等。

1. 接受货币投资

当企业接受股东或国家的货币资金投资时，由于不存在投资的计价问题，账务处理比较简单，应以实际收到的货币资金，借记“银行存款”等科目，贷记“实收资本”科目。

2. 接受实物投资

当企业接受股东或国家的原材料、固定资产等实物投资时，应对接受的实物进行评估，以评估确认的价值作为实收资本入账。

（1）接受原材料投资。企业接受的原材料投资，其投资额为原材料评估价值（一般包含运杂费。如投资协议规定运杂费由受资企业负担，则运杂费应计入原材料价值，但不计入投资额）。企业应根据原材料不含增值税的评估价值，借记“原材料”等科目；根据增值税额，借记“应交税费——应交增值税（进项税额）”科目；根据原材料全部评估价值，贷记“实收资本”科目。

例 11－1

某企业收到股东投入的原材料一批，不含增值税的评估价值为 1 000 000 元，增值税为 130 000 元。

根据以上资料，编制会计分录如下：

借：原材料	1 000 000	
应交税费——应交增值税（进项税额）	130 000	
贷：实收资本		1 130 000

（2）接受固定资产投资。企业接受的机器设备等投资，其投资额为机器设备等的评估价值（一般包含运杂费。如投资协议规定运杂费由受资企业负担，则运杂费应计入固定资产价值，但不计入投资额）。投入的机器设备如为不需安装的机器设备，入账价值即为不含增值税的评估价值，应借记“固定资产”科目；根据增值税额，借记“应交税费——应交增值税（进项税额）”科目；根据机器设备的全部评估价值，贷记“实收资本”科目。投入的机器设备如为需要安装的机器设备，入账价值为不含增值税的评估价值与安装费之和，应根据不含增值税的评估价值与安装费，借记“在建工程”科目；根据增值税额，借记“应交税费——应交增值税（进项税额）”科目；根据机器设备含增值税的评估价值，贷记“实收资本”科目；根据安装费，贷记“银行存款”等科目。安装工程完工后，借记“固定资产”科目，贷记“在建工程”科目。

企业接受的不动产投资，其入账价值和投资额均为不动产的评估价值。

例 11－2

某企业收到需要安装的机器设备一台，确认的不含税评估价值为 800 000 元，增值税额为 104 000 元，投资协议规定运杂费由受资企业负担，受资企业用银行存款实际支付运输费 2 000 元，运输费增值税 180 元。该企业收到机器设备后出包安装，用银行存款实际支付安装费 8 000 元（未取得增值税专用发票）。

根据以上资料，编制会计分录如下：

（1）收到机器设备。

在建工程入账价值＝800 000＋2 000＝802 000(元)

增值税进项税额＝104 000＋180＝104 180(元)

借：在建工程	802 000	
应交税费——应交增值税（进项税额）	104 180	
贷：实收资本		904 000
银行存款		2 180

（2）支付安装费。

借：在建工程	8 000	
贷：银行存款		8 000

（3）安装工程完工。

固定资产入账价值＝802 000＋8 000＝810 000(元)

借：固定资产	810 000	
贷：在建工程		810 000

3. 接受无形资产投资

当企业接受股东或国家的无形资产投资时，其投资额为无形资产含增值税的评估价值。企业接受无形资产投资时，应借记“无形资产”“应交税费——应交增值税（进项税额）”科目，贷记“实收资本”科目。

4. 接受股权投资

当企业接受股东或国家的股权投资时，其投资额为股权的评估价值。企业接受股权投资时，应借记“长期股权投资”“交易性金融资产”“其他权益工具投资”等科目，贷记“实收资本”科目。

11.2.2 股份有限公司的股本

1. 股份有限公司的设立

股份有限公司由全体股东组成股东大会，股东大会是股份有限公司的权力机构，股东出席股东大会，所持每一股份（普通股）有一份表决权。股东一般不直接参与企业管理，而是先选举董事会，由董事会来维护其合法权益；再由董事会任命总经理，由总经理全面负责公司的日常经营管理。

2. 公司股票类别

股份有限公司股东持有的股票，按其享有的权利，可以分为普通股和优先股两大类。

（1）普通股。普通股是股份有限公司的基本股份。普通股股东的权利主要有以下几项：

1）投票表决权。股份有限公司的重大事项一般应由股东大会投票表决决定。普通股股东有权参加股东大会，每一普通股股份即拥有一份投票权。按照我国公司法的规定，股东大会作出决议，必须经出席股东大会的普通股股东所持表决权的半数以上通过。股东大会对公司合并、分立或解散等重大事项作出决议，必须经代表 2/3 以上表决权的股东通过。

2）优先认股权。当股份有限公司增发股票时，普通股股东有按其持股比例优先认购新股的权利，以保持其在公司股份中的比例。

3）收益分配权。普通股股东主要以获取公司分配的股利作为投资回报。但普通股股东能够获取多少股利，应以公司董事会的宣告为准，在董事会宣告分派股利之前，对公司的净利润没有直接的要求权。

4）剩余财产权。当股份有限公司清算时，全部资产变卖以后所得收入，在偿还债务和优先股股东的投资以后如果还有剩余，将按普通股股东的持股比例予以分配。

（2）优先股。优先股股票是一种处于公司债券和普通股股票之间的混合性证券。优先股股票规定有固定的股利率，这方面与公司债券相似；但其又没有固定的偿还日期，这方面又与普通股股票相似。优先股股东与普通股股东相比，一般不具有投票表决权和优先认股权。其之所以“优先”，主要是在收益和剩余财产的分配方面具有优先权。就优先分配股利而言，优先股可以分为以下类别：

1）按公司当年未分配或分配不足的优先股股利以后是否补付分类，可以分为累积分派优先股和非累积分派优先股。累积分派优先股是指公司当年未分配或分配不足的优先股股利，将累积到以后年度予以补付。非累积分派优先股是指公司当年未分配或分配不足的优先股股利，以后年度将不再补付。

2）按在分配优先股股利后是否参与剩余股利的分配，可以分为参与优先股和非参与优先股。参与优先股是指在按规定的股利率优先分得当期股利以外，还将按一定的方法同普通股一起再次参与剩余股利的分配。非参与优先股是指在按规定的股利率优先分得当期股利以后不再参与剩余股利的分配。

上述两类优先股往往是结合在一起发行的，如参与累积分派优先股、参与非累积分派优先股、非参与累积分派优先股、非参与非累积分派优先股等。企业是否发行优先股，发行何种类型的优先股，应根据企业筹资政策而定。一般来说，优先股股东具有较多的“优先权”，风险较小，收益也应较普通股股东的少一些，股份有限公司发行的优先股大多为非参与累积分派优先股。

此外，公司还可能发行可转换优先股，即可以按一定条件转换为本公司普通股的优先股。

需要说明的是，我国优先股的发行目前尚处于试点阶段。为了规范优先股的相关工作，国务院 2013 年 11 月发布了《关于开展优先股试点的指导意见》，中国证券监督管理委员会 2014 年 3 月发布了《优先股试点管理办法》。

根据相关规定，优先股面值为 100 元，公司已发行的优先股不得超过公司普通股股份总数的 50%，且筹资金额不得超过发行前净资产的 50%。

试点公司发行的优先股，为非参与累积优先股。公司应当在公司章程中规定以下事项：1）采取固定股利率；2）在存在可分配税后利润的情况下必须向优先股股东分配股息；3）未向优先股股东足额派发股息的差额部分应当累积到下一会计年度；4）优先股股东按照约定的股息率分配股息后，不再同普通股股东一起参加剩余利润分配。

优先股股东具有下列表决权：1）修改公司章程中与优先股相关的内容；2）一次或累计减少公司注册资本超过 10%；3）公司合并、分立、解散或变更公司形式；4）发行优先股；5）公司章程规定的其他情形。上述事项的决议，除须经出席会议的普通股股东（含表决权恢复的优先股股东）所持表决权的 2/3 以上通过之外，还须经出席会议的优先股股东（不含表决权恢复的优先股股东）所持表决权的 2/3 以上通过。普通股股东与优先股股东应分别表决。

表决权恢复是指公司累计三个会计年度或连续两个会计年度未按约定支付优先股股息的，股东大会批准当年不按约定分配利润的方案次日起，优先股股东有权出席股东大会与普通股股东共同表决。在这种情况下，优先股股东长期未能获得约定的股利，为了保障优先股股东的利益，优先股股东享有与普通股股东同样的投票表决权。由于优先股面值及每股价值与普通股不同，因此公司章程应规定每股优先股折算为普通股的比例。当公司全额支付所欠优先股股利以后，优先股股东享受了约定的利益，则终止表决权恢复，不再与普通股股东一起参与表决。

3. 公司股票发行

（1）发行普通股。股份有限公司发行普通股，应设置“股本”科目进行核算。该科目贷方登记已发行的普通股面值，借方登记经批准核销的普通股面值，贷方余额反映发行在外的普通股面值。

公司发行的股票，可以按面值发行，也可以溢价发行，但不得折价发行。公司溢价发行股票，实际收到的款项大于股票面值的部分，应在“资本公积”科目下设置“股本溢价”二级科目进行核算。

公司在股票发行之前或发行过程中可能会发生各项发行费支出，如手续费和佣金等。在公司溢价发行股票的情况下，各项发行费支出减去发行股票冻结期间所产生的利息收入的差额，应先抵减溢价收入。溢价收入扣除发行费净支出后的余额，应作为股本溢价，计入资本公积。

例 11-3

北京宏达电子股份有限公司 2021 年 8 月 15 日委托海通证券公司代理发行普通股股票 10 000 000 股，每股面值 1 元，按每股价格 1.50 元溢价发行。证券公司按发行收入的 1%收取手续费 150 000 元，从溢价收入中扣除。发行股票资金冻结期间所产生的利息收入为 5 000 元。2021 年 10 月 1 日收到证券公司支付的股票发行价款。相关业务单据请扫描二维码。

原始凭证
招股说明书
建行进账单
记账凭证

根据以上资料，编制会计分录如下：

公司实收价款＝1.50×10 000 000－(150 000－5 000)＝14 855 000(元)

普通股股本＝10 000 000(元)

股本溢价＝14 855 000－10 000 000＝4 855 000(元)

借：银行存款	14 855 000	
贷：股本——普通股		10 000 000
资本公积——股本溢价		4 855 000

(2) 发行优先股。股份有限公司发行优先股，应设置“其他权益工具——优先股”科目进行核算。该科目贷方登记发行优先股收到的价款，借方登记可转换优先股转换为普通股的账面价值，贷方余额反映发行在外的优先股账面价值。

公司在优先股发行之前或发行过程中，可能会发生各项发行费支出，如手续费和佣金等，这部分支出应冲减优先股的账面价值。

公司发行优先股时，应按照收到的价款，借记“银行存款”等科目，贷记“其他权益工具——优先股”科目。可转换优先股转换为普通股时，应按照可转换优先股的账面价值，借记“其他权益工具——优先股”科目；按照普通股的面值，贷记“股本”科目；按照其差额，贷记“资本公积——股本溢价”科目。

例 11－4

某公司根据发生的可转换优先股业务，编制相关会计分录如下：

1) 发行归类为权益工具的可转换优先股 100 000 股，扣除相关交易费用后实收价款 140 000 元。

借：银行存款	140 000	
贷：其他权益工具——优先股		140 000

2) 全部转换为普通股股票 20 000 股，每股面值 1 元。

借：其他权益工具——优先股	140 000	
贷：股本		20 000
资本公积——股本溢价		120 000

11.3 资本公积

资本公积是所有者投入资本的组成部分，主要包括资本溢价和以权益结算的股份支付等。

11.3.1 资本（或股本）溢价

资本（或股本）溢价是指股东的出资额大于其在企业注册资本中所占份额的差额，属于股东投入资本的组成部分。一般来说，有限责任公司初创时股东按照其在企业注册资本中所占的份额出资，不会出现资本溢价。但在有限责任公司经营一段时间后有新的投资者加入时，新股东的出资额往往会大于其在企业注册资本中所占的份额，主要原因是：(1) 原股东出资时与新股东出资时的资本利润率不同。企业初创时，资本利润率一般较低，而在企业经营一段时间以后，资本利润率会有所提高，这表明企业的原有资本已经增值。因此新股东加入时，应以高于原股东的出资额占有与原股东等量的股份。(2) 原股东的出资额与其实际占有的资本不同。企业在经营一段时间以后，可能会形成一部分资本公积和留存收益。这部分资本公积和留存收益虽未转入实收资本，但归原股东所共有。因而新股东加入时，如与原股东共享这部分资本公积和留存收益，也应付出高于原股东的出资额而占有与原股东等量的股份。企业收到新股东的出资额时，应根据其实际出资额，借记“银行存款”等科目；根据其在注册资本中占有的份额，贷记“实收资本”科目；根据两者的差额，贷记“资本公积”科目。

例 11－5

某有限责任公司由甲、乙两位股东各出资 500 000 元建立。5 年以后，该公司的留存收益为 200 000 元，所有者权益总额为 1 200 000 元，每位股东享有的权益为 600 000 元。此时有丙投资者希望加入，实际出资 600 000 元，占有 1/3 的股份。丙投资者投资后，该公司的注册资本为 1 500 000 元，甲、乙、丙股东各占 1/3 的股份；丙股东的实际出资额 600 000 元大于其在注册资本中占有的份额 500 000 元的差额，确认为资本公积（资本溢价）；接受丙股东出资后，所有者权益总额为 1 800 000 元（其中，实收资本为 1 500 000 元，资本公积为 100 000 元，留存收益为 200 000 元），每位股东享有的权益仍为 600 000 元。

该公司收到丙股东的出资时，编制会计分录如下：

借：银行存款等	600 000	
贷：实收资本		500 000
资本公积——资本溢价		100 000

资本公积（资本溢价或股本溢价）主要用于转增资本。企业按规定的程序增资时，应按资本溢价或股本溢价转增资本的数额，借记“资本公积”科目，贷记“实收资本”（或“股本”）科目。

此外，在任意盈余公积和法定盈余公积不足以弥补亏损时，根据新修订的《公司法》，资本公积也可用于弥补亏损。以资本公积弥补亏损时。应借记“资本公积”科目，贷记“利润分配——公积金补亏”科目。

11.3.2　股份支付

1. 股份支付的性质

为了激励职工更好地为企业服务，企业可以实行股票期权等奖励政策。股份支付就是指企业为获取职工提供的服务而授予股票期权等，或者承担以股票期权为基础确定的负债的交易。股份支付分为以权益结算的股份支付和以现金结算的股份支付。

以权益结算的股份支付，是指企业为获取服务以期权等作为对价进行结算的交易。

以现金结算的股份支付，是指企业为获取服务承担以股票增值权为基础计算确定的交付现金或其他资产义务的交易。

企业授予职工股票期权等以换取职工提供的服务，从而实现对职工的激励或补偿，实质上属于职工薪酬的组成部分。

授予日，是指股份支付协议获得批准的日期。

可行权日，是指可行权条件得到满足、职工和其他方具有从企业取得权益工具或现金的权利的日期。

行权日，是指职工和其他方行使权利、获取现金或权益工具的日期。

授予日至可行权日，一般可以称为股份支付的约定期。

可行权日至行权日，一般可以称为股份支付的等待期。

2. 以权益结算的股份支付

企业以权益结算的股份支付换取职工提供的服务，应当以授予职工期权授予日的公允价值为基础计量，计入相关成本费用，同时确认资本公积。以权益结算的股份支付确认的资本公积，属于股东投入资本的组成部分。

授予后立即可行权的换取职工服务的以权益结算的股份支付，应当在授予日按照权益工具的公允价值计入相关成本费用，借记“管理费用”等科目，贷记“资本公积——其他资本公积”科目。

职工完成约定期内的服务或达到规定的业绩条件才可行权的以权益结算的股份支付，在约定期内的每个资产负债表日，应当按照可行权期权数量的最佳估计数和期权授予日的公允价值确定的金额，分期计入相关成本费用，借记“管理费用”等科目，贷记“资本公积——其他资本公积”科目。

在资产负债表日，后续信息表明可行权期权的数量与以前估计不同的，应当进行调整，并在可行权日调整至实际可行权的期权数量。

企业在股份支付等待期，不再对已确认的相关成本费用和资本公积进行调整。

在行权日，企业应根据实际行权股票收取的价款与实际行权股票期权确认的资本公积，计算确定实际行权股票的发行价格，并分别转入股本和资本公积（股本溢价）。企业应根据收取的行权价款，借记“银行存款”等科目；根据已行权股票确认的资本公积，借记“资本公积——其他资本公积”科目；根据已行权股票的股本金额，贷记“股本”科目；根据前述确认金额的差额，贷记“资本公积——股本溢价”科目。

例11-6

某公司20×0年12月批准了一项股份支付协议。协议规定，20×1年1月1日，公司向其100名管理人员每人授予1 000份股票期权，这些管理人员必须从20×1年1月1日起在公司连续服务3年，服务期满时才能够以每股6元的价格购买1 000股该公司面值为1元的股票。公司估计该期权在授予日（20×1年1月1日）的公允价值为每股9元。

20×1 年有 5 名管理人员离开该公司；20×1 年 12 月 31 日，该公司估计 3 年中离开的管理人员比例将达到 15%。20×2 年又有 3 名管理人员离开公司；20×2 年 12 月 31 日，该公司将估计的管理人员离开比例修正为 10%。20×3 年又有 1 名管理人员离开。20×4 年 1 月 1 日，未离开的管理人员全部行权获得股票。

根据以上资料，进行账务处理如下：

(1) 20×1 年 1 月 1 日。

公司预计支付股份应负担的费用＝9×1 000×100＝900 000(元)

授予日不做账务处理。

(2) 20×1 年 12 月 31 日。

公司预计支付股份应负担的费用＝900 000×(1－15%)＝765 000(元)

$$20\times1\text{年应负担的费用}=\frac{765\ 000}{3}=255\ 000(\text{元})$$

借：管理费用　255 000
　贷：资本公积——其他资本公积　255 000

(3) 20×2 年 12 月 31 日。

公司预计支付股份应负担的费用＝900 000×(1－10%)＝810 000(元)

$$20\times2\text{年年末累计应负担的费用}=810\ 000\times\frac{2}{3}=540\ 000(\text{元})$$

20×2 年应负担的费用＝540 000－255 000＝285 000(元)

借：管理费用　285 000
　贷：资本公积——其他资本公积　285 000

(4) 20×3 年 12 月 31 日。

公司实际支付股份应负担的费用＝9×1 000×(100－5－3－1)＝819 000(元)

20×3 年应负担的费用＝819 000－540 000＝279 000(元)

借：管理费用　279 000
　贷：资本公积——其他资本公积　279 000

(5) 20×4 年 1 月 1 日。

发行股票收取价款＝6×1 000×91＝546 000(元)

发行股票面值＝1 000×91×1＝91 000(元)

发行股票溢价＝546 000＋819 000－91 000＝1 274 000(元)

借：银行存款　546 000
　　资本公积——其他资本公积　819 000
　贷：股本　91 000
　　　资本公积——股本溢价　1 274 000

3. 以现金结算的股份支付

以现金结算的股份支付，应当按照企业承担的以股票增值权为基础计算确定的负债的公允价值计量。授予后立即可行权的以现金结算的股份支付，应当在授予日以企业承担负债的公允价值计入相关成本费用，相应增加负债，借记“管理费用”等科目，贷记“应付职工薪酬——股份支付”科目；行权时，借记“应付职工薪酬——股份支付”科目，贷记“银行存款”等科目。

完成约定期内的服务或达到规定业绩条件以后才可行权的以现金结算的股份支付，在约定期内的每个资产负债表日，应当按照可行权股票增值权的最佳估计数和资产负债表日股票增值权的公允价值计算确定的金额，分期计入相关成本费用，并确认相应负债，借记“管理费用”等科目，贷记“应付职工薪酬——股份支付”科目。

在资产负债表日，后续信息表明企业当期承担债务的公允价值与以前估计不同的，应当进行调整，并在可行权日调整至实际可行权水平。

在可行权日之后等待期内的每个资产负债表日以及行权日，应对负债的公允价值重新计量，将其公允价值变动计入当期损益，借记或贷记“公允价值变动损益”科目，贷记或借记“应付职工薪酬——股权支付”科目。

在行权日，企业应根据实际行权的金额，借记“应付职工薪酬——股权支付”科目，贷记“银行存款”等科目。

例 11－7

某公司 20×0 年 12 月批准了一项股份支付协议。协议规定，20×1 年 1 月 1 日，公司向其 100 名管理人员每人授予 1 000 份股票增值权，这些管理人员必须从 20×1 年 1 月 1 日起在公司连续服务 3 年，服务期满时才能够根据股票增值权的增值幅度行权获得现金。公司估计该股票增值权在授予日（20×1 年 1 月 1 日）的公允价值为每股 9 元。

20×1 年有 5 名管理人员离开该公司；20×1 年 12 月 31 日，该股票增值权的公允价值为 12 元，该公司估计 3 年中离开的管理人员比例将达到 15%。20×2 年又有 3 名管理人员离开公司；20×2 年 12 月 31 日，该股票增值权的公允价值为 14 元，该公司将估计的管理人员离开比例修正为 10%。20×3 年又有 1 名管理人员离开；20×3 年 12 月 31 日，该股票增值权的公允价值为 19 元。20×4 年 12 月 31 日，该股票增值权的公允价值为 20 元。20×5 年 1 月 1 日，未离开的管理人员全部行权获得现金。

根据以上资料，进行账务处理如下：

（1）20×1 年 1 月 1 日。授予日不做账务处理。

（2）20×1 年 12 月 31 日。

$$
\begin{aligned}
\text{公司预计支付股份应负担的费用} &= 12\times 1\,000\times 100\times(1-15\%) \\
&= 1\,020\,000(\text{元})
\end{aligned}
$$

$$
20\times 1\text{ 年应负担的费用}=\frac{1\,020\,000}{3}=340\,000(\text{元})
$$

借：管理费用	340 000	
贷：应付职工薪酬——股份支付		340 000

（3）20×2 年 12 月 31 日。

公司预计支付股份应负担的费用＝14×1 000×100×(1－10%)
＝1 260 000(元)

20×2 年年末累计应负担的费用＝1 260 000×$\frac{2}{3}$＝840 000(元)

20×2 年应负担的费用＝840 000－340 000＝500 000(元)

借：管理费用　　500 000
　贷：应付职工薪酬——股份支付　　500 000

(4) 20×3 年 12 月 31 日。

公司实际支付股份应负担的费用＝19×1 000×(100－5－3－1)
＝1 729 000(元)

20×3 年应负担的费用＝1 729 000－840 000＝889 000(元)

借：管理费用　　889 000
　贷：应付职工薪酬——股份支付　　889 000

(5) 20×4 年 12 月 31 日。

公司实际支付股份应负担的费用＝20×1 000×91＝1 820 000(元)
股票增值权公允价值变动＝1 820 000－1 729 000＝91 000(元)

借：公允价值变动损益　　91 000
　贷：应付职工薪酬——股份支付　　91 000

(6) 20×5 年 1 月 1 日行权。

借：应付职工薪酬——股份支付　　1 820 000
　贷：银行存款　　1 820 000

11.4 其他综合收益

其他综合收益主要是指直接计入所有者权益的利得（或损失）。其他综合收益一般是由特定资产的计价变动而形成的，当处置特定资产时，其他综合收益也应一并处置。因此，其他综合收益不得用于转增资本（或股本）。

11.4 即测即评

11.4.1 享有的被投资单位其他综合收益变动的份额

在长期股权投资采用权益法核算的情况下，被投资单位资本公积、其他综合收益等发生变动，企业应按持股比例计算享有的份额，计入其他综合收益；处置该项长期股权投资时，应转销与其相关的其他综合收益。享有的被投资单位其他综合收益变动的份额，属于企业在经营过程中形成的利得（或损失）。

11.4.2 自用房地产或存货转换为投资性房地产公允价值与账面价值的差额

企业将自用房地产或存货转换为采用公允价值模式计量的投资性房地产时，转换日的公允价值大于原账面价值的差额，应计入其他综合收益；处置该项投资性房地产时，应转销与其相关的其他综合收益。自用房地产或存货转换为投资性房地产的公允价值与账面价值的差额，属于企业在经营过程中形成的利得。

11.4.3 债权投资转换为其他债权投资公允价值与账面价值的差额

企业将债权投资转换为其他债权投资时，转换日该项债权投资的公允价值与其账面价值的差额，应计入其他综合收益；债权投资转换为其他债权投资时公允价值与账面价值的差额，属于企业在经营过程中形成的利得（或损失）。

11.4.4 其他债权投资、其他权益工具投资的公允价值变动

其他债权投资、其他权益工具投资的公允价值高于其账面余额的差额，应计入其他综合收益；反之，应冲减其他综合收益；处置其他债权投资、其他权益工具投资时，应转销与其相关的其他综合收益。

其他综合收益的核算在前面章节已经讲述，这里不再重复。

11.5 库存股

库存股（treasury stock）是指公司已发行但由于各种原因又回到公司手中，为公司所持有的股票。公司的库存股，主要有经批准减资而回购的股票、为奖励职工而回购的股票以及日后还要再出售而回购的股票（我国目前尚不允许此类回购）等。尚未发行的股票，不属于库存股。为了反映库存股的回购和处置情况，应设置“库存股”科目。

11.5.1 经批准减资而回购的库存股

股份有限公司由于缩小经营规模导致资本过剩等原因，经有关部门批准，可以在《中华人民共和国公司法》（以下简称《公司法》）规定的股份有限公司最低注册资本以上的范围内回购已发行的股票，以核销股本。《公司法》规定，公司收回的股票必须在 10 天以内注销。

以减资为目的回购的库存股，应按实际支付的价款计价，借记“库存股”科目，贷记“银行存款”等科目。

回购的股票注销时，应冲减股本；库存股实际成本大于股票面值的差额，首先应冲减资本公积（股本溢价）；资本公积不足冲减的，则应冲减留存收益。股份公司注销股本时，应根据注销股票的面值，借记“股本”科目；根据库存股实际成本大于股本的差额，借记“资本公积——股本溢价”“盈余公积”“利润分配——未分配利润”等科目；同时按库存股的实际成本，贷记“库存股”科目。

如果公司回购股票的实际成本低于面值，其差额应计入资本公积，增加股本溢价。

例 11－8

某股份有限公司经批准回购本公司面值为 1 元的普通股股票 1 000 000 股，用以减少股本；回购股票的实际价款为 1 300 000 元。假定该公司的资本公积（股本溢价）账面余额为 3 000 000 元。

根据以上资料，编制会计分录如下：

（1）回购股票。

借：库存股——减资股	1 300 000	
贷：银行存款		1 300 000

（2）注销股票。

库存股面值＝1×1 000 000＝1 000 000(元)

冲减股本溢价＝1 300 000－1 000 000＝300 000(元)

借：股本——普通股	1 000 000	
资本公积——股本溢价	300 000	
贷：库存股——减资股		1 300 000

11.5.2　为奖励职工而回购的库存股

企业为奖励本公司职工而回购的股票，应按实际支付的价款计价，借记“库存股”科目，贷记“银行存款”等科目。

企业将回购的股票奖励给本公司职工时，如果向职工收取一定的价款，应根据收到的价款，借记“银行存款”科目；根据奖励股票期权的公允价值，借记“资本公积——权益结算的股份支付”科目；根据奖励库存股的账面余额，贷记“库存股”科目；根据前述确认金额的差额，贷记或借记“资本公积——股本溢价”科目。

例 11－9

承例 11－6。该公司 20×3 年 12 月 31 日累计确认的资本公积（权益结算的股份支付）819 000 元。假定该公司于 20×3 年 12 月 31 日回购本公司股票 91 000 股，每股价格为 20 元，实际支付价款 1 820 000 元。20×4 年 1 月 1 日，管理人员全部行权，该公司收取行权价款 546 000 元，以回购的库存股向行权的管理人员发放股票。假定该公司的资本公积（股本溢价）账面余额为 3 000 000 元。

根据以上资料，编制会计分录如下：

借：银行存款　546 000
　　资本公积——权益结算的股份支付　819 000
　　　　　　——股本溢价　455 000
　贷：库存股　1 820 000

11.5.3　日后还要再出售而回购的库存股

股份公司在本公司股票价格严重低于其价值等情况下，可能暂时回购本公司的股票，在股票价格回升至正常水平时再将其出售。公司在回购股票时，应按实际支付的价款计价，借记“库存股”科目，贷记“银行存款”等科目。

日后再出售股票时，实收价款与库存股成本的差额应调整资本公积（股本溢价），如果资本公积（股本溢价）不足冲减的，应冲减留存收益。企业出售库存股时，如果实收价款大于库存股成本，应按实收价款，借记“银行存款”等科目；按库存股成本，贷记“库存股”科目；按其差额，贷记“资本公积——股本溢价”科目。如果实收价款小于库存股成本，应按实收价款，借记“银行存款”等科目；按库存股成本，贷记“库存股”科目；按其差额，借记“资本公积——股本溢价”“盈余公积”“利润分配——未分配利润”科目。

例 11－10

某股份有限公司根据发生的有关库存股交易业务，编制相关会计分录。

（1）回购本公司股票 100 000 股，每股价格 1.40 元，实付价款 140 000 元。

借：库存股——再出售股　140 000
　贷：银行存款　140 000

（2）将其全部出售，每股价格 1.50 元，实收价款 150 000 元。

借：银行存款　150 000
　贷：库存股——再出售股　140 000
　　　资本公积——股本溢价　10 000

11.5.4　库存股的报表列示

在资产负债表中，“库存股”项目按照库存股账面价值列示。

由于库存股在未来处置时可能会冲减股本（如减资库存股），也可能增加或冲减资本公积，还可能冲减留存收益，因此，从理论上讲，资产负债表日库存股的账面价值属于所有者权益总额的抵减，而不是单纯对资本公积或股本的抵减。基于上述原因，在资产负债表所有者权益项目中，“库存股”项目应排列在“未分配利润”项目之后，而不是排列在“资本公积”项目之后。

但是，基于企业的实践，由于减资目的回购的库存股极少发生，因此冲减股本的可能性也极小；由于股份公司的股本溢价大多数额较大，在库存股处置时，处置价格低于回购价格的差额大多小于股本溢价，因此冲减留存收益的可能性也极小。按照我国企业会计准则的规定，在所有者权益项目中，“库存股”项目排列在“资本公积”项目之后。

11.6　留存收益

留存收益包括法定盈余公积、任意盈余公积和未分配利润。

11.6 即测即评

11.6.1　法定盈余公积

法定盈余公积是指按照《公司法》的规定，根据企业净利润和法定比例计提的盈余公积。法定盈余公积主要用于企业扩大再生产，也可以用于弥补企业亏损或转增资本。企业计提法定盈余公积时，应借记“利润分配——提取盈余公积”科目，贷记“盈余公积——法定盈余公积”科目。按规定，企业计提的法定盈余公积达到注册资本的 50%时，可以不再提取；超过注册资本 25%以上的部分，可以用于转增资本。用法定盈余公积弥补亏损时，应借记“盈余公积——法定盈余公积”科目，贷记“利润分配——盈余公积补亏”科目；用法定盈余公积转增资本时，应借记“盈余公积——法定盈余公积”科目，贷记“实收资本（或股本）”科目。

11.6.2　任意盈余公积

企业在计提了法定盈余公积之后，还可以根据企业需要，计提任意盈余公积。任意盈余公积的计提比例由企业自行确定。任意盈余公积的用途与法定盈余公积相同，企业在用盈余公积弥补亏损或转增资本时，一般先使用任意盈余公积，在任意盈余公积用完以后，再按规定使用法定盈余公积。

11.6.3　未分配利润

未分配利润是指企业实现的净利润中用于以后年度向投资者分配的利润。企业应于年度终了，将“本年利润”科目的余额转入“利润分配——未分配利润”科目；同时，将“利润分配”其他二级科目的余额转入“利润分配——未分配利润”科目。经过上述结算后，“利润分配——未分配利润”科目的余额如果在贷方，即为未分配利润；如果在借方，则为未弥补亏损。未弥补亏损为所有者权益的抵减项目。

思考题

1. 所有者权益与负债的主要区别是什么？
2. 独资企业所有者权益有哪些特点？
3. 合伙企业所有者权益有哪些特点？
4. 留存收益包括哪些内容？
5. 普通股股东有哪些主要权利？
6. 股份支付包括哪些内容？

练习题

1. A公司20×1年1月1日股东权益为100 000万元，其中，普通股股本为30 000万元（每股面值为1元），累积分派优先股股本为5 000万元（每股面值为1元），资本公积为61 000万元，盈余公积为4 000万元。累积分派优先股的条件为：每年股利率为6%，并可按普通股股利水平扣除已分派当年优先股股利（6%）后参与剩余股利分配。该公司按净利润的10%提取法定盈余公积，并将当年可供股东分配的利润全部进行分配。该公司20×1年实现净利润200万元，20×2年实现净利润2 875万元。

要求：计算A公司20×2年可以分配的优先股股利和普通股股利总额以及每股股利。

2. B公司20×0年12月批准了一项股份支付协议。协议规定，20×1年1月1日，公司向其200名管理人员每人授予1 000份股票期权，这些管理人员必须从20×1年1月1日起在公司连续服务3年，服务期满时才能够以每股5元购买1 000股该公司股票。公司估计该期权在授予日（20×1年1月1日）的公允价值为每股10元。

20×1年有3名管理人员离开该公司；20×1年12月31日，该公司估计3年中离开的管理人员比例将达到10%。20×2年又有3名管理人员离开该公司；20×2年12月31日，该公司将估计的管理人员离开比例修正为8%。20×3年又有1名管理人员离开。20×4年1月1日，未离开的管理人员全部行权获得股票。

要求：根据以上资料，编制有关会计分录。

第 12 章 收入、费用与利润

学习目标

1. 掌握：营业收入与营业成本的核算；税金及附加的核算；销售费用、管理费用、研发费用、财务费用的核算；资产处置损益的核算；所得税费用的核算；利润分配的核算。

2. 理解：费用、成本、支出的关系；营业收入的确认；资产减值损失、信用减值损失、公允价值变动损益、投资收益的核算；营业外收支的核算；利润结算。

3. 了解：收入的定义；费用的定义；利润的定义。

12.1 收入、费用与利润概述

12.1.1 收入

本章所讲的收入，是广义的收入。广义的**收入**（revenue）是指会计期间内经济利益的总流入，其表现形式为资产增加或负债减少而引起的所有者权益增加，但不包括与所有者出资、直接计入所有者权益的其他综合收益增加等有关的资产增加或负债减少。

广义的收入包括营业收入、投资收益、公允价值变动收益、资产处置收益、其他收益和营业外收入等。营业收入是指企业在从事销售商品、提供服务（包含各项劳务，下同）等日常经营业务过程中取得的收入；投资收益是指企业在从事各项对外投资活动中取得的净收入（各项投资业务取得的收入大于其成本的差额）；公允价值变动收益是指交易性金融资产等公允价值变动形成的收益；资产处置收益主要是指固定资产、在建工程以及无形资产等处置产生的收益；其他收益主要是指计入营业利润的政府补助等；营业外收入是指企业在营业利润以外取得的与企业日常活动无关的政府补助、接受捐赠收入等。

12.1.2 费用

本章所讲的费用，是广义的费用。广义的**费用**（expense）是指会计期间内经济利益的总流出，其表现形式为资产减少或负债增加引起的所有者权益减少，但不包括与向所有者分配、直接计入所有者权益的其他综合收益减少等有关的资产减少或负债增加。

广义的费用包括营业成本、税金及附加、销售费用、管理费用、研发费用、财务费用、投资损失、公允价值变动损失、资产减值损失、信用减值损失、资产处置损失、营业外支出和所得税费用。营业成本是指为了取得营业收入发生的成本；税金及附加是指应缴纳的除应交增值税、应交所得税以外的各种税金及附加费；销售费用是指销售过程中发生的耗费；管理费用是指生产经营管理过程中发生的耗费；研发费用是指自行研发无形资产发生的费用化支出；财务费用是指筹集资金过程中发生的耗费；投资损失是指企业在从事各项对外投资活动中发生的净损失（各项投资业务取得的收入小于其成本的差额）；公允价值变动损失是指交易性金融资产、以公允价值计量的投资性房地产等公允价值变动发生的损失；资产减值损失是指各项非金融资产以及金融资产中长期股权投资价值下跌发生的损失；信用减值损失是指金融资产中应收款项、债权投资、其他债权投资等资产价值下跌发生的损失；资产处置损失主要是指固定资产、在建工程及无形资产等处置过程中发生的净损失；营业外支出是指企业在营业利润以外发生的与企业日常活动无关的支出；所得税费用是指应在税前利润中扣除的所得税费用。

费用、成本和支出是三个既有区别又有联系的概念。费用概念前已述及。由于广义费用要与广义收入配合起来计算利润，因而可以将其概括为期间化的耗费。

成本概念有广义和狭义之分。广义的成本是指为了取得资产或达到特定目的而实际发生或应发生的价值牺牲。例如，企业为生产产品而发生的耗费为产品生产成本；企业为购建固定资产而发生的耗费为固定资产成本；企业为采购存货而发生的耗费为存货成本；企业为提供服务而发生的耗费为服务成本；等等。狭义成本是指为了生产产品或提供服务而实际发生或应发生的价值牺牲，即生产及服务成本（以下简称生产成本）。这里的生产及服务不仅仅是指工业生产及服务，也包括非工业生产及服务，如施工企业的建筑工程、交通运输企业的服务等。从上述成本概念可以看出，不论是广义还是狭义的成本概念，均可以将成本概括为对象化的耗费。

综上所述，可以看出，费用和成本均是对耗费按用途进行的分类。费用是对耗费按当期损益进行的归集，而成本是对耗费按对象进行的归集。

支出是指各项资产的减少，包括偿债性支出、成本性支出、费用性支出和权益性支出。偿债性支出是指用现金资产或非现金资产偿付各项债务的支出，引起资产和负债同时减少，如用银行存款偿还短期借款等；成本性支出是指一项现金资产或非现金资产的减少引起另一项资产增加的支出，使资产总额保持不变，如用银行存款购入固定资产等；费用性支出是指一项现金资产或非现金资产的减少引起费用增加的支出，使资产与利润同时减少，如用银行存款支付广告费等；权益性支出是指一项现金资产或非现金资产的减少引起除利润以外其他所有者权益项目减少的支出，使资产与所有者权益同时减少，如用银行存款分配现金股利等。需要指出的是，并非所有资产的减少都属于支出。例如，从银行提取现金，银行存款的减少并非支出，只是货币资金形态的转变；又如，收回应收账款存入银行，应收账款的减少也不属于支出，只是债权的收回。

支出与费用、成本之间的关系可以概括为：支出是指资产的减少，不仅包括费用性支出和成本性支出，还包括其他支出；费用是一种引起利润减少的耗费，费用性支出形成费用，然而费用中还包括未形成支出的耗费，如应付的利息费用等；成本是一种对象化的耗费，成本性支出形成成本，然而成本中也包括未形成支出的耗费，如自建固定资产应付的工程款等。

如何界定成本、费用与支出？

什么是广义的收入和广义的费用？

新旧准则下如何界定狭义的收入和利得？

什么是利得？

新旧准则下如何界定狭义的费用和损失？

什么是期间费用？

12.1.3　利润

利润（profit）也称为净利润或净收益。

从广义的收入、费用来讲，利润是指收入与费用的差额。

利润按其形成过程，分为税前利润和税后利润。税前利润也称利润总额；税前利润减去所得税费用，即为税后利润，也称净利润。

12.2　利润总额的形成

12.2.1　营业收入的确认与计量

12.2 即测即评

1. 营业收入的分类

（1）按经济业务的内容分类，营业收入可分为销售商品取得的收入、提供服务取得的收入等。《企业会计准则第 14 号——收入》（2017）所规范的收入，包括《企业会计准则第 14 号——收入》（2006）和《企业会计准则第 15 号——建造合同》（2006）所规范的收入。建造合同收入可视为企业提供服务所取得收入的一种特殊类型。

（2）按经济业务的核心性分类，营业收入可分为主营业务收入和其他业务收入。主营业务收入是指企业开展核心性业务取得的收入，是利润形成的主要来源。不同行业主营业务收入的表现形式有所不同。工业企业的主营业务收入是指销售商品（产成品）、自制半成品以及提供代制代修等服务取得的收入，称为产品销售收入；商品流通企业的主营业务收入是销售商品取得的收入，称为商品销售收入。其他业务收入是指企业在生产经营过程中开展非核心性业务取得的收入，如工业企业出售原材料取得的收入等。

（3）按收入确认的期间分类，营业收入可分为跨期收入和非跨期收入。跨期收入是指某项经济业务的总收入需要在多个会计期间内分期确认的收入；非跨期收入是指某项经济业务的总收入在一个会计期间内一次性确认的收入。

2. 营业收入的确认

营业收入的确认有不同的方式。《企业会计准则第 14 号——收入》（2017）关于营业收入确认的核心原则为：营业收入的确认方式应当反映企业向客户转让商品或服务的模式。

该准则更强调客户合同的履约义务，规定企业应当在履行了合同中的履约义务时确认营业收入。履约义务，是指合同中企业向客户销售商品、提供服务等的承诺，既包括合同中明确的承诺，也包括由于企业已公开宣布的政策、特定声明或以往的习惯做法等导致合同订立时客户合理预期企业将履行的承诺。例如，就企业销售商品而言，客户取得相关商品控制权时，可视为企业履行了合同中的履约义务。客户取得相关商品控制权，是指能够主导该商品的使用并从中获得几乎全部的经济利益。

（1）营业收入的确认条件。当企业与客户之间的合同同时满足下列条件时，企业应当在客户取得相关商品控制权时确认营业收入：

1）合同各方已批准该合同并承诺将履行各自义务。

2）该合同明确了合同各方与所销售商品或提供服务等相关的权利和义务。

3）该合同有明确的与所销售商品或提供服务等相关的支付条款。

4）该合同具有商业实质，即履行该合同将改变企业未来现金流量的风险、时间分布或金额。

5）企业因向客户销售商品或提供服务等而有权取得的对价很可能收回。

同时满足上述条件，说明企业取得了内容完整、合法有效的具有商业实质的合同，且很可能收到相关价款，在这种情况下，企业履行了合同中的履约义务，即客户取得相关商品控制权时，企业可以确认营业收入。

需要说明的是，大多数企业在经营活动中均需与客户签订销售合同，例如，施工企业与客户签订承接建造合同，生产企业与客户签订商品销售合同等，在这种情况下，应按照规定在履行了合同中的履约义务，即在客户取得相关商品控制权时确认营业收入；但是，商品零售企业等的商品销售大多在客户付款后直接发货，不需要签订合同，在这种情况下，按照实质重于形式的要求，可以视为履行了合同中的履约义务，可以直接确认营业收入。

（2）营业收入的确认时间。营业收入的确认，根据履约义务的时间，分为在某一时段内分期确认和在某一时点确认。

1）在某一时段内分期确认营业收入。在某一时段内分期确认营业收入，是指一份合同所提供的商品或服务涉及多个会计期间，需要分期确认收入。合同开始日，企业应当对合同进行评估，识别该合同所包含的履约义务。满足下列条件之一的，属于在某一时段内履行履约义务；否则，属于在某一时点履行履约义务：

①客户在企业履约的同时即取得并消耗企业履约所带来的经济利益。

②客户能够控制企业履约过程中在建的商品或服务等。

③企业履约过程中所产出的商品或服务等具有不可替代用途，且该企业在整个合同期间内有权就累计至今已完成的履约部分收取款项。具有不可替代用途，是指因合同限制或实际可行性限制，企业不能轻易地将商品或服务等用于其他用途；有权就累计至今已完成的履约部分收取款项，是指在由于客户或其他方原因终止合同的情况下，企业有权就累计至今已完成的履约部分收取能够补偿其已发生成本和合理利润的款项，并且该权利具有法律约束力。

例如，企业与客户签订一项为期一年的服务合同，该服务仅为该客户提供，具有不可替代性；合同规定客户每个季度按照服务完工程度付款，客户对服务的质量具有控制的权利。根据上述条件，该服务合同属于在某一时段内履行的履约义务，企业应当在该段时间内按照履约进度确认营业收入，但是履约进度不能合理确定的除外。

2）在某一时点确认营业收入。对于在某一时点履行的履约义务，企业应当在客户取得相关商品或服务等控制权的时点确认收入。在判断客户是否已取得商品或服务等控制权时，企业应当考虑下列迹象：

①企业就该商品或服务等享有现时收款权利，即客户就该商品或服务负有现时付款义务。

②企业已将该商品或服务等的法定所有权转移给客户，即客户已拥有该商品等的法定所有权。

③企业已将该商品实物转移给客户，即客户已实物占有该商品。

④企业已将该商品等所有权上的主要风险和报酬转移给客户，即客户已取得该商品或服务等所有权上的主要风险和报酬。

⑤客户已接受该商品或服务等。

⑥其他表明客户已取得商品或服务等控制权的迹象。

需要说明的是，“企业已将该商品实物转移给客户”“客户已接受该商品”，需要根据具体情况确定。如果企业已公开宣布的政策、特定声明或以往的习惯做法等能够证明业务发生时企业已经履行了承诺的履约义务，则可以视为客户已接受该商品，否则应在客户签收商品时才能确认履行了承诺的履约义务。例如，商品零售企业销售空调等大型商品，客户付款后由企业负责送货、安装，在这种情境下，企业尚未将该商品实物转移给客户。如果该商品属于标准产品，根据以往的经验，几乎未出现过客户拒收商品的现象，则可以视为客户已接受该商品，在收款时可以确认营业收入；如果该商品属于客户特殊定制的商品，且客户能否接受该商品尚不能确定，则收款时不应确认营业收入，应在商品安装调试完成且客户签收商品时确认营业收入。

3. 营业收入的计量

营业收入的计量需要遵循一定的原则。《企业会计准则第 14 号——收入》（2017）关于营业收入计量的核心原则为：计量的金额应反映企业预计因交付这些商品或服务而有权获得的对价。

企业应当按照各单项履约义务的交易价格计量营业收入。交易价格是指企业因向客户销售商品或提供服务等而预期有权收取的对价金额。企业代第三方收取的款项以及企业预期将退还给客户的款项，应当作为负债进行会计处理，不计入交易价格。

企业应当根据合同条款，并结合以往的习惯做法确定交易价格。在确定交易价格时，企业应当考虑合同中存在的可变对价、重大融资成分、应付客户对价等因素的影响。

（1）存在可变对价。可变对价是指对最终交易价格产生影响的不确定的对价，例如，赊销商品承诺给予客户的现金折扣等。合同中存在可变对价的，企业应当按照期望值或最可能发生金额确定可变对价的最佳估计数。每一资产负债表日，企业应当重新估计应计入交易价格的可变对价金额。可变对价金额发生变动的，对于已履行的履约义务，后续变动额应当调整变动当期的营业收入。

例如，企业5月25日采用赊销方式销售商品，赊销期为90天，不含增值税的价款为200万元，现金折扣条件为“2/30，1/60，n/90”，赊销当日企业已履行承诺的履约义务。该企业根据经验等判断客户很可能在30天内付款，则该项业务的交易价格为196万元（200－200×2%）①，确认营业收入196万元；6月30日，该客户尚未付款，估计客户将于合同签订后60天内付款，则企业将交易价格调整为198万元（200－200×1%），企业当期调增营业收入2万元。反之，企业根据经验等判断客户很可能不会提前付款，则该项业务的交易价格为200万元，确认营业收入200万元；6月20日，如果该客户支付货款，取得现金折扣4万元，则企业将交易价格调整为196万元（200－200×2%），企业当期调减营业收入4万元。

（2）存在重大融资成分。重大融资成分是指销售商品或提供服务等收款期较长导致分期收款的总对价高于其现销价格的差额。企业与客户签订的合同中存在重大融资成分的，应当按照假定客户在取得商品控制权时即以现金支付的应付金额确定交易价格。该交易价格与合同对价之间的差额，应当在合同期间内采用实际利率法摊销。例如，企业与客户签订一项分期收款商品销售合同，不含增值税的总对价为500万元，收款期为5年，每年年末收款100万元；该商品的现销价格为430万元，则该合同存在重大融资成分，其交易价格不应按照分期收款总对价500万元确定，而应按照其现销价格430万元确定。

但合同开始日，企业预计客户取得商品控制权与客户支付价款间隔不超过一年的，根据重要性要求，可以不考虑合同中存在的融资成分，分期收款总额即为交易价格。

（3）存在应付客户对价。应付客户对价是指企业销售商品明确承诺给予客户的优惠等。企业与客户签订的合同含有应付客户对价的，应当将该应付对价冲减交易价格，并在确认相关收入与支付客户对价二者孰晚的时点冲减当期收入。例如，某商场规定，客户在本商场购买商品总价500元以上，可以随机抽取现金奖券；客户

① 现金折扣既可以按照不含增值税的价款计算，也可以按照含增值税的价款计算，取决于双方在商品销售合同中的约定。按照目前增值税的相关规定，现金折扣不得抵减增值税销项税额，本章将现金折扣作为可变对价，为了便于进行价格调整，现金折扣按照不含增值税的价款计算；如果未来现金折扣可以抵减增值税销项税额（即采用销售折让的方式），可以将现金折扣分解为价格抵减和增值税抵减，或在此基础上追加抵减增值税。

30 天之内在本商场购买任何商品，该现金奖券均可以直接抵扣商品价款。4 月 10 日，某客户在该商场购买商品的总价为 600 元，抽取现金奖券 20 元；5 月 8 日该客户又在该商场购买商品，总价 100 元，现金奖券抵扣 20 元，该客户实际付款 80 元。该商场 4 月确认的商品交易价格为 600 元，确认营业收入 600 元；5 月确认营业收入 100 元，同时由于客户使用现金奖券抵扣 20 元，冲减营业收入 20 元。

需要说明的是，如果应付客户对价是为了向客户取得其他可明确区分的商品，则企业应当采用与本企业采购其他商品相一致的方式确认所取得的商品。企业应付客户对价超过向客户取得可明确区分商品公允价值的，超过金额应当冲减交易价格。向客户取得的可明确区分商品公允价值不能合理估计的，企业应当将应付客户对价全额冲减交易价格。例如，某商场采用以旧换新方式销售 A 商品，售价为 2 000 元，承诺回收旧商品的对价为 100 元。如果回收旧商品的公允价值为 100 元，则企业销售 A 商品的交易价格为 2 000 元，回收旧商品的对价 100 元为旧商品的采购价格；如果回收旧商品的公允价值为 60 元，则应付客户对价超过其公允价值的 40 元应冲减销售价格，企业销售 A 商品的交易价格为 1 960 元，回收旧商品的采购价格为 60 元。

4. 营业收入确认与计量核心原则的应用步骤

营业收入确认与计量的核心原则，是指企业确认收入的方式应反映向客户转让商品或服务的模式，而计量的金额应反映主体预计因交付这些商品或服务而有权获得的对价。根据营业收入确认与计量的核心原则，综合前述营业收入确认与计量的具体内容，企业可以通过下列步骤确认与计量营业收入：

（1）识别客户合同。合同是指双方或多方之间达成的确立可执行权利和义务的协议。识别客户合同，是指识别合同各方是否已批准该合同并承诺将履行各自义务。在同一客户与企业签订多项合同且合同内容基本相同等情况下，企业可以将多项合同合并并将其作为单个合同进行会计处理。

（2）识别合同中的单项履约义务。合同包括向客户转让商品或服务的承诺。如果该商品或服务可明确区分，则对应的承诺即为单项履约义务；另外还要识别该单项履约义务是在一段时期内分期履行，还是在某一时点履行，企业应根据不同情况分别进行会计处理。该商品或服务可明确区分，是指客户能够从单独使用某项商品（或服务）或将其与客户易于获得的其他资源一起使用中获益，且企业向客户转让该商品或服务的承诺可与合同中的其他承诺单独区分。

（3）确定交易价格。交易价格一般是固定的对价金额，但有时也可能包含可变对价、重大融资成分及应付客户对价等，企业应考虑这些因素，确定最终交易价格。

（4）将交易价格分摊至合同中的各单项履约义务。如果交易价格为多项履约义务的对价之和，则应按照一定标准将交易价格分摊至各单项履约义务。分配标准一般为各单项履约义务的市场价格；如果无法取得各单项履约义务的市场价格，也可以将各单项履约义务的预计成本作为分配标准。

（5）企业在履行了履约义务时确认收入。企业应在履行了向客户转让已承诺的商品或服务的履约义务时确认营业收入，营业收入的计量金额为分摊至已履行的履约义务的金额。

需要说明的是，上述步骤主要是针对复杂业务的营业收入确认与计量。但是，企业大部分业务为简单业务，如为简单业务，有些步骤不一定存在，则不需要完全按照上述步骤进行营业收入的确认与计量。例如，商品零售企业销售商品不需要签订合同，则不需要识别客户合同和识别合同中的履约义务；又如，客户合同中不包含可变对价、重大融资成分及应付客户对价等，则合同规定的交易价格即为最终交易价格；再如，客户合同中的商品为单件商品，则不需要再单独识别合同中的履约义务及交易价格的分摊。

12.2.2 营业收入与营业成本

1. 销售商品或出售原材料的一般业务

企业销售商品，应在符合销售商品收入的确认条件时确认销售收入，并结转销售成本。应根据具体情况，借记“银行存款”“应收票据”“应收账款”等科目；根据不含增值税价款，贷记“主营业务收入”科目；根据收取的增值税销项税额，贷记“应交税费——应交增值税（销项税额）”等科目。

企业已经销售的商品，可能会由于品种、质量等不符合购销合同的规定而被客户退回。客户在退货的同时，应退回企业原开具的增值税专用发票。在客户无法退回原增值税专用发票的情况下，为了避免退货单位在退货后不冲减增值税进项税额，退货单位应在当地税务部门开具销售退回证明单，将退货单位的增值税变动情况置于税务部门的监管之下。企业收到退回的商品及销售退回证明单时，应开具红字增值税专用发票，退还货款或冲减应收账款，并冲减主营业务收入和增值税销项税额，借记“主营业务收入”“应交税费——应交增值税（销项税额）”等科目，贷记“银行存款”“应收票据”“应收账款”等科目。应由企业负担的发货及退货运杂费，计入销售费用。

企业已经销售的商品，如果因商品的品种、质量等不符合购销合同而客户仍可继续使用，企业可能给予客户商品价格上的减让，即销售折让。发生销售折让时，取得销售折让的单位应在当地税务部门开具销售折让证明单。企业在收到销售折让证明单时，应开具红字增值税专用发票，退还销售折让款或冲减应收账款，并冲减主营业务收入和增值税销项税额，借记“主营业务收入”“应交税费——应交增值税（销项税额）”等科目，贷记“银行存款”“应收票据”“应收账款”等科目。

企业不论采用现销或赊销方式销售商品，均应结转已销商品（扣除销售退回）的成本，借记“主营业务成本”科目，贷记“库存商品”科目。

企业出售原材料，不属于主营业务，取得的收入应确认为其他业务收入，其确认条件与销售商品基本相同。企业出售原材料取得的收入，应根据具体情况，借记“银行存款”“应收票据”“应收账款”等科目；根据不含增值税价款，贷记“其他业务收入”科目；根据收取的增值税销项税额，贷记“应交税费——应交增值税（销项税额）”等科目。结转原材料成本时，借记“其他业务成本”科目，贷记“原材料”科目。

例 12－1

环球仪器制造股份有限公司（以下简称环球公司）12 月份根据发生的销售业务，编制相关会计分录。

（1）3 日，采用支票结算方式销售甲产品 10 件，价款 10 000 元，增值税 1 300 元。该客户因临时需要，直接到公司购买，交款后提货，环球公司未与该客户签订商品销售合同。

分析：环球公司未与该客户签订商品销售合同，不需要单独识别合同及履约义务；该项交易内容单一，价格固定，最终交易价格即为收到的货款，且不需要进行分摊。因此，在环球公司收到货款，该客户收到该商品并取得该商品的控制权时，公司直接根据开具的增值税专用发票等确认营业收入。

借：银行存款	11 300	
贷：主营业务收入		10 000
应交税费——应交增值税（销项税额）		1 300

（2）5 日，根据商品销售合同，采用托收承付结算方式销售甲产品 130 件，价款 130 000 元，增值税 16 900 元，用银行存款代垫运杂费 200 元，已办妥托收手续。环球公司办妥托收手续，表明履行了合同规定的履约义务，按照惯例，视为客户收到该商品并取得控制权，确认营业收入。

借：应收账款	147 100	
贷：主营业务收入		130 000
应交税费——应交增值税（销项税额）		16 900
银行存款		200

（3）10 日，某客户因产品质量问题退回上月销售的甲产品 20 件，价款 20 000 元，增值税 2 600 元；乙产品 10 件，价款 5 000 元，增值税 650 元。环球公司已办妥相关手续，收到退回的商品，并将转账支票交给客户，冲减主营业务收入 25 000 元、应交增值税 3 250 元。

借：主营业务收入	25 000	
应交税费——应交增值税（销项税额）	3 250	
贷：银行存款		28 250

（4）12 日，由于某客户发现所购甲产品 1 件外观存在问题，公司同意给予该客户 10％的销售折让 113 元，已办妥相关手续，并将转账支票交给客户，冲减主营业务收入 100 元、应交增值税 13 元。

借：主营业务收入	100	
应交税费——应交增值税（销项税额）	13	
贷：银行存款		113

（5）月末，结转销售成本。其中，销售甲产品 120 件（10＋130－20），单位成本 600 元，总成本 72 000 元；退回乙产品 10 件，单位成本 400 元，总成本 4 000 元。该公司 12 月份主营业务成本合计为 68 000 元（72 000－4 000）。

借：主营业务成本	68 000	
贷：库存商品		68 000

(6) 25日，出售原材料一批，价款5 000元，增值税650元，款项收到，存入银行。

借：银行存款　　5 650
　贷：其他业务收入　　5 000
　　　应交税费——应交增值税（销项税额）　　650

同时，结转该批原材料实际成本2 180元：

借：其他业务成本　　2 180
　贷：原材料　　2 180

环球公司12月份主营业务收入为114 900元（10 000＋130 000－25 000－100），其他业务收入为5 000元，营业收入合计119 900元；主营业务成本为68 000元，其他业务成本为2 180元，营业成本合计70 180元。

2. 销售商品的特殊业务

企业销售商品的特殊业务，是指前述销售商品一般业务以外的业务。企业销售商品的特殊业务如为复杂业务，需要按照前述销售商品确认、计量的“五步法”进行分析判断；如为简单业务，则可以根据具体业务内容，省略某些步骤的分析判断。例如，合同规定的交易价格为固定价格，可以直接确定交易价格；合同包含的履约义务为单项履约义务，则不需要将交易价格进行分摊；等等。

需要说明的是，按照企业会计准则的规定，企业应当根据本企业履行履约义务与客户付款之间的关系，确认合同资产或合同负债。

如何正确理解合同资产和合同负债？合同资产与应收账款有什么区别？合同负债与预收账款是什么关系？

合同资产，是指企业已向客户转让商品而有权收取对价的权利，且该权利取决于时间流逝之外的其他因素。例如，企业向客户销售两项可明确区分的商品，企业因已交付其中一项商品而有权收取款项，但收取该款项还取决于企业交付另一项商品的情况，企业应当将该收款权利确认为合同资产。应收账款与合同资产的区别在于，应收账款代表的是无条件收取合同对价的权利，即企业仅仅随着时间的流逝即可收款；而合同资产并不是一项无条件收款权，该权利除了时间流逝之外，还取决于其他条件（例如，履行合同中的其他履约义务）才能收取相应的合同对价。因此，与合同资产和应收款项相关的风险是不同的。由于这种情况较少发生，本教材不再涉及。

应收账款与合同负债之间的对应关系是什么？

合同负债，是指企业已收客户对价而应向客户转让商品的义务，如企业在转让承诺的商品之前已收取的款项。

下面，分别讲述销售商品特殊业务的核算方法。

(1) 合同包含多项履约义务及可变对价等复杂业务。如果企业与客户签订的合同中包含多项履约义务，交易价格的确定存在可变对价等因素，且既有在一段期间内履行的履约义务，也有在某一时点履行的履约义务，则需要按照前述营业收入确认与计量的步骤进行分析，分别进行会计处理。

例 12－2

20×1 年 1 月 3 日，甲公司与某客户签订一款软件销售及后续技术服务的合同，并经双方批准。该合同规定：甲公司应于 20×1 年 6 月 30 日交付软件，并于 20×1 年 7 月 1 日至 20×2 年 6 月 30 日提供与该软件相关的技术服务（软件不需要改进，在编写过程中客户无法控制）；软件及技术服务不含增值税的总价为 5 000 000 元，假定该项交易属于混合行为，增值税税率均为 13%，客户应在收到软件且能够正常使用时一次付清；如果该客户于 20×1 年 3 月 31 日前预付全部价款，则不含增值税的总价为 4 800 000 元；增值税专用发票于收到全部价款时开具。甲公司单独销售该软件不含增值税的价款为 4 080 000 元，单独提供一年技术服务不含增值税的价款为 1 020 000 元，合计 5 100 000 元。

分析：

1）该合同已经双方批准生效。

2）该合同包含的履约义务为多项履约义务，一项为销售软件，另一项为提供一年技术服务。

3）客户于 20×1 年 6 月 30 日收到软件且能够正常使用时支付全部价款，不含增值税的交易价格总额为 5 000 000 元；如果客户于 20×1 年 3 月 31 日前预付全部价款，则不含增值税的交易价格总额为 4 800 000 元。

4）按照单独销售软件价款和提供技术服务价款的比例进行分配，交易价格总额若为 5 000 000 元，则软件交易价格为 4 000 000 元（5 000 000×4 080 000/5 100 000），一年技术服务交易价格为 1 000 000 元（5 000 000×1 020 000/5 100 000）；交易价格总额若为 4 800 000 元，则软件交易价格为 3 840 000 元（4 800 000×4 080 000/5 100 000），一年技术服务交易价格为 960 000 元（4 800 000×1 020 000/5 100 000）。

5）由于软件在编写过程中客户无法控制，应于客户收到软件且能够正常使用时确认营业收入，一年技术服务费应在 20×1 年 7 月 1 日至 20×2 年 6 月 30 日期间各月月末提供技术服务后分期确认营业收入。

根据以上分析，甲公司按照实际发生的经济业务，编制会计分录如下：

1）20×1 年 3 月 31 日，收到客户预付的全部价款，其中不含增值税的软件及技术服务价款 4 800 000 元，增值税 624 000 元（4 800 000×13%），合计 5 424 000 元；开具增值税专用发票。

借：银行存款　　5 424 000
　贷：合同负债　　4 800 000
　　　应交税费——应交增值税（销项税额）　　624 000

2）20×1 年 6 月 30 日，甲公司交付软件且客户可以正常使用；该软件的成本为 3 000 000 元。

借：合同负债　　3 840 000
　贷：主营业务收入　　3 840 000

借：主营业务成本　　3 000 000

　贷：库存商品　　3 000 000

3）20×1 年 7 月 31 日，确认当月技术服务收入 80 000 元（960 000/12）；提供该项技术服务的成本为 50 000 元。

借：合同负债　　80 000

　贷：主营业务收入　　80 000

借：主营业务成本　　50 000

　贷：生产成本　　50 000

以后月份确认技术服务收入以此类推。

（2）商品销售后经济利益不能流入企业。企业在商品销售后得到信息，购货单位因突发财务困难无法支付货款，则不符合收入确认条件。不能确认收入，应将已经销售商品的成本转为应收退货成本，借记“应收退货成本”科目，贷记“库存商品”科目；待已销商品退回后，做相反的会计处理。如果企业已经开具增值税专用发票，则纳税义务已经发生，应确认应交增值税，借记“应收账款”科目，贷记“应交税费——应交增值税（销项税额）”科目；待已销商品退回后，收回原增值税专用发票或开具红字增值税专用发票，冲减应交增值税，借记“应交税费——应交增值税（销项税额）”科目，贷记“应收账款”等科目；根据收回商品的成本，借记“库存商品”科目，贷记“应收退货成本”科目。

例 12-3

20×1 年 12 月 15 日，甲公司采用托收承付结算方式销售 A 产品 10 件，价款 20 000 元，增值税 2 600 元，用银行存款代垫运杂费 200 元，已开具增值税专用发票，办妥托收手续。该批商品的实际成本为 15 000 元。在办妥托收手续后得知，客户发生财务困难，近期无法支付货款；客户承诺将商品退回。20×2 年 1 月 10 日，甲公司收到客户退回的增值税专用发票及 A 商品 10 件，验收入库。

甲公司根据实际发生的经济业务，编制会计分录如下：

1）20×1 年 12 月 15 日。由于与该项交易相关的经济利益不一定能够流入企业，不符合营业收入确认条件，因而不确认收入，但要结转库存商品成本，并确认应交增值税。

借：应收退货成本　　15 000

　贷：库存商品　　15 000

借：应收账款　　2 800

　贷：应交税费——应交增值税（销项税额）　　2 600

　　　银行存款　　200

2）20×2 年 1 月 10 日。收到客户退回的增值税专用发票，冲减增值税销项税额；代垫运费无法收回，计入销售费用。

借：应交税费——应交增值税（销项税额）　　2 600
　　销售费用　　200
　贷：应收账款　　2 800
借：库存商品　　15 000
　贷：应收退货成本　　15 000

（3）附有退货条件的商品销售。对于附有销售退回条款的商品销售，企业应当在客户取得相关商品控制权时，按照因向客户销售商品而预期有权收取的对价金额（即不包含预期因销售退回将退还的金额）确认收入，按照预期因销售退回将退还的金额确认预计负债；同时，按照预期将退回商品转让时的账面价值，扣除收回该商品预计发生的成本（包括退回商品的价值减损）后的余额，确认为一项资产（应收退货成本），按照所转让商品转让时的账面价值，扣除上述资产成本的净额结转成本。每一资产负债表日，企业应当重新估计未来销售退回情况，如有变化，应当作为会计估计变更进行会计处理。

企业应将不会退货的已销商品确认为主营业务收入，借记“银行存款”“应收账款”等科目，贷记“主营业务收入”科目；同时结转主营业务成本，借记“主营业务成本”科目，贷记“库存商品”科目。根据可能退货的已销商品账面价值，扣除收回该商品预计发生的成本（包括退回商品的价值减损）后的余额，借记“应收退货成本”科目；根据可能退货的已销商品账面价值，贷记“库存商品”等科目；根据两者的差额，借记“主营业务成本”等科目。如果企业已经收取可能退货商品的价款，应确认为预计负债，借记“银行存款”等科目，贷记“预计负债”科目。如果企业已经开具增值税专用发票，则应确认应交增值税，借记“银行存款”“应收账款”等科目，贷记“应交税费——应交增值税（销项税额）”科目。企业如果无法合理确定退货的可能性，则应全部确认为应收退货成本，于退货期满时确认营业收入。

例 12-4

20×1 年 12 月 30 日，甲公司销售 B 商品 200 件，价款为 200 000 元，增值税销项税额为 26 000 元，总成本为 160 000 元，规定 15 天内可以无条件退货，已开具增值税专用发票，并收取全部价款；客户已取得 B 商品的控制权。甲公司根据以往经验，估计退货率为 5%。20×2 年 1 月 14 日，购货方退回 B 商品 8 件，其余商品未退货，甲公司开出红字增值税专用发票，退回价款 8 000 元，增值税 1 040 元。甲公司预计不会发生退货损失。

甲公司编制会计分录如下：

1）20×1 年 12 月 30 日。可能退货部分不符合收入确认条件，不应确认收入。

确认主营业务收入＝200 000×95%＝190 000(元)
确认预计负债＝200 000×5%＝10 000(元)

借：银行存款　　226 000
　贷：主营业务收入　　190 000

　　　　预计负债　　　　　　　　　　　　　　　　10 000
　　　　应交税费——应交增值税（销项税额）　　　26 000

确认主营业务成本＝160 000×95%＝152 000(元)

确认发出商品＝160 000×5%＝8 000(元)

借：主营业务成本　　　　　　　　　　152 000
　　应收退货成本　　　　　　　　　　　8 000
　　贷：库存商品　　　　　　　　　　　　　160 000

2）20×2 年 1 月 14 日，支付退货款 9 040 元，未退货部分确认收入。

确认主营业务收入＝10 000－8 000＝2 000(元)

借：预计负债　　　　　　　　　　　　10 000
　　应交税费——应交增值税（销项税额）　1 040
　　贷：主营业务收入　　　　　　　　　　　2 000
　　　　银行存款　　　　　　　　　　　　　9 040

转回库存商品＝8 000×$\frac{160\,000}{200\,000}$＝6 400(元)

确认主营业务成本＝8 000－6 400＝1 600(元)

借：主营业务成本　　　　　　　　　　1 600
　　库存商品　　　　　　　　　　　　6 400
　　贷：应收退货成本　　　　　　　　　　　8 000

（4）需要安装和检验的商品销售。企业销售的商品如果需要安装调试，且安装调试的结果经购货单位检验合格后购货合同才能生效，则企业在商品安装调试工作完成以前，客户并未真正接受该商品，不应确认收入，收取的价款应确认为合同负债；在安装调试完成后，客户接受该商品并拥有该商品控制权时再确认收入。例如，企业销售一条生产线，并负责安装调试，在该生产线销售时不应确认收入。如果商品的安装程序比较简单，或检验是交货必须进行的程序，根据以往的经验，客户不会拒收该商品，则企业在满足收入确认的其他条件的情况下，可以在发出商品时确认收入。例如，企业销售空调，负责安装调试，但空调的安装调试程序比较简单，则在空调销售时就可以确认收入。

例 12－5

1）20×1 年 12 月 15 日，甲公司销售 C 商品 10 件，价款为 10 000 元，增值税销项税额为 1 300 元，总成本为 6 000 元，合同规定甲公司负责安装但安装程序比较简单。甲公司已经开具增值税专用发票，并收取全部价款。根据以往经验，客户不会拒收该商品。

由于 C 商品的安装程序比较简单，在发出商品时即可确认收入。甲公司编制会计分录如下：

借：银行存款	11 300	
贷：主营业务收入		10 000
应交税费——应交增值税（销项税额）		1 300
借：主营业务成本	6 000	
贷：库存商品		6 000

2）20×1 年 12 月 5 日，甲公司销售 X 商品 1 件，价款为 1 000 000 元，增值税销项税额为 130 000 元，款项收到存入银行，总成本为 600 000 元，合同规定甲公司负责安装，安装费包含在商品价格中，安装调试完成后客户才签收该商品。甲公司已经开具增值税专用发票，并收取全部价款。

甲公司编制会计分录如下：

①由于客户在 X 商品安装调试完成后才签收，在发出商品时不能确认收入。

借：银行存款	1 130 000	
贷：合同负债		1 000 000
应交税费——应交增值税（销项税额）		130 000
借：发出商品	600 000	
贷：库存商品		600 000

②X 商品安装调试完成后，客户正式签收该商品。

借：合同负债	1 000 000	
贷：主营业务收入		1 000 000
借：主营业务成本	600 000	
贷：发出商品		600 000

（5）以旧换新的商品销售。企业在销售商品的同时收购旧商品，则收购的旧商品确认为存货。如果收购旧商品的价款为其公允价值，收购旧商品支付的价款不得冲减收入，应当计入存货成本。企业收购旧商品的价款直接抵减新商品价款时，应根据新商品的价款扣除旧商品收购价款后的净额，借记“银行存款”等科目；根据收购旧商品的收购价款，借记“原材料”等科目；根据新商品的销售价格，贷记“主营业务收入”科目；根据应缴纳的增值税，贷记“应交税费——应交增值税（销项税额）”科目。

需要说明的是，如果收购旧商品的价款超过其公允价值，差额属于新商品交易价格的调整，收购的旧商品应按照其公允价值入账，差额抵减新商品的收入。

原始凭证
购销合同
增值税专用发票
验收单
入库单
出库单
建行进账单
记账凭证

例 12-6

2021 年 12 月 18 日，北京宏达电子股份有限公司销售原子力显微镜 50 件，价款为 30 000 元，增值税销项税额为 3 900 元，总成本为 21 000 元；宏达公司已经开具增值税专用发票，并收取全部价款。宏达公司在销售原子力显微镜的同时，收购旧商品 50 件，收购价款 1 500 元为其公允价值，直接抵扣原子力显微镜的销售价款，实际收到价款 32 400 元。收购的旧商品作为原材料验收入库。相关业务单据请扫描二维码。

甲公司编制会计分录如下：

1）销售原子力显微镜时。

借：银行存款	32 400	
原材料	1 500	
贷：主营业务收入		30 000
应交税费——应交增值税（销项税额）		3 900
借：主营业务成本	21 000	
贷：库存商品		21 000

2）如果上述收购旧商品的公允价值为 1 000 元，则收购旧商品的价款 1 500 元大于其公允价值的差额 500 元应冲减收入，收入的金额为 29 500 元。

借：银行存款	32 400	
原材料	1 000	
贷：主营业务收入		29 500
应交税费——应交增值税（销项税额）		3 900
借：主营业务成本	21 000	
贷：库存商品		21 000

（6）短期分期收款商品销售。企业采用分期收款方式销售商品，如果收款期较短，在满足收入确认条件的情况下，不需要考虑分期收款总额中包含的融资成分，应全额确认收入，借记“应收账款”科目，贷记“主营业务收入”科目；同时结转商品销售成本，借记“主营业务成本”科目，贷记“库存商品”科目。按照增值税相关规定，在合同规定的收款日期确认应交增值税，因此，在发出商品时不需要缴纳增值税，但应确认待转销项税额，借记“应收账款”科目，贷记“应交税费——待转销项税额”科目；在合同规定的收款日期，开具增值税专用发票，根据收到的全部价款，借记“银行存款”等科目，贷记“应收账款”科目；根据确认的增值税，借记“应交税费——待转销项税额”科目，贷记“应交税费——应交增值税（销项税额）”科目。在合同规定的收款日期，如果未收到价款，也应确认应交增值税。

例 12－7

20×1 年 3 月 31 日，甲公司采用分期收款方式销售 E 商品 60 件，不含增值税的价款为 60 000 元，增值税销项税额为 7 800 元，合计 67 800 元；合同规定分三次收款，收款日期为当年 6 月 30 日、9 月 30 日和 12 月 31 日；总成本为 48 000 元；甲公司在各收款日均收取货款 22 600 元，并开具增值税专用发票。

甲公司编制会计分录如下：

1）3 月 31 日销售 E 商品。

借：应收账款	67 800	
贷：主营业务收入		60 000
应交税费——待转销项税额		7 800

借：主营业务成本　　48 000

　贷：库存商品　　48 000

2）6 月 30 日、9 月 30 日和 12 月 31 日收取货款。

借：银行存款　　22 600

　贷：应收账款　　22 600

借：应交税费——待转销项税额　　2 600

　贷：应交税费——应交增值税（销项税额）　　2 600

（7）具有重大融资性质的分期收款商品销售。企业采用分期收款方式销售商品，如果收款期较长（一般为 3 年以上），则说明该项销售业务具有融资性质，在满足收入确认条件的情况下，应按照商品的现销价格确认收入（如果该商品不存在现销价格，则按照不含增值税的分期收款总额现值确认收入），不含增值税的分期收款总额与确认收入的差额作为未实现融资收益。企业发出商品时，应根据含增值税的分期收款总额，借记“长期应收款”科目；根据未来应收增值税销项税额总额，贷记“应交税费——待转销项税额”科目；根据确认收入的金额，贷记“主营业务收入”科目；根据其差额，贷记“未实现融资收益”科目。在合同约定的收款日期，应根据实际收到的款项（含增值税），借记“银行存款”等科目，贷记“长期应收款”科目；同时将待转销项税额确认为销项税额，借记“应交税费——待转销项税额”科目，贷记“应交税费——应交增值税（销项税额）”科目；此外，还要根据不含待转销项税额的长期应收款账面价值（扣除待转销项税额的“长期应收款”科目借方余额与“未实现融资收益”科目贷方余额的差额）和实际利率计算未实现融资收益的摊销额，确认为利息收入，借记“未实现融资收益”科目，贷记“财务费用”科目。

例 12－8

20×1 年 12 月 31 日，甲公司采用分期收款方式销售 F 商品 5 件，不含增值税的价款为 6 000 000 元，适用的增值税税率为 13%，该批商品的现销价格为 5 346 000 元，实际利率为 6%，合同规定分三次收款，收款日期为 20×2 年 12 月 31 日、20×3 年 12 月 31 日和 20×4 年 12 月 31 日；总成本为 4 200 000 元；甲公司在各收款日均收取货款 2 260 000 元，并开具增值税专用发票。

甲公司编制会计分录如下：

1）20×1 年 12 月 31 日销售 F 商品。

待转销项税额＝6 000 000×13%＝780 000(元)

长期应收款总额＝6 000 000＋780 000＝6 780 000(元)

借：长期应收款　　6 780 000

　贷：应交税费——待转销项税额　　780 000

　　　主营业务收入　　5 346 000

　　　未实现融资收益　　654 000

借：主营业务成本　　4 200 000

　贷：库存商品　　4 200 000

不含增值税的长期应收款账面价值=6 780 000−780 000−654 000=5 346 000(元)

2）20×2年12月31日收取货款。

借：银行存款	2 260 000	
贷：长期应收款		2 260 000
借：应交税费——待转销项税额	260 000	
贷：应交税费——应交增值税（销项税额）		260 000

未实现融资收益摊销额=5 346 000×6%=320 760(元)

借：未实现融资收益	320 760	
贷：财务费用		320 760

“长期应收款”科目借方余额=6 780 000−2 260 000=4 520 000(元)

“应交税费——待转销项税额”科目贷方余额=780 000−260 000
=520 000(元)

“未实现融资收益”科目贷方余额=654 000−320 760=333 240(元)

不含增值税的长期应收款账面价值=4 520 000−520 000−333 240
=3 666 760(元)

3）20×3年12月31日收取货款。

借：银行存款	2 260 000	
贷：长期应收款		2 260 000
借：应交税费——待转销项税额	260 000	
贷：应交税费——应交增值税（销项税额）		260 000

未实现融资收益摊销额=3 666 760×6%=220 006(元)

借：未实现融资收益	220 006	
贷：财务费用		220 006

“长期应收款”科目借方余额=4 520 000−2 260 000=2 260 000(元)

“应交税费——待转销项税额”科目贷方余额=520 000−260 000
=260 000(元)

“未实现融资收益”科目贷方余额=333 240−220 006=113 234(元)

不含增值税的长期应收款账面价值=2 260 000−260 000−113 234
=1 886 766(元)

4）20×4年12月31日收取货款。

借：银行存款	2 260 000	
贷：长期应收款		2 260 000
借：应交税费——待转销项税额	260 000	
贷：应交税费——应交增值税（销项税额）		260 000

未实现融资收益摊销额＝1 886 766×6%＝113 234(元)(含尾差调整)

借：未实现融资收益	113 234	
贷：财务费用		113 234

“长期应收款”科目借方余额＝2 260 000－2 260 000＝0

“应交税费——待转销项税额”科目贷方余额＝260 000－260 000＝0

“未实现融资收益”科目贷方余额＝113 234－113 234＝0

长期应收款账面价值＝0

(8) 附有售后回购条件的商品销售。对于售后回购交易，企业应当区分不同情况进行会计处理。企业因存在与客户的远期安排而负有回购义务或企业享有回购权利的，表明客户在销售时点并未取得相关商品控制权，企业应当作为租赁交易或融资交易进行相应的会计处理。其中，回购价格低于原售价的，应当视为租赁交易，即视为客户租赁该资产，差额为客户承担的资产使用费；回购价格高于原售价的，应当视为融资交易，即质押贷款，在收到客户款项时确认金融负债，并将其差额在回购期间内确认为利息费用等。

企业附有售后回购条件的商品销售，如果属于融资交易，收取的价款应确认为负债。企业应根据收取的全部价款，借记“银行存款”等科目；根据收取的不含增值税的价款，贷记“其他应付款”科目；根据应交增值税，贷记“应交税费——应交增值税（销项税额）”科目。同时，还要根据发出商品的成本，借记“发出商品”科目，贷记“库存商品”科目。企业回购商品的价格超过销售商品价格的差额，实质上属于商品回购期内支付的利息费用，应在回购期内分期平均确认为利息支出，借记“财务费用”科目，贷记“其他应付款”科目。企业回购商品时，应根据回购商品不含增值税的价款，借记“其他应付款”科目；根据支付的增值税额，借记“应交税费——应交增值税（进项税额）”等科目；根据支付的全部价款，贷记“银行存款”等科目。同时，根据收回的商品成本，借记“库存商品”科目，贷记“发出商品”科目。

例 12－9

20×1 年 1 月 31 日，甲公司采用支票结算方式销售 G 商品 10 件，不含增值税的价款为 500 000 元，增值税额为 65 000 元，该批商品实际成本为 450 000 元，已开具增值税专用发票，并收取全部价款。销售合同规定，该企业在 6 月 30 日将该批商品购回，购回价格为 505 000 元，增值税额为 65 650 元。

甲公司编制会计分录如下：

1) 20×1 年 1 月 31 日销售商品。由于存在回购条款，客户不能控制该批商品，因而不确认收入。

借：银行存款	565 000	
贷：应交税费——应交增值税（销项税额）		65 000
其他应付款		500 000
借：发出商品	450 000	
贷：库存商品		450 000

2）20×1年2—6月各月月末计提利息费用。销售至回购期间的利息支出为5 000元（505 000－500 000），2—6月每月计提利息支出1 000元。

借：财务费用	1 000	
贷：其他应付款		1 000

3）20×1年6月30日回购商品。

借：其他应付款	505 000	
应交税费——应交增值税（进项税额）	65 650	
贷：银行存款		570 650
借：库存商品	450 000	
贷：发出商品		450 000

（9）附有现金折扣的商品销售。企业赊销的商品如果附有现金折扣的条件，则其对价为可变对价，企业应根据最可能收取的对价确认营业收入；资产负债表日，应重新估计可能收到的对价，按其差额调整营业收入。

例12－10

甲公司根据发生的附有现金折扣的赊销业务，编制会计分录如下：

1）20×1年11月20日，甲公司与乙公司签订合同，当日采用赊销方式销售甲产品30件，价款30 000元，增值税3 900元，该批产品成本22 000元；现金折扣（合同约定按照不含增值税的价款计算）的条件为"2/30，1/60，n/90"，甲公司估计乙公司能够在12月20日之前付款，取得现金折扣600元，确认营业收入29 400元；当日，甲公司开具了增值税专用发票，乙公司收到商品。

借：应收账款	33 300	
贷：主营业务收入		29 400
应交税费——应交增值税（销项税额）		3 900
借：主营业务成本	22 000	
贷：库存商品		22 000

2）20×1年12月31日，乙公司尚未支付货款；甲公司与乙公司沟通后，估计乙公司能够在20×2年1月20日前支付货款，只能取得300元现金折扣；甲公司调增营业收入300元。

借：应收账款	300	
贷：主营业务收入		300

3）20×2年1月18日，甲公司收到乙公司支付的全部货款33 600元。

借：银行存款	33 600	
贷：应收账款		33 600

3. 提供服务

企业提供的服务如果属于在某一时点履约的义务，应采用与前述商品销售相同的办法确认营业收入；如果属于在某一段期间履行的义务，则应当考虑服务的性质，采用产出法或投入法确定恰当的履约进度，分期确认营业收入。

产出法是根据已提供给客户的服务对于客户的价值确定履约进度。例如，甲公司与乙公司签订一项服务合同，合同总收入为 300 万元，合同总成本预计为 200 万元，期限为 2 年，采用产出法确定履约进度。资产负债表日，经专业测量师测量认定，该项服务的价值累计履约进度为 10%，乙公司接受该项测量结果，则甲公司应确认营业收入 30 万元（300×10%）。

投入法是根据企业为履行履约义务的投入确定履约进度。例如，甲公司与乙公司签订一项服务合同，合同总收入为 300 万元，合同总成本预计为 200 万元，期限为 2 年，采用投入法确定履约进度。资产负债表日，该项服务的累计服务成本为 40 万元，则累计履约进度为 20%（40÷200），应累计确认营业收入 60 万元（300×20%）。

采用上述方法确认营业收入及结转营业成本的计算方法如下：

各期确认的营业收入＝预计总收入×履约进度－前期累计确认营业收入
各期结转的营业成本＝预计总成本×履约进度－前期累计结转营业成本

当履约进度不能合理确定时，企业已经发生的成本预计能够得到补偿的，应当按照已经发生的成本确认营业收入，直到履约进度能够合理确定为止；如果已发生的成本预计不能全部得到补偿的，应当按照预计能够得到补偿的部分确认营业收入。例如，甲公司与乙公司签订一项服务合同，合同总收入为 300 万元，合同总成本预计为 200 万元，期限为 2 年，甲公司无法合理确定履约进度。资产负债表日，该项服务的累计服务成本为 40 万元，已经发生的成本预计能够得到补偿，则应累计确认营业收入 40 万元。如果预计只有 30 万元能得到补偿，则应确认营业收入 30 万元。

企业发生的服务成本，可以设置“生产成本”科目进行核算。企业实际发生服务成本时，应借记“生产成本”科目，贷记“原材料”“应付职工薪酬”等科目；确认服务收入时，应借记“银行存款”等科目，贷记“主营业务收入”等科目；结转相关服务成本时，应借记“主营业务成本”科目，贷记“生产成本”科目。

例 12－11

20×1 年 11 月 1 日，乙公司与 W 公司签订一项服务合同，不含增值税的总收入为 3 200 000 元，适用的增值税税率为 6%，完工日为 20×2 年 4 月 30 日，采用产出法确认营业收入。合同签订日预收含增值税总收入 25%的保证金，其余服务款分别于 20×1 年 12 月 31 日、20×2 年 2 月 28 日和 20×2 年 4 月 30 日各收取 25%。乙公司预计该项服务的总成本为 2 500 000 元。20×1 年 11 月 1 日，乙公司收取保证金 848 000 元；20×1 年 11 月，乙公司实际发生服务成本 280 000 元（假定全部为职工薪酬），月末专业测量师测算的履约进度为 10%；20×1 年 12 月，乙公司实际发生服务成本 520 000 元（假定全部为职工薪酬），月末专业测量师测算的履约进度为 30%。20×1 年 12 月 31 日，收取服务款 848 000 元。

乙公司编制会计分录如下：

(1) 20×1 年 11 月 1 日收取保证金。

借：银行存款　848 000
　贷：合同负债　848 000

（2）20×1年11月30日，确认服务成本、服务收入，结转服务成本。

1）发生服务成本。

借：生产成本　280 000
　贷：应付职工薪酬　280 000

2）确认服务收入。

确认服务收入＝3 200 000×10％＝320 000(元)
收取增值税＝320 000×6％＝19 200(元)

借：合同负债　339 200
　贷：主营业务收入　320 000
　　　应交税费——应交增值税（销项税额）　19 200

3）结转服务成本。

结转服务成本＝2 500 000×10％＝250 000(元)

借：主营业务成本　250 000
　贷：生产成本　250 000

“生产成本”科目余额＝280 000－250 000＝30 000(元)
“合同负债”科目余额＝848 000－339 200＝508 800(元)

（3）20×1年12月31日，确认服务成本、服务收入，结转服务成本，收取服务款。

1）发生服务成本。

借：生产成本　520 000
　贷：应付职工薪酬　520 000

2）确认服务收入。

确认服务收入＝3 200 000×30％－320 000＝640 000(元)
收取增值税＝640 000×6％＝38 400(元)

借：合同负债　678 400
　贷：主营业务收入　640 000
　　　应交税费——应交增值税（销项税额）　38 400

3）结转服务成本。

结转服务成本＝2 500 000×30％－250 000＝500 000(元)

借：主营业务成本　500 000
　贷：生产成本　500 000

4）收取服务款。

借：银行存款　848 000
　贷：合同负债　848 000

“生产成本”科目余额＝30 000＋520 000－500 000＝50 000(元)

“合同负债”科目余额＝508 800－678 400＋848 000＝678 400(元)

之后月份以此类推。

例 12－12

承例 12－11。假定乙公司采用投入法确定履约进度。

乙公司编制会计分录如下：

(1) 20×1 年 11 月 1 日收取保证金。

借：银行存款　　848 000

　贷：合同负债　　848 000

(2) 20×1 年 11 月 30 日，确认服务成本、服务收入，结转服务成本。

1) 发生服务成本。

借：生产成本　　280 000

　贷：应付职工薪酬　　280 000

2) 确认服务收入。

$$履约进度=\frac{280\ 000}{2\ 500\ 000}\times 100\%=11.2\%$$

确认服务收入＝3 200 000×11.2%＝358 400(元)

收取增值税＝358 400×6%＝21 504(元)

借：合同负债　　379 904

　贷：主营业务收入　　358 400

　　　应交税费——应交增值税（销项税额）　　21 504

3) 结转服务成本。

结转服务成本＝2 500 000×11.2%＝280 000(元)

借：主营业务成本　　280 000

　贷：生产成本　　280 000

“生产成本”科目余额＝280 000－280 000＝0

“合同负债”科目余额＝848 000－379 904＝468 096(元)

(3) 20×1 年 12 月 31 日，确认服务成本、服务收入，结转服务成本，收取服务款。

1) 发生服务成本。

借：生产成本　　520 000

　贷：应付职工薪酬　　520 000

2) 确认服务收入。

$$履约进度=\frac{280\ 000+520\ 000}{2\ 500\ 000}\times 100\%=32\%$$

确认服务收入＝3 200 000×32%－358 400＝665 600(元)

收取增值税＝665 600×6％＝39 936(元)

借：合同负债　　705 536
　贷：主营业务收入　　665 600
　　应交税费——应交增值税（销项税额）　　39 936

3）结转服务成本。

结转服务成本＝2 500 000×32％－280 000＝520 000(元)

借：主营业务成本　　520 000
　贷：生产成本　　520 000

4）收取服务款。

借：银行存款　　848 000
　贷：合同负债　　848 000

“生产成本”科目余额＝520 000－520 000＝0

“合同负债”科目余额＝468 096－705 536＋848 000＝610 560(元)

之后月份以此类推。

例 12－13

20×1 年 12 月 1 日，乙公司与 Y 公司签订一项服务合同，不含增值税的总收入为 300 000 元，适用的增值税税率为 6％，完工日为 20×2 年 2 月 28 日，合同签订日预收含增值税总收入 40％的保证金，其余服务款于完成日收取。乙公司预计该项服务的总成本为 150 000 元。20×1 年 12 月 1 日，乙公司收取保证金 127 200 元；20×1 年 12 月，乙公司实际发生服务成本 100 000 元（假定全部为职工薪酬）。20×1 年 12 月 31 日，乙公司无法合理确定履约进度，但发生的成本能够得到补偿。乙公司编制会计分录如下：

（1）20×1 年 12 月 1 日收取保证金。

借：银行存款（300 000×(1＋6％)×40％）　　127 200
　贷：合同负债　　127 200

（2）20×1 年 12 月 31 日。

1）发生服务成本。

借：生产成本　　100 000
　贷：应付职工薪酬　　100 000

2）确认服务收入。

借：合同负债　　106 000
　贷：主营业务收入　　100 000
　　应交税费——应交增值税（销项税额）　　6 000

3）结转服务成本。

借：主营业务成本　　100 000
　贷：生产成本　　100 000

12.2.3　税金及附加

税金及附加是指应由营业收入（包括主营业务收入和其他业务收入）补偿的各种税金及附加费，主要包括消费税、城市维护建设税、教育费附加、房产税、土地使用税、车船税、印花税等。

1. 消费税的核算

企业销售应纳消费税的商品，应按规定计算结转应交消费税，借记“税金及附加”科目，贷记“应交税费——应交消费税”科目。

2. 城市维护建设税和教育费附加的核算

企业取得营业收入以后，应按规定计算结转应交城市维护建设税和应交教育费附加，借记“税金及附加”科目，贷记“应交税费——应交城市维护建设税”“应交税费——应交教育费附加”科目。

3. 房产税、土地使用税、车船税的核算

企业应按规定计算结转应交房产税、土地使用税、车船税，借记“税金及附加”科目，贷记“应交税费——应交房产税”“应交税费——应交土地使用税”“应交税费——应交车船税”科目。

4. 印花税的核算

企业按规定应缴纳的印花税，以购买印花税票方式支付，应根据实际购买印花税票的金额，借记“税金及附加”科目，贷记“银行存款”科目。

例 12 - 14

环球公司 12 月份根据发生的税金及附加业务，编制相关会计分录。

（1）结转应交城市维护建设税 653 元，应交教育费附加 467 元。

借：税金及附加	1 120	
贷：应交税费——应交城市维护建设税		653
——应交教育费附加		467

（2）结转应交房产税 600 元，车船税 300 元。

借：税金及附加	900	
贷：应交税费——应交房产税		600
——应交车船税		300

（3）购买印花税票 100 元。

借：税金及附加	100	
贷：银行存款		100

环球公司 12 月份的税金及附加共计 2 120 元（1 120＋900＋100）。

12.2.4　销售费用

销售费用是指企业在销售过程中发生的各项费用以及专设销售机构的各项经

费，包括应由企业负担的销售部门人员薪酬、运输费、装卸费、包装费、保险费、广告费、展览费、售后服务费、差旅费、办公费、折旧费、修理费和其他经费等。

企业应根据实际发生的销售费用，借记“销售费用”“应交税费——应交增值税（进项税额）”等科目，贷记有关科目。

例 12－15

环球公司 12 月份根据发生的销售费用，编制相关会计分录。

（1）应付销售人员薪酬 1 140 元。

借：销售费用	1 140	
贷：应付职工薪酬		1 140

（2）用银行存款支付广告费 5 000 元，增值税 300 元（经税务机关认证可以抵扣），合计 5 300 元。

借：销售费用	5 000	
应交税费——应交增值税（进项税额）	300	
贷：银行存款		5 300

环球公司 12 月份的销售费用共计 6 140 元（1 140＋5 000）。

12.2.5 管理费用

管理费用是指企业行政管理部门为组织和管理经营活动而发生的各项费用，包括行政部门人员薪酬、劳动保护费、待业保险费、董事会费、咨询费、审计费、诉讼费、排污费、绿化费、技术转让费、无形资产摊销、业务招待费、存货盘亏和毁损（减盘盈）及其他管理费用。

企业发生管理费用时，应借记“管理费用”“应交税费——应交增值税（进项税额）”等科目，贷记有关科目。

例 12－16

环球公司 12 月份根据发生的管理费用，编制相关会计分录。

（1）应付行政管理部门职工薪酬 2 420 元。

借：管理费用	2 420	
贷：应付职工薪酬		2 420

（2）计提管理部门固定资产折旧费 300 元。

借：管理费用	300	
贷：累计折旧		300

（3）无形资产摊销 300 元。

借：管理费用	300	
贷：累计摊销		300

（4）用银行存款支付办公费 400 元，增值税 52 元（经税务机关认证可以抵扣），合计 452 元。

借：管理费用　400

　　应交税费——应交增值税（进项税额）　52

　　贷：银行存款　452

（5）以现金支付书报订阅费 140 元，未取得增值税专用发票。

借：管理费用　140

　　贷：库存现金　140

（6）以现金支付管理部门固定资产修理费 100 元，未取得增值税专用发票。

借：管理费用　100

　　贷：库存现金　100

（7）计提工会经费 300 元。

借：管理费用　300

　　贷：应付职工薪酬——工会经费　300

（8）管理部门人员报销差旅费 200 元，以现金支付。

借：管理费用　200

　　贷：库存现金　200

环球公司 12 月份的管理费用共计 4 160 元（2 420＋300＋300＋400＋140＋100＋300＋200）。

12.2.6　研发费用

研发费用是指企业进行研究与开发过程中发生的费用化支出。

企业于月末结转研发费用时，应借记“研发费用”科目，贷记“研发支出——费用化支出”科目。

例 12－17

环球公司 12 月份根据研发过程中发生的费用化支出 1 000 元，编制相关会计分录。

借：研发费用　1 000

　　贷：研发支出——费用化支出　1 000

环球公司 12 月份的研发费用共计 1 000 元。

12.2.7　财务费用

财务费用是指企业在筹集资金过程中发生的各项费用，包括生产经营期间发生的不应计入固定资产价值的利息费用（减利息收入）、金融机构手续费、汇兑损失（减汇兑收益）及其他财务费用。

企业发生财务费用时，应借记“财务费用——利息支出”等科目，贷记有关科目。企业取得的利息收入，其数额与利息支出相比一般较小，在我国未单列总账科目进行核算，应抵减利息支出，借记“银行存款”等科目，贷记“财务费用——利息收入”科目。

例 12-18

环球公司12月份根据发生的财务费用，编制相关会计分录。

（1）实际支付短期借款利息400元（该企业利息费用数额不大，不采用预提利息费用的方法）。

借：财务费用——利息支出　　400
　贷：银行存款　　400

（2）收到银行存款利息100元。

借：银行存款　　100
　贷：财务费用——利息收入　　100

环球公司12月份的财务费用共计300元（400－100）。

12.2.8 资产减值损失

资产减值损失是指企业存货、长期股权投资、固定资产、在建工程、工程物资、无形资产等发生减值确认的减值损失。

企业应根据确认的减值损失，借记“资产减值损失”科目，贷记“存货跌价准备”“长期股权投资减值准备”“固定资产减值准备”“在建工程减值准备”“工程物资减值准备”“无形资产减值准备”等科目。

企业计提存货跌价准备后，相关资产的价值又得以恢复的，应在原已计提的减值准备金额内，按恢复增加的金额，借记“存货跌价准备”科目，贷记“资产减值损失”科目。

企业计提的长期股权投资减值准备、固定资产减值准备、在建工程减值准备、工程物资减值准备、无形资产减值准备，按照我国会计准则的规定，不得转回。

例 12-19

12月末，环球公司的固定资产账面价值为200 000元（与计税基础相同），可收回金额为198 600元，以前未发生减值。12月末计提固定资产减值准备1 400元。

借：资产减值损失　　1 400
　贷：固定资产减值准备　　1 400

环球公司12月份的资产减值损失为1 400元。

12.2.9 信用减值损失

信用减值损失是指金融资产中的应收款项、债权投资、其他债权投资等资产价值下跌发生的损失。

例 12－20

12 月末，环球公司计提坏账准备前应收账款余额为 100 000 元（与计税基础相同），按 1%计提坏账准备。该公司以前未计提坏账准备，12 月末计提坏账准备 1 000 元。

借：信用减值损失　　1 000
　贷：坏账准备　　1 000

环球公司 12 月份的信用减值损失为 1 000 元。

12.2.10 投资收益

投资收益是指企业从事各项对外投资活动取得的收益（各项投资业务取得的收入大于其成本的差额）；投资损失是指企业从事各项对外投资活动发生的损失（各项投资业务取得的收入小于其成本的差额）。投资收益大于投资损失的差额为投资净收益；反之则为投资净损失。

例 12－21

环球公司 12 月份根据发生的投资业务，编制相关会计分录。

（1）用银行存款 8 000 元购入股票，初始确认为交易性金融资产。

借：交易性金融资产　　8 000
　贷：银行存款　　8 000

（2）将前述购入的股票全部出售，收取价款 7 500 元，存入银行。

借：银行存款　　7 500
　　投资收益　　500
　贷：交易性金融资产　　8 000

（3）结转当月国库券利息收入 1 500 元。

借：债权投资　　1 500
　贷：投资收益　　1 500

环球公司 12 月份的投资净收益为 1 000 元（1 500－500）。

12.2.11 公允价值变动损益

公允价值变动损益是指交易性金融资产和以公允价值计量的投资性房地产等因公允价值变动形成的损益。

有关资产的公允价值高于其账面价值时，应确认公允价值变动收益，借记有关资产科目，贷记“公允价值变动损益”科目；有关资产的公允价值低于其账面价值时，应确认公允价值变动损失，做相反的会计处理。

例 12－22

12 月末，环球公司的交易性金融资产的账面价值为 80 000 元，与计税基础相同，公允价值为85 000元。交易性金融资产公允价值高于其账面价值5 000元。

借：交易性金融资产——公允价值变动　5 000

　贷：公允价值变动损益　5 000

环球公司12月份的公允价值变动收益为5 000元。

12.2.12　资产处置损益

资产处置损益主要是指处置固定资产、在建工程及无形资产等产生的损益。企业发生资产处置收益时，应借记有关科目，贷记“资产处置损益”科目；发生资产处置损失时，做相反的会计处理。

例12-23

环球公司12月份出售机器设备一台，原始价值为14 000元，累计折旧为4 500元，取得出售收入12 000元，增值税1 560元。编制会计分录如下：

(1) 结转固定资产净值。

借：固定资产清理　9 500

　　累计折旧　4 500

　贷：固定资产　14 000

(2) 取得出售收入。

借：银行存款　13 560

　贷：固定资产清理　12 000

　　　应交税费——应交增值税（销项税额）　1 560

(3) 结转固定资产出售净收益。

借：固定资产清理　2 500

　贷：资产处置损益　2 500

环球公司12月份的资产处置收益为2 500元。

12.2.13　营业外收入与营业外支出

营业外收入是指企业在营业利润以外取得的收入，主要包括接受捐赠收入、获得的赔款收入等。企业取得营业外收入时，应借记有关科目，贷记“营业外收入”科目。

营业外支出是指企业在营业利润以外发生的支出，包括固定资产盘亏、毁损、报废等的净损失，以及非常损失、对外捐赠支出、赔偿金和违约金支出等。企业发生营业外支出时，应借记“营业外支出”科目，贷记有关科目。

例12-24

环球公司12月份根据发生的营业外收支业务，编制相关会计分录。

(1) 取得客户违约赔款收入1 500元。

借：银行存款　　　　　　　　　　　　　　　　　　　1 500

　贷：营业外收入　　　　　　　　　　　　　　　　　　1 500

（2）用银行存款对外进行非公益性捐赠 1 000 元。

借：营业外支出　　　　　　　　　　　　　　　　　　1 000

　贷：银行存款　　　　　　　　　　　　　　　　　　　1 000

环球公司 12 月份的营业外收入为 1 500 元，营业外支出为 1 000 元。

12.2.14　其他收益

其他收益主要是指企业收到的与日常活动相关的政府补助形成的收益。这部分内容将在本系列教材《高级会计学》中讲述。

12.2.15　利润总额

利润总额是指企业在缴纳所得税之前实现的利润。

例 12-25

环球公司 12 月份的利润总额见表 12-1。

表 12-1　环球公司 12 月份的利润总额　　单位：元

项目	12 月发生数
一、营业收入（包括主营业务收入和其他业务收入）	119 900（见例 12-1）
减：营业成本（包括主营业务成本和其他业务成本）	70 180（见例 12-1）
税金及附加	2 120（见例 12-14）
销售费用	6 140（见例 12-15）
管理费用	4 160（见例 12-16）
研发费用	1 000（见例 12-17）
财务费用	300（见例 12-18）
其中：利息费用	400（见例 12-18）
利息收入	100（见例 12-18）
加：投资收益	1 000（见例 12-21）
公允价值变动收益	5 000（见例 12-22）
信用减值损失	−1 000（见例 12-20）
资产减值损失	−1 400（见例 12-19）
资产处置收益	2 500（见例 12-23）
二、营业利润	42 100
加：营业外收入	1 500（见例 12-24）
减：营业外支出	1 000（见例 12-24）
三、利润总额	42 600

12.3 所得税费用

12.3 即测即评

所得税费用是指应在会计税前利润中扣除的所得税费用，包括当期所得税费用和递延所得税费用（或收益，下同）。我国现行会计准则规定，所得税费用的确认应采用资产负债表债务法。

12.3.1 当期所得税费用

当期所得税费用是指按照当期应缴纳的所得税确认的费用。

应纳税所得额是指企业按所得税法规定的项目计算确定的收益，是计算缴纳所得税的依据。由于企业税前会计利润与应纳税所得额的计算口径、计算时间可能不一致，因而两者之间可能存在差异。

例如，企业购买国债取得的利息收入，在会计核算中作为投资收益计入了税前会计利润，而所得税法规定国债利息收入免征所得税，不计入应纳税所得额。企业应从税前会计利润中扣除上述差异，计算应纳税所得额。

又如，超过所得税法规定的业务招待费标准的支出等，在会计核算中作为费用抵减了税前会计利润，但所得税法不允许将其在税前扣除。企业应在税前会计利润的基础上，补加上述差异，计算应纳税所得额。

再如，企业确认的公允价值变动损益等，在会计核算中已经调整了税前会计利润，但所得税法规定不计入应纳税所得额。企业应在税前会计利润的基础上调整上述差异，计算应纳税所得额。

总之，企业应在税前会计利润的基础上，将所得税法规定的收入、费用与企业计入税前会计利润的收入、费用之间的差异进行调整，确定应纳税所得额。

例 12－26

前述环球公司 12 月份的应纳税所得额及应交所得税计算如下（所得税税率为 25%）：

会计税前利润	42 600 元
减：国债利息收入	1 500 元
加：非公益性捐赠支出	1 000 元
加：资产减值损失	1 400 元
信用减值损失	1 000 元
减：公允价值变动收益	5 000 元
应纳税所得额	39 500 元

假定其他项目不需要进行纳税调增，则

应交所得税＝39 500×25%＝9 875(元)

其会计分录为：

借：所得税费用——当期所得税费用	9 875	
贷：应交税费——应交所得税		9 875

12.3.2　递延所得税费用

递延所得税费用是指由于暂时性差异的发生或转回而确认的所得税费用。

1．暂时性差异

暂时性差异是指资产或负债的账面价值与其计税基础之间的差额；未作为资产和负债确认的项目，按照所得税法规定可以确定其计税基础的，该计税基础与其账面价值之间的差额也属于暂时性差异。

按照暂时性差异对未来期间应纳税所得额的影响，分为可抵扣暂时性差异和应纳税暂时性差异。

暂时性差异与时间性差异是什么关系？

可抵扣暂时性差异，是指在确定未来收回资产或清偿负债期间的应纳税所得额时，将导致产生可抵扣金额的暂时性差异。具体来说，资产的账面价值小于其计税基础或者负债的账面价值大于其计税基础，将产生可抵扣暂时性差异。按照税法规定允许抵减以后年度利润的可抵扣亏损，也视同可抵扣暂时性差异。

应纳税暂时性差异，是指在确定未来收回资产或清偿负债期间的应纳税所得额时，将导致产生应纳税金额的暂时性差异。具体来说，资产的账面价值大于其计税基础或者负债的账面价值小于其计税基础，将产生应纳税暂时性差异。

资产的计税基础，是指企业收回资产账面价值过程中，计算应纳税所得额时按照税法规定可以自应税经济利益中抵扣的金额。负债的计税基础，是指负债的账面价值减去未来期间计算应纳税所得额时按照税法规定可予抵扣金额的差额。

例 12-27

甲公司 20×0 年 12 月 31 日购入一台固定资产，原值为 60 000 元，假定无预计净残值，税法规定采用直线法计提折旧，折旧年限为 5 年；该公司采用直线法计提折旧，折旧年限为 3 年。

20×0 年 12 月 31 日，该固定资产的账面价值为 60 000 元，计税基础也为 60 000 元，无差异。

20×1 年，按照税法规定应计提折旧 12 000 元，年末计税基础为 48 000 元；该公司实际计提折旧 20 000 元，年末账面价值为 40 000 元。两者之间的差额为 8 000 元。由于该固定资产在未来期间可以按照 48 000 元在所得税前抵扣，比该固定资产的账面价值多 8 000 元，因此，这 8 000 元差异属于可抵扣暂时性差异。

例 12-28

乙公司 20×1 年 12 月 1 日购入股票，实际支付价款 10 000 元，确认为交易性金融资产；12 月 31 日，该股票的公允价值为 13 000 元，确认公允价值变动收益 3 000 元。

20×1 年 12 月 31 日，该交易性金融资产的计税基础仍为 10 000 元，账面价值为 13 000 元，两者之间的差异为 3 000 元。由于在未来期间出售该股票时只能按照 10 000 元在所得税前抵扣，因此，这 3 000 元差异属于应纳税暂时性差异。

2. 递延所得税资产与递延所得税负债

递延所得税资产是指按照可抵扣暂时性差异和适用税率计算确定的资产，其性质属于预付的税款，在未来期间抵扣应纳税款。期末递延所得税资产大于期初递延所得税资产的差额，应确认为递延所得税收益，冲减所得税费用，借记“递延所得税资产”科目，贷记“所得税费用”科目；反之，则应冲减递延所得税资产，并作为递延所得税费用处理，借记“所得税费用”科目，贷记“递延所得税资产”科目。

如何理解转回时有足够的应税所得来抵扣可抵扣暂时性差异？

递延所得税负债是指按照应纳税暂时性差异和适用税率计算确定的负债，其性质属于应付的税款，在未来期间转为应纳税款。期末递延所得税负债大于期初递延所得税负债的差额，应确认为递延所得税费用，借记“所得税费用”科目，贷记“递延所得税负债”科目；反之，则应冲减递延所得税负债，并作为递延所得税收益处理，借记“递延所得税负债”科目，贷记“所得税费用”科目。

如果形成的暂时性差异不涉及损益项目，则确认的递延所得税资产或递延所得税负债应直接调整其他综合收益，借记“递延所得税资产”科目，贷记“其他综合收益”科目；或借记“其他综合收益”科目，贷记“递延所得税负债”科目。

在资产负债表上，递延所得税资产和递延所得税负债应分别列示，不应相互抵销。

例 12－29

承例 12－27。假定该公司 20×0 年年末没有递延所得税资产，各年所得税税率均为 25%，且无其他差异。该公司 20×1 年至 20×5 年各年年末递延所得税资产及所得税收益的计算情况见表 12－2。

表 12－2　递延所得税资产及所得税收益计算表　　单位：元

时间	计税基础	账面价值	期末可抵扣暂时性差异	期末递延所得税资产	期初递延所得税资产	递延所得税收益
20×1 年年末	48 000	40 000	8 000	2 000	0	2 000
20×2 年年末	36 000	20 000	16 000	4 000	2 000	2 000
20×3 年年末	24 000	0	24 000	6 000	4 000	2 000
20×4 年年末	12 000	0	12 000	3 000	6 000	－3 000
20×5 年年末	0	0	0	0	3 000	－3 000

编制会计分录如下：

(1) 20×1 年至 20×3 年每年年末。

借：递延所得税资产　　2 000

　　贷：所得税费用——递延所得税费用　　2 000

（2）20×4 年至 20×5 年每年年末。

借：所得税费用——递延所得税费用　　3 000

　　贷：递延所得税资产　　3 000

例 12－30

根据前述环球公司 12 月份发生的业务，计算应纳税暂时性差异、可抵扣暂时性差异、递延所得税负债、递延所得税资产、递延所得税费用和递延所得税收益并编制相关会计分录（假定环球公司 12 月末首次确认递延所得税资产（或负债），且无其他暂时性差异）。

应纳税暂时性差异：

交易性金融资产账面价值＝85 000(元)

交易性金融资产计税基础＝80 000(元)

应纳税暂时性差异＝85 000－80 000＝5 000(元)

递延所得税负债＝5 000×25％＝1 250(元)

借：所得税费用——递延所得税费用　　1 250

　　贷：递延所得税负债　　1 250

可抵扣暂时性差异：

应收账款账面价值＝99 000(元)

固定资产账面价值＝198 600(元)

账面价值合计＝99 000＋198 600＝297 600(元)

应收账款计税基础＝100 000(元)

固定资产计税基础＝200 000(元)

计税基础合计＝100 000＋200 000＝300 000(元)

可抵扣暂时性差异＝300 000－297 600＝2 400(元)

递延所得税资产＝2 400×25％＝600(元)

借：递延所得税资产　　600

　　贷：所得税费用——递延所得税费用　　600

环球公司 12 月份的所得税费用为 10 525 元（9 875＋1 250－600）。

12.4　净利润及其分配

12.4.1　净利润

12.4 即测即评

净利润是指企业的税前利润扣除所得税费用后的余额。净利润一般通过“本年利润”科目核算。净利润的核算一般可以分为账结法和表结法两种方式。

1. 账结法

账结法是指在每月月末将所有损益类科目的余额转入“本年利润”科目，借记所有收入类科目，贷记“本年利润”科目；借记“本年利润”科目，贷记所有费用类科目。经过上述结转后，损益类科目月末均没有余额，“本年利润”科目的贷方余额表示年度内累计实现的净利润，借方余额表示年度内累计发生的净亏损。采用账结法，账面上能够直接反映各月月末累计实现的净利润和累计发生的净亏损，但每月结转本年利润的工作量较大。

2. 表结法

表结法是指各月月末不结转本年利润，只有在年末才将所有损益类科目的余额转入“本年利润”科目。采用表结法，各损益类科目的月末余额表示累计的收入或费用，“本年利润”科目 1—11 月月末不做任何记录。12 月末结转本年利润，借记所有收入类科目，贷记“本年利润”科目；借记“本年利润”科目，贷记所有费用类科目。年末损益类科目没有余额，“本年利润”科目的贷方余额表示全年累计实现的净利润，借方余额表示全年累计发生的净亏损。采用表结法，各月月末的累计净利润或净亏损不能在账面上直接得到反映，需要在利润表中进行结算，但由于平时不必结转本年利润，能够简化核算工作。

例 12-31

百图公司采用表结法结转本年利润，12 月末各损益类科目余额如表 12-3 所示。

表 12-3　损益类科目余额表　　单位：元

科目名称	借方余额	贷方余额
主营业务收入		1 600 000
其他业务收入		90 000
投资收益		5 000
营业外收入		21 000
主营业务成本	1 000 000	
其他业务成本	60 000	
税金及附加	10 000	
销售费用	52 000	
管理费用	60 000	
财务费用	4 000	
资产处置损益	20 000	
营业外支出	10 000	
所得税费用	164 670	
合计	1 380 670	1 716 000

（1）结转本年收入。

借：主营业务收入	1 600 000	
其他业务收入	90 000	
投资收益	5 000	
营业外收入	21 000	
贷：本年利润		1 716 000

（2）结转本年费用。

借：本年利润	1 380 670	
贷：主营业务成本		1 000 000
其他业务成本		60 000
税金及附加		10 000
销售费用		52 000
管理费用		60 000
财务费用		4 000
资产处置损益		20 000
营业外支出		10 000
所得税费用		164 670

结转本年利润以后，“本年利润”科目贷方发生额为 1 716 000 元，借方发生额为 1 380 670 元，贷方余额为 335 330 元，即百图公司本年净利润为 335 330 元。

12.4.2　利润分配

企业净利润分配的内容主要包括弥补以前年度亏损、提取盈余公积和向投资者分配利润等。

为了反映利润分配的数额，应设置“利润分配”科目，并设置“提取盈余公积”“应付利润”“盈余公积补亏”等二级科目。“利润分配”科目是“本年利润”科目的抵减科目。

1. 弥补以前年度亏损

按所得税法规定，企业某年度发生的纳税亏损，在其后 5 年内可以用应税所得弥补，从其后第 6 年开始，只能用净利润弥补。如果净利润还不够弥补亏损，则可以用发生亏损以前提取的盈余公积来弥补（因为从发生亏损的年度开始，在亏损完全弥补之前不应提取盈余公积）。用盈余公积弥补亏损时，应借记“盈余公积”科目，贷记“利润分配——公积金补亏”科目。如果盈余公积仍不足以弥补亏损的，还可以使用资本公积弥补亏损。

例 12－32

假定某公司各年的税前会计利润与应税所得、会计亏损与纳税亏损完全相同。该公司第 1 年发生亏损 900 000 元，第 2～6 年累计的税前利润为 810 000 元，第 6 年末尚有亏损 90 000 元没有弥补。该企业第 7 年的税前利润为 100 000

元，应先按所得税税率25%计算应交所得税25 000元，当年的净利润75 000元可以用来弥补亏损。用净利润弥补亏损以后，仍有亏损15 000元（90 000－75 000）没有弥补。“盈余公积”科目的贷方余额为1 100 000元，用于弥补亏损15 000元。

编制会计分录如下：

借：盈余公积　　15 000

　贷：利润分配——公积金补亏　　15 000

2. 提取盈余公积

企业的净利润在弥补了以前年度亏损以后，如果还有剩余，应按一定比例计提盈余公积，借记“利润分配——提取盈余公积”科目，贷记“盈余公积”科目。

例12-33

承例12-31。百图公司当年的净利润为335 330元，以前年度未发生亏损，按当年净利润的10%提取法定盈余公积33 533元。

编制会计分录如下：

借：利润分配——提取盈余公积　　33 533

　贷：盈余公积——法定盈余公积　　33 533

3. 有限责任公司向投资者分配利润

企业当年的净利润在扣除弥补以前年度亏损和提取盈余公积以后的数额，再加上年初未分配利润，即为当年可以向投资者分配利润的限额。企业可以在此限额内，决定向投资者分配利润的具体数额。结转应付投资者利润时，应借记“利润分配——应付利润”科目，贷记“应付利润”科目；实际支付利润时，借记“应付利润”科目，贷记“银行存款”等科目。

例12-34

承例12-31。百图公司年初未分配利润为50 000元，本年净利润中可以向投资者分配的利润为301 797元（335 330－33 533），可以向投资者分配利润的限额为351 797元。该企业决定向投资者分配利润300 000元。

编制会计分录如下：

借：利润分配——应付利润　　300 000

　贷：应付利润　　300 000

4. 股份有限公司向股东分派股利

股利是指股东从公司的净收益中所分得的投资报酬。股利的形式以及每股股利的多少，直接影响该股票的实际价格。

股利按其分派对象，可以分为优先股股利和普通股股利。优先股股利一般按优先股面值和固定的股利率计算；普通股股利则根据公司的盈利水平和股利政策确定。股利按其分派的形式，可以分为现金股利和股票股利等。

(1) 现金股利。现金股利是指公司以货币资金支付给股东的股利。公司分派现金股利，应由股东大会作出决议，由董事会正式宣告。已宣告分派的现金股利，自宣告之日起，即为公司的一项流动负债，应借记“利润分配——应付股利”科目，贷记“应付股利”科目。公司如果发生亏损，在用留存收益弥补以后，还可以用任意盈余公积或法定盈余公积分派股利。其中，用法定盈余公积分派股利以后，法定盈余公积不得少于注册资本的 25%。公司实际分派现金股利时，应借记“应付股利”科目，贷记“银行存款”等科目。

例 12－35

某股份有限公司 3 月 1 日宣告分派现金股利 1 300 000 元，其中优先股股利为 300 000 元，普通股股利为 1 000 000 元。3 月 15 日实际分派。

根据以上资料，编制会计分录如下：

1) 宣告分派。

借：利润分配——应付股利	1 300 000	
贷：应付股利——优先股股利		300 000
——普通股股利		1 000 000

2) 实际分派。

借：应付股利——优先股股利	300 000	
——普通股股利	1 000 000	
贷：银行存款		1 300 000

(2) 股票股利。股票股利是指公司以增发股票的形式向股东支付的股利。公司分派股票股利，不影响公司的资产和负债，也不影响公司的所有者权益总额，只是所有者权益的结构将发生变化。

公司分派股票股利，实质上是将原来归股东所共有的一部分留存收益，划归每一个股东名下。例如，某股份有限公司发行面值为 1 元的普通股 50 000 000 股，股本为 50 000 000 元，留存收益为 20 000 000 元，所有者权益总额为 70 000 000 元。该公司经批准可以增资，决定用留存收益按普通股股本的 10%分派股票股利。分派股票股利以后，普通股为 55 000 000 股，股本为 55 000 000 元（增加 5 000 000 元），盈余公积为 15 000 000 元（减少 5 000 000 元），所有者权益总额仍为 70 000 000 元。但是，分派股票股利前后，每股净资产有所变化。分派股票股利之前，每股净资产为 1.40 元（70 000 000/50 000 000）；分派股票股利之后，每股净资产为 1.27 元（70 000 000/55 000 000）。在净收益不变的情况下，每股收益率会有所下降，每股市场价格也会有所下降。

从股份有限公司的角度看，分派股票股利不必支付现金，有助于公司积累资金，以扩大再生产。按照企业会计准则的规定，企业分派股票股利，应在办妥增资手续后进行会计处理，借记“利润分配”“盈余公积”等科目，贷记“股本”科目。

例 12-36

某股份有限公司经股东大会批准，按照普通股股本的20%分派股票股利，并办妥增资手续。该公司在分派股票股利之前的所有者权益构成如下：

普通股股本（面值1元，10 000 000股）	10 000 000元
资本公积	1 000 000元
盈余公积	4 000 000元
未分配利润	3 000 000元
合计	18 000 000元

1）分派股票股利。

股票股利面值=10 000 000×20%=2 000 000(元)

借：利润分配　　2 000 000

　贷：股本　　2 000 000

2）该公司实际分派股票股利之后的所有者权益构成如下：

普通股股本（面值1元，12 000 000股）	12 000 000元
资本公积	1 000 000元
盈余公积	4 000 000元
未分配利润	1 000 000元
合计	18 000 000元

通过上述举例可以看出，该公司在分派股票股利以后，所有者权益总额未发生变化，但结构发生了变化。股本由10 000 000元增至12 000 000元；未分配利润由3 000 000元减至1 000 000元。每股净资产由1.80元（18 000 000/10 000 000）减至1.50元（18 000 000/12 000 000）。

12.4.3 利润结算

为了反映本年净利润的形成及分配情况，应在“利润分配”科目下设置“未分配利润”二级科目进行利润结算的核算。年末应将“本年利润”科目的余额转入“利润分配——未分配利润”科目，并将“利润分配”科目所属的其他二级科目的余额转入“未分配利润”二级科目。结算本年利润时，应借记“本年利润”科目，贷记“利润分配——未分配利润”科目；如为亏损，则编制相反的会计分录。结算本年分配的利润时，应借记“利润分配——未分配利润”科目，贷记“利润分配——提取盈余公积”“利润分配——应付利润”科目；如果发生盈余公积、资本公积补亏，则应借记“利润分配——公积金补亏”科目，贷记“利润分配——未分配利润”科目。经过上述结转以后，“本年利润”科目应无余额；“利润分配”科目所属的二级科目，除“未分配利润”二级科目以外，其他二级科目也应无余额。“未分配利润”二级科目的贷方余额表示年末未分配利润，借方余额表示年末未弥补亏损。

例 12－37

承例 12－31。对该公司年末利润进行结算。

(1) 结算本年利润。

借：本年利润　　335 330

　　贷：利润分配——未分配利润　　335 330

(2) 结算本年利润分配。

借：利润分配——未分配利润　　333 533

　　贷：利润分配——提取盈余公积　　33 533

　　　　　　　　——应付利润　　300 000

百图公司“利润分配——未分配利润”科目的记录如下所示：

利润分配——未分配利润

		年初余额	50 000
利润分配转入	333 533	本年利润转入	335 330
		年末余额	51 797

思考题

1. 费用、成本与支出有哪些联系和区别？
2. 确认营业收入的条件是什么？
3. 确认营业收入的时间是什么？
4. 如何确定商品交易价格？
5. 如何确认所得税费用？

练习题

1. 甲公司为增值税一般纳税人，适用的增值税税率为 13%。该公司发生下列业务：

(1) 20×1 年 12 月 1 日，与 A 公司签订一项购销合同，合同规定：甲公司为 A 公司建造安装一部电梯，合同价款为 600 万元（不含增值税）。合同规定，A 公司在合同签订 5 日内预付商品价款（不含增值税）的 30%，其余价款将在甲公司将商品运抵 A 公司并安装检验合格后支付。甲公司于 20×1 年 12 月 5 日收到 A 公司预付的价款 180 万元，并将商品运抵 A 公司。至 20×1 年 12 月 31 日，估计完成安装任务的 50%，预计于 20×2 年 1 月 31 日全部安装完成。该电梯的实际成本为 380 万元。

(2) 20×1 年 12 月 10 日，销售给 B 公司一台设备，销售价款（不含增值税）为 30 万元，甲公司已开出增值税专用发票，并将提货单交与 B 公司，B 公司已开出不带息的银行承兑汇票，期限为 3 个月。由于 B 公司车间内放置该项新设备的场地尚未确定，经甲公司同意，设备待20×2年1月20日再予提货。该设备的实际成本为16万元。

（3）20×1年12月15日，销售给C公司一台设备，售价（不含增值税）为20万元。按合同规定，甲公司将于20×2年2月15日购回，价款为20.3万元（不含增值税）。20×2年2月15日，甲公司将设备购回，款项通过银行转账支付。该设备实际成本为15万元。

要求：根据以上资料，编制甲公司有关的会计分录。

2. 乙公司为增值税一般纳税人，适用的增值税税率为13%。该公司20×1年12月发生下列业务：

（1）12日，与客户签订一项服务合同，合同规定总价款为500万元（不含增值税），于合同签订5日内收取113万元，其余款项在服务完成后收取。乙公司采用产出法确认服务收入。

（2）15日，收到客户首期付款113万元，存入银行。

（3）31日，甲公司为完成该项服务发生服务成本200万元，经专业测量师测量，服务的履约进度为50%。预计到服务完成还将发生成本200万元。确认收入开具增值税专用发票。

要求：根据以上资料，编制乙公司有关的会计分录。

3. 丙公司20×1年12月31日首次计提坏账准备。20×1年12月31日，应收账款余额为1 000 000元，计提坏账准备40 000元；20×2年12月31日，应收账款余额为1 200 000元，当年未发生坏账，计提坏账准备8 000元。

丙公司20×1年利润总额为800 000元，20×2年利润总额为1 000 000元。假定无其他纳税调整事项，丙公司的所得税税率为25%。

要求：

（1）计算丙公司20×1年12月31日可抵扣暂时性差异、递延所得税资产以及20×1年应纳税所得额、当期所得税费用，编制结转所得税费用的会计分录。

（2）计算丙公司20×2年12月31日可抵扣暂时性差异、递延所得税资产以及20×2年应纳税所得额、当期所得税费用，编制结转所得税费用的会计分录。

第 13 章　财务报表

学习目标

1. 掌握：资产负债表、利润表、现金流量表和所有者权益变动表的编制方法。
2. 理解：财务报表的意义；报表附注的重要性和附注披露的主要内容。
3. 了解：综合收益的列报。

13.1　财务报表概述

13.1.1　财务报表的意义

13.1即测即评

在企业日常的会计核算中，企业所发生的各项经济业务都已按照一定的会计程序，在有关的账簿中进行全面、连续、分类、汇总的记录和计算。企业在一定日期的财务状况和一定时期内的经营成果，在日常会计记录里已经得到反映。但是，这些日常核算资料数量太多，而且比较分散，不能集中、概括地反映企业的财务状况与经营成果。企业的投资者、债权人和财政、税务等部门以及其他与企业有利害关系的单位和个人，不能直接使用这些分散的会计记录来分析评价企业的财务状况和经营成果，据以作出正确的决策。为此，就有必要定期地将日常会计核算资料加以分类调整、汇总，按照一定的形式编制财务报表，总括、综合地反映企业的经济活动过程和结果，为有关方面进行管理和决策提供所需的会计信息。

财务报表（financial statement）是提供会计信息的一种重要手段。企业财务报表也称会计报表，是指企业对外提供的、以日常会计核算资料为主要依据，反映企业某一特定日期财务状况和某一会计期间经营成果、现金流量的文件。企业编制财务报表，对于改善企业外部有关方面的经济决策环境和加强企业内部经营管理具有重要作用。具体来说，财务报表的作用主要表现在以下几个方面：

（1）企业的投资者（包括潜在的投资者）和债权人（包括潜在的债权人），

为了进行正确的投资决策和信贷决策，需要利用财务报表了解有关企业财务状况、经营成果及现金流量情况的会计信息。

（2）企业管理者为了考核和分析财务成本计划或预算的完成情况，总结经济工作的成绩和存在的问题，评价经济效益，需要利用财务报表掌握本企业有关财务状况、经营成果和现金流量情况的会计信息。

（3）国家有关部门为了加强宏观经济管理，需要各单位提供财务报表资料，以便通过汇总分析，了解和掌握各部门、各地区经济计划（预算）完成情况、各种财经法律制度的执行情况，并针对存在的问题，及时运用经济杠杆和其他手段，调控经济活动，优化资源配置。

13.1.2 财务报表的构成

财务报表分为年度、半年度、季度和月度财务报表。月度、季度财务报表是指月度和季度终了提供的财务报表；半年度财务报表是指在每个会计年度的前 6 个月结束后对外提供的财务报表；年度财务报表是指年度终了对外提供的财务报表。半年度、季度和月度财务报表统称为中期财务报表。

企业的财务报表至少应当包括资产负债表、利润表、现金流量表、所有者权益（股东权益）变动表和附注。

13.1.3 财务报表的编制要求

为了充分发挥财务报表的作用，必须保证财务报表的质量。为此，编制财务报表应符合以下基本要求：

（1）企业编制财务报表，应当以真实的交易、事项以及完整准确的账簿记录等资料为依据，并遵循国家统一的会计制度规定的编制基础、编制依据、编制原则和方法。

（2）企业在编制年度财务报表前，应当全面清查资产、核实债务，通过规定的清查、核实，查明财产物资的实存数量与账面数量是否一致，各项结算款项的拖欠情况及其原因、材料物资的实际储备情况、各项投资是否达到预期的目的、固定资产的使用情况及其完好程度等。

（3）企业在编制财务报表前，除应当全面清查资产、核实债务外，还应核对各会计账簿记录与会计凭证的内容、金额等是否一致，记账方向是否相符。

（4）企业在编制财务报表前应按期结账，不得为赶编报表而提前结账。在结账之前，必须将本期发生的全部经济业务和转账业务都登记入账，在此基础上结清各个科目的本期发生额和期末余额。

（5）企业应当按照国家统一的会计制度规定的报表格式和内容，根据登记完整、核对无误的会计账簿记录和其他有关资料编制财务报表，做到内容完整、数据真实、计算准确，不得漏报或者任意取舍。

（6）财务报表之间、财务报表各项目之间凡有对应关系的数字，应当相互一致；财务报表中本期与上期的有关数字应当相互衔接。

13.2 资产负债表

13.2.1 资产负债表的性质和作用

13.2 即测即评

资产负债表（balance sheet）是总括反映企业在一定日期的全部资产、负债和所有者权益的报表。由于该表反映了一个企业在特定日期的财务状况，因而又称为**财务状况表**（statement of financial position）。

资产负债表是根据“资产＝负债＋所有者权益”这一会计基本等式编制的。它提供的是企业一定日期的财务状况，主要包括以下内容：

（1）企业所拥有的各种经济资源（资产）。

（2）企业所负担的债务（负债）。

（3）企业所有者在企业里所持有的权益（所有者权益）。

13.2.2 资产负债表项目的分类与排列

为了帮助报表使用者分析、解释和评价资产负债表所提供的信息，需要对资产负债表上的项目，按照它们的共同特征进行适当的分类与排列。一般来说，在资产负债表上，资产按其流动性程度的高低顺序排列，即先流动资产，后非流动资产；负债按其到期日由近至远的顺序排列，即先流动负债，后非流动负债；所有者权益则按其永久性递减的顺序排列，即先实收资本，再其他权益工具、资本公积、其他综合收益、专项储备、盈余公积，最后是未分配利润。

13.2.3 资产负债表的格式

资产负债表有两种基本格式，即账户式与垂直式（报告式）。

账户式资产负债表分左、右两方，左方列示资产项目，右方列示负债与所有者权益项目，左右两方的合计数保持平衡。这种格式的资产负债表在我国应用最广，详见表 13－1。

垂直式资产负债表将资产、负债、所有者权益项目采用垂直分列的形式反映。其具体排列形式又有以下几种：

第一，按照“资产＝负债＋所有者权益”的等式，上边的资产总计与垂直排列在下边的负债和所有者权益总计保持平衡。这种格式的资产负债表的简化形式详见表 13－2。

第二，按照“资产－负债＝所有者权益”的等式，上边的资产总额与负债总额之差，与垂直排列在下边的所有者权益总额保持平衡。这种格式的资产负债表的简化形式详见表 13－3。

表13-1 资产负债表（账户式）

编制单位：北方公司　　　　20×3年12月31日　　　　单位：元

资产	期末数	年初数	负债和所有者权益（或股东权益）	期末数	年初数
流动资产：			流动负债：		
货币资金	1 361 673	2 079 100	短期借款	300 000	500 000
交易性金融资产	28 800	26 800	交易性金融负债	0	0
衍生金融资产	0	0	衍生金融负债	0	0
应收票据	0	80 000	应付票据	100 000	250 000
应收账款	477 260	392 000	应付账款	675 000	760 000
应收款项融资	0	0	预收款项	0	0
预付款项	0	65 000	合同负债	0	0
其他应收款	4 500	4 500	应付职工薪酬	51 000	51 000
存货	518 710	348 200	应交税费	5 823	40 800
合同资产	0	0	其他应付款	170 145	77 000
持有待售资产	0	0	持有待售负债	0	0
一年内到期的非流动资产	0	0	一年内到期的非流动负债	400 000	850 000
其他流动资产	0	0	其他流动负债	0	0
流动资产合计	2 390 943	2 995 600	流动负债合计	1 701 968	2 528 800
非流动资产：			非流动负债：		
债权投资	0	0	长期借款	1 220 500	950 000
其他债权投资	0	0	应付债券	0	0
长期应收款	0	0	其中：优先股	0	0
长期股权投资	215 500	215 500	永续债	0	0
其他权益工具投资	90 000	80 000	长期应付款	0	0
其他非流动金融资产	0	0	预计负债	0	0
投资性房地产	0	0	递延收益	0	0
固定资产	3 290 100	2 309 000	递延所得税负债	20 400	8 000
在建工程	800 000	1 600 000	其他非流动负债	0	0
生产性生物资产	0	0	非流动负债合计	1 240 900	958 000
油气资产	0	0	负债合计	2 942 868	3 486 800
使用权资产	0	0	所有者权益（或股东权益）：		
无形资产	880 000	960 000	实收资本（或股本）	1 000 000	1 000 000
开发支出	20 000	0	其他权益工具	0	0
商誉	0	0	其中：优先股	0	0
长期待摊费用	0	0	永续债	0	0
递延所得税资产	0	0	资本公积	3 428 800	3 428 800
其他非流动资产	0	0	减：库存股	0	0
非流动资产合计	5 295 600	5 164 500	其他综合收益	12 000	4 500
			专项储备	0	0
			盈余公积	171 567	150 000
			未分配利润	131 308	90 000
			所有者权益（或股东权益）合计	4 743 675	4 673 300
资产总计	7 686 543	8 160 100	**负债和所有者权益（或股东权益）总计**	7 686 543	8 160 100

表 13-2　资产负债表（垂直式）

编制单位：北方公司　　20×3 年 12 月 31 日　　单位：元

项目	期末数	年初数
资产		
⋮		
资产总计	7 686 543	8 160 100
负债和所有者权益		
⋮		
负债和所有者权益总计	7 686 543	8 160 100

说明：此表为简化形式。

表 13-3　资产负债表（垂直式）

编制单位：北方公司　　20×3 年 12 月 31 日　　单位：元

项目	期末数	年初数
资产与负债		
⋮		
资产合计	7 686 543	8 160 100
⋮		
负债合计	2 942 868	3 486 800
净资产总计	4 743 675	4 673 300
所有者权益		
⋮		
所有者权益总计	4 743 675	4 673 300

说明：此表为简化形式。

第三，按照“流动资产－流动负债＝营运资金”“营运资金＋非流动资产－非流动负债＝所有者权益”的等式，先用流动资产合计减去垂直排列在下边的流动负债合计，求得营运资金，然后在营运资金下边加上非流动资产合计，减去非流动负债合计，所得结果与垂直排列在下边的所有者权益总额保持平衡。这种格式的资产负债表的简化形式详见表 13-4。

表 13-4　资产负债表（垂直式）

编制单位：北方公司　　20×3 年 12 月 31 日　　单位：元

项目	期末数	年初数
流动资产		
⋮		
流动资产合计	2 390 943	2 995 600
流动负债		
⋮		
流动负债合计	1 701 968	2 528 800
营运资金	688 735	466 800
非流动资产		
⋮		
非流动资产合计	5 295 600	5 164 500
非流动负债		
⋮		
非流动负债合计	1 240 900	958 000
所有者权益		
⋮		
所有者权益合计	4 743 675	4 673 300

说明：此表为简化形式。

13.2.4 资产负债表项目的计价

从第2章至第10章所介绍的内容可以看出，现行会计准则对资产负债表项目的计价采用的是一种混合模式，它综合运用了历史成本、可变现净值、现值、公允价值、摊余成本等计量属性。下面对部分资产负债表项目的计价进行简要总结。

1. 按历史成本计量的项目

“存货”项目在存货没有发生减值的情况下，在资产负债表上是按其历史成本计价的。

“投资性房地产”项目在采用成本模式计量且没有发生减值的情况下，在资产负债表上是按其历史成本计价的。

固定资产如果没有发生减值，则在资产负债表上按折余价值反映。无形资产如果没有发生减值，则在资产负债表上按摊余价值反映。折余价值和摊余价值在本质上是历史成本，或者说是调整后的历史成本。

2. 按可变现净值计量的项目

按照现行会计准则规定，期末要对存货项目进行减值测试。对各存货项目进行减值测试时，依据的标准是可变现净值，当存货的可变现净值低于其账面金额时，需要计提存货跌价准备，将存货的账面金额减记至可变现净值。这就意味着，计提了存货跌价准备的“存货”项目在资产负债表上是按可变现净值计价的。

3. 按公允价值计量的项目

按照现行会计准则的规定，“交易性金融资产”“其他债权投资”等项目期末应当按公允价值计量。对于“投资性房地产”项目的计量，既可以采用成本模式，也可以采用公允价值模式。如果企业对投资性房地产的计量采用公允价值模式，则该项目在资产负债表上也是按公允价值计量的。

4. 按现值计量的项目

“应付债券”等非流动负债项目要按照未来现金流量的折现值（现值）计价。只不过此时计算现值所用的折现率是最初承担负债时所确定的实际利率，而不是期末的市场利率。

“债权投资”项目在没有发生减值的情况下，其计价与“应付债券”项目类似，也是按现值计价，计算现值所用的折现率是取得投资时的实际利率，而不是期末的市场利率。

“固定资产”“无形资产”等非流动资产项目，在计提折旧和摊销之后，还要进行减值测试。对固定资产和无形资产进行减值测试时所采用的标准是可收回金额，而可收回金额是公允价值减去处置费用后的净额与未来现金流量的现值两者之中的较高者。这就意味着，对于已经计提了减值准备的固定资产和无形资产来说，最终在资产负债表上是按公允价值减去处置费用后的净额或者是按照现值计价的。

5. 按摊余成本计量的项目

应收款项、债权投资等金融资产需要按摊余成本计量。这些金融资产在计提了减值准备的情况下，其摊余成本是扣减了减值准备后的余额。

对资产负债表项目采用混合计量模式，是否能够很好地满足会计信息的质量要求，仍然值得研究。

13.2.5　资产负债表的编制方法

由于企业的每一项资产、负债和所有者权益余额都是以各有关科目的余额来表示的，因此，作为总括反映企业资产、负债和所有者权益的资产负债表项目，原则上都可以直接根据有关总账科目的期末余额填列。但是，为了如实地反映企业的财务状况，更好地满足报表使用者的需要，资产负债表的某些项目需要根据总账科目和明细科目的记录分析、计算后填列。总之，资产负债表项目的填列方法，在很大程度上取决于企业日常会计核算所设置的总账科目的明细程度。

下面分别就流动资产、非流动资产、流动负债、非流动负债和所有者权益五大类别，说明一般企业资产负债表主要项目的“期末余额”栏的填列方法。

1. 流动资产项目的填列方法

（1）“货币资金”项目，反映资产负债表日企业持有的货币资金余额。该项目应根据“库存现金”、“银行存款”和“其他货币资金”科目的余额之和填列。

（2）“交易性金融资产”项目，反映资产负债表日企业分类为以公允价值计量且其变动计入当期损益的金融资产，以及企业持有的直接指定为以公允价值计量且其变动计入当期损益的金融资产的期末账面价值。该项目应根据“交易性金融资产”科目的相关明细科目期末余额分析填列。自资产负债表日起超过一年到期且预期持有超过一年的以公允价值计量且其变动计入当期损益的非流动金融资产的期末账面价值，在“其他非流动金融资产”项目反映。

（3）“应收票据”项目，反映资产负债表日以摊余成本计量的、企业因销售商品、提供服务等收到的商业汇票，包括银行承兑汇票和商业承兑汇票。该项目应根据“应收票据”科目的期末余额，减去“坏账准备”科目中相关坏账准备期末余额后的金额分析填列。

（4）“应收账款”项目，反映资产负债表日以摊余成本计量的、企业因销售商品、提供服务等经营活动应收取的款项。该项目应根据“应收账款”和“预收账款”科目所属各明细科目的期末余额合计，减去“坏账准备”科目中相关坏账准备期末余额后的金额分析填列。

（5）“应收款项融资”项目，反映资产负债表日以公允价值计量且其变动计入其他综合收益的应收票据和应收账款等。

（6）“预付款项”项目，反映企业按照合同规定预付的款项在资产负债表日的净额。该项目应根据“预付账款”“应付账款”总账科目所属明细科目的借方余额之和，减去相应的“坏账准备”所属明细科目的贷方余额计算填列。

（7）“其他应收款”项目，反映资产负债表日企业持有的应收利息、应收股利和其他应收款净额。如果企业单独设立“应收利息”和“应收股利”科目，则该项目应根据“应收利息”“应收股利”“其他应收款”科目的期末余额合计数，减去“坏账准备”科目中相关坏账准备期末余额后的金额填列。如果企业不单独设立“应收利息”和“应收股利”科目，则该项目应根据“其他应收款”科目的期末余额，减去“坏账准备”科目中相关坏账准备期末余额后的金额填列。

（8）“存货”项目，反映资产负债表日企业持有的存货净额。该项目主要应根据“材料采购”（或“在途物资”“商品采购”）、“原材料”（或“库存商品”）、“委托加工物资”、“包装物”、“低值易耗品”、“材料成本差异”（或“商品进销差价”）、“生产成本”、“自制半成品”、“产成品”、“发出商品”等科目借贷方余额的差额，减去“存货跌价准备”科目的期末余额后的金额填列。

（9）“合同资产”项目，反映企业按照《企业会计准则第14号——收入》（2017）的相关规定根据本企业履行履约义务与客户付款之间的关系应确认的合同资产在资产负债表日的余额中的流动部分。该项目应根据“合同资产”科目的相关明细科目期末余额分析填列，同一合同下的合同资产和合同负债应当以净额列示，其中净额为借方余额的，其流动性部分在“合同资产”项目中填列，已计提减值准备的，还应减去“合同资产减值准备”科目中相关的期末余额后的金额填列。

（10）“持有待售资产”项目，反映资产负债表日划分为持有待售类别的非流动资产及划分为持有待售类别的处置组中的流动资产和非流动资产的期末账面价值。该项目应根据“持有待售资产”科目的期末余额，减去“持有待售资产减值准备”科目的期末余额后的金额填列。

（11）“一年内到期的非流动资产”项目，反映资产负债表日企业持有的将于一年内到期的非流动资产的期末账面价值。该项目应根据“债权投资”“其他债权投资”“长期应收款”科目所属明细科目余额中将于一年内到期的长期债权的数额之和计算填列。

（12）“其他流动资产”项目，反映资产负债表日企业持有的除以上各个流动资产项目之外的其他流动资产净额。该项目包括的内容主要有：

1）企业购入的以摊余成本计量的一年内到期的债权投资的期末账面价值。该部分金额应当根据“债权投资”科目的相关明细科目期末余额，减去“债权投资减值准备”科目中相关减值准备的期末余额后的金额确定。

2）企业购入的以公允价值计量且其变动计入其他综合收益的一年内到期的债权投资的期末账面价值。该部分金额应当根据“其他债权投资”科目相关明细科目的期末余额确定。

3）按照《企业会计准则第14号——收入》（2017）的相关规定确认为资产的合同取得成本的期末余额中的流动部分。该部分金额应当根据“合同取得成本”科目的明细科目初始确认时摊销期限在一年或长于一年的一个正常营业周期之内的部分，减去“合同取得成本减值准备”科目中相关的期末余额后的金额确定。

4）按照《企业会计准则第14号——收入》（2017）的相关规定确认为资产的应收退货成本的期末余额中的流动部分。该部分金额应当根据“应收退货成本”科目的明细科目余额分析确定。

2. 非流动资产项目的填列方法

（1）“债权投资”项目，反映资产负债表日企业以摊余成本计量的长期债权投资的期末账面价值。该项目应根据“债权投资”科目的相关明细科目期末余额，减去“债权投资减值准备”科目中相关减值准备的期末余额后的金额分析填列。自资产负债表日起一年内到期的长期债权投资的期末账面价值，在“一年内到期的非流动资产”项目反映。企业购入的以摊余成本计量的一年内到期的债权投资的期末账面价值，在“其他流动资产”项目反映。

（2）“其他债权投资”项目，反映资产负债表日企业分类为以公允价值计量且其变动计入其他综合收益的长期债权投资的期末账面价值。该项目应根据“其他债权投资”科目的相关明细科目期末余额分析填列。自资产负债表日起一年内到期的长期债权投资的期末账面价值，在“一年内到期的非流动资产”项目反映。企业购入的以公允价值计量且其变动计入其他综合收益的一年内到期的债权投资的期末账面价值，在“其他流动资产”项目反映。

（3）“长期应收款”项目，反映资产负债表日企业持有的长期应收款净额。该项目应根据“长期应收款”科目相关明细科目的期末余额中的非流动部分，减去相应的“坏账准备”所属明细科目的贷方余额计算填列。

（4）“长期股权投资”项目，反映资产负债表日企业持有的采用成本法和权益法核算的长期股权投资净额。该项目应根据“长期股权投资”科目的期末余额，减去“长期股权投资减值准备”科目的贷方余额计算填列。

（5）“其他权益工具投资”项目，反映资产负债表日企业指定为以公允价值计量且其变动计入其他综合收益的非交易性权益工具投资的期末账面价值。该项目应根据“其他权益工具投资”科目的期末余额填列。

（6）“投资性房地产”项目，反映资产负债表日企业持有的投资性房地产的期末账面价值。该项目应根据“投资性房地产”科目的期末余额，减去“投资性房地产累计折旧”和“投资性房地产减值准备”科目的期末余额后的金额填列。

（7）“固定资产”项目，反映资产负债表日企业固定资产的期末账面价值和企业尚未清理完毕的固定资产清理净损益。该项目应根据“固定资产”科目的期末余额，减去“累计折旧”和“固定资产减值准备”科目的期末余额后的金额，以及“固定资产清理”科目的期末余额填列。

（8）“在建工程”项目，反映资产负债表日企业尚未达到预定可使用状态的在建工程的期末账面价值和企业为在建工程准备的各种物资的期末账面价值。该项目应根据“在建工程”科目的期末余额，减去“在建工程减值准备”科目的期末余额后的金额，以及“工程物资”科目的期末余额，减去“工程物资减值准备”科目的期末余额后的金额填列。

（9）“无形资产”项目，反映资产负债表日企业无形资产的期末账面价值。该项目应根据“无形资产”科目的期末余额，减去“累计摊销”和“无形资产减值准备”科目的期末余额后的金额填列。

（10）“开发支出”项目，反映资产负债表日企业已经发生的研发支出中的资本化支出的余额。该项目应根据“研发支出”科目所属的“资本化支出”明细科目的期末余额填列。

（11）“长期待摊费用”项目，反映资产负债表日企业已经发生但应由本期和以后各期负担的分摊期限在一年以上的长期待摊费用的期末余额。该项目应根据“长期待摊费用”科目的期末余额分析填列。

（12）“递延所得税资产”项目，反映资产负债表日企业确认的可抵扣暂时性差异产生的所得税资产的余额。该项目应根据“递延所得税资产”科目的期末余额分析填列。

（13）“其他非流动资产”项目，反映资产负债表日企业持有的除以上各个非流动资产项目之外的其他非流动资产净额。该项目包括的内容主要有：

1）企业按照《企业会计准则第14号——收入》（2017）的相关规定根据本企业履行履约义务与客户付款之间的关系应确认的合同资产在资产负债表日的余额中的非流动部分。该部分金额应根据“合同资产”“合同负债”科目的相关明细科目期末余额分析确定，同一合同下的合同资产和合同负债应当以净额列示，其中净额为借方余额的，其非流动性部分在“其他非流动资产”项目中填列，已计提减值准备的，还应减去“合同资产减值准备”科目中相关的期末余额后的金额填列。

2）按照《企业会计准则第14号——收入》（2017）的相关规定确认为资产的应收退货成本的期末余额中的非流动部分。该部分金额应当根据“应收退货成本”科目的明细科目余额分析确定。

3. 流动负债项目的填列方法[①]

（1）“短期借款”项目，反映资产负债表日企业承担的向银行或其他金融机构等借入的期限在一年以下（含一年）的各种借款的期末账面价值。该项目应根据“短期借款”科目的期末余额填列。

（2）“交易性金融负债”项目，反映资产负债表日企业承担的交易性金融负债，以及企业持有的直接指定为以公允价值计量且其变动计入当期损益的金融负债的期末账面价值。该项目应根据“交易性金融负债”科目的相关明细科目期末余额填列。

（3）“应付票据”项目，反映资产负债表日以摊余成本计量的、企业因购买材料、商品和接受服务等开出、承兑的商业汇票，包括银行承兑汇票和商业承兑汇票。该项目应根据“应付票据”科目的期末余额填列。

（4）“应付账款”项目，反映资产负债表日以摊余成本计量的、企业因购买材料、商品和接受服务等经营活动应支付的款项。该项目应根据“应付账款”和“预付账款”科目所属的相关明细科目的期末贷方余额合计数填列。

（5）“预收款项”项目，反映企业按照合同规定预收的款项在资产负债表日的账面价值。该项目应根据“预收账款”“应收账款”科目的相关明细科目的期末贷方余额填列。

（6）“合同负债”项目，反映企业按照《企业会计准则第14号——收入》

① 企业在资产负债表日没有将负债清偿推迟至资产负债表日后一年以上的实质性权利的，该负债应当归类为流动负债。企业是否有行使上述权利的主观可能性，并不影响负债的流动性划分。

(2017)的相关规定根据本企业履行履约义务与客户付款之间的关系应确认的合同负债。该项目应根据“合同负债”科目的相关明细科目期末余额分析填列，同一合同下的合同资产和合同负债应当以净额列示，其中净额为贷方余额的，应当根据其流动性在“合同负债”或“其他非流动负债”项目中填列。

(7)“应付职工薪酬”项目，反映资产负债表日企业承担的应付职工薪酬的余额。该项目应根据“应付职工薪酬”科目的期末余额分析填列。

(8)“应交税费”项目，反映资产负债表日企业承担的应交未交税费的余额。该项目应根据“应交税费”科目的期末余额分析填列。

(9)“其他应付款”项目，反映资产负债表日企业承担的应付利息、应付股利以及其他应付款的余额。如果企业单独设立“应付利息”和“应付股利”科目，则该项目应根据“应付利息”“应付股利”“其他应付款”科目的期末余额合计数填列。如果企业不单独设立“应付利息”和“应付股利”科目，则该项目应根据“其他应付款”科目的期末余额填列。

(10)“持有待售负债”项目，反映资产负债表日处置组中与划分为持有待售类别的资产直接相关的负债的期末账面价值。该项目应根据“持有待售负债”科目的期末余额填列。

(11)“一年内到期的非流动负债”项目，反映资产负债表日企业持有的将于一年内到期的非流动负债的期末账面价值。该项目应根据“长期借款”“应付债券”“长期应付款”科目所属明细科目余额中将于一年内到期的数额之和计算填列。

4. 非流动负债项目的填列方法①

(1)“长期借款”项目，反映资产负债表日企业承担的向银行或其他金融机构等借入的期限在一年以上（不含一年）的各种借款的期末账面价值中的非流动部分。该项目应根据“长期借款”科目的相关明细科目的期末余额分析填列。

(2)“应付债券”项目，反映企业为筹集长期资金而发行债券的本金和利息在资产负债表日的账面价值中的非流动部分。该项目应根据“应付债券”科目的相关明细科目的期末余额分析填列。

(3)“长期应付款”项目，反映资产负债表日企业承担的除长期借款和应付债券以外的其他各种长期应付款项的期末账面价值中的非流动部分。该项目应根据“长期应付款”“专项应付款”“未确认融资费用”科目的相关明细科目的期末余额分析填列。

(4)“预计负债”项目，反映资产负债表日企业承担的就对外提供担保、未决诉讼、产品质量保证、亏损性合同等事项确认的预计负债的余额。该项目应根据“预计负债”总账科目所属各明细科目的期末余额中的非流动部分计算填列。

(5)“递延所得税负债”项目，反映资产负债表日企业确认的应纳税暂时性差异产生的所得税负债的余额。该项目应根据“递延所得税负债”科目的期末余

---

① 对于符合《企业会计准则第 30 号——财务报表列报》非流动负债划分条件的负债，即使企业有意图或者计划在资产负债表日后一年内（含一年）提前清偿该负债，或者在资产负债表日至财务报告批准报出日之间已提前清偿该负债，该负债仍应归类为非流动负债。

额分析填列。

5. 所有者权益（或股东权益）项目的填列方法

（1）“实收资本（或股本）”项目，反映企业接受投资者投入的实收资本在资产负债表日的余额。该项目应该根据“实收资本（或股本）”科目的期末余额填列。

（2）“其他权益工具”项目，反映企业发行的除普通股（作为实收资本或股本）以外，按照金融负债和权益工具区分原则分类为权益工具的其他权益工具在资产负债表日的余额。该项目应该根据“其他权益工具”科目的期末余额填列。

（3）“资本公积”项目，反映企业收到投资者出资额超出其在注册资本或股本中所占份额的部分在资产负债表日的余额。该项目应该根据“资本公积”科目的期末余额填列。

（4）“其他综合收益”项目，反映企业根据会计准则规定未在当期损益中确认的各项利得和损失在资产负债表日的余额。该项目应该根据“其他综合收益”科目的期末余额填列。

（5）“盈余公积”项目，反映企业从净利润中提取的盈余公积在资产负债表日的余额。该项目应该根据“盈余公积”科目的期末余额填列。

（6）“未分配利润”项目，反映企业在资产负债表日累计未分配利润或未弥补亏损的余额。该项目应该根据“利润分配”总账科目所属的“未分配利润”明细科目的期末余额分析填列。

资产负债表的“年初余额”栏的各项目，通常要根据上年年末有关项目的期末余额填列，且与上年年末资产负债表的“期末余额”栏相一致。如果企业发生了会计政策变更、前期差错更正，则应当对“年初余额”栏的有关项目进行调整。如果企业上年度资产负债表的项目名称和内容与本年度不一致，应当对上年年末资产负债表相关项目的名称和金额按照本年度的规定进行调整，填入“年初余额”栏。

13.3 利润表与综合收益表

13.3 即测即评

13.3.1 利润表的性质和作用

利润表（income statement）是用来反映企业在某一会计期间的经营成果的一种财务报表。在利润表上，要反映企业在一个会计期间的所有收入（广义）与所有费用（广义），并求出报告期的利润额。利用利润表，可以评价一个企业的经营成果和投资效率，分析企业的盈利能力以及预测未来一定时期内的盈利趋势。

编制利润表，要重点解决以下两个方面的问题：

（1）正确确定当期收入与费用。利润是当期收入与当期费用的差额。因此，要正确计算利润，就必须首先确定当期的收入与当期的费用。对于营业收入来说，一般情况下，只有当企业的商品已经销售，或劳务已经提供，才能确认为本期的营业收入并编入利润表。在某些特殊情况下，也可以在生产过程中，或在产品完工时确认营业收入。

（2）力求保持投入资本的完整。一个企业只有在保持投入资本完整无缺的情况下才可能获得真正的利润。例如，在通货膨胀时期，货币贬值，以货币计量的投入资本其期末账面余额可能大于期初余额，但若按物价指数换算，却可能小于期初余额，因而可能出现虚盈实亏的现象。因此，在通货膨胀严重的情况下，有必要按物价指数进行调整。

13.3.2　利润表的格式

利润表的表首，应标明企业和该表的名称。表的名称下面标明编制的期间。由于利润表反映企业某一期间的经营成果，因而其时间只能标明为“某年某月”，或“某年度”，或“某年某月某日至某年某月某日”，或“某年某月某日结束的会计年度”。

为了提供与报表使用者的经营决策相关的信息，收入和费用在利润表中有不同的列示方法，因而利润表的本体部分可以有多步式和单步式两种格式。

1．多步式利润表

多步式利润表是常用的格式，它将企业日常经营活动过程中发生的收入和费用项目与在该过程外发生的收入与费用分开。划分这一界限的标准，主要是看一个项目是否关系到评价企业未来产生现金和现金等价物的能力，或者说，依据一个项目的预测价值。那些经常重复发生的收入与费用项目，是预测企业未来盈利能力的基础；那些偶然发生的收入与费用项目，则不能作为预测的依据。例如，企业变卖固定资产就属于偶然事项，不可能经常重复发生。将这类偶然事项产生的损益分列出来，显然有助于提高利润表信息的预测价值。

适当划分企业的收入和费用项目，并以不同的方式在利润表上将收入与费用项目组合起来，还可以提供各种各样的有关企业经营成果的指标。

营业利润包含的项目是否合理？

在多步式利润表上，净利润是分若干个步骤计算出来的，一般可以分为以下几步：

第一步，计算营业利润。

$$\text{营业利润}=\text{营业收入}-\text{营业成本}-\text{税金及附加}-\text{销售费用}-\text{管理费用}-\text{研发费用}-\text{财务费用}+\text{其他收益}+\text{投资收益}+\text{公允价值变动收益}-\text{信用减值损失}-\text{资产减值损失}+\text{资产处置收益}$$

第二步，计算利润总额。

$$\text{利润总额}=\text{营业利润}+\text{营业外收入}-\text{营业外支出}$$

第三步，计算净利润。

$$\text{净利润}=\text{利润总额}-\text{所得税费用}$$

例 13-1

北方公司多步式利润表详见表 13-5。

表 13-5 利润表（多步式）

编制单位：北方公司　　20×3 年度　　单位：元

项目	本年金额	上年金额
一、营业收入	1 500 000	1 200 000
减：营业成本	900 000	750 000
税金及附加	21 250	18 000
销售费用	28 000	25 000
管理费用	157 600	131 000
研发费用	67 100	60 000
财务费用	56 500	50 000
加：其他收益	—	—
投资收益	40 000	50 000
公允价值变动收益	2 000	1 000
信用减值损失	−6 740	−5 000
资产减值损失	−31 190	−20 000
资产处置收益	−40 000	—
二、营业利润	233 620	192 000
加：营业外收入	—	30 000
减：营业外支出	30 000	65 000
三、利润总额	203 620	157 000
减：所得税费用	59 600	48 000
四、净利润	144 020	109 000
（一）持续经营净利润	144 020	109 000
（二）终止经营净利润	—	—
五、每股收益		
（一）基本每股收益	0.143 8	0.109 0
（二）稀释每股收益	0.143 8	0.109 0

股票公开上市的公司还要在净利润下列示普通股每股收益的数据，以便报表使用者评价企业的获利能力。

采用多步式利润表便于同类型企业之间的比较，也便于前后各期利润表上相应项目之间的比较，更有利于预测企业今后的盈利能力。

2. 单步式利润表

在单步式利润表上，只需将本期所有收入（广义）加在一起，再将所有费用（广义）加在一起，两者相减，通过一次计算得出本期净利润。

例 13-2

现以北方公司 20×3 年度的利润表为例说明这种单步式利润表的格式，详见表 13-6。

表 13-6　利润表（单步式）

编制单位：北方公司　　20×3 年度　　单位：元

项目	本年金额	上年金额
一、收入		
营业收入	1 500 000	1 200 000
其他收益	—	—
投资收益	40 000	50 000
公允价值变动收益	2 000	1 000
资产处置收益	−40 000	—
营业外收入	—	30 000
收入合计	1 502 000	1 281 000
二、费用		
营业成本	900 000	750 000
税金及附加	21 250	18 000
销售费用	28 000	25 000
管理费用	157 600	131 000
研发费用	67 100	60 000
财务费用	56 500	50 000
资产减值损失	31 190	20 000
信用减值损失	6 740	5 000
营业外支出	30 000	65 000
所得税费用	59 600	48 000
费用合计	1 357 980	1 172 000
三、净利润	144 020	109 000

单步式利润表的优点是：表式简单，易于理解，避免项目分类上的困难。

多步式年度利润表上“本年金额”栏的“营业收入”“营业成本”“税金及附加”“销售费用”“管理费用”“研发费用”“财务费用”“信用减值损失”“资产减值损失”“其他收益”“投资收益”“公允价值变动收益”“资产处置收益”“营业外收入”“营业外支出”“所得税费用”等项目，在采用表结法进行本年利润核算的情况下，应根据年末各相关科目结转“本年利润”科目的数额填列；在采用账结法进行本年利润核算的情况下，应根据各相关科目各月月末结转“本年利润”科目数额的累计数计算填列。“本年金额”栏的“营业利润”“利润总额”“净利润”项目，应根据各相关项目计算填列。

单步式年度利润表上，“收入合计”“费用合计”“净利润”项目根据各相关项目计算填列。其他项目的填列同多步式利润表。

年度利润表上“上年金额”栏的各项目，应根据上年利润表的相关项目填列。

如果编制月份利润表，则应将“本年金额”与“上年金额”栏分别改为“本月数”与“本年累计数”栏。

13.3.3 综合收益表

1. 综合收益的性质

综合收益（comprehensive income）是企业在一定时期内除所有者投资和对所有者分配等与所有者之间的资本业务之外的交易或其他事项所形成的所有者权益的变化额。综合收益包括净利润和其他综合收益。净利润是综合收益的主要组成部分。其他综合收益是除净利润之外的所有综合收益，包括：以公允价值计量且其变动计入其他综合收益的金融资产的公允价值变动、按照权益法核算的在被投资单位其他综合收益中所享有的份额等。

2. 综合收益的列报

综合收益的列报可以有不同的方式。

（1）编制独立的综合收益表。该表的第一部分列示净利润，第二部分列示其他综合收益的具体构成项目及其调整内容。综合收益表的基本格式见表13-7。

表13-7 综合收益表

编制单位：北方公司　　20×3年度　　单位：元

项目	本年金额	上年金额
一、净利润	144 020	109 000
二、其他综合收益的税后净额	7 500	4 500
（一）不能重分类进损益的其他综合收益	7 500	4 500
1. 重新计量设定受益计划变动额		
2. 权益法下不能转损益的其他综合收益		
3. 其他权益工具投资公允价值变动	7 500	4 500
4. 企业自身信用风险公允价值变动		
（二）将重分类进损益的其他综合收益		
1. 权益法下可转损益的其他综合收益		
2. 其他债权投资公允价值变动		
3. 金融资产重分类计入其他综合收益的金额		
4. 其他债权投资信用减值准备		
5. 现金流量套期储备		
6. 外币财务报表折算差额		
7. 其他		
三、综合收益总额	151 520	113 500

（2）将其他综合收益的数据与利润表数据列示于同一张报表。该表的上半部分列示传统的利润表数据，下半部分则列示其他综合收益数据，如表13-8所示。我国现行会计准则要求采用这种列报方式，并且将其称为利润表。

表 13-8　利润表

编制单位：北方公司　　20×3 年度　　单位：元

项目	本年金额	上年金额
一、营业收入	1 500 000	1 200 000
减：营业成本	900 000	750 000
税金及附加	21 250	18 000
销售费用	28 000	25 000
管理费用	157 600	131 000
研发费用	67 100	60 000
财务费用	56 500	50 000
加：其他收益	—	—
投资收益	40 000	50 000
公允价值变动收益	2 000	1 000
信用减值损失	−6 740	−5 000
资产减值损失	−31 190	−20 000
资产处置收益	−40 000	—
二、营业利润	233 620	192 000
加：营业外收入	—	30 000
减：营业外支出	30 000	65 000
三、利润总额	203 620	157 000
减：所得税费用	59 600	48 000
四、净利润	144 020	109 000
（一）持续经营经利润	144 020	109 000
（二）终止经营净利润	—	—
五、其他综合收益的税后净额	7 500	4 500
（一）不能重分类进损益的其他综合收益	7 500	4 500
1. 重新计量设定受益计划变动额		
2. 权益法下不能转损益的其他综合收益		
3. 其他权益工具投资公允价值变动损益	7 500	4 500
4. 企业自身信用风险公允价值变动		
（二）将重分类进损益的其他综合收益		
1. 权益法下可转损益的其他综合收益		
2. 其他债权投资公允价值变动		
3. 金融资产重分类计入其他综合收益的金额		
4. 其他债权投资信用减值准备		
5. 现金流量套期储备		
6. 外币财务报表折算差额		
7. 其他		
六、综合收益总额	151 520	113 500
七、每股收益		
（一）基本每股收益	0.143 8	0.109 0
（二）稀释每股收益	0.143 8	0.109 0

13.3.4 利润表与综合收益表的编制方法

1. 净利润相关项目的填列

（1）“营业收入”项目，反映企业确认的营业收入，包括主营业务收入和其他业务收入。该项目应根据“主营业务收入”和“其他业务收入”科目的发生额分析填列。

（2）“营业成本”项目，反映企业确认的营业成本，包括主营业务成本和其他业务成本。该项目应根据“主营业务成本”和“其他业务成本”科目的发生额分析填列。

（3）“税金及附加”项目，反映企业经营活动发生的消费税、城市维护建设税、资源税和教育费附加等相关税费。该项目应根据“税金及附加”科目的发生额分析填列。

（4）“销售费用”项目，反映企业销售商品和材料、提供劳务的过程中发生的各种费用。该项目应根据“销售费用”科目的发生额分析填列。

（5）“管理费用”项目，反映企业确认的为组织和管理企业生产经营所发生的管理费用。该项目应根据“管理费用”科目的发生额分析填列。如果企业不单独设立“研发费用”科目，则该项目应根据“管理费用”总账科目所属明细科目中除“研发费用”明细科目以及“管理费用”科目下的“无形资产摊销”明细科目的发生额之外的发生额分析填列。

（6）“研发费用”项目，反映企业确认的计入当期损益的研发费用。如果企业单独设立“研发费用”科目，则该项目应根据“研发费用”科目的发生额分析填列。如果企业不单独设立“研发费用”科目，则该项目应根据“管理费用”科目所属的“研发费用”明细科目的发生额分析填列。

（7）“财务费用”项目，反映企业确认的为筹集生产经营所需资金等而发生的筹资费用。该项目应根据“财务费用”科目的发生额分析填列。

（8）“其他收益”项目，反映企业确认的计入其他收益的政府补助等。该项目应根据“其他收益”科目的发生额分析填列。

（9）“投资收益”项目，反映企业确认的投资收益或投资损失。该项目应根据“投资收益”科目的发生额分析填列；如为投资损失，以“－”号填列。

（10）“公允价值变动收益”项目，反映企业确认的计入当期损益的公允价值变动收益或损失。该项目应根据“公允价值变动损益”科目的发生额分析填列；如为公允价值变动损失，以“－”号填列。

（11）“信用减值损失”项目，反映企业按照《企业会计准则第 22 号——金融工具确认和计量》（2017）的要求计提的各项金融工具减值准备所确认的信用损失。该项目应根据“信用减值损失”科目的发生额分析填列。

（12）“资产减值损失”项目，反映企业确认的除信用减值损失之外的资产减值损失。该项目应根据“资产减值损失”科目的发生额分析填列。

（13）“资产处置收益”项目，反映企业出售划分为持有待售的非流动资产（金融工具、长期股权投资和投资性房地产除外）或处置组时确认的处置利得或损失，以及处置未划分为持有待售的固定资产、在建工程、生产性生物资产及无形资产而产生的处置利得或损失。非货币性资产交换产生的利得或损失也包括在本项目内。该项目应根据“资产处置损益”科目的发生额分析填列；如为处置损失，以“－”号填列。

（14）“营业外收入”项目，反映企业发生的营业利润以外的收益，主要包括与企业日常活动无关的政府补助、盘盈利得、捐赠利得等。该项目应根据“营业外收入”科目的发生额分析填列。

（15）“营业外支出”项目，反映企业发生的营业利润以外的支出，主要包括公益性捐赠支出、非常损失、盘亏损失、非流动资产毁损报废损失等。该项目应根据“营业外支出”科目的发生额分析填列。

（16）“所得税费用”项目，反映企业确认的应从当期利润总额中扣除的所得税费用，包括当期所得税费用和递延所得税费用。该项目应根据“所得税费用”科目的发生额分析填列。

（17）“持续经营净利润”项目，反映净利润中与持续经营相关的净利润；如为净亏损，以“－”号填列。该项目应按照《企业会计准则第 42 号——持有待售的非流动资产、处置组和终止经营》的相关规定列报。

（18）“终止经营净利润”项目，反映净利润中与终止经营相关的净利润；如为净亏损，以“－”号填列。该项目应按照《企业会计准则第 42 号——持有待售的非流动资产、处置组和终止经营》的相关规定列报。

2. 其他综合收益相关项目的填列

（1）“重新计量设定受益计划变动额”项目，反映企业重新计量设定受益计划净负债或净资产导致的变动。该项目应根据“其他综合收益”科目的相关明细科目的发生额分析填列。

（2）“权益法下不能转损益的其他综合收益”项目，反映企业按照权益法核算因被投资单位重新计量设定受益计划净负债或净资产变动、被投资企业其他权益工具投资公允价值变动、被投资企业自身信用风险公允价值变动等不能转损益的其他综合收益，投资企业按持股比例计算确认的该部分其他综合收益。该项目应根据“其他综合收益”科目的相关明细科目的发生额分析填列。

（3）“其他权益工具投资公允价值变动”项目，反映企业指定为以公允价值计量且其变动计入其他综合收益的非交易性权益工具投资发生的公允价值变动。该项目应根据“其他综合收益”科目的相关明细科目的发生额分析填列。

（4）“企业自身信用风险公允价值变动”项目，反映企业指定为以公允价值计量且其变动计入当期损益的金融负债，由企业自身信用风险变动引起的公允价值变动而计入其他综合收益的金额。该项目应根据“其他综合收益”科目的相关明细科目的发生额分析填列。

（5）“权益法下可转损益的其他综合收益”项目，反映企业按照权益法核算因被投资企业确认可转损益的其他综合收益，投资企业按持股比例计算确认的该部分其他综合收益。该项目应根据“其他综合收益”科目的相关明细科目的发生额分析填列。

（6）“其他债权投资公允价值变动”项目，反映企业分类为以公允价值计量且其变动计入其他综合收益的债权投资发生的公允价值变动。企业将一项以公允价值计量且其变动计入其他综合收益的金融资产重分类为以摊余成本计量的金融资产，或重分类为以公允价值计量且其变动计入当期损益的金融资产时，之前计入其他综合收益的累计利得或损失从其他综合收益中转出的金额作为该项目的减项。该项目应根据“其他综合收益”科目下的相关明细科目的发生额分析填列。

（7）“金融资产重分类计入其他综合收益的金额”项目，反映企业将一项以摊余成本计量的金融资产重分类为以公允价值计量且其变动计入其他综合收益的金融资产时，计入其他综合收益的原账面价值与公允价值之间的差额。该项目应根据“其他综合收益”科目下的相关明细科目的发生额分析填列。

（8）“其他债权投资信用减值准备”项目，反映企业按照《企业会计准则第 22 号——金融工具确认和计量》（2017）规定分类为以公允价值计量且其变动计入其他综合收益的金融资产的损失准备。该项目应根据“其他综合收益”科目下的“信用减值准备”明细科目的发生额分析填列。

13.4 资产负债表与利润表编制举例

例 13－3

（一）资料

北方公司为股份有限公司，系增值税一般纳税人，增值税税率为 13%，所得税税率为 25%。20×2 年和 20×3 年流通在外股份为 100 万股。其 20×3 年 1 月 1 日有关科目的余额如表 13－9 所示。

表 13－9 科目余额表

20×3 年 1 月 1 日

单位：元

科目名称	借方余额	科目名称	贷方余额
库存现金	3 100	短期借款	500 000
银行存款	1 908 000	应付票据	250 000
其他货币资金	168 000	应付账款	760 000
交易性金融资产	26 800	应付职工薪酬	51 000
应收票据	80 000	应交税费	40 800
应收账款	400 000	其他应付款	65 000
坏账准备	－8 000	应付利息	12 000
预付账款	65 000	长期借款	1 800 000
其他应收款	4 500	其中：一年内到期的非流动负债	850 000
材料采购	120 000	递延所得税负债	8 000
原材料	91 200	股本	1 000 000
包装物	10 000	资本公积	3 428 800
低值易耗品	70 000	其他综合收益	4 500
库存商品	60 000	盈余公积	150 000

续表

科目名称	借方余额	科目名称	贷方余额
材料成本差异	3 500	利润分配（未分配利润）	90 000
存货跌价准备	−6 500		
其他权益工具投资	80 000		
长期股权投资	220 000		
长期股权投资减值准备	−4 500		
固定资产	3 099 000		
累计折旧	−600 000		
固定资产减值准备	−190 000		
在建工程	1 600 000		
无形资产	1 200 000		
累计摊销	−240 000		
合计	8 160 100	合计	8 160 100

该公司 20×3 年发生的经济业务如下：

（1）购入原材料一批，材料价款 200 000 元，增值税 26 000 元，共计 226 000 元，原已预付材料款 65 000 元，余款 161 000 元用银行存款支付，材料未到。

（2）收到原材料一批，实际成本 120 000 元，计划成本 115 000 元，材料已验收入库，货款已于上月支付。

（3）购入不需安装的设备一台，价款 90 000 元，支付增值税 11 700 元，支付包装费等 1 100 元。价款、增值税及包装费等共计 102 800 元均以银行存款支付。设备已交付使用。

（4）购入工程物资一批，价款 130 000 元，增值税 16 900 元，均已用银行存款支付。

（5）收到银行通知，用银行存款支付到期的商业承兑汇票 150 000 元，偿还应付账款 85 000 元。

（6）销售产品一批，销售价款 400 000 元，应收取增值税 52 000 元，产品已发出，价款尚未收到。

（7）从银行借入 3 年期借款 500 000 元，借款已存入银行，该项借款用于购建固定资产。

（8）在建工程应付工资 410 000 元。

（9）一项工程完工，计算应负担的长期借款利息 160 000 元。该项借款本息未付。

（10）一项工程完工，交付生产使用，已办理竣工手续，固定资产价值 1 500 000 元。

（11）销售产品一批，价款 800 000 元，应收取增值税 104 000 元，货款银行已收妥。

（12）公司出售一台不需用设备，收到总价款 452 000 元（其中增值税 52 000 元），设备原价 800 000 元，已提折旧 260 000 元，已提减值准备 100 000

元，设备已交付给购入单位。

(13) 收到一项长期股权投资的现金股利 40 000 元，存入银行。该项投资按成本法核算，对方公司的所得税税率与本公司一致，均为 25%。

(14) 归还短期借款本金 200 000 元，应付利息 10 000 元，共计 210 000 元。

(15) 用银行汇票支付采购材料价款，公司收到开户银行转来银行汇票多余款收账通知，通知上所填多余款为 4 623 元，购入材料的价款及运费共 125 300 元，支付的增值税额为 16 077 元。

(16) 上一笔业务中的购入材料已验收入库，该批材料的计划价格为 125 600 元。

(17) 用银行存款支付职工工资 1 037 000 元，其中包括支付给在建工程人员的工资 410 000 元。

(18) 分配应支付的职工工资 627 000 元（不包括在建工程应负担的工资 410 000 元），其中，生产人员工资 570 000 元，车间管理人员工资 11 400 元，行政管理部门人员工资 45 600 元。

(19) 用银行存款支付研发部门的新技术开发支出 20 000 元，该项支出符合资本化的条件。

(20) 用银行存款支付产品展览费 15 000 元，广告费 13 000 元。

(21) 基本生产领用原材料，计划成本 300 000 元；领用低值易耗品，计划成本 60 000 元，采用一次摊销法摊销。

(22) 结转领用原材料与低值易耗品的成本差异，材料成本差异率为 2%。

(23) 公司采用银行承兑汇票结算方式销售产品一批，价款 300 000 元，增值税额 39 000 元，收到 339 000 元的商业承兑汇票一张。

(24) 公司将上述银行承兑汇票向银行办理贴现，贴现息为 24 000 元，该票据的到期日为 20×3 年 4 月 20 日。同时将上年销售商品所收到的一张面值为 80 000 元、已到期的无息银行承兑汇票，连同解讫通知书和进账单交银行办理转账，收到银行盖章退回的进账单一联，款项银行已收妥。

(25) 确认应计入当期损益的借款利息共 32 500 元，其中，短期借款利息 22 000 元，长期借款利息 10 500 元。

(26) 计提固定资产折旧 120 000 元，其中，应计入制造费用 100 000 元，管理费用 20 000 元。

(27) 摊销无形资产 80 000 元。

(28) 用银行存款支付管理部门水电费 12 000 元、生产车间水电费 75 000 元。

(29) 用银行存款支付研发费用 67 100 元。假设该无形资产当月月底达到预定用途。

(30) 本期产品销售应缴纳的城市维护建设税 14 875 元，教育费附加 6 375 元。

(31) 用银行存款缴纳增值税 212 500 元，城市维护建设税 14 875 元，教育费附加 6 375 元。

(32) 年末交易性金融资产的公允价值为 28 800 元，应确认公允价值变动收益 2 000 元。

(33) 年末其他权益工具投资的公允价值为90 000元，较年初增加10 000元(该项其他权益工具投资于上年购入，取得成本为74 000元，上年年末公允价值为80 000元)。

(34) 计算并结转本期完工产品成本1 123 600元。没有期初在产品，本期生产的产品全部完工入库。

(35) 结转本期产品销售成本900 000元。

(36) 基本生产车间盘亏一台设备，原价280 000元，已提折旧225 000元，已提减值准备25 000元。

(37) 偿还长期借款本金850 000元。

(38) 收回应收账款360 000元，存入银行。

(39) 应收某客户的账款5 000元，已确定不能收回。

(40) 按应收账款余额的2%计提坏账准备。

(41) 计提存货跌价准备11 190元。

(42) 计提固定资产减值准备20 000元。

(43) 第(36)笔的固定资产盘亏在年末结账前仍未批准处理，按规定将30 000元损失转为营业外支出(附注中说明)。

(44) 结转各收入、费用科目，确定利润总额203 620元。

(45) 计算并结转应交所得税49 700元，所得税费用59 600元，增加递延所得税负债9 900元(均为假设数据)。

(46) 用银行存款缴纳所得税48 500元。

(47) 提取盈余公积21 567元；分配普通股现金股利81 145元。

(48) 将利润分配各明细科目的余额转入“未分配利润”明细科目，结转本年利润。

(49) 20×3年年末将于一年内到期的非流动负债为400 000元。

本例中的账务处理除其他权益工具投资外都不单独考虑递延所得税因素。

(二) 根据以上资料编制会计分录和利润表与资产负债表

1. 编制会计分录

(1) 借：材料采购	200 000	
应交税费——应交增值税(进项税额)	26 000	
贷：银行存款		161 000
预付账款		65 000
(2) 借：原材料	115 000	
材料成本差异	5 000	
贷：材料采购		120 000
(3) 借：固定资产	91 100	
应交税费——应交增值税(进项税额)	11 700	
贷：银行存款		102 800
(4) 借：工程物资	130 000	
应交税费——应交增值税(进项税额)	16 900	

贷：银行存款		146 900
（5）借：应付票据	150 000	
应付账款	85 000	
贷：银行存款		235 000
（6）借：应收账款	452 000	
贷：主营业务收入		400 000
应交税费——应交增值税（销项税额）		52 000
（7）借：银行存款	500 000	
贷：长期借款		500 000
（8）借：在建工程	410 000	
贷：应付职工薪酬		410 000
（9）借：在建工程	160 000	
贷：长期借款——应付利息		160 000
（10）借：固定资产	1 500 000	
贷：在建工程		1 500 000
（11）借：银行存款	904 000	
贷：主营业务收入		800 000
应交税费——应交增值税（销项税额）		104 000
（12）借：固定资产清理	440 000	
累计折旧	260 000	
固定资产减值准备	100 000	
贷：固定资产		800 000
借：银行存款	452 000	
贷：固定资产清理		400 000
应交税费——应交增值税（销项税额）		52 000
借：资产处置损益——处理固定资产净损失	40 000	
贷：固定资产清理		40 000
（13）借：银行存款	40 000	
贷：投资收益		40 000
（14）借：短期借款	200 000	
应付利息	10 000	
贷：银行存款		210 000
（15）借：材料采购	125 300	
银行存款	4 623	
应交税费——应交增值税（进项税额）	16 077	
贷：其他货币资金		146 000
（16）借：原材料	125 600	
贷：材料采购		125 300
材料成本差异		300

(17) 借：应付职工薪酬	1 037 000	
贷：银行存款		1 037 000
(18) 借：生产成本	570 000	
制造费用	11 400	
管理费用	45 600	
贷：应付职工薪酬		627 000
(19) 借：研发支出——资本化支出	20 000	
贷：银行存款		20 000
(20) 借：销售费用——展览费	15 000	
——广告费	13 000	
贷：银行存款		28 000
(21) 借：生产成本	300 000	
贷：原材料		300 000
借：制造费用	60 000	
贷：低值易耗品		60 000

(22) 原材料应负担成本差异=300 000×2%=6 000(元)

低值易耗品应负担成本差异=60 000×2%=1 200(元)

借：生产成本	6 000	
制造费用	1 200	
贷：材料成本差异		7 200
(23) 借：应收票据	339 000	
贷：主营业务收入		300 000
应交税费——应交增值税（销项税额）		39 000
(24) 借：银行存款	315 000	
财务费用	24 000	
贷：应收票据		339 000
借：银行存款	80 000	
贷：应收票据		80 000
(25) 借：财务费用	32 500	
贷：应付利息		22 000
长期借款——应付利息		10 500
(26) 借：制造费用	100 000	
管理费用	20 000	
贷：累计折旧		120 000
(27) 借：管理费用	80 000	
贷：累计摊销		80 000
(28) 借：管理费用	12 000	
制造费用	75 000	
贷：银行存款		87 000

(29) 借：研发费用①　　67 100
　　贷：银行存款　　67 100

(30) 借：税金及附加　　21 250
　　贷：应交税费——应交城市维护建设税　　14 875
　　　　　　　——应交教育费附加　　6 375

(31) 借：应交税费——应交增值税（已交税金）　　212 500
　　　　　　——应交城市维护建设税　　14 875
　　　　　　——应交教育费附加　　6 375
　　贷：银行存款　　233 750

(32) 借：交易性金融资产——公允价值变动　　2 000
　　贷：公允价值变动损益　　2 000

(33) 借：其他权益工具投资——公允价值变动　　10 000
　　贷：其他综合收益——公允价值变动　　10 000
　借：其他综合收益——递延所得税　　2 500
　　贷：递延所得税负债　　2 500

(34) 借：生产成本　　247 600
　　贷：制造费用　　247 600
　借：库存商品　　1 123 600
　　贷：生产成本　　1 123 600

(35) 借：主营业务成本　　900 000
　　贷：库存商品　　900 000

(36) 借：累计折旧　　225 000
　　　固定资产减值准备　　25 000
　　　待处理财产损溢——待处理固定资产损溢　　30 000
　　贷：固定资产　　280 000

(37) 借：长期借款　　850 000
　　贷：银行存款　　850 000

(38) 借：银行存款　　360 000
　　贷：应收账款　　360 000

(39) 借：坏账准备　　5 000
　　贷：应收账款　　5 000

(40) 应补提坏账准备＝487 000×2%－3 000＝6 740(元)

---

① 此处为简化处理，直接将支付的款项计入研发费用。完整的会计分录如下：

(1) 支付研发费用时。
　借：研发支出——费用化支出　　67 100
　　贷：银行存款　　67 100

(2) 月底结转研发支出时。
　借：研发费用　　67 100
　　贷：研发支出——费用化支出　　67 100

借：信用减值损失——计提的坏账准备	6 740	
贷：坏账准备		6 740
(41) 借：资产减值损失——计提的存货跌价准备	11 190	
贷：存货跌价准备		11 190
(42) 借：资产减值损失——计提的固定资产减值准备	20 000	
贷：固定资产减值准备		20 000
(43) 借：营业外支出——固定资产盘亏	30 000	
贷：待处理财产损溢——待处理固定资产损溢		30 000
(44) 借：主营业务收入	1 500 000	
投资收益	40 000	
公允价值变动损益	2 000	
贷：本年利润		1 542 000
借：本年利润	1 338 380	
贷：主营业务成本		900 000
税金及附加		21 250
销售费用		28 000
管理费用		157 600
研发费用		67 100
财务费用		56 500
资产减值损失		31 190
信用减值损失		6 740
资产处置损益		40 000
营业外支出		30 000
(45) 借：所得税费用	59 600	
贷：递延所得税负债		9 900
应交税费——应交所得税		49 700
借：本年利润	59 600	
贷：所得税费用		59 600
(46) 借：应交税费——应交所得税	48 500	
贷：银行存款		48 500
(47) 借：利润分配——提取盈余公积	21 567	
贷：盈余公积		21 567
借：利润分配——应付普通股股利	81 145	
贷：应付股利		81 145
(48) 借：利润分配——未分配利润	102 712	
贷：利润分配——提取盈余公积		21 567
——应付普通股股利		81 145
借：本年利润	144 020	
贷：利润分配——未分配利润		144 020

2. 根据上述会计分录，登记T型账户

库存现金

期初余额	3 100		
期末余额	3 100		

银行存款

期初余额	1 908 000	(1)	161 000
(7)	500 000	(3)	102 800
(11)	904 000	(4)	146 900
(12)	452 000	(5)	235 000
(13)	40 000	(14)	210 000
(15)	4 623	(17)	1 037 000
(24)	315 000	(19)	20 000
(24)	80 000	(20)	28 000
(38)	360 000	(28)	87 000
		(29)	67 100
		(31)	233 750
		(37)	850 000
		(46)	48 500
期末余额	1 336 573		

其他货币资金

期初余额	168 000		
		(15)	146 000
期末余额	22 000		

交易性金融资产

期初余额	26 800		
(32)	2 000		
期末余额	28 800		

材料采购

期初余额	120 000		
(1)	200 000	(2)	120 000
(15)	125 300	(16)	125 300
期末余额	200 000		

原材料

期初余额	91 200		
(2)	115 000	(21)	300 000
(16)	125 600		
期末余额	31 800		

材料成本差异

期初余额	3 500		
(2)	5 000	(16)	300
		(22)	7 200
期末余额	1 000		

生产成本

期初余额	0		
(18)	570 000	(34)	1 123 600
(21)	300 000		
(22)	6 000		
(34)	247 600		

制造费用

(18)	11 400	(34)	247 600
(21)	60 000		
(22)	1 200		
(26)	100 000		
(28)	75 000		

低值易耗品

期初余额	70 000		
		(21)	60 000
期末余额	10 000		

库存商品

期初余额	60 000		
(34)	1 123 600	(35)	900 000
期末余额	283 600		

应收账款

期初余额	400 000		
(6)	452 000	(38)	360 000
		(39)	5 000
期末余额	487 000		

坏账准备

		期初余额	8 000
(39)	5 000	(40)	6 740
		期末余额	9 740

应收票据

期初余额	80 000		
(23)	339 000	(24)	339 000
		(24)	80 000
期末余额	0		

存货跌价准备

		期初余额	6 500
		(41)	11 190
		期末余额	17 690

预付账款

期初余额	65 000		
		(1)	65 000
期末余额	0		

包装物

期初余额	10 000		
期末余额	10 000		

累计折旧

		期初余额	600 000
(12)	260 000	(26)	120 000
(36)	225 000		
		期末余额	235 000

在建工程

期初余额	1 600 000		
(8)	410 000	(10)	1 500 000
(9)	160 000		
期末余额	670 000		

无形资产

期初余额	1 200 000		
期末余额	1 200 000		

累计摊销

		期初余额	240 000
		(27)	80 000
		期末余额	320 000

长期股权投资

期初余额	220 000		
期末余额	220 000		

其他权益工具投资

期初余额	80 000		
(33)	10 000		
期末余额	90 000		

研发支出

期初余额	0		
(19)	20 000		
期末余额	20 000		

其他应收款

期初余额	4 500		
期末余额	4 500		

固定资产

期初余额	3 099 000		
(3)	91 100	(12)	800 000
(10)	1 500 000	(36)	280 000
期末余额	3 610 100		

固定资产减值准备

		期初余额	190 000
(12)	100 000	(42)	20 000
(36)	25 000		
		期末余额	85 000

工程物资

期初余额	0		
(4)	130 000		
期末余额	130 000		

固定资产清理

(12)	440 000	(12)	400 000
		(12)	40 000

待处理财产损溢

(36)	30 000	(43)	30 000

长期股权投资减值准备

		期初余额	4 500
		期末余额	4 500

应交税费

		期初余额	40 800
(1)	26 000	(6)	52 000
(3)	11 700	(11)	104 000
(4)	16 900	(12)	52 000
(15)	16 077	(23)	39 000
(31)	212 500	(30)	14 875
(31)	14 875	(30)	6 375
(31)	6 375	(45)	49 700
(46)	48 500		
		期末余额	5 823

应付票据

		期初余额	250 000
(5)	150 000		
		期末余额	100 000

应付利息

		期初余额	12 000
(14)	10 000	(25)	22 000
		期末余额	24 000

递延所得税负债

		期初余额	8 000
		(33)	2 500
		(45)	9 900
		期末余额	20 400

应付股利

		期初余额	0
		(47)	81 145
		期末余额	81 145

股本

		期初余额	1 000 000
		期末余额	1 000 000

盈余公积

		期初余额	150 000
		(47)	21 567
		期末余额	171 567

主营业务收入

(44)	1 500 000	(6)	400 000
		(11)	800 000
		(23)	300 000

税金及附加

(30)	21 250	(44)	21 250

投资收益

(44)	40 000	(13)	40 000

应付职工薪酬

		期初余额	51 000
(17)	1 037 000	(8)	410 000
		(18)	627 000
		期末余额	51 000

短期借款

		期初余额	500 000
(14)	200 000		
		期末余额	300 000

长期借款

		期初余额	1 800 000
(37)	850 000	(7)	500 000
		(9)	160 000(利息)
		(25)	10 500(利息)
		期末余额	1 620 500

应付账款

		期初余额	760 000
(5)	85 000		
		期末余额	675 000

其他应付款

		期初余额	65 000
		期末余额	65 000

资本公积

		期初余额	3 428 800
		期末余额	3 428 800

其他综合收益

		期初余额	4 500
		(33)	7 500
		期末余额	12 000

主营业务成本

(35)	900 000	(44)	900 000

资产处置损益

(12)	40 000	(44)	40 000

营业外支出

(43)	30 000	(44)	30 000

销售费用

(20)	28 000	(44)	28 000

管理费用

(18)	45 600	(44)	157 600
(26)	20 000		
(27)	80 000		
(28)	12 000		

资产减值损失

		(44)	31 190
(41)	11 190		
(42)	20 000		

研发费用

(29)	67 100	(44)	67 100

信用减值损失

(40)	6 740	(44)	6 740

财务费用

(24)	24 000	(44)	56 500
(25)	32 500		

利润分配

		期初余额	90 000
(47)	21 567	(48)	21 567
(47)	81 145	(48)	81 145
(48)	102 712	(48)	144 020
		期末余额	131 308

公允价值变动损益

(44)	2 000	(32)	2 000

所得税费用

(45)	59 600	(45)	59 600

本年利润

(44)	1 338 380	(44)	1 542 000
(45)	59 600		
(48)	144 020		

根据 T 型账户记录编制 20×3 年 12 月 31 日的科目余额表，见表 13-10。

表 13-10　科目余额表

20×3 年 12 月 31 日　　单位：元

科目名称	借方余额	科目名称	贷方余额
库存现金	3 100	短期借款	300 000
银行存款	1 336 573	应付票据	100 000
其他货币资金	22 000	应付账款	675 000
交易性金融资产	28 800	应付职工薪酬	51 000
应收票据	0	应付股利	81 145
应收账款	487 000	应交税费	5 823
坏账准备	−9 740	其他应付款	65 000
预付账款	0	应付利息	24 000
其他应收款	4 500	长期借款	1 620 500
材料采购	200 000	其中：一年内到期的非流动负债	400 000
原材料	31 800	递延所得税负债	20 400
包装物	10 000	股本	1 000 000
低值易耗品	10 000	资本公积	3 428 800
库存商品	283 600	其他综合收益	12 000
材料成本差异	1 000	盈余公积	171 567
存货跌价准备	−17 690	利润分配（未分配利润）	131 308
其他权益工具投资	90 000		
长期股权投资	220 000		

续表

科目名称	借方余额	科目名称	贷方余额
长期股权投资减值准备	−4 500		
固定资产	3 610 100		
累计折旧	−235 000		
固定资产减值准备	−85 000		
工程物资	130 000		
在建工程	670 000		
无形资产	1 200 000		
累计摊销	−320 000		
研发支出	20 000		
合计	7 686 543	合计	7 686 543

3. 编制资产负债表和利润表

北方公司 20×3 年 12 月 31 日的资产负债表见表 13 - 1，20×3 年度的利润表见表 13 - 5。资产负债表部分项目的金额计算如下：

货币资金＝库存现金＋银行存款＋其他货币资金
＝3 100＋1 336 573＋22 000＝1 361 673(元)

应收账款＝应收账款－坏账准备
＝487 000－9 740＝477 260(元)

存货＝材料采购＋原材料＋包装物＋低值易耗品＋库存商品
＋材料成本差异－存货跌价准备
＝200 000＋31 800＋10 000＋10 000＋283 600＋1 000－17 690
＝518 710(元)

长期股权投资＝长期股权投资－长期股权投资减值准备
＝220 000－4 500＝215 500(元)

固定资产＝固定资产－累计折旧－固定资产减值准备
＝3 610 100－235 000－85 000＝3 290 100(元)

在建工程＝在建工程＋工程物资
＝670 000＋130 000＝800 000(元)

无形资产＝无形资产－累计摊销
＝1 200 000－320 000＝880 000(元)

13.5 所有者权益变动表

13.5.1 所有者权益变动表的性质与作用

所有者权益变动表（statement of changes in equity）是一张反映企业在一定期间构成所有者权益的各组成部分的增减变动情况的报表。它反映三个方面的内容：一是因资本业务而导致所有者权益总额发生变动的项目，即所有者投入资本和向所有者分配利润；二是所有者权益项目内部的变动，如提取盈余公积；三是综合收益导致的所有者权益的变动。综合收益又由两部分构成：（1）净利润；（2）其他综合收益。

13.5.2 所有者权益变动表的编制

为表明构成所有者权益的各组成部分当期的增减变动情况，所有者权益变动表以矩阵的形式列示：纵向列示导致所有者权益变动的交易或事项，从所有者权益变动的来源对一定时期所有者权益变动情况进行全面反映；横向按照所有者权益各组成部分（包括实收资本、资本公积、其他综合收益、盈余公积、未分配利润和库存股等）及其总额列示交易或事项对所有者权益的影响。所有者权益变动表的格式如表 13－11 所示。

此外，企业还需要提供比较所有者权益变动表，所有者权益变动表还就各项目再分为“本年金额”和“上年金额”两栏分别填列。

所有者权益变动表“上年金额”栏内各项数字，应根据上年度所有者权益变动表“本年金额”栏内所列数字填列。如果上年度所有者权益变动表规定的项目的名称和内容与本年度不一致，则应对上年度所有者权益变动表各项目的名称和金额按照本年度的规定进行调整，填入所有者权益变动表“上年金额”栏内。

所有者权益变动表“本年金额”栏内各项数字一般应根据“实收资本（或股本）”“其他权益工具”“资本公积”“盈余公积”“专项储备”“其他综合收益”“利润分配”“库存股”“以前年度损益调整”等科目及其明细科目的发生额分析填列。

13.6 现金流量表

13.6.1 现金流量表的性质和作用

13.6 即测即评

企业的财务目标主要有两个：一是获取利润；二是维持偿债能力。获取利润是指通过企业的经营活动增加企业所有者的权益，也就是使企业所有者获得最满意的投资报酬率；维持偿债能力是指保证企业在债务到期时，具有支付到期债务的能力。企业的报表使用者需要了解企业的获利能力与偿债能力，还需要了解导致企业偿债能力发生变动的原因；企业盈利与偿债能力有何联系，经营活动对企业的现金流量有何影响；企业在本会计期间内发生了哪些理财活动（筹资活动与投资活动），它们对企业的现金流量有何影响。

表 13-11　所有者权益（股东权益）变动表

20×3 年度

编制单位：北方公司　　　　单位：元

项目	本年金额								上年金额							
	实收资本（或股本）	其他权益工具	资本公积	减：库存股	其他综合收益	盈余公积	未分配利润	所有者权益合计	实收资本（或股本）	其他权益工具	资本公积	减：库存股	其他综合收益	盈余公积	未分配利润	所有者权益合计
一、上年年末余额	1 000 000	0	3 428 800	0	4 500	150 000	90 000	4 673 300	1 000 000	0	3 428 800	0	0	139 100	11 900	4 579 800
加：会计政策变更																
前期差错更正																
其他																
二、本年年初余额	1 000 000	0	3 428 800	0	4 500	150 000	90 000	4 673 300	1 000 000	0	3 428 800	0	0	139 100	11 900	4 579 800
三、本年增减变动金额（减少以“—”号填列）					7 500	21 567	41 308	70 375					4 500	10 900	78 100	93 500
（一）综合收益总额					7 500		144 020	151 520					4 500		109 000	113 500
（二）所有者投入和减少资本																
1. 所有者投入的普通股																
2. 其他权益工具持有者投入资本																
3. 股份支付计入所有者权益的金额																
4. 其他																
（三）利润分配						21 567	−102 712	−81 145						10 900	−30 900	−20 000
1. 提取盈余公积						21 567	−21 567	0						10 900	−10 900	0
2. 对所有者（或股东）的分配							−81 145	−81 145							−20 000	−20 000
3. 其他																
（四）所有者权益内部结转																
1. 资本公积转增资本（或股本）																
2. 盈余公积转增资本（或股本）																
3. 盈余公积弥补亏损																
4. 其他																
四、本年年末余额	1 000 000	0	3 428 800	0	12 000	171 567	131 308	4 743 675	1 000 000	0	3 428 800	0	4 500	150 000	90 000	4 673 300

利润表能够反映企业本期经营活动的成果，可用于衡量企业在获取利润方面是否获得成功，但它不能说明企业从经营活动中获得了多少可供周转使用的现金；它能够说明本期筹资活动和投资活动的损益，但不能说明筹资活动与投资活动提供或运用了多少现金。至于那些不涉及损益问题的重要理财业务，利润表根本不予反映。

资产负债表反映某一特定日期的财务状况，说明某一特定日期资产和权益变动的结果，可以显示企业是否具有偿债能力，但它不能反映财务状况的变动。虽然通过两个或几个特定日期的资产负债表的比较能够在一定程度上反映企业财务状况的变动，但不能说明变动的原因。

可见，利润表和资产负债表虽然具有重要的作用，能够为报表使用者提供有用的会计信息，但它们还不能完全满足报表使用者的需要。现金流量表可以弥补这两种会计报表的不足。

现金流量表（statement of cash flow）是用来提供企业有关现金流入、现金流出及投资与筹资活动方面信息的财务报表。报表使用者利用这些信息，可以评估企业以下几个方面的事项：

（1）企业在未来会计期间产生净现金流量的能力。

（2）企业偿还债务及支付企业所有者的投资报酬（如股利）的能力。

（3）企业的利润与经营活动所产生的净现金流量产生差异的原因。

（4）会计年度内影响或不影响现金的投资活动与筹资活动。

13.6.2 现金流量表的编制基础

现金流量表是以现金为基础编制的，编制现金流量表，首先应明确现金的含义。根据我国《企业会计准则第 31 号——现金流量表》的规定，现金流量表所指的现金是广义的现金概念，它包括库存现金、可以随时用于支付的存款以及现金等价物。其具体内容如下：

（1）库存现金。库存现金是指企业持有的可随时用于支付的纸币与硬币。

（2）银行存款。银行存款是指企业存在金融企业中随时可以用于支付的存款。如果存在金融企业的款项不能随时用于支付，例如，不能随时支取的定期存款，不能作为现金流量表中的现金，但提前通知金融企业便可支取的定期存款，也应包括在现金流量表中的现金范围内。

（3）其他货币资金。其他货币资金是指企业存在金融企业有特定用途的资金，如外埠存款、银行汇票存款、银行本票存款、信用证保证金存款、信用卡存款等。

（4）现金等价物。现金等价物是指企业持有的期限短、流动性强、易于转换为已知金额的现金、价值变动风险很小的投资。现金等价物虽然不是严格意义上的现金，但其支付能力与现金的差别不大，可视为现金。认定现金等价物时，期限短通常是指从购买日起 3 个月内到期。

13.6.3 现金流量的分类

编制现金流量表的目的，是为会计信息使用者提供企业一定会计期间内有关现金流入和流出的信息。企业在一定时期内的现金流入和流出是由企业的各种业务活动产生的，如购买商品支付价款，销售商品收到现金，支付职工工资等。首先要对企业的业务活动进行合理的分类，据此对现金流量进行适当分类。我国《企业会计准则第31号——现金流量表》将企业的业务活动按其性质分为经营活动、投资活动与筹资活动，为了在现金流量表中反映企业在一定时期内现金净流量变动的原因，相应地将企业一定期间内产生的现金流量分为以下三类：

（1）经营活动产生的现金流量。经营活动是指企业发生的投资活动和筹资活动以外的所有交易和事项，包括销售商品或提供劳务、经营性租赁、购买货物、接受劳务、制造产品、广告宣传、推销产品、缴纳税款等。

（2）投资活动产生的现金流量。投资活动是指企业长期资产的购建和不包括在现金等价物范围内的投资及其处置活动。

（3）筹资活动产生的现金流量。筹资活动是指导致企业资本及债务规模和构成发生变化的活动，包括吸收投资、发行股票、分配利润等。

对于企业日常活动之外不经常发生的特殊项目，如自然灾害损失、保险赔款、捐赠等，应当归并到现金流量表的相关类别中并单独反映。

13.6.4 现金流量表的编制方法

1. 经营活动产生的现金流量的编制方法

经营活动产生的现金流量是一项重要的指标，它可以说明企业在不动用从外部筹得资金的情况下，通过经营活动产生的现金流量是否足以偿还负债、支付股利和对外投资。经营活动产生的现金流量可以采用直接法和间接法两种方法反映。

直接法是通过现金流入和现金流出的主要类别来反映企业经营活动产生的现金流量。在我国，直接法下经营活动产生的现金流量，其现金流入可分为：销售商品、提供劳务收到的现金，收到的税费返还，收到其他与经营活动有关的现金等类别；现金流出可分为：购买商品、接受劳务支付的现金，支付给职工以及为职工支付的现金，支付的各项税费，支付其他与经营活动有关的现金等类别。

间接法是以本期净利润为起算点，调整不涉及现金的收入、费用、营业外收支等有关项目的增减变动，据此计算出经营活动产生的现金流量。采用直接法提供的信息有助于评价企业未来现金流量。国际会计准则鼓励企业采用直接法编制现金流量表。在我国，现金流量表也以直接法编制，但在现金流量表的附注补充资料中还要按照间接法反映经营活动现金流量的情况。

（1）直接法。采用直接法报告企业经营活动产生的现金流量时，各个现金流入与流出项目的数据可以从会计记录中直接获得，也可以在利润表上营业收入、营业成本等数据的基础上通过调整获得。

1）“销售商品、提供劳务收到的现金”项目，反映企业销售商品、提供劳务实际收到的现金（含销售收入和应向购买者收取的增值税额），包括本期销售商品、提供劳务收到的现金，以及前期销售商品和前期提供劳务本期收到的现金和本期预收的账款，扣除本期销售本期退回的商品和前期销售本期退回的商品支付的现金。企业销售材料和代购代销业务收到的现金，也在本项目反映。

确定本项目的金额通常可以利润表上的“营业收入”项目为基础进行调整。

①由于该项目包括应向购买者收取的增值税销项税额，因此应在营业收入的基础上加上本期的增值税销项税额。

②由于企业的商品销售和劳务供应往往并不都是现金交易，因而应加上应收账款与应收票据的减少数，或减去应收账款与应收票据的增加数。

③如果企业有预收货款业务，还应加上预收账款增加数，或减去预收账款减少数。

④如果企业采用备抵法核算坏账，且本期发生了坏账，或有坏账收回，则应减去本期确认的坏账，加上本期坏账收回。因为发生坏账减少了应收账款余额，但没有实际的现金流入；坏账收回有现金流入，但与营业收入无直接关系，且不影响应收账款余额。

⑤如果企业本期有应收票据贴现，发生了贴现息，则应减去应收票据贴现息，因为贴现息代表了应收票据的减少，但并没有相应的现金流入。

⑥如果企业发生了按税法规定应视同销售的业务，如将商品用于工程项目，则应该减去相应的销项税额，因为这部分销项税额没有相应的现金流入，也与应收账款或应收票据无关。

综合以上分析，可列出下列计算公式：

$$\begin{aligned}\begin{matrix}\text{销售商品、提供}\\\text{劳务收到的现金}\end{matrix}=&\begin{matrix}\text{营业}\\\text{收入}\end{matrix}+\begin{matrix}\text{销项}\\\text{税额}\end{matrix}-\left(\begin{matrix}\text{经营性应收项目}\\\text{期末余额}\end{matrix}-\begin{matrix}\text{经营性应收项目}\\\text{期初余额}\end{matrix}\right)\\&+\left(\begin{matrix}\text{预收账款}\\\text{期末余额}\end{matrix}-\begin{matrix}\text{预收账款}\\\text{期初余额}\end{matrix}\right)-\begin{matrix}\text{本期计提的}\\\text{坏账准备}\end{matrix}-\begin{matrix}\text{应收票据}\\\text{贴现息}\end{matrix}\\&-\begin{matrix}\text{视同销售的}\\\text{销项税额}\end{matrix}\end{aligned}$$

2）“收到的税费返还”项目，反映企业收到返还的各种税费，如收到的增值税、消费税、所得税、教育费附加返还款等。

确定该项目的余额，需要分析“应交税费”科目下属各明细科目的贷方发生额。

3）“收到其他与经营活动有关的现金”项目，反映企业除了上述各项目外收到的其他与经营活动有关的现金，如罚款收入、流动资产损失中由个人赔偿的现金收入等。其他与经营活动有关的现金，如价值较大，应单列项目反映。

该项目所包括内容比较复杂，要通过分析“库存现金”“银行存款”科目的借方发生额确定，由于没有固定的科目对应关系，分析起来有一定难度。不过企业涉及此类现金流入的经济业务一般较少。

4）“购买商品、接受劳务支付的现金”项目，反映企业因购买商品、接受劳务实际支付的现金，包括本期购买商品、接受劳务支付的现金（包括支付的增值税进项税额），以及本期支付前期购买商品、接受劳务的未付款项和本期预付款项。本期发生的购货退回收到的现金应从本项目内扣除。

确定本项目的金额通常以利润表上的“营业成本”项目为基础进行调整。

①由于本项目包括支付的增值税进项税额，因此应在营业成本的基础上加上本期的增值税进项税额。

②营业成本与购买商品并无直接联系，就商品流通企业而言，营业成本加上存货增加数或减去存货减少数，便可大致确定本期购进商品的成本。

③本期购进商品成本并不等于本期购进商品支付的现金，因为可能存在赊购商品或预付货款的情形。故应加上应付账款与应付票据的减少数，或减去应付账款与应付票据的增加数；应加上预付账款的增加数，减去预付账款的减少数。

④对于工业企业来说，存货包括材料、在产品与产成品等，也就是说存货的增加并不都与购进商品（材料）相联系，本期发生的应计入产品成本的工资费用、折旧费用等也会导致存货增加，但与商品购进无关，因而应进一步扣除计入本期生产成本的非材料费用。

⑤应调整其他与商品购进和商品销售无关的存货增减变动，主要包括：存货盘亏与盘盈，用存货对外投资或接受存货投资等。

综合以上分析，可列出下列计算公式：

$$
\begin{aligned}
\text{购买商品、接受劳务支付的现金} = & \ \text{营业成本} + \text{进项税额} - (\text{存货期初余额} - \text{存货期末余额}) \\
& + \text{本期计提的存货跌价准备} + (\text{经营性应付项目期初余额} - \text{经营性应付项目期末余额}) \\
& + (\text{预付账款增加数} - \text{预付账款减少数}) + (\text{存货盘亏} - \text{存货盘盈}) + (\text{用于投资的存货成本} \\
& - \text{接受投资增加的存货}) - \text{计入本期生产成本的非材料费用}
\end{aligned}
$$

5）“支付给职工以及为职工支付的现金”项目，反映企业实际支付给职工以及为职工支付的现金，包括本期实际支付给职工的工资、奖金、各种津贴和补贴等，以及为职工支付的其他费用。不包括支付的离退休人员的各项费用和支付给在建工程人员的工资等。企业支付给离退休人员的各项费用，在“支付其他与经营活动有关的现金”项目中反映；支付给在建工程人员的工资，在投资活动产生的现金流量部分的“购建固定资产、无形资产和其他长期资产支付的现金”项目中反映。

企业为职工支付的养老、失业等社会保险基金、补充养老保险、住房公积金、支付给职工的住房困难补助、企业为职工缴纳的商业保险金，以及企业支付给职工或为职工支付的其他福利费用等，应按职工的工作性质和服务对象，分别在本项目和“购建固定资产、无形资产和其他长期资产支付的现金”项目中反映。

6）“支付的各项税费”项目，反映企业当期实际上缴税务部门的各种税金，以及支付的教育费附加等。

本项目的金额可通过分析“应交税费”科目下属的各明细科目的借方发生额计算得到。

7）“支付其他与经营活动有关的现金”项目，反映企业除上述各项目外支付的其他与经营活动有关的现金，如罚款支出、支付的差旅费、业务招待费现金支出、支付的保险费等，其他与经营活动有关的现金，如价值较大的，应单列项目反映。

确定本项目的金额，可以在科目表上的“销售费用”与“管理费用”两个项目的基础上进行分析调整，扣除折旧费用、无形资产摊销等无相应现金流出的项目。

（2）间接法。间接法是以利润表上的净利润为出发点，调整确定经营活动产生的现金流量。在利润表中反映的净利润是按权责发生制确定的，其中有些收入、费用项目并没有实际发生经营活动的现金流入和流出，通过对这些项目的调整，即可将净利润调节为经营活动产生的现金流量。具体需要调整的项目可分为四大类：一是实际没有支付现金的费用；二是实际没有收到现金的收益；三是不属于经营活动的损益；四是经营性应收、应付项目的增减变动。将净利润调节为经营活动的现金流量需要调整的项目如下：

1）“资产减值损失和信用减值损失”项目，本项目可根据“资产减值损失”和“信用减值损失”科目的记录填列。

2）“固定资产折旧”项目，反映企业本期计提的折旧。本项目可根据“累计折旧”科目的贷方发生额分析填列。

3）“无形资产摊销”和“长期待摊费用摊销”两个项目，分别反映企业本期摊入成本费用的无形资产的价值及长期待摊费用。这两个项目可根据“累计摊销”“长期待摊费用”科目的贷方发生额分析填列。

4）“处置固定资产、无形资产和其他长期资产的损失”项目，反映企业本期由于处置固定资产、无形资产和其他长期资产而发生的净损失。本项目可根据“资产处置损益”“其他业务收入”“其他业务成本”科目所属有关明细科目的记录分析填列；如为净收益，以“—”号填列。

5）“固定资产报废损失”项目，反映企业本期固定资产报废的净损失。本项目可根据“营业外支出”“营业外收入”科目所属有关明细科目分析填列。

6）“公允价值变动损失”反映企业本期公允价值变动净损失。本项目可根据利润表上的“公允价值变动收益”项目的数字填列，如为净收益，以“—”号填列。

7）“财务费用”项目，反映企业本期发生的应属于筹资活动或投资活动的财务费用。本项目可根据“财务费用”科目的本期借方发生额分析填列；如为收益，以“一”号填列。

8）“投资损失”项目，反映企业本期投资所发生的损失减去收益后的净损失。本项目可根据利润表上“投资收益”项目的数字填列；如为投资收益，以“一”号填列。

9）“递延所得税资产减少”和“递延所得税负债增加”项目，分别反映企业本期与净利润相关的递延所得税资产减少和递延所得税负债增加。可分别根据资产负债表“递延所得税资产”“递延所得税负债”项目的期初、期末余额的差额分析填列。递延所得税资产的期末数小于期初数的差额，以及递延所得税负债的期末数大于期初数的差额，以正数填列；递延所得税资产的期末数大于期初数的差额，以及递延所得税负债的期末数小于期初数的差额，以“一”号填列。

10）“存货的减少”项目，反映企业本期存货的减少（减：增加）。本项目可根据资产负债表上“存货”项目的期初、期末余额的差额填列；期末数大于期初数的差额，以“一”号填列。

11）“经营性应收项目的减少”项目，反映企业本期经营性应收项目（包括应收账款、应收票据和其他应收款中与经营活动有关的部分及应收的增值税销项税额等）的减少（减：增加）。

12）“经营性应付项目的增加”项目，反映企业本期经营性应付项目（包括应付账款、应付票据、应交税费、其他应付款中与经营活动有关的部分以及应付的增值税进项税额等）的增加（减：减少）。

2. 投资活动产生的现金流量的编制方法

现金流量表中的投资活动包括不属于现金等价物的短期投资和长期投资的购买与处置、固定资产的购建与处置、无形资产的购置与处置等。投资活动产生的现金流量应首先区分现金流入与现金流出，在此基础上再细分为若干项目。

（1）投资活动产生的现金流入。投资活动产生的现金流入可分为以下项目：

1）“收回投资收到的现金”项目，反映企业出售、转让或到期收回除现金等价物以外的交易性金融资产、长期股权投资而收到的现金，以及收回债权投资本金而收到的现金。不包括债权投资收回的利息，以及收回的非现金资产。

2）“取得投资收益收到的现金”项目，反映企业因各种投资而分得的现金股利、利润、利息等。

3）“处置固定资产、无形资产和其他长期资产收回的现金净额”项目，反映企业处置固定资产、无形资产和其他长期资产所取得的现金，扣除为处置这些资产而支付的有关费用后的净额。由于自然灾害所造成的固定资产等长期资产损失而收到的保险赔偿收入，也在本项目反映。

4）“收到其他与投资活动有关的现金”项目，反映企业除上述各项以外收到的其他与投资活动有关的现金。其他与投资活动有关的现金，如价值较大的，应单列项目反映。

（2）投资活动产生的现金流出。投资活动产生的现金流出可分为以下项目：

1）“购建固定资产、无形资产和其他长期资产支付的现金”项目，反映企业购买、建造固定资产，取得无形资产和其他长期资产所支付的现金，不包括为购建固定资产而发生的借款利息资本化部分，以及融资租入固定资产支付的租赁费。支付的借款利息和融资租入固定资产支付的租赁费，应在筹资活动产生的现金流量部分单独反映。本项目可根据“固定资产”“在建工程”“无形资产”“库存现金”“银行存款”等科目的记录分析填列。

2）“投资支付的现金”项目，反映企业对外进行权益性投资和债权性投资所支付的现金，包括企业取得的除现金等价物以外的交易性金融资产、长期股权投资、债权投资所支付的现金，以及支付的佣金、手续费等交易费用。本项目可根据“长期股权投资”“债权投资”“交易性金融资产”“库存现金”“银行存款”等科目的记录分析填列。

企业购买股票和债券时，实际支付的价款中包含的已宣告但尚未领取的现金股利或已到付息期但尚未领取的债券利息，应在投资活动产生的现金流量部分的“支付其他与投资活动有关的现金”项目中反映；收回购买股票和债券时支付的已宣告但尚未领取的现金股利或已到付息期但尚未领取的债券的利息，在投资活动产生的现金流量部分的“收到其他与投资活动有关的现金”项目反映。

3）“支付其他与投资活动有关的现金”项目，反映企业除上述各项以外支付的其他与投资活动有关的现金。其他与投资活动有关的现金，如价值较大的，应单列项目反映。本项目可根据有关科目的记录分析填列。

3. 筹资活动产生的现金流量的编制方法

现金流量表需要单独反映筹资活动产生的现金流量。筹资活动产生的现金流量应首先区分现金流入与现金流出，在此基础上再细分为若干项目。

（1）筹资活动产生的现金流入。筹资活动产生的现金流入可分为以下几个项目：

1）“吸收投资收到的现金”项目，反映企业收到的投资者投入的现金，包括企业以发行股票、债券等方式筹集资金时实际收到的款项净额。以发行股票、债券等方式筹集资金而由企业直接支付的审计、咨询等费用，在“支付其他与筹资活动有关的现金”项目中反映，不从本项目内扣除。本项目可根据“实收资本”（或“股本”）、“库存现金”、“银行存款”等科目的记录分析填列。

2）“取得借款收到的现金”项目，反映企业举借各种短期、长期借款所收到的现金。本项目可根据“短期借款”“长期借款”“库存现金”“银行存款”等科目的记录分析填列。

3）“收到其他与筹资活动有关的现金”项目反映企业除上述各项目外收到的其他与筹资活动有关的现金，如接受现金捐赠等。其他与筹资活动有关的现金，如价值较大的，应单列项目反映。本项目可根据有关科目的记录分析填列。

（2）筹资活动产生的现金流出。筹资活动产生的现金流出可分为以下几个项目：

1）“偿还债务支付的现金”项目，反映企业以现金偿还债务的本金，包括偿还金融企业的借款本金、偿还债券本金等所导致的现金流出。企业偿还的借款利息、债券利息，在“分配股利、利润或偿付利息支付的现金”项目中反映，不在本项目中反映。本项目可根据“短期借款”“长期借款”“应付债券”“库存现金”“银行存款”等科目的记录分析填列。

2）“分配股利、利润和偿付利息支付的现金”项目，反映企业实际支付的现金股利、利润，以及支付的借款利息和债券利息等。本项目可根据“应付股利”“财务费用”“长期借款”“应付债券”“库存现金”“银行存款”等科目的记录分析填列。

3）“支付其他与筹资活动有关的现金”项目，反映企业除上述各项外所支付的其他与筹资活动有关的现金，如以控股股东身份捐赠现金支出等。其他与筹资活动有关的现金，如价值较大的，应单列项目反映。本项目可根据有关科目的记录分析填列。

4. 附注披露补充资料

附注披露补充资料的内容取决于“经营活动产生的现金流量”部分是采用直接法还是间接法编制。

（1）直接法。如果“经营活动产生的现金流量”部分采用直接法编制，则补充资料部分需要反映以下三类内容：

1）将净利润调节为经营活动现金流量。相当于提供按间接法反映的经营活动产生的现金流量。此处不赘述。

2）不涉及现金收支的重大投资和筹资活动。该部分反映企业一定期间内影响资产或负债但不形成该期间现金收支的所有投资和筹资活动的信息。这些投资和筹资活动虽然不涉及现金收支，但对以后各期的现金流量有重大影响。不涉及现金收支的重大投资和筹资活动主要包括以下项目：

①“债务转为资本”项目，反映企业本期转为资本的债务金额。

②“一年内到期的可转换公司债券”项目，反映企业一年内到期的可转换公司债券的金额。

③“融资租入固定资产”项目，反映企业本期融资租入固定资产“长期应付款”科目的金额。

3）现金及现金等价物净变动情况。其基本公式是：

$$\text{现金的期末余额}-\text{现金的期初余额}+\text{现金等价物的期末余额}-\text{现金等价物的期初余额}=\text{现金及现金等价物净增加额}$$

（2）间接法。如果“经营活动产生的现金流量”部分采用间接法编制，则补充资料部分只需反映以下两项内容：

1）不涉及现金收支的重大投资与筹资活动。

2）现金及现金等价物净变动情况。

这两项内容的具体列示方法与上述直接法相同。

13.6.5　现金流量表编制举例

如前所述，在具体编制现金流量表时，该表各项目的金额可以直接根据有关科目记录分析填列。在实际工作中，还可以运用其他技术手段，确定现金流量表各项目的金额。下面介绍两种常用的编制方法——工作底稿法与 T 型账户法的基本原理。

1. 工作底稿法

工作底稿法是以工作底稿为手段，以利润表和资产负债表数据为基础，对每一项目进行分析并在工作底稿上编制调整分录，据以确定现金流量表各项目的金额，从而编制现金流量表。在直接法下，工作底稿纵向分成三段，第一段是资产负债表项目，该段又分为借方项目和贷方项目两部分；第二段是利润表项目；第三段是现金流量表项目。工作底稿横向分为五栏，在资产负债表部分，第一栏是项目栏，填列资产负债表各项目名称；第二栏是期初数，填列资产负债表各项目的期初数；第三栏是调整分录的借方栏；第四栏是调整分录的贷方栏；第五栏是期末数，填列资产负债表项目的期末数。在利润表和现金流量表部分，第一栏也是项目栏，用来填列利润表和现金流量表项目名称；第二栏空置不填；第三、四栏分别是调整分录的借方栏和贷方栏；第五栏是本期数，利润表部分这一栏数字应和本期利润表数字一致，现金流量表部分这一栏的数字根据相应项目的借方、贷方栏的数据计算确定，用于编制正式的现金流量表。运用工作底稿法可按以下步骤进行：

第一步，将资产负债表各项目的期初数和期末数过入工作底稿的期初数栏和期末数栏；将利润表各项目的本期数过入工作底稿的本期数栏。

第二步，对当期业务进行分析并编制调整分录。调整分录大体有这样几类：第一类涉及利润表中的收入、费用项目以及资产负债表中的资产、负债及所有者权益项目，通过调整，将权责发生制下的收入与费用转换为收付实现制下经营活动的现金流入与流出；第二类涉及资产负债表和现金流量表中的投资、筹资项目，反映投资和筹资活动的现金流量；第三类涉及利润表和现金流量表中的投资和筹资项目，目的是将利润表中与投资和筹资活动有关的收入和费用转换为相关的现金流入与流出并列入现金流量表中投资活动或筹资活动产生的现金流量。此外，还有一些调整分录并不涉及现金收支，只是为了核对资产负债表有关项目的期末数变动。

在调整分录中，涉及现金增减的事项，并不直接借记或贷记现金，而是分别记入经营活动产生的现金流量、投资活动产生的现金流量和筹资活动产生的现金流量中的有关项目，借记表明现金流入，贷记表明现金流出。

第三步，将调整分录过入工作底稿中的相应项目。

第四步，核对调整分录，借方栏合计数与贷方栏合计数应当相等；资产负债表各项目期初数加减调整分录中的借贷方金额以后，应当等于期末数；利润表各项目的借贷方金额加减后的结果应当等于本期数。

第五步，根据工作底稿中现金流量表部分各项目的借贷方金额计算确定各项目的本期数，据以编制正式的现金流量表。

工作底稿法（直接法）举例如下。

例13-4

根据例13-3所提供的资料，在按直接法报告经营活动产生的现金流量的情况下，采用工作底稿法编制现金流量表。

第一步，将资产负债表各项目的期初数和期末数过入工作底稿的“期初数”栏和“期末数”栏；将利润表各项目的本期数过入工作底稿的“本期数”栏（见表13-12）。假定通过对北方公司的具体情况进行分析后认定，该公司的交易性金融资产都不符合现金等价物的条件。编制该公司现金流量表时所用的现金概念与货币资金完全一致。

第二步，对当期业务进行分析并编制调整分录。编制调整分录时，以利润表项目为基础，从“营业收入”项目开始，结合资产负债表项目逐一进行分析。本例调整分录如下：

（1）分析调整营业收入。分析本期所确认的营业收入，对应哪些非现金项目。本例中对应应收票据、应收账款两个非现金项目。

1）确定本期所确认的营业收入为1 500 000元，增值税销项税额为 195 000元。

2）由于并非全部为现销，营业收入与销项税额还对应非现金项目。本例中对应应收票据、应收账款项目，因而需要分析这两个非现金项目的变动（增加或减少数）。本例中应收账款余额增加87 000元，应收票据余额减少80 000元。如果应收账款与应收票据的贷方发生额都对应有现金流入，则只需做如下分录（而实际情况不是这样，因此后面还需做进一步调整）：

借：经营活动现金流量——销售商品、提供劳务收到的现金　1 688 000
　　应收账款①　87 000
　贷：营业收入　1 500 000
　　　应交税费——应交增值税（销项税额）　195 000
　　　应收票据　80 000

（2）分析调整营业成本。分析营业成本与购买商品支付的现金之间的关系，购买商品支付的现金还应包括支付的增值税进项税额。因此，如果满足下列条件：1）是一家商品流通企业；2）企业本期和以前各期所有商品的购进都是现购；3）每期所有购进商品都于当期对外销售，即无期初、期末存货，则

购买商品支付的现金＝营业成本＋进项税额

而实际上商品的购进不一定都是现购；购进的商品也不一定都在本期销售，并构成销售商品成本；如果不是商品流通企业，而是一家工业企业，则存货成本的增加，进而商品销售成本的构成除了购进存货之外，还有存货的加工成本与分摊成本，如计入产品成本的工资、折旧费等。在此只做初步调整，即在营业成本

① 应收账款净额增加85 260元，其中，应收账款金额增加87 000元，坏账准备净增1 740元（提取坏账准备6 740元，发生坏账5 000元）。

的基础上，将应付票据的减少数、应付账款的减少数以及存货的增加数都暂且作为“购买商品、接受劳务支付的现金”，分录为：

借：营业成本	900 000	
应交税费——应交增值税（进项税额）	42 077	
应付票据	150 000	
应付账款	85 000	
存货①	181 700	
贷：经营活动现金流量——购买商品、接受劳务支付的现金		1 293 777
预付款项		65 000

（3）调整本年税金及附加。暂且将本期所确认的税金及附加作为“支付的各项税费”的现金流出，如有必要，后面再在此基础上做进一步调整，确定“支付的各项税费”项目的准确金额。

借：税金及附加	21 250	
贷：经营活动现金流量——支付的各项税费		21 250

（4）计算销售费用付现。暂且将本期确认的销售费用都作为“支付其他与经营活动有关的现金”，后面再在此基础上做进一步调整。

借：销售费用	28 000	
贷：经营活动现金流量——支付其他与经营活动有关的现金		28 000

（5）调整本期确认的管理费用和研发费用。暂且将本期确认的管理费用和研发费用的发生额都作为“支付其他与经营活动有关的现金”，后面再在此基础上做进一步调整。

借：管理费用	157 600	
研发费用	67 100	
贷：经营活动现金流量——支付其他与经营活动有关的现金		224 700

（6）分析调整财务费用。按照我国现行会计准则与会计制度，企业在一定时期所确认的财务费用与经营活动产生的现金流量无直接关系，但北方公司本年发生了 24 000 元的应收票据贴现息，它导致应收票据减少，并无相应的现金流入，而在分录（1）中，我们假定所有应收票据的减少都有现金流入，因此应在分录（1）的基础上进一步调整减少 24 000 元的“销售商品、提供劳务收到的现金”。

借：财务费用	56 500	
贷：经营活动现金流量——销售商品、提供劳务收到的现金		24 000
其他应付款（应付利息）		22 000
长期借款		10 500

（7）分析调整资产减值损失和信用减值损失。这两项减值损失的确认不涉及现金流量。

借：资产减值损失	31 190	
信用减值损失	6 740	

① 存货净值增加 170 510 元，其中存货余额增加 181 700 元，存货跌价准备增加 11 190 元。

贷：应收账款（坏账准备） 6 740

存货（跌价准备） 11 190

固定资产（减值准备） 20 000

（8）分析调整公允价值变动收益。公允价值变动收益的确认不涉及现金流量。

借：交易性金融资产 2 000

贷：公允价值变动收益 2 000

（9）分析调整投资收益。在我国，“取得投资收益收到的现金”属于投资活动产生的现金流量。

借：投资活动现金流量——取得投资收益收到的现金 40 000

贷：投资收益 40 000

（10）分析调整资产处置损失和营业外支出。北方公司本年确认资产处置损失 40 000 元，营业外支出 30 000 元，分别涉及处置固定资产损失 40 000 元，固定资产盘亏 30 000 元。处置固定资产有 400 000 元现金流入。

借：资产处置收益 40 000

营业外支出 30 000

投资活动现金流量——处置固定资产、无形资产和其他长期资产收回的现金净额 452 000

固定资产（累计折旧） 485 000

固定资产（减值准备） 125 000

贷：固定资产（原价） 1 080 000

应交税费——应交增值税（销项税额） 52 000

（11）分析调整所得税费用。所得税费用的确认不直接涉及现金流量。

借：所得税费用 59 600

贷：递延所得税负债 9 900

应交税费 49 700

（12）分析调整坏账准备。本年发生坏账 5 000 元，冲减了应收账款与坏账准备，也就是说，该项应收账款的减少并没有相应的现金流入，因而需要调整减少分录（1）所确定的“销售商品、提供劳务收到的现金”项目的金额。

借：应收账款（坏账准备） 5 000

贷：经营活动现金流量——销售商品、提供劳务收到的现金 5 000

（13）分析调整固定资产。分录（10）在分析调整营业外支出时，已涉及固定资产减少的调整，此处调整固定资产的增加额以及相应的增值税进项税额。

借：固定资产 1 591 100

应交税费——应交增值税（进项税额） 11 700

贷：投资活动现金流量——购建固定资产、无形资产和其他长期资产支付的现金 102 800

在建工程 1 500 000

（14）分析调整本期计提的折旧。本期计提折旧 120 000 元，其中 100 000 元计入了产品成本，它导致存货增加 100 000 元，但并没有任何现金流出，而分录

（2）假设将所有存货的增加都列入“购买商品、接受劳务支付的现金”，故而应在分录（2）的基础上再调整该项折旧费用，调整减少“购买商品、接受劳务支付的现金”；另外 20 000 元计入了管理费用，由于前述分录（5）假设本期确认的全部管理费用都对应有现金流出，属于“支付其他与经营活动有关的现金”，因而这 20 000 元折旧费用应调整减少“支付其他与经营活动有关的现金”。

借：经营活动现金流量——购买商品、接受劳务支付的现金 100 000
——支付其他与经营活动有关的现金 20 000
贷：固定资产（累计折旧） 120 000

（15）分析调整在建工程。分析在建工程的本期借方发生额以及相应的增值税进项税额，确定与此相关的“购建固定资产、无形资产和其他长期资产支付的现金”。

借：在建工程 700 000
应交税费——应交增值税（进项税额） 16 900
贷：投资活动现金流量——购建固定资产、无形资产和其他长期资产支付的现金① 556 900
长期借款（应付利息） 160 000

（16）分析调整无形资产。分析“无形资产”项目的变动，首先看本期有无购买和出售无形资产的业务，是否伴随有相应的现金流出与流入，如果有的话，则属于“投资活动现金流量——购建固定资产、无形资产和其他长期资产支付的现金”或“投资活动现金流量——处置固定资产、无形资产和其他长期资产收回的现金净额”，本例中北方公司本期无购建或处置无形资产的经济业务。其次要分析本期无形资产的摊销 80 000 元，它增加了本期管理费用 80 000 元，但无相应的现金流出，而上述分录（5）假设本期确认的所有管理费用都对应有现金流出，并记作“支付其他与经营活动有关的现金”，因而需要对分录（5）的初步调整做如下进一步的调整：

借：经营活动现金流量——支付其他与经营活动有关的现金 80 000
贷：无形资产（累计摊销） 80 000

（17）分析调整开发支出。

借：开发支出 20 000
贷：投资活动现金流量——支付其他与投资活动有关的现金 20 000

（18）分析调整其他权益工具投资。其他权益工具投资公允价值的变动不涉及现金流量。

借：其他权益工具投资 10 000
贷：其他综合收益 7 500
递延所得税负债 2 500

（19）分析调整短期借款。分析“短期借款”项目有无增减变动，是否有相应的现金流入或流出。北方公司本期“短期借款”科目有 200 000 元的借方发生额，系该公司以现金偿还短期借款本金。

借：短期借款 200 000

① 与在建工程相关的应付工资 410 000 元计入此项目。

贷：筹资活动现金流量——偿还债务支付的现金　200 000

（20）分析调整应付职工薪酬。本期“应付职工薪酬”科目借方发生额为1 037 000元，其中支付给在建工程人员的工资410 000元，属于“投资活动现金流量——购建固定资产、无形资产和其他长期资产支付的现金”，分录（15）已做调整，其余627 000元属于“支付给职工以及为职工支付的现金”。

本期“应付职工薪酬”科目的贷方发生额1 037 000元中，有410 000元属于应分配给在建工程人员的工资；余下的627 000元中，有581 400元计入了产品成本，它增加了存货，但与“购买商品、接受劳务支付的现金”无关，因而应在分录（2）的基础上调整减少“购买商品、接受劳务支付的现金”581 400元。计入管理费用的45 600元，则应在分录（5）的基础上调整减少“支付其他与经营活动有关的现金”。

借：应付职工薪酬　627 000
　贷：经营活动现金流量——支付给职工以及为职工支付的现金　627 000
借：经营活动现金流量——购买商品、接受劳务支付的现金　581 400
　　　　　　　　　——支付其他与经营活动有关的现金　45 600
　贷：应付职工薪酬　627 000

（21）分析调整应交税费（该项目的调整较复杂，与前面有关项目的联系紧密，且不止与一个项目相关，其调整可以有不同的顺序或表现形式）。

由于增值税的销项税额已通过分录（1）调整，与购买材料相关的进项税额已通过分录（2）调整，与固定资产、工程物资相关的增值税已通过分录（10）、（13）和（15）调整，本期确认的税金及附加已通过分录（3）调整，而且本期确认的税金及附加与实际缴纳数一致，因而此处只需分析调整确定该公司实际上缴税务机关的增值税与所得税。本期实际缴纳增值税212 500元，缴纳所得税48 500元。

借：应交税费　261 000
　贷：经营活动现金流量——支付的各项税费（增值税）　212 500
　　　　　　　　　　——支付的各项税费（所得税）　48 500

（22）分析调整应付利息。本期“应付利息”科目有借方发生额10 000元，系偿付利息支付的现金。贷方发生额22 000元，系确认的应付短期借款利息，已由分录（6）调整。

借：其他应付款（应付利息）　10 000
　贷：筹资活动现金流量——分配股利、利润或偿付利息支付的现金　10 000

（23）分析调整一年内到期的非流动负债。

借：一年内到期的非流动负债　850 000
　贷：筹资活动现金流量——偿还债务支付的现金　850 000
借：长期借款　400 000
　贷：一年内到期的非流动负债　400 000

（24）分析调整长期借款。

借：筹资活动的现金流量——取得借款收到的现金　500 000

　　贷：长期借款　　500 000

(25) 结转净利润。

　借：净利润　　144 020

　　贷：未分配利润　　144 020

(26) 提取盈余公积及分配股利。

　借：未分配利润　　102 712

　　贷：盈余公积　　21 567

　　　　其他应付款（应付股利）　　81 145

(27) 最后调整现金及现金等价物净变化额。

　借：现金及现金等价物净增加额　　717 427

　　贷：货币资金　　717 427

(28) 结转损益。

　借：营业收入　　1 500 000

　　　投资收益　　40 000

　　　公允价值变动收益　　2 000

　　贷：营业成本　　900 000

　　　　税金及附加　　21 250

　　　　销售费用　　28 000

　　　　管理费用　　157 600

　　　　研发费用　　67 100

　　　　财务费用　　56 500

　　　　资产减值损失　　31 190

　　　　信用减值损失　　6 740

　　　　资产处置收益　　40 000

　　　　营业外支出　　30 000

　　　　所得税费用　　59 600

　　　　净利润　　144 020

第（28）笔分录用于核对平衡，可以不在工作底稿上登记。

第三步，编制现金流量表如表 13－13 所示。

表 13－12 现金流量表工作底稿　　单位：元

项目	期初数	调整分录		期末数
		借方	贷方	
一、资产负债表项目				
借方项目：				
货币资金	2 079 100		(27)　717 427	1 361 673
交易性金融资产	26 800	(8)　2 000		28 800
应收票据	80 000		(1)　80 000	0
应收账款	392 000	(1)　87 000 (12)　5 000	(7)　6 740	477 260

续表

项目	期初数	调整分录		期末数
		借方	贷方	
预付款项	65 000		(2) 65 000	0
其他应收款	4 500			4 500
存货	348 200	(2) 181 700	(7) 11 190	518 710
其他权益工具投资	80 000	(18) 10 000		90 000
长期股权投资	215 500			215 500
固定资产	2 309 000	(10) 485 000	(7) 20 000	
		(10) 125 000	(10) 1 080 000	
		(13) 1 591 100	(14) 120 000	3 290 100
在建工程	1 600 000	(15) 700 000	(13) 1 500 000	800 000
无形资产	960 000		(16) 80 000	880 000
开发支出	0	(17) 20 000		20 000
借方项目合计	8 160 100			7 686 543
贷方项目：				
短期借款	500 000	(19) 200 000		300 000
应付票据	250 000	(2) 150 000		100 000
应付账款	760 000	(2) 85 000		675 000
其他应付款	77 000	(22) 10 000	(6) 22 000	
			(26) 81 145	170 145
应付职工薪酬	51 000	(20) 627 000	(20) 627 000	51 000
应交税费	40 800	(2) 42 077	(1) 195 000	
		(13) 11 700	(10) 52 000	
		(15) 16 900	(11) 49 700	
		(21) 261 000		5 823
一年内到期的非流动负债	850 000	(23) 850 000	(23) 400 000	400 000
长期借款	950 000	(23) 400 000	(6) 10 500	
			(15) 160 000	
			(24) 500 000	1 220 500
递延所得税负债	8 000		(11) 9 900	
			(18) 2 500	20 400
股本	1 000 000			1 000 000
资本公积	3 428 800			3 428 800
其他综合收益	4 500		(18) 7 500	12 000
盈余公积	150 000		(26) 21 567	171 567
未分配利润	90 000	(26) 102 712	(25) 144 020	131 308
贷方项目合计	8 160 100			7 686 543

项目	调整分录		本期数
	借方	贷方	
二、利润表项目			
营业收入		(1) 1 500 000	1 500 000
营业成本	(2) 900 000		900 000
税金及附加	(3) 21 250		21 250
销售费用	(4) 28 000		28 000
管理费用	(5) 157 600		157 600
研发费用	(5) 67 100		67 100
财务费用	(6) 56 500		56 500
资产减值损失	(7) 31 190		31 190

续表

项目	调整分录		本期数
	借方	贷方	
信用减值损失	(7) 6 740		6 740
投资收益		(9) 40 000	40 000
公允价值变动收益		(8) 2 000	2 000
资产处置收益	(10) 40 000		40 000
营业外支出	(10) 30 000		30 000
所得税费用	(11) 59 600		59 600
净利润	(25) 144 020		144 020
三、现金流量表项目			
(一)经营活动产生的现金流量			
销售商品、提供劳务收到的现金	(1) 1 688 000	(6) 24 000 (12) 5 000	1 659 000
现金流入小计			1 659 000
购买商品、接受劳务支付的现金	(14) 100 000 (20) 581 400	(2) 1 293 777	612 377
支付给职工以及为职工支付的现金		(20) 627 000	627 000
支付的各项税费		(3) 21 250 (21) 212 500 (21) 48 500	282 250
支付其他与经营活动有关的现金	(14) 20 000 (16) 80 000 (20) 45 600	(4) 28 000 (5) 224 700	107 100
现金流出小计			1 628 727
经营活动产生现金流量净额			30 273
(二)投资活动产生的现金流量			
收回投资收到的现金			
取得投资收益收到的现金	(9) 40 000		40 000
处置固定资产、无形资产和其他长期资产收回的现金净额	(10) 452 000		452 000
现金流入小计			492 000
购建固定资产、无形资产和其他长期资产支付的现金		(13) 102 800 (15) 556 900	659 700
支付其他与投资活动有关的现金		(17) 20 000	20 000
现金流出小计			679 700
投资活动产生的现金流量净额			−187 700
(三)筹资活动产生的现金流量			
取得借款收到的现金	(24) 500 000		500 000
现金流入小计			500 000
偿还债务支付的现金		(19) 200 000 (23) 850 000	1 050 000
分配股利、利润和偿付利息支付的现金		(22) 10 000	10 000
现金流出小计			1 060 000
筹资活动产生现金流量净额			−560 000
(四)现金及现金等价物净增加额	(27) 717 427		−717 427
调整分录借贷合计	11 729 616	11 729 616	—

表 13-13 现金流量表

编制单位：北方公司 20×3年度 单位：元

项目	金额
一、经营活动产生的现金流量	
销售商品、提供劳务收到的现金	1 659 000
收到的税费返还	—
收到其他与经营活动有关的现金	—
现金流入小计	1 659 000
购买商品、接受劳务支付的现金	612 377
支付给职工以及为职工支付的现金	627 000
支付的各项税费	282 250
支付其他与经营活动有关的现金	107 100
现金流出小计	1 628 727
经营活动产生的现金流量净额	30 273
二、投资活动产生的现金流量	
收回投资收到的现金	—
取得投资收益收到的现金	40 000
处置固定资产、无形资产和其他长期资产收回的现金净额	452 000
收到其他与投资活动有关的现金	—
现金流入小计	492 000
购建固定资产、无形资产和其他长期资产支付的现金	659 700
投资支付的现金	—
支付其他与投资活动有关的现金	20 000
现金流出小计	679 700
投资活动产生的现金流量净额	−187 700
三、筹资活动产生的现金流量	
吸收投资收到的现金	—
取得借款收到的现金	500 000
收到其他与筹资活动有关的现金	—
现金流入小计	500 000
偿还债务支付的现金	1 050 000
分配股利、利润或偿付利息支付的现金	10 000
支付其他与筹资活动有关的现金	—
现金流出小计	1 060 000
筹资活动产生的现金流量净额	−560 000
四、汇率变动对现金及现金等价物的影响	—
五、现金及现金等价物净增加额	−717 427

企业在采用直接法列报经营活动产生的现金流量的情况下，还应当采用间接法在报表附注中披露将净利润调节为经营活动现金流量的信息，如表 13-14 所示。

表 13-14 将净利润调节为经营活动现金流量 单位：元

项目	金额
1. 将净利润调节为经营活动现金流量	
净利润	144 020

续表

项目	金额
加：资产减值准备	37 930
固定资产折旧	120 000
无形资产摊销	80 000
处置固定资产、无形资产和其他长期资产的损失（收益以“—”号填列）	70 000
固定资产报废损失（收益以“—”号填列）	—
公允价值变动损失（收益以“—”号填列）	−2 000
财务费用（收益以“—”号填列）	56 500
投资损失（收益以“—”号填列）	−40 000
递延所得税资产减少（增加以“—”号填列）	—
递延所得税负债增加（减少以“—”号填列）	9 900
存货的减少（增加以“—”号填列）	−181 700
经营性应收项目的减少（增加以“—”号填列）	29 000
经营性应付项目的增加（减少以“—”号填列）	−293 377
其他	—
经营活动产生的现金流量净额	30 273
2. 不涉及现金收支的重大投资和筹资活动	
债务转为资本	—
一年内到期的可转换公司债券	—
融资租入固定资产	—
3. 现金及现金等价物净变动情况	
现金的期末余额	1 361 673
减：现金的期初余额	2 079 100
加：现金等价物的期末余额	—
减：现金等价物的期初余额	—
现金及现金等价物净增加额	−717 427

说明：上表中，“递延所得税负债增加”项目只包括与本年损益相关的部分，因以公允价值计量且其变动计入其他综合收益的金融资产的公允价值变动而确认的递延所得税负债不包括在内。

北方公司本期经营性应收项目的变动情况如下：

应收账款（未扣减坏账准备但加回注销的坏账 5 000 元）增加
(87 000+5 000)　　92 000 元

应收票据（扣除贴现息 24 000 元）减少
(80 000−24 000)　　−56 000 元

预付款项减少　　−65 000 元

合计减少　　−29 000 元

经营性应付项目的变动情况如下：

应付账款减少　　−85 000 元

应付票据减少　　−150 000 元

应交税费减少（不包括与固定资产、工程物资相关的

应交增值税净增加额 23 400 元） —58 377 元

合计减少 —293 377 元

在编制现金流量表时，要区分经营活动、投资活动与筹资活动的现金流量，因而在分析调整有关资产负债表与利润表项目时，要区分经营性应收、应付项目与非经营性应收、应付项目。而有一部分应收、应付项目具有混合性质，其可能既反映经营性应收、应付项目的内容，也反映非经营性应收、应付项目的内容。

1）应收票据。可能包括赊销固定资产、无形资产等长期资产而应收的款项。

2）应付票据。可能包括赊购固定资产、无形资产、工程物资等应付的款项。

3）应付职工薪酬。可能包括应付在建工程人员的工资。本例中北方公司即有这种情况。

4）应交税费——应交增值税（进项税额）。可能包括与购买固定资产、工程物资相关的进项税额。本例中北方公司即有这种情况。

工作底稿法（间接法）举例如下。

例 13 - 5

根据例 13 - 3 所提供的资料，在按间接法报告经营活动产生的现金流量的情况下，采用工作底稿法编制现金流量表。

由于经营活动现金流量采用间接法编报，在工作底稿（见表 13 - 15）中应先结转利润表中“净利润”项目，然后调整不涉及现金的收入、费用以及营业外收支，其他各项目的分析调整则无明确的先后顺序。

（1）结转本期净利润。

借：净利润 144 020

　　贷：未分配利润 144 020

（2）分析调整计提的资产减值准备。本期计提的资产减值准备有坏账准备 6 740 元，存货跌价准备 11 190 元，固定资产减值准备 20 000 元，共计 37 930 元。计提的这些减值准备减少了本期净利润，但没有现金流出，故应在本年净利润的基础上加上计提的资产减值准备。

借：净利润调整——资产减值准备 37 930

　　贷：应收账款（坏账准备） 6 740

　　　　存货（跌价准备） 11 190

　　　　固定资产（减值准备） 20 000

（3）分析调整计提的固定资产折旧。

借：净利润调整——固定资产折旧 120 000

　　贷：固定资产（累计折旧） 120 000

（4）分析调整无形资产摊销。

借：净利润调整——无形资产摊销　80 000
　贷：无形资产（累计摊销）　80 000

（5）调整处置固定资产损失。

借：净利润调整——处置固定资产、无形资产和其他长期资产的损失　70 000
　投资活动现金流量——处置固定资产、无形资产和其他长期资产收回的现金净额　452 000
　固定资产（累计折旧）　485 000
　固定资产（减值准备）　125 000
　贷：固定资产（原价）　1 080 000
　　应交税费——应交增值税（销项税额）　52 000

（6）调整公允价值变动收益。

借：交易性金融资产　2 000
　贷：净利润调整——公允价值变动收益　2 000

（7）调整财务费用。

借：净利润调整——财务费用　56 500
　贷：应收票据　24 000
　　其他应付款（应付利息）　22 000
　　长期借款　10 500

（8）调整投资收益。

借：投资活动现金流量——取得投资收益收到的现金　40 000
　贷：净利润调整——投资收益　40 000

（9）调整与本年净利润相关的递延所得税负债。

借：净利润调整——递延所得税负债增加　9 900
　贷：递延所得税负债　9 900

（10）存货增加。

借：存货　181 700
　贷：净利润调整——存货的增加　181 700

（11）经营性应收项目减少。本期经营性应收项目的变动涉及应收账款、应收票据、预付款项，各项目的变动情况如下：

应收账款增加（加回注销的坏账，但未扣减坏账准备）	＋92 000 元
应收票据减少（扣除贴现息 24 000 元）	－56 000 元
预付款项减少	－65 000 元
合计减少	－29 000 元

借：净利润调整——经营性应收项目的减少　29 000
　应收账款（87 000＋5 000）　92 000
　贷：应收票据（减 24 000 元贴现息）　56 000
　　预付款项　65 000

（12）经营性应付项目减少。本期经营性应付项目的变动涉及应付账款、应付票据、应交税费，各项目的变动情况如下：

应付账款减少	−85 000元
应付票据减少	−150 000元
应交税费减少（不包括与固定资产、工程物资相关的应交增值税净增加额23 400元）	−58 377元
合计减少	−293 377元

借：应付账款　85 000
　　应付票据　150 000
　　应交税费　58 377
　贷：净利润调整——经营性应付项目的减少　293 377

（13）分析调整固定资产。

借：固定资产　1 591 100
　　应交税费——应交增值税（进项税额）　11 700
　贷：投资活动现金流量——购建固定资产、无形资产和其他长期资产支付的现金　102 800
　　　在建工程　1 500 000

（14）分析调整在建工程和工程物资。

借：在建工程　700 000
　　应交税费——应交增值税（进项税额）　16 900
　贷：投资活动现金流量——购建固定资产、无形资产和其他长期资产支付的现金　556 900
　　　长期借款（应付利息）　160 000

（15）分析调整开发支出。

借：开发支出　20 000
　贷：投资活动现金流量——支付其他与投资活动有关的现金　20 000

（16）分析调整短期借款。

借：短期借款　200 000
　贷：筹资活动现金流量——偿还债务支付的现金　200 000

（17）分析调整应付利息。

借：其他应付款（应付利息）　10 000
　贷：筹资活动现金流量——分配股利、利润或偿付利息支付的现金　10 000

（18）分析调整一年内到期的非流动负债。

借：一年内到期的非流动负债　850 000
　贷：筹资活动现金流量——偿还债务支付的现金　850 000

借：长期借款　400 000
　贷：一年内到期的非流动负债　400 000

（19）分析调整长期借款。

借：筹资活动的现金流量——取得借款收到的现金　500 000

　贷：长期借款　500 000

（20）提取盈余公积及分配股利。

借：未分配利润　102 712

　贷：盈余公积　21 567

　　其他应付款（应付股利）　81 145

（21）调整其他权益工具投资。

借：其他权益工具投资　10 000

　贷：其他综合收益　7 500

　　递延所得税负债　2 500

（22）调整现金及现金等价物净变动额。

借：现金及现金等价物净增加额　717 427

　贷：货币资金　717 427

表 13－15　现金流量表工作底稿　　单位：元

项目	期初数	调整分录				期末数
		借方		贷方		
一、资产负债表项目						
借方项目：						
货币资金	2 079 100			(22)	717 427	1 361 673
交易性金融资产	26 800	(6)	2 000			28 800
应收票据	80 000			(7)	24 000	
				(11)	56 000	0
应收账款	392 000	(11)	92 000	(2)	6 740	477 260
预付款项	65 000			(11)	65 000	0
其他应收款	4 500					4 500
存货	348 200	(10)	181 700	(2)	11 190	518 710
其他权益工具投资	80 000	(21)	10 000			90 000
长期股权投资	215 500					215 500
固定资产	2 309 000	(5)	485 000	(2)	20 000	
		(5)	125 000	(3)	120 000	
		(13)	1 591 100	(5)	1 080 000	3 290 100
在建工程	1 600 000	(14)	700 000	(13)	1 500 000	800 000
无形资产	960 000			(4)	80 000	880 000
开发支出		(15)	20 000			20 000
借方项目合计	8 160 100					7 686 543
贷方项目：						
短期借款	500 000	(16)	200 000			300 000
应付票据	250 000	(12)	150 000			100 000
应付账款	760 000	(12)	85 000			675 000
其他应付款	770 000	(17)	10 000	(7)	22 000	
				(20)	81 145	170 145

续表

项目	期初数	调整分录				期末数
		借方		贷方		
应付职工薪酬	51 000					51 000
应交税费	40 800	(12)	58 377	(5)	52 000	
		(13)	11 700			
		(14)	16 900			5 823
一年内到期的非流动负债	850 000	(18)	850 000	(18)	400 000	400 000
长期借款	950 000	(18)	400 000	(7)	10 500	
				(14)	160 000	
				(19)	500 000	1 220 500
递延所得税负债	8 000			(9)	9 900	
				(21)	2 500	20 400
股本	1 000 000					1 000 000
资本公积	3 428 800					3 428 800
其他综合收益	4 500			(21)	7 500	12 000
盈余公积	150 000			(20)	21 567	171 567
未分配利润	90 000	(20)	102 712	(1)	144 020	131 308
贷方项目合计	8 160 100					7 686 543

项目	调整分录				本期数
	借方		贷方		
二、现金流量表项目					
（一）经营活动产生的现金流量					
净利润	(1)	144 020			144 020
净利润调整：					
资产减值准备	(2)	37 930			37 930
固定资产折旧	(3)	120 000			120 000
无形资产摊销	(4)	80 000			80 000
处置固定资产、无形资产和其他长期资产的损失	(5)	70 000			70 000
公允价值变动收益			(6)	2 000	−2 000
财务费用	(7)	56 500			56 500
投资收益			(8)	40 000	−40 000
递延所得税负债增加	(9)	9 900			9 900
存货的增加			(10)	181 700	−181 700
经营性应收项目的减少	(11)	29 000			29 000
经营性应付项目的减少			(12)	293 377	−293 377
经营活动产生的现金流量净额					30 273
（二）投资活动产生的现金流量					
取得投资收益收到的现金	(8)	40 000			40 000
处置固定资产、无形资产和其他长期资产收回的现金净额	(5)	452 000			452 000
现金流入小计					492 000

续表

项目	调整分录		本期数
	借方	贷方	
购建固定资产、无形资产和其他长期资产支付的现金		(13)　102 800	
		(14)　556 900	657 900
支付其他与投资活动有关的现金		(15)　20 000	20 000
现金流出小计			679 700
投资活动产生的现金流量净额			−187 700
（三）筹资活动产生的现金流量			
取得借款收到的现金	(19)　500 000		500 000
现金流入小计			500 000
偿还债务支付的现金		(16)　200 000	
		(18)　850 000	1 050 000
分配股利、利润和偿付利息支付的现金		(17)　10 000	10 000
现金流出小计			1 060 000
筹资活动产生现金流量净额			−560 000
（四）现金及现金等价物净增加额	(22)　717 427		717 427
调整分录借贷合计	7 289 889	7 289 889	—

2. T 型账户法

T 型账户法是以 T 型账户为手段，以利润表和资产负债表数据为基础，对每一项目进行分析并编制调整分录，从而编制出现金流量表。采用 T 型账户法编制现金流量表的程序如下：

第一步，为所有的非现金项目（包括资产负债表项目和利润表项目）分别开设 T 型账户，并将各自的期末、期初变动数过入各该科目。

第二步，开设一个大的“现金及现金等价物”T 型账户，账户左右两边各分为经营活动、投资活动和筹资活动三个部分，左边记现金流入，右边记现金流出，并与其他账户一样，过入期末、期初变动数。

第三步，以利润表项目为基础，结合资产负债表分析每一个非现金项目的增减变动，并据此编制调整分录。

第四步，将调整分录过入各 T 型账户并进行核对，该账户借贷相抵后的余额与原先过入的期末、期初变动数应当一致。

第五步，根据大的“现金及现金等价物”T 型账户编制正式现金流量表。

T 型账户法（直接法）举例如下。

例 13－6

根据例 13－3 所提供的资料，在按直接法报告经营活动产生的现金流量的情况下，采用 T 型账户法编制现金流量表（调整分录（1）～(28) 同例 13－4）。

现金及现金等价物（直接法）

一、经营活动		一、经营活动	
(1) 销售商品、提供劳务收到的现金	1 688 000	(2) 购买商品、接受劳务支付的现金	1 293 777
(14) 购买商品、接受劳务支付的现金	100 000	(3) 支付的各项税费	21 250
(14) 支付其他与经营活动有关的现金	20 000	(4) 支付其他与经营活动有关的现金	28 000
(16) 支付其他与经营活动有关的现金	80 000	(5) 支付其他与经营活动有关的现金	224 700
(20) 购买商品、接受劳务支付的现金	581 400	(6) 销售商品、提供劳务收到的现金	24 000
(20) 支付其他与经营活动有关的现金	45 600	(12) 销售商品、提供劳务收到的现金	5 000
		(20) 支付给职工以及为职工支付的现金	627 000
		(21) 支付的各种税费	212 500
		(21) 支付的各种税费	48 500
二、投资活动		二、投资活动	
(9) 取得投资收益收到的现金	40 000	(13) 购建固定资产、无形资产和其他长期资产支付的现金	102 800
(10) 处置固定资产、无形资产和其他长期资产收回的现金净额	452 000	(15) 购建固定资产、无形资产和其他长期资产支付的现金	556 900
		(17) 支付其他与投资活动有关的现金	20 000
三、筹资活动		三、筹资活动	
(24) 取得借款收到的现金	500 000	(19) 偿还债务支付的现金	200 000
		(22) 分配股利、利润或偿付利息支付的现金	10 000
		(23) 偿还债务支付的现金	850 000
(27) 现金及现金等价物净减少额	717 427		

货币资金

期初余额	2 079 100		
		(27)	717 427
期末余额	1 361 673		

交易性金融资产

期初余额	26 800		
(8)	2 000		
期末余额	28 800		

应收票据

期初余额	80 000		
		(1)	80 000
期末余额	0		

应收账款

期初余额	392 000		
(1)	87 000	(7)	6 740
(12)	5 000		
期末余额	477 260		

预付款项

期初余额	65 000		
		(2)	65 000
期末余额	0		

存货

期初余额	348 200		
(2)	181 700	(7)	11 190
期末余额	518 710		

固定资产

期初余额	2 309 000		
(10)	485 000	(7)	20 000
(10)	125 000	(10)	1 080 000
(13)	1 591 100	(14)	120 000
期末余额	3 290 100		

其他权益工具投资

期初余额	80 000		
(18)	10 000		
期末余额	90 000		

在建工程

期初余额	1 600 000		
(15)	700 000	(13)	1 500 000
期末余额	800 000		

无形资产

期初余额	960 000		
		(16)	80 000
期末余额	880 000		

开发支出

期初余额	0		
(17)	20 000		
期末余额	20 000		

短期借款

		期初余额	500 000
(19)	200 000		
		期末余额	300 000

应付票据

		期初余额	250 000
(2)	150 000		
		期末余额	100 000

应付账款

		期初余额	760 000
(2)	85 000		
		期末余额	675 000

应付职工薪酬

		期初余额	51 000
(20)	627 000	(20)	627 000
		期末余额	51 000

应交税费

		期初余额	40 800
(2)	42 077	(1)	195 000
(13)	11 700	(10)	52 000
(15)	16 900	(11)	49 700
(21)	261 000		
		期末余额	5 823

其他应付款

		期初余额	77 000
(22)	10 000	(6)	22 000
		(26)	81 145
		期末余额	170 145

一年内到期的非流动负债

		期初余额	850 000
(23)	850 000	(23)	400 000
		期末余额	5 823

长期借款

		期初余额	950 000
(23)	400 000	(6)	10 500
		(15)	160 000
		(24)	500 000
		期末余额	1 220 500

递延所得税负债

		期初余额	8 000
		(11)	9 900
		(18)	2 500
		期末余额	20 400

其他综合收益

		期初余额	4 500
		(18)	7 500
		期末余额	12 000

盈余公积

		期初余额	150 000
		(26)	21 567
		期末余额	171 567

未分配利润

		期初余额	90 000
(26)	102 712	(25)	144 020
		期末余额	131 308

营业收入

(28)	1 500 000	(1)	1 500 000

营业成本

(2)	900 000	(28)	900 000

税金及附加

(3)	21 250	(28)	21 250

管理费用

(5)	157 600	(28)	157 600

销售费用

(4)	28 000	(28)	28 000

研发费用

(5)	67 100	(28)	67 100

投资收益

(28)	40 000	(9)	40 000

财务费用

(6)	56 500	(28)	56 500

所得税费用

(11)	59 600	(28)	59 600

资产减值损失

(7)	31 190	(28)	31 190

信用减值损失

(7)	6 740	(28)	6 740

公允价值变动收益

(28)	2 000	(8)	2 000

资产处置收益

(10)	40 000	(28)	40 000

净利润

(25)	144 020	(28)	144 020

营业外支出

(10)	30 000	(28)	30 000

T 型账户法（间接法）举例如下。

例 13－7

根据例 13－3 所提供的资料，在按间接法报告经营活动产生的现金流量的情况下，采用 T 型账户法编制现金流量表（调整分录同例 13－5）。

现金及现金等价物（间接法）

一、经营活动		一、经营活动	
(1) 净利润	144 020	(6) 公允价值变动收益	2 000
(2) 资产减值准备	37 930	(8) 投资收益	40 000
(3) 固定资产折旧	120 000	(10) 存货的增加	181 700
(4) 无形资产摊销	80 000	(12) 经营性应付项目的减少	293 377
(5) 处置固定资产、无形资产和其他长期资产的损失	70 000		
(7) 财务费用	56 500		
(9) 递延所得税负债增加	9 900		
(11) 经营性应收项目的减少	29 000		
二、投资活动		二、投资活动	
(5) 处置固定资产、无形资产和其他长期资产收回的现金净额	452 000	(13) 购建固定资产、无形资产和其他长期资产支付的现金	1 028 800
(8) 取得投资收益收到的现金	40 000	(14) 购建固定资产、无形资产和其他长期资产支付的现金	556 900
		(15) 支付其他与投资活动有关的现金	20 000
三、筹资活动		三、筹资活动	
(19) 取得借款收到的现金	500 000	(16) 偿还债务支付的现金	200 000
		(17) 分配股利、利润或偿付利息支付的现金	10 000
		(18) 偿还债务支付的现金	850 000
(22) 现金及现金等价物净减少额	717 427		

货币资金

期初余额	2 079 100		
		(22)	717 427
期末余额	1 361 673		

交易性金融资产

期初余额	26 800		
(6)	2 000		
期末余额	28 800		

应收票据

借方		贷方	
期初余额	80 000		
		(7)	24 000
		(11)	56 000
期末余额	0		

应收账款

借方		贷方	
期初余额	392 000		
(11)	92 000	(2)	6 740
期末余额	477 260		

预付款项

借方		贷方	
期初余额	65 000		
		(11)	65 000
期末余额	0		

其他权益工具投资

借方		贷方	
期初余额	80 000		
(21)	10 000		
期末余额	90 000		

存货

借方		贷方	
期初余额	348 200		
(10)	181 700	(2)	11 190
期末余额	518 710		

固定资产

借方		贷方	
期初余额	2 309 000		
(5)	485 000	(2)	20 000
(5)	125 000	(3)	120 000
(13)	1 591 100	(5)	1 080 000
期末余额	3 290 100		

在建工程

借方		贷方	
期初余额	1 600 000		
(14)	700 000	(13)	1 500 000
期末余额	800 000		

无形资产

借方		贷方	
期初余额	960 000		
		(4)	80 000
期末余额	880 000		

开发支出

借方		贷方	
期初余额	0		
(15)	20 000		
期末余额	20 000		

短期借款

借方		贷方	
		期初余额	500 000
(16)	200 000		
		期末余额	300 000

应付票据

借方		贷方	
		期初余额	250 000
(12)	150 000		
		期末余额	100 000

应付账款

借方		贷方	
		期初余额	760 000
(12)	85 000		
		期末余额	675 000

其他应付款

借方		贷方	
		期初余额	77 000
(17)	10 000	(7)	22 000
		(20)	81 145
		期末余额	170 145

应交税费

借方		贷方	
		期初余额	40 800
(12)	58 377	(5)	52 000
(13)	11 700		
(14)	16 900		
		期末余额	5 823

一年内到期的非流动负债

借方		贷方	
		期初余额	850 000
(18)	850 000	(18)	400 000
		期末余额	400 000

长期借款

借方		贷方	
		期初余额	950 000
(18)	400 000	(7)	10 500
		(14)	160 000
		(19)	500 000
		期末余额	1 220 500

递延所得税负债

借方		贷方	
		期初余额	8 000
		(9)	9 900
		(21)	2 500
		期末余额	20 400

其他综合收益

借方		贷方	
		期初余额	4 500
		(21)	7 500
		期末余额	12 000

盈余公积

借方		贷方	
		期初余额	150 000
		(20)	21 567
		期末余额	171 567

未分配利润

借方		贷方	
		期初余额	90 000
(20)	102 712	(1)	144 020
		期末余额	131 308

13.7 附　注

13.7 即测即评

13.7.1 附注的性质与作用

附注是财务报表不可或缺的组成部分，报表使用者了解企业的财务状况、经营成果和现金流量，应当全面阅读附注，附注相对于报表而言同样具有重要性。附注应当按照一定的结构进行系统合理的排列和分类，有顺序地披露信息。

13.7.2 附注的内容

按照我国企业会计准则的规定，报表附注中至少应披露下列内容，但是非重要项目除外。

1. 企业的基本情况

（1）企业注册地、组织形式和总部地址。

（2）企业的业务性质和主要经营活动。

（3）母公司以及集团最终母公司的名称。

（4）财务报告的批准报出者和财务报告批准报出日，以及按照有关法律、行政法规等规定，企业所有者或其他方面有权对报出的财务报告进行修改的事实。

2. 财务报表的编制基础

（1）会计年度。

（2）记账本位币。

（3）会计计量所运用的计量属性。

（4）现金和现金等价物的构成。

3. 遵循企业会计准则的声明

企业应当明确说明编制的财务报表符合企业会计准则的要求，真实、公允地反映了企业的财务状况、经营成果和现金流量等有关信息。

4. 重要会计政策和会计估计

企业应当披露重要的会计政策和会计估计，不具有重要性的会计政策和会计估计可以不披露。判断会计政策和会计估计是否重要，应当考虑与会计政策或会计估计相关项目的性质和金额。

企业应当披露会计政策的确定依据。例如，如何判断持有的金融资产为持有至到期投资而不是交易性投资；对于拥有的持股不足 50%的企业，如何判断企业拥有控制权并因此将其纳入合并范围；如何判断与租赁资产相关的所有风险和报酬已转移给企业；投资性房地产的判断标准等。这些判断对报表中确认的项目金额具有重要影响。

企业应当披露会计估计中所采用的关键假设和不确定因素的确定依据。例如，固定资产可收回金额的计算需要根据其公允价值减去处置费用后的净额与预计未来现金流量的现值两者之间的较高者确定，在计算资产预计未来现金流量的现值时需要对未来现金流量进行预测，选择适当的折现率，并应当在附注中披露未来现金流量预测所采用的假设及其依据、所选择的折现率的合理性等。

企业应当披露的重要会计政策包括：

（1）存货。

1）确定发出存货成本所采用的方法。

2）可变现净值的确定方法。

3）存货跌价准备的计提方法。

（2）固定资产。

1）固定资产的确认条件和计量基础。

2）固定资产的折旧方法。

（3）无形资产。

1）使用寿命有限的无形资产使用寿命的估计情况。

2）使用寿命不确定的无形资产使用寿命不确定的判断依据。

3）无形资产的摊销方法。

4）企业判断研发项目支出满足资本化条件的依据。

（4）资产减值。

1）资产或资产组可收回金额的确定方法。

2）可收回金额按照资产组的公允价值减去处置费用后的净额确定的，确定公允价值减去处置费用后的净额的方法、所采用的各关键假设及其依据。

3）可收回金额按照资产组预计未来现金流量的现值确定的，预计未来现金流量的各关键假设及其依据。

4）分摊商誉到不同资产组采用的关键假设及其依据。

（5）股份支付。权益工具公允价值的确定方法。

（6）收入。收入确认所采用的会计政策，包括确定提供劳务交易完工进度的方法。

（7）所得税。确认递延所得税资产的依据。

5. 会计政策和会计估计变更以及差错更正的说明

（1）会计政策变更的性质、内容和原因。

（2）当期和各个列报前期财务报表中受影响的项目名称和调整金额。

（3）会计政策变更无法进行追溯调整的事实和原因以及开始应用变更后的会计政策的时点、具体应用情况。

（4）会计估计变更的内容和原因。

（5）会计估计变更对当期和未来期间的影响金额。

（6）会计估计变更的影响数不能确定的事实和原因。

（7）前期差错的性质。

（8）各个列报前期财务报表中受影响的项目名称和更正金额；前期差错对当期财务报表也有影响的，还应披露当期财务报表中受影响的项目名称和金额。

（9）前期差错无法进行追溯重述的事实和原因以及对前期差错开始进行更正的时点、具体更正情况。

6. 重要报表项目的说明

企业应当尽可能以列表形式披露重要报表项目的构成或当期增减变动情况。对重要报表项目的明细说明，应当按照资产负债表、利润表、现金流量表、所有者权益变动表的顺序以及报表项目列示的顺序进行披露，应当以文字和数字描述相结合进行披露，并与报表项目相互参照。

（1）货币资金。该项目的说明如表13－16所示。

表13－16

项目	期末余额	年初余额
库存现金 银行存款 其他货币资金		
合计		

（2）交易性金融资产（不含衍生金融资产）。该项目的说明如表13－17所示。

表13－17

项目	期末余额	年初余额
1. 交易性债券投资 2. 交易性权益工具投资 3. 其他交易性金融资产 4. 指定为以公允价值计量且其变动计入当期损益的金融资产		
合计		

（3）应收款项。

1）说明坏账的确认标准，以及坏账准备的计提方法和计提比例，并说明下列事项：

①以前年度已全额计提坏账准备，或计提坏账准备的比例较大的，但在本年度又全额或部分收回的，或通过重组等其他方式收回的，应说明其原因，原估计计提比例的理由，以及原估计计提比例的合理性。

②本年度实际冲销的应收款项及其理由，其中，实际冲销的关联交易产生的应收款项应单独披露。

2）应收账款、预付账款、其他应收款分别计提的坏账准备。如表 13－18 所示。

表 13－18

账龄	期末余额			年初余额		
	金额	比例（%）	坏账准备	金额	比例（%）	坏账准备
1 年以内						
1～2 年						
2～3 年						
3 年以上						
合计						

（4）存货。

1）本期存货跌价准备计提和转回的原因。

2）用于担保的存货的账面价值。

3）存货的具体构成，如表 13－19 所示。

表 13－19

存货种类	期末账面价值	年初账面价值
1. 原材料		
2. 在产品		
3. 库存商品		
4. 包装物及低值易耗品		
⋮		
合计		

（5）长期股权投资。

1）投资企业对被投资单位具有重大影响的，应披露被投资单位清单及其主要财务信息，如表 13－20 所示。

表 13－20

被投资单位名称	注册地业务	性质	本企业持股比例	本企业在被投资单位表决权比例	期末资产总额	期末负债总额	本期营业收入总额	当期净利润
1.								
2.								
⋮								

2）如果被投资单位由于所在国家或地区及其他方面的影响，其向投资企业转移资金的能力受到限制，应披露所受限制的具体情况、原因、期限等。

3）按照权益法核算的长期股权投资，在对被投资单位的长期权益减记至零以后，如果仍存在账外备查登记的额外损失，应披露该额外损失的累计金额及当期未予确认的金额。

4）如果投资合同或协议中约定，对于被投资单位发生的亏损，投资企业除了已投入资本及其他实质上构成投资的权益外，还应承担其他弥补义务的，应披露合同或协议中约定条款的内容，以及基于被投资单位目前生产经营情况估计或能承担该部分义务的情况。

（6）长期应收款。该项目的说明如表13-21所示。

表13-21

项目	年初余额		本期增加额		本期减少额		期末余额	
	应收金额	未实现融资收益	应收金额	未实现融资收益	应收金额	未实现融资收益	应收金额	未实现融资收益
1.								
2.								
⋮								
合计								

（7）固定资产。

1）固定资产的分类、使用寿命、预计净残值和折旧率，如表13-22所示。

表13-22

固定资产的种类	使用寿命	预计净残值	折旧率
1. 房屋、建筑物			
2. 机器设备			
3. 运输工具			
⋮			

2）各类固定资产的年初和期末原价、累计折旧额及固定资产减值准备累计金额，如表13-23所示。

表13-23

项目	年初余额	本期增加额	本期减少额	期末余额
一、原价合计				
其中：房屋、建筑物				
机器设备				
运输工具				
⋮				
二、累计折旧合计				
其中：房屋、建筑物				
机器设备				
运输工具				
⋮				
三、固定资产减值准备累计金额合计				
其中：房屋、建筑物				
机器设备				
运输工具				

续表

项目	年初余额	本期增加额	本期减少额	期末余额
⋮ 四、固定资产账面价值合计 其中：房屋、建筑物 机器设备 运输工具 ⋮				

3）对固定资产所有权的限制及其金额和用于债务担保的固定资产账面价值。

4）准备处置的固定资产名称、账面价值、公允价值、预计处置费用和预计处置时间等，如表 13－24 所示。

表 13－24

固定资产名称	账面价值	公允价值	预计处置费用	预计处置时间	准备采用的处置方式
1. 2. ⋮					

（8）无形资产。

1）每一类无形资产的名称（如商标权、专利权、土地使用权等）及取得方式（外购或内部开发）。

2）每一类无形资产的使用寿命情况，对于使用寿命有限的无形资产，其使用寿命或构成使用寿命的产量等类似计量单位数量；对于使用寿命不确定的无形资产，无法预见其为企业带来经济利益期限的原因。

3）对于使用寿命有限的无形资产，其为企业带来经济利益的方式及在此基础上确定的摊销方法。

4）按表 13－25 填列当期每一类无形资产的增减变动情况。

表 13－25

项目	无形资产成本	当期摊销额	当期计提减值准备	累计摊销额	累计减值准备	期末账面价值
1. 2. ⋮						
当期增加无形资产：						
1. 2. ⋮						
当期减少无形资产：						
1. 2. ⋮						
合计						

5）用于担保的无形资产的成本、累计摊销额及无形资产减值准备累计金额；涉及担保条款的主要内容，如担保期限；担保期间对该无形资产处置的限制等。

（9）开发支出。该项目的说明如表 13－26 所示。

表 13－26

研究开发项目	年初余额	本期发生额	本期转出额		期末余额
			计入无形资产	计入当期损益	
1.					
2.					
⋮					
合计					

（10）资产减值准备。该项目的说明如表 13－27 所示。

表 13－27

项目	期初余额	本期计提额	本期减少额		期末余额
			转回额	转出额	
一、坏账准备合计					
其中：应收账款					
其他应收款					
长期应收款					
二、存货跌价准备合计					
其中：库存商品					
原材料					
三、债权投资减值准备					
四、长期股权投资减值准备					
五、固定资产减值准备合计					
其中：房屋、建筑物					
机器设备					
六、工程物资减值准备					
七、在建工程减值准备					
八、无形资产减值准备					
其中：专利权					
商标权					
九、商誉减值准备					

（11）职工薪酬。

1）应付职工薪酬。该项目的说明如表 13－28 所示。

表 13－28

项目	期初余额	本期发生额	本期支付额	期末余额
一、工资、奖金、津贴和补贴				
二、社会保险费				
1. 医疗保险费				
2. 基本养老保险费				

续表

项目	期初余额	本期发生额	本期支付额	期末余额
3. 年金缴费 4. 失业保险费 5. 工伤保险费 6. 生育保险费 三、住房公积金 四、工会经费和职工教育经费 五、因解除劳动关系给予的补偿 六、其他 其中：以现金结算的股份支付				
合计				

2）企业本期为职工提供的非货币性福利的形式、各项非货币性福利的金额及其计算依据。

3）解除劳动关系的补偿。对于自愿接受裁减建议的职工数量、补偿标准等不确定而产生的或有负债，应当按照《企业会计准则第 13 号——或有事项》披露：该项或有负债的形成原因、经济利益流出不确定性的说明、该项或有负债预计产生的财务影响，以及获得补偿的可能性；无法预计的，应当说明原因。

（12）应交税费。该项目的说明如表 13 - 29 所示。

表 13 - 29

税费项目	期末余额	年初余额
1. 增值税 2. 消费税 3. 所得税 4. 资源税 5. 教育费附加 ⋮		
合计		

（13）长期应付款。该项目的说明如表 13 - 30 所示。

表 13 - 30

项目	年初余额		本期增加额		本期减少额		期末余额	
	应付金额	未确认融资费用	应付金额	未确认融资费用	应付金额	未确认融资费用	应付金额	未确认融资费用
1. 2. ⋮								
合计								

（14）营业收入。营业收入的构成如表 13 - 31 所示。

表 13-31

项目	本期发生额	上期发生额
1. 主营业务收入 2. 其他业务收入		
合计		

（15）资产减值损失。

1）发生重大资产减值损失的，说明导致每项重大资产减值损失的原因和当期确认的重大资产减值损失的金额。

a. 发生重大减值损失的资产是单项资产的，说明该单项资产的性质。提供分部报告信息的，还应披露该项资产所属的主要报告分部。

b. 发生重大减值损失的资产是资产组（或者资产组组合，下同）的，说明资产组的基本情况；资产组中所包括的各项资产于当期确认的减值损失金额；资产组的组成与前期相比发生变化的，说明变化的原因以及前期和当期资产组的组成情况。

2）分摊到某资产组的商誉（或者使用寿命不确定的无形资产，下同）的账面价值占商誉账面价值总额的比例重大的，应当说明分摊到该资产组的商誉的账面价值。

商誉的全部或者部分账面价值分摊到多个资产组且分摊到每个资产组的商誉的账面价值占商誉账面价值总额的比例不重大的，企业应当说明这一情况以及分摊到上述资产组的商誉合计金额。

（16）营业外收入。该项目的说明如表 13-32 所示。

表 13-32

项目	本期发生额	上期发生额
1. 债务重组利得 2. 与企业日常活动无关的政府补助 3. 盘盈利得 4. 捐赠利得 5. 其他		
合计		

（17）营业外支出。该项目的说明如表 13-33 所示。

表 13-33

项目	本期发生额	上期发生额
1. 债务重组损失 2. 公益性捐赠支出 3. 非常损失 4. 盘亏损失		

续表

项目	本期发生额	上期发生额
5. 非流动资产毁损报废损失 6. 其他		
合计		

（18）所得税。以会计利润为基础，针对企业发生的交易或事项的会计处理与税务处理的差异进行调整后，确定应纳税所得额的具体情况，如表 13－34 所示。

表 13－34

项目	本期发生额	上期发生额
会计利润 加计项目合计 减计项目合计 应纳税所得额		

（19）利润表补充资料（费用性质法）。企业可以披露费用按照性质分类的利润表补充资料，如表 13－35 所示。费用按照性质分类，指将费用按其性质分为耗用的原材料、职工薪酬费用、折旧费、摊销费等，而不是按照费用在企业所发挥的不同功能分类。

表 13－35

项目	本期发生额	上期发生额
1. 耗用的原材料、低值易耗品、在产品、半成品等 2. 发生的职工薪酬费用 3. 计提的折旧（折耗） 4. 无形资产等的摊销 5. 计提的资产减值准备 6. 财务费用 7. 其他		
合计		

（20）借款费用。

1）当期资本化的借款费用金额。

2）当期用于计算确定借款费用资本化金额的资本化率。

（21）每股收益。

1）基本每股收益和稀释每股收益其分子、分母的计算过程。

2）列报期间不具有稀释性但以后期间很可能具有稀释性的潜在普通股。

3）在资产负债表日至财务报告批准报出日之间，企业发行在外的普通股或潜在普通股股数发生重大变化的情况。例如，股份发行、股份回购、潜在普通股发行、潜在普通股转换或行权等。

7. 或有和承诺事项的说明

（1）预计负债的种类、形成原因以及经济利益流出不确定性的说明。

（2）与预计负债有关的预期补偿金额和本期已确认的预期补偿金额。

（3）或有负债的种类、形成原因及经济利益流出不确定性的说明。

（4）或有负债预计产生的财务影响，以及获得补偿的可能性；无法预计的，应当说明原因。

（5）或有资产很可能会给企业带来经济利益的，其形成的原因、预计产生的财务影响等。

（6）在涉及未决诉讼、未决仲裁的情况下，披露全部或部分信息预期对企业造成重大不利影响的，该未决诉讼、未决仲裁的性质以及没有披露这些信息的事实和原因。

8. 资产负债表日后事项的说明

每项重要的资产负债表日后非调整事项的性质、内容，及其对财务状况和经营成果的影响。无法做出估计的，应当说明原因。

9. 关联方关系及其交易的说明

（1）母公司和子公司的名称。母公司不是该企业最终控制方的，说明最终控制方名称。母公司和最终控制方均不对外提供财务报表的，说明母公司之上与其最相近的对外提供财务报表的母公司名称。

（2）母公司和子公司的业务性质、注册地、注册资本（或实收资本、股本）及其当期发生的变化。

（3）母公司对该企业或者该企业对子公司的持股比例和表决权比例。

（4）企业与关联方发生关联方交易的，该关联方关系的性质、交易类型及交易要素。交易要素至少应当包括：

1）交易的金额。

2）未结算项目的金额、条款和条件，以及有关提供或取得担保的信息。

3）未结算应收项目的坏账准备金额。

4）定价政策。

（5）企业应当分别关联方以及交易类型披露关联方交易。

思考题

1. 财务报表的使用者主要有哪些？财务报表对他们的决策有何作用？

2. 你认为资产负债表能否反映企业的市场价值？为什么？

3. 利润是如何确定的？你认为利润表数据能否评价企业和管理层的业绩？为什么？

4. 资产负债表、利润表、现金流量表与所有者权益变动表这四大报表之间有什么联系？

5. 报表附注有何作用？应包括哪些基本内容？

6. 净利润与经营活动产生的现金流量有何区别？

练习题

1. A 公司 20×6 年 12 月 31 日的有关科目余额如表 13-36 所示。

表 13-36　A 公司科目余额表

20×6 年 12 月 31 日　　单位：元

科目	借方余额	科目	贷方余额
库存现金	15 000	短期借款	35 000
银行存款	101 000	应付票据	260 000
其他货币资金	60 000	应付账款	190 000
交易性金融资产	100 000	应付职工薪酬	98 040
应收票据	60 000	应交税费	485 000
应收账款	110 000	应付利息	90 000
预付账款	25 000	应付股利	170 000
其他应收款	19 000	其他应付款	100 000
原材料	250 000	长期借款	1 035 000
包装物及低值易耗品	31 000	坏账准备	5 500
库存商品	457 000	累计折旧	200 400
委托代销商品	170 000	累计摊销	20 000
长期股权投资	910 000	实收资本	680 000
固定资产	1 002 000	资本公积	120 000
在建工程	200 000	盈余公积	45 000
无形资产	110 000	利润分配——未分配利润	86 060
借方余额合计	3 620 000	贷方余额合计	3 620 000

其中：长期借款均为一年以后才到期。

要求：根据以上资料，按照我国现行会计准则的规定编制 A 公司 20×6 年 12 月 31 日的资产负债表。

2. B 股份有限公司为增值税一般纳税人，适用增值税税率为 13%，所得税税率为 25%。B 公司对原材料采用计划成本进行核算。该公司 20×6 年 12 月 31 日的资产负债表相关项目及其数额见表 13-37。其中，“应收账款”科目的期末余额为 600 000 元，“坏账准备”科目的期末余额为 1 800 元。其他资产如存货、长期股权投资、固定资产、无形资产等均没有计提资产减值准备。

表13-37　B公司资产负债表相关项目及数额

20×6年12月31日　　　　单位：元

项目	数额
货币资金	2 812 600
交易性金融资产	30 000
应收票据	492 000
应收账款	598 200
其他应收款	10 000
预付款项	400 000
存货	5 160 000
长期股权投资	500 000
固定资产	3 000 000
在建工程	2 000 000
无形资产	1 400 000
其他非流动资产	400 000
短期借款	600 000
应付票据	1 000 000
应付账款	1 307 600
预收款项	2 000
应付职工薪酬	220 000
应交税费	73 200
其他应付款	100 000
一年内到期的非流动负债	2 000 000
长期借款	1 200 000
股本	10 000 000
盈余公积	200 000
未分配利润	100 000

20×7年B股份公司发生如下经济业务：

(1) 收到银行通知，用银行存款支付到期的商业承兑汇票200 000元。

(2) 购入甲材料一批，收到的增值税专用发票上注明的原材料价款为300 000元，增值税进项税额为39 000元，该款项已经通过银行转账支付，所购材料尚未验收入库。

(3) 收到乙材料一批，实际成本为200 000元，计划成本为190 000元，材料已验收入库，价款已于上月支付。

(4) 用银行汇票支付采购材料价款，公司收到开户银行转来银行汇票多余款通知，通知上注明的多余款为836元，材料价款和运费共计199 600元，支付增值税进项税额25 564元，所购原材料已验收入库。该批原材料的计划成本为200 000元。

(5) 销售产品一批，增值税专用发票注明的销售价格为600 000元，增值税销项税额为78 000元，价款尚未收到。该批产品的实际成本为360 000元，产品已经发出。

(6) 公司出售一项交易性金融资产，其账面价值为30 000元，收到价款33 000元，存入银行。

(7) 购入不需要安装设备一台，增值税专用发票注明设备价款为170 940元，增值税进项税额为22 222元，支付运费等必要费用2 000元。价款以及其他费用已经通过银行支付，设备立即投入使用。

(8) 购入工程物资一批，收到的增值税专用发票上注明的价格为300 000元，增值税进项税额39 000元，款项已经通过银行支付。

(9) 在建工程应付工资456 000元，应付耕地占用税200 000元。

(10) 工程完工，计算应负担的长期借款利息为300 000元。该项利息尚未支付。

(11) 某工程完工，交付使用，并已经办理竣工手续，固定资产价值2 800 000元。

(12) 基本生产车间一台机床报废，原价为400 000元，已提折旧360 000元，清理费用为1 000元，残值收入1 600元，均通过银行存款收支。年底以前，该项固定资产已经清理完毕。

(13) 从银行借入3年期借款800 000元，所借款项已入公司银行账户，该借款用于购建固定资产。

(14) 销售产品一批，开出的增值税专用发票上注明的销售价格为1 400 000元，增值税销项税额为182 000元，款项已存入银行。销售产品的实际成本为840 000元。

(15) 公司将收到的到期的一张面值为400 000元的无息银行承兑汇票（不含增值税），连同解讫通知和进账单交给银行办理转账手续。收到银行盖章退回的进账单一联。款项银行已收妥。

(16) 收到被投资单位分派的现金股利60 000元（该项投资采用成本法核算，被投资单位和本公司的税率一致），所收款项已经存入银行。

(17) 公司出售一台不需用的设备，收到价款600 000元，该设备原价为800 000元，已经计提折旧300 000元。该设备已经由购买单位运走。假设不考虑相关税费。

(18) 确认应计入本期损益的借款利息共计43 000元。其中，短期借款利息为23 000元，长期借款利息共计20 000元。

(19) 偿还短期借款本金500 000元和应付利息25 000元。

(20) 用银行存款支付工资1 000 000元，其中，在建工程人员工资400 000元。

(21) 分配应支付的职工工资684 000元（不包括在建工程应负担的工资）。其中，生产人员工资627 000元，车间管理人员工资22 800元，行政人员工资34 200元。

(22) 基本生产领用原材料，计划成本为1 400 000元；领用低值易耗品，计划成本为100 000元，采用一次摊销法。

(23) 结转领用原材料应分摊的材料成本差异，材料成本差异率为5%。

(24) 以银行存款支付基本生产车间固定资产修理费180 000元。

(25) 收到应收账款102 000元，存入银行。

(26) 用银行存款支付广告费40 000元。

(27) 用银行存款偿还长期借款2 000 000元。

(28) 计算并结转本期完工产品成本2 564 800元。

(29) 公司采用商业承兑汇票结算方式销售产品一批，开出的增值税专用发票上注明的销售价格为500 000元，增值税销项税额为65 000元，收到565 000元的商业承兑汇票一张。产品实际成本为300 000元。

(30) 公司将上述承兑汇票到银行办理贴现，贴现息为40 000元。

(31) 以银行存款100 000元支付应计入损益的研发费用。

(32) 公司本期产品销售应缴纳的教育费附加为4 000元。

(33) 用银行存款缴纳当月增值税200 000元、教育费附加4 000元。

(34) 结转本期的产品销售成本1 500 000元。

(35) 计提固定资产折旧200 000元。其中，应计入制造费用160 000元，应计入管理费用40 000元。

(36) 首次计提固定资产减值准备60 000元。

(37) 摊销无形资产140 000元。

(38) 计提坏账准备1 800元。

(39) 计算本年应交所得税155 150元（不考虑递延所得税）。

(40) 将各收支项目结转，计算本年净利润。

(41) 提取盈余公积46 545元。

(42) 将利润分配的其他明细科目余额转入"未分配利润"明细科目，结转本年利润。

(43) 用银行存款缴纳所得税155 150元。

要求：根据以上资料，按照我国现行会计准则的规定进行以下会计处理：

(1) 编制相应的会计分录，并编制B公司20×7年12月31日的资产负债表。

(2) 编制B公司20×7年度的利润表。

3. C公司系增值税一般纳税人。其长期股权投资采用成本法处理；采用账龄分析法计提坏账准备；按净利润的15%提取盈余公积。假设不考虑递延所得税问题。C公司20×7年12月31日的资产负债表、利润表如表13-38、表13-39所示。

表13-38 资产负债表

编制单位：C公司　　20×7年12月31日　　单位：元

资产	年初数	期末数	负债和所有者权益	年初数	期末数
流动资产：			流动负债：		
货币资金	1 500 000	1 515 688	短期借款	600 000	250 000
交易性金融资产	20 000	0	应付票据	300 000	300 000
应收票据	250 000	601 000	应付账款	1 100 000	1 000 000
应收账款	287 340	285 000	应付职工薪酬	130 000	186 000

续表

资产	年初数	期末数	负债和所有者权益	年初数	期末数
预付款项	17 160	17 160	应交税费	40 000	90 000
存货	2 600 000	2 499 000	其他应付款	60 000	60 000
流动资产合计	4 674 500	4 917 848	流动负债合计	2 230 000	1 886 000
非流动资产：			非流动负债：		
长期股权投资	280 000	280 000	长期借款	600 000	830 000
固定资产	1 354 000	1 333 000	非流动负债合计	600 000	830 000
在建工程	0	0	所有者权益：		
无形资产	700 000	680 000	实收资本	4 000 000	4 000 000
非流动资产合计	2 334 000	2 293 000	盈余公积	178 500	225 952
			未分配利润	0	268 896
			所有者权益合计	4 178 500	4 494 848
资产总计	7 008 500	7 210 848	负债和所有者权益总计	7 008 500	7 210 848

表 13-39　利润表

编制单位：C 公司　　　　20×7 年度　　　　单位：元

项目	本月数	本年累计数
一、营业收入		1 500 000
减：营业成本		800 000
税金及附加		0
销售费用		50 000
管理费用		97 000
研发费用		50 000
财务费用		51 000
加：投资收益		42 000
公允价值变动收益		0
信用减值损失		−2 340
二、营业利润		491 660
加：营业外收入		0
减：营业外支出		19 500
三、利润总额		472 160
减：所得税费用		155 812
四、净利润		316 348
五、每股收益		
其中：基本每股收益		
稀释每股收益		

该公司资产负债表有关补充资料如下：

C公司20×7年年初固定资产累计折旧为500 000元，年末累计折旧为340 000元；年初应收账款余额为300 000元，坏账准备余额为12 660元；年末应收账款余额为300 000元，坏账准备余额为15 000元。

20×7年C公司有关明细资料如下：

(1) 管理费用：工资57 000元，折旧费用20 000元，无形资产摊销20 000元，共计97 000元。

(2) 研发费用：全部以银行存款支付。

(3) 财务费用：支付了短期借款利息21 000元，提取长期借款利息30 000元，共计51 000元。

(4) 信用减值损失：计提资产减值准备（全部为坏账准备）2 340元。

(5) 投资收益：处置交易性金融资产收益2 000元，收取股利40 000元，共计42 000元。

(6) 营业外支出：报废固定资产原值300 000元，已提取折旧280 000元；支付清理费500元，收取残值收入1 000元，净支出19 500元。

(7) 生产成本和制造费用：生产车间工人工资364 800元，车间管理人员工资34 200元，提取的折旧费100 000元。

(8) 应交税费：假定只涉及增值税和所得税，且增值税只与存货有关，无递延所得税。20×7年实际缴纳增值税108 000元，实际缴纳所得税105 812元。

要求：根据上述资料，按照我国《企业会计准则第31号——现金流量表》的规定编制C公司20×7年度的现金流量表。

4. 甲公司为一商品流通企业，20×1年可能与现金流量表有关的资料如下：净利润8 000万元，折旧费用1 000万元，财务费用80万元，资产减值损失100万元，公允价值变动收益200万元，投资收益300万元（其中：债券投资的利息收益200万元，成本法下的股权投资收益200万元，权益法下的股权投资损失100万元）。可能与现金流量表有关的账户余额数据如表13-40所示。

表13-40　　单位：万元

账户名称	年初余额	年末余额
应收账款	5 000	6 000
坏账准备	500	600
应收股利	200	300
应收利息	300	400
库存商品	9 000	8 000
递延所得税资产	50	60
应付账款	3 000	4 000
应交税费	100	200
递延所得税负债	40	50

甲公司的全部资产中只有应收账款和存货发生减值，计提了减值准备。20×1年没有发生营业外收入和营业外支出。

要求：根据以上资料，按照我国《企业会计准则第 31 号——现金流量表》的规定进行如下计算：

（1）计算甲公司 20×1 年度现金流量表中“经营活动产生的现金流量净额”项目的金额。

（2）计算甲公司 20×1 年度现金流量表中“投资活动产生的现金流量”部分“取得投资收益收到的现金”项目的金额。

第 14 章　资产负债表日后事项

学习目标

1. 掌握：会计准则对资产负债表日后事项的基本分类方法以及分类的依据；调整事项和非调整事项的具体会计处理方法。

2. 理解：资产负债表日后事项的性质与意义。

3. 了解：调整事项的性质。

14.1　资产负债表日后事项概述

14.1即测即评

14.1.1　资产负债表日后事项的意义

在我国，企业的会计年度从 1 月 1 日开始，至 12 月 31 日结束。因此，企业的年度财务报告应该反映企业在该年度 12 月 31 日（即资产负债表日）的财务状况，以及于 12 月 31 日结束的会计年度的经营成果与现金流量信息。然而，企业的年度财务会计报告从编制、审批到最后报出，往往要经历较长一段时间。企业在资产负债表日以后、财务报告批准报出日之前这段时间里，会发生许多交易或其他事项，这些交易或事项有的可能对企业报告期的财务状况、经营成果产生较大的影响；有的虽然与企业的报告期无关，但可能会影响财务报告使用者做出正确的估计和决策。因此，为了使财务报告的使用者能够全面、客观地了解企业的财务信息，就有必要对上述交易或事项进行分析、评价，以确定是否需要调整将要报出的报告年度的财务会计报告，或是否需要在财务报表附注中进行说明，以便使用者能够获取与财务报告公布日最为相关的信息。为了规范年度资产负债表日以后、财务报告批准报出日之前发生的与报告期的财务报告有关的交易或其他事项，我国有专门的会计准则《企业会计准则第 29 号——资产负债表日后事项》。

14.1.2　资产负债表日后事项的性质与分类

1．资产负债表日后事项的性质

资产负债表日后事项（events after the balance sheet date）是指从年度资产负债表日至财务报告批准报出日之间发生的需要调整或说明的事项。财务报告批准报出日是指公司董事会批准财务报告报出的日期。

（1）资产负债表日后事项是在特定期间内发生的事项，即在资产负债表日后至财务报告批准报出日之间发生的事项。不是在此期间发生的事项不属于资产负债表日后事项。这里所说的资产负债表日通常是指年度资产负债表日，在我国就是每年的 12 月 31 日结账日。这里所说的财务报告批准报出日是指董事会或经理（厂长）会议或类似的机构批准财务报告报出的日期。具体来说，对于上市公司而言，财务报告批准报出日是指公司董事会批准财务报告报出的日期；对于其他企业而言，财务报告批准报出日是指企业的经理（厂长）会议或类似机构批准财务报告报出的日期。

（2）资产负债表日后事项并非涵盖上述特定期间内发生的所有事项，而是指该期间内发生的两类事项：1）与资产负债表日存在的状况有关的事项；2）虽然与资产负债表日存在的状况无关，但对企业财务状况具有重大影响的事项。也就是说，在上述特定期间内发生的事项中，那些既与资产负债表日存在的状况无关又对企业财务状况无重大影响的事项，不属于资产负债表日后事项。

如何区分调整事项与非调整事项？

2．资产负债表日后事项的分类

通常将资产负债表日后事项按其性质和处理方法分为以下两类：

（1）调整事项。

（2）非调整事项。

14.2　调整事项

14.2.1　调整事项的性质

14.2 即测即评

调整事项（adjusting events）是能够对资产负债表日或以前所发生的事项提供新的或进一步的证据，从而有助于对资产负债表日存在状况的有关金额作出重新估计的一种资产负债表日后事项。也就是说，调整事项是在资产负债表日后发生的、表明依据资产负债表日存在状况所确定的某些财务报表数据已不恰当，应该据以调整这些财务报表项目，从而为资产负债表日已经存在的情况提供新的或进一步证据的事项。

调整事项的特点是：与资产负债表日存在的状况有关，能够为资产负债表日或以前所发生的事项提供新的或进一步的证据，并对按资产负债表日存在的状况编制的财务报表产生重大影响。

14.2.2 调整事项的处理原则

虽然前面关于调整事项的定义已经限定了调整事项的处理方法，即需要调整财务报表的相关项目，但从具体操作来看，应该有两种可选方法：

（1）不调整财务报表上的相关数据，仅在财务报表附注中披露这些事项对财务报表相关项目预计产生的影响。赞同采用这种方法者认为，以财务报表附注或是其他方式披露这些事项，可以很好地反映财务报表的原貌以及有关财务报表项目估计的变化情况，没有必要再调整财务报表。

（2）调整财务报表的相关数据，以反映资产负债表日后事项的影响。赞同采用这一方法者认为，财务报表中列示的金额有很多是基于估计，而非准确的计量，它们受到项目分类、判断、分配等方面的影响，因而往往只是近似值。例如，企业需要估计固定资产的折旧年限、可能发生的产品保修费用、应收账款的可收回金额等。与此相关的实际结果往往要等到交易或事项结束后才能最终确定，而相关交易或事项往往在资产负债表日后才结束。既然在资产负债表日后、财务报告批准报出日之前出现了对原有估计的新的或进一步的证据，这些信息也应该为财务报告使用者所利用，为他们作出正确的判断提供相关可靠的依据。也就是说，调整事项表明资产负债表日所做的估计与事实存在一定的差距，既然取得了新的证据证明了这种差异的存在，就应对根据资产负债表日存在的状况编制的财务报表的相关数据进行调整，使对外公布的财务报表所估计的数字更加接近事实。因此，这种调整财务报表相关数据的方法在国际上得到较广泛的运用，我国现行会计准则也采用了这种方法。下面着重说明这种方法的具体运用。

根据《企业会计准则第29号——资产负债表日后事项》的规定，对于调整事项，需要调整财务报表的资产和负债以及相关收入、费用等，以反映资产负债表日后事项的影响。其具体处理方法是：涉及损益的事项，通过“以前年度损益调整”科目核算。调整增加以前年度收益或调整减少以前年度亏损的事项，及其调整减少的所得税，记入“以前年度损益调整”科目的贷方；调整减少以前年度收益或调整增加以前年度亏损的事项，以及调整增加的所得税，记入“以前年度损益调整”科目的借方。“以前年度损益调整”科目的贷方或借方余额，转入“利润分配——未分配利润”科目。

例14-1

甲公司于20×5年8月销售给乙公司一批产品，价款为80 000元（含应向乙公司收取的增值税），乙公司已于9月收到所购物资并验收入库。按合同规定，乙公司应于收到所购物资后1个月内付款。但由于乙公司财务状况不佳，直到20×5年12月31日仍未付款。甲公司于12月31日为该项应收账款提取坏账准备4 000元（假定坏账准备提取比例为5%），12月31日甲公司“应收账款”科目的余额为100 000元，“坏账准备”科目的余额为5 000元。甲公司于20×6年2月15日收到乙公司通知，乙公司已进行破产清算，无力偿还所欠部分货款，预计甲公司可收回应收乙公司账款的30%。此时甲公司的年度财务报告尚未批准报出。

甲公司在接到乙公司的通知后，首先判断该事项属于资产负债表日后事项中的调整事项，然后根据调整事项的处理原则处理如下：

（1）补提坏账准备。

应补提的坏账准备＝80 000×70%－4 000＝52 000(元)

借：以前年度损益调整　　52 000
　　贷：坏账准备　　52 000

（2）调整递延所得税资产（所得税税率为25%）。

应调整额＝52 000×25%＝13 000(元)

借：递延所得税资产　　13 000
　　贷：以前年度损益调整　　13 000

（3）将“以前年度损益调整”科目的余额转入“利润分配”科目。

借：利润分配——未分配利润　　39 000
　　贷：以前年度损益调整　　39 000

（4）调整利润分配的有关数字。假定甲公司按净利润的10%提取盈余公积，除此之外不作其他分配。

应调整减少提取的盈余公积＝39 000×10%＝3 900(元)

借：盈余公积　　3 900
　　贷：利润分配——未分配利润　　3 900

（5）调整20×5年度财务报表相关项目的数字（见表14-1、表14-2）。所有者权益变动表的调整此处从略。

表14-1　资产负债表

编制单位：甲公司　　20×5年12月31日　　单位：元

资产	调整前	调整后	负债和股东权益	调整前	调整后
流动资产：			流动负债：		
货币资金	12 000	12 000	短期借款	16 000	16 000
交易性金融资产	8 000	8 000	应付票据	7 000	7 000
应收票据	6 000	6 000	应付账款	8 000	8 000
应收账款	95 000	4 300	应交税费	26 000	26 000
存货	30 000	30 000	流动负债合计	57 000	57 000
流动资产合计	151 000	99 000	非流动负债：		
非流动资产：			长期借款	10 000	10 000
长期股权投资	65 000	65 000	非流动负债合计	10 000	10 000
固定资产	60 000	60 000	负债合计	67 000	67 000
无形资产	7 000	7 000	股东权益：		

续表

资产	调整前	调整后	负债和股东权益	调整前	调整后
递延所得税资产	0	13 000	股本	120 000	120 000
非流动资产合计	132 000	145 000	资本公积	10 000	10 000
			盈余公积	15 000	11 100
			未分配利润	71 000	35 900
			股东权益合计	216 000	177 000
资产合计	283 000	244 000	负债和股东权益总计	283 000	244 000

表14-2 利润表

编制单位：甲公司　　20×5年度　　单位：元

项目	调整前	调整后
一、营业收入	408 000	408 000
减：营业成本	260 000	260 000
税金及附加	20 000	20 000
销售费用	1 000	1 000
管理费用	2 400	2 400
财务费用	1 600	1 600
加：投资收益	2 500	2 500
资产减值损失	−5 000	−57 000
二、营业利润	120 500	68 500
加：营业外收入	1 800	1 800
减：营业外支出	300	300
三、利润总额	122 000	70 000
减：所得税费用	40 260	27 260
四、净利润	81 740	42 740

（6）调整20×6年2月份资产负债表相关项目的年初数。如果甲公司需要按月编制财务报表，那么甲公司在编制20×6年1月份的财务报表时，是以表14-1中相关项目调整前的数字作为该月资产负债表的年初数的。由于发生了资产负债表日后调整事项，甲公司除了要调整20×5年度财务报表相关项目的数字外，还应调整20×6年2月份资产负债表相关项目的年初数，也就是说，其年初数应按表14-1中调整后的数字填列。

需要注意的是，上例中对报告年度损益的调整，虽然是通过“以前年度损益调整”科目核算的，但在调整利润表时应对“信用减值损失”项目进行调整。

14.3 非调整事项

非调整事项（non-adjusting events）是在资产负债表日以后才发生或存在的、不影响资产负债表日存在的状况，但如不加以说明，将会影响财务报告使用者作出正确估计和决策的一种资产负债表日后事项。例如，股票和债券的发行、对一个企业的巨额投资、自然灾害导致资产损失、汇率发生较大变动等，都属于非调整事项的例子。非调整事项应在财务报表附注中予以披露。

14.3 即测即评

非调整事项是属于应在新的会计年度的财务报表中反映的事项，因而不应对尚未报出的上年度财务报表进行调整，否则，会计年度的划分就失去了意义：上年度的资产负债表所反映的就不再是该公司上年 12 月 31 日的财务状况，利润表反映的也不再是截至上年 12 月 31 日的全年经营成果。但由于这些事项对公司的财务状况等有重大影响，又在上年度的财务报告的批准报出日之前已经发生，因而需要在尚未报出的上年度财务报表附注中说明事项的内容、估计对企业财务状况与经营成果的影响，以便财务报告使用者对企业未来的财务状况、经营成果作出正确的估价和决策。

思考题

1. 什么是资产负债表日后事项？为什么要考虑资产负债表日后事项？
2. 会计准则对资产负债表日后事项是如何分类的？为什么要这样分类？
3. 对于资产负债表日后事项中的调整事项应当如何进行会计处理？为什么？
4. 对于资产负债表日后事项中的非调整事项应当如何进行会计处理？为什么？

练习题

甲公司与乙公司签订供销合同，合同规定甲公司在 20×7 年 6 月供应给乙公司一批货物。甲公司因为严重违约于 20×7 年 11 月被乙公司起诉，乙公司要求甲公司赔偿经济损失 200 万元，该诉讼案在 12 月 31 日尚未判决，甲公司已于 20×7 年 12 月 31 日确认与该诉讼案有关的预计负债 80 万元。20×8 年 2 月 20 日，经法院一审判决，甲公司需要赔偿乙公司经济损失 120 万元，甲公司不再上诉，赔偿款尚未支付。按照税法规定，如有证据表明资产已发生永久或实质性损害时，才允许从应纳税所得额中扣除相关的损失，企业预计的负债所产生的损失不能在应纳税所得额前扣除。本年度除上述预计的负债外，无其他纳税调整事项。甲公司 20×7 年度的财务报告批准报出日为 20×8 年 3 月 20 日。甲公司所得税的会计处理采用资产负债表债务法。该公司适用的所得税税率为 25%，并于 20×8 年 2 月 15 日完成了 20×7 年度所得税汇算清缴。该公司按净利润的 10%计提法定盈余公积。

要求：

(1) 判断上述资产负债表日后事项的性质。

(2) 具体说明对上述资产负债表日后事项应当如何进行会计处理。

第 15 章　会计变更与差错更正

学习目标

1. 掌握：会计政策变更与会计估计变更的会计处理方法：追溯调整法与未来适用法；前期差错更正的会计处理方法。
2. 理解：会计变更与差错更正的基本概念与分类。
3. 了解：会计政策变更的条件。

15.1　会计变更

15.1 即测即评

会计变更通常是指会计政策、会计估计的变更。一个报告主体的会计变更可能会对该主体所披露的特定日期的财务状况和一定时期的经营成果产生很大影响，也可能对比较财务报表和历史总结所反映的变动趋势产生重大影响。因此，会计变更的反映与报告应该便于财务报表的分析与理解。会计变更通常可以分为会计政策变更与会计估计变更两种类型。

15.1.1　会计政策变更

1. 会计政策

会计政策（accounting policies）是指企业在会计确认、计量和报告中所采用的原则、基础和会计处理方法。

作为会计政策的原则，是指会计确认的原则，即指导企业进行会计确认的具体原则。例如，《企业会计准则第 13 号——或有事项》规定的以该义务是企业承担的现时义务、履行该义务很可能导致经济利益流出企业、该义务的金额能够可靠地计量作为预计负债的确认条件就是预计负债确认的具体会计原则。

作为会计政策的基础，是指会计计量的基础，即在遵循会计确认原则的前提下在会计计量中采用的计量基础（即计量属性），包括历史成本、重置成本、可变现净值、现值和公允价值等。例如，《企业会计准则第 3 号——投资性房地产》中涉及成本模式和公允价值模式，成本（历史成本）和公允价值就是计量基础。

作为会计政策的会计处理方法，是指按照会计原则和计量基础的要求，由企业在会计核算中采用或者选择的适合本企业的具体会计处理方法。例如，企业按照《企业会计准则第 2 号——长期股权投资》的规定采用的成本法或权益法就是会计处理方法。

企业应当在会计准则允许采用的会计政策中选择适当的会计政策，并正确地运用所选定的会计政策进行相关交易或事项的会计确认、计量和报告。

按照我国企业会计准则的规定，企业应在报表附注中披露其所采用的会计政策的主要内容。

2. 会计政策变更的含义与条件

（1）会计政策变更的含义。**会计政策变更**（changes in accounting policies），是指企业对相同的交易或事项由原来采用的会计政策改用另一会计政策的行为。企业应当按照会计准则和会计制度规定的原则和方法进行会计确认、计量和报告。依据可比性的会计信息质量要求，各期采用的会计原则和方法应当保持一致，不得任意变更。如果确实需要改变会计政策，则应当将变更的情况、变更的原因及其对企业财务状况和经营成果的影响在财务报告中说明。

（2）会计政策变更的条件。在我国，按现行会计准则的规定，企业只有在符合下述两个条件之一的情况下才可以变更会计政策。

1）法律或会计准则等行政法规、规章要求变更。由于实施了新的会计准则或会计制度，或修订了原有的会计准则或会计制度，要求变更会计政策。例如，由于实施《企业会计准则第 2 号——长期股权投资》而对子公司的投资采用新的会计政策。

2）变更会计政策能够使所提供的企业财务状况、经营成果和现金流量信息更为可靠、更为相关。由于经济环境、客观情况的改变，企业依据原来的会计政策所提供的会计信息，已不能恰当地反映企业的财务状况、经营成果和现金流量等情况。在这种情况下，企业应改变原会计政策，按变更后的新会计政策进行核算，以便提供更为可靠、相关的会计信息。例如，企业原来采用直线法计提固定资产折旧，由于技术进步，采用加速折旧法更能反映企业的财务状况和经营成果。

（3）不属于会计政策变更的两种情形。企业必须明确认定哪些情形属于会计政策变更，哪些情形不属于会计政策变更，以便正确选择会计处理方法。以下两种情形不属于会计准则所定义的会计政策变更：

1）对初次发生的或不重要的交易或事项采用新的会计政策。对初次发生的某类交易或事项采用适当的会计政策，并没有改变原有的会计政策，因而不属于会计政策变更。例如，企业以前没有对外长期股权投资业务，当年对外进行长期股权投资属于初次发生的交易，企业采用成本法或权益法进行核算，并不属于会计政策变更。

对于不重要的交易或事项变更会计政策，虽然符合会计政策变更的定义，但根据重要性原则，如果不按照会计政策变更的会计处理方法进行核算，不会影响会计信息的可比性，也不会引起会计信息使用者的误解，因而不作为会计政策变更处理。例如，企业长期以来一直将小型工具方面的开支计入当期损益，本期改变其会计处理方法，将此类开支予以资本化，按工具的使用年限分年计提折旧。由于小型工具的费用在该企业费用总额中所占比重很小，对于会计政策的这种改变不作会计政策变更处理并不影响会计信息的可比性，因而不属于会计准则所定义的会计政策变更。

2）当期发生的交易或事项与以前相比具有本质区别，因而采用新的会计政策。例如，甲公司持有对乙公司的长期股权投资，由于甲公司对乙公司具有重大影响，因而过去一直采用权益法核算。本期甲公司对乙公司追加投资，从而达到能对其施加控制的程度，因而改按成本法核算。因为追加投资后与追加投资前相比对乙公司的投资已经发生了本质区别，即由重大影响变为控制，作为会计政策的权益法与成本法分别适用于不同类型的长期股权投资，因而在这种情况下改变会计处理方法不属于会计政策变更。

3. 会计政策变更的会计处理方法

对于会计政策变更的会计处理，就是要决定：(1) 是否计算和确认会计政策变更的累积影响数；(2) 如果确认会计政策变更的累积影响数，是将其计入当期（变更期）损益还是调整当期期初留存收益。据此，可以将会计政策变更的会计处理方法分为追溯调整法、当期法与未来适用法三种。

(1) 追溯调整法。追溯调整法，是指对某类交易或其他事项变更会计政策时，要视同该类交易或其他事项初次发生时就采用了此次变更拟改用的新的会计政策，计算会计政策变更的累积影响数，据以对本期期初留存收益和相关财务报表项目以及比较财务报表中相关项目进行调整的方法。

如果企业提供比较财务报表，对于比较财务报表期间的会计政策变更，应当调整比较期间各期的净损益和其他有关项目，视同该政策在比较财务报表期间一直采用；会计政策变更的累积影响数中属于比较财务报表期间以前期间的部分，应当调整比较财务报表最早期间的期初留存收益，财务报表其他相关项目的数字也作相应调整。

例 15－1

甲公司于 20×5 年 1 月 1 日以 80 000 000 元的价格购入一栋写字楼用于出租，作为投资性房地产进行管理，写字楼的使用寿命为 20 年。虽然写字楼所在地有活跃的房地产市场、写字楼的公允价值信息能够可靠地确定，但甲公司拟采用成本模式对该投资性房地产进行后续计量，采用年限平均法计提折旧。假定 20×5 年与 20×6 年写字楼没有发生减值。公司从 20×7 年起对该投资性房地产的后续计量由成本模式改为公允价值模式。公司保存的会计资料比较齐备，可以通过会计资料追溯计算。假设所得税税率为 25%，公司按净利润的 10%提取法定盈余公积。甲公司流通在外的股票为 10 000 万股。按两种模式计量的投资性房地产的账面价值如表 15－1 所示。

成本模式下每年的折旧＝80 000 000÷20＝4 000 000(元)

表 15－1　两种模式计量的投资性房地产账面价值　单位：元

时间	成本	公允价值
20×5 年年初	80 000 000	80 000 000
20×5 年年末	76 000 000	81 000 000
20×6 年年末	72 000 000	81 000 000

根据上述资料，甲公司的会计处理如下：

1）计算改变投资性房地产计量模式后的累积影响数如表 15－2 所示。

表 15－2　改变投资性房地产计量模式后的累积影响数　单位：元

时间	公允价值	成本	税前差异	所得税影响	税后差异
20×5 年年末	81 000 000	76 000 000	5 000 000	1 250 000	3 750 000
20×6 年年末	81 000 000	72 000 000	9 000 000	2 250 000	6 750 000

甲公司 20×7 年 12 月 31 日的比较财务报表列报前期期初为 20×6 年 1 月 1 日。

甲公司在 20×5 年年末按公允价值计量的账面价值为 81 000 000 元，按成本计量的账面价值为 76 000 000 元，两者差异的所得税影响为 1 250 000 元，两者差异的税后净影响额为 3 750 000 元，即为该公司 20×6 年年初由成本模式改为公允价值模式的累积影响数。

甲公司在 20×6 年年末按公允价值计量的账面价值为 81 000 000 元，按成本计量的账面价值为 72 000 000 元，两者差异的所得税影响为 2 250 000 元，两者差异的税后净影响额为 6 750 000 元，其中，3 750 000 元是调整 20×6 年年初累积影响数，3 000 000 元是调整 20×6 年当年金额。

2）20×7 年 1 月 1 日编制有关项目的调整分录。

对 20×5 年有关事项的调整分录如下：

调整会计政策变更的累积影响数：

借：投资性房地产——公允价值变动　1 000 000
　　投资性房地产累计折旧　4 000 000
　贷：利润分配——未分配利润　3 750 000
　　　递延所得税负债　1 250 000

调整利润分配：

按净利润的 10%提取的法定盈余公积＝3 750 000×10%＝375 000(元)

借：利润分配——未分配利润　375 000
　贷：盈余公积　375 000

对 20×6 年有关事项的调整分录如下：

调整投资性房地产：

借：投资性房地产累计折旧　4 000 000

贷：利润分配——未分配利润　　3 000 000

　　递延所得税负债　　1 000 000

调整利润分配：

按净利润的10%提取的法定盈余公积＝3 000 000×10%＝300 000(元)

借：利润分配——未分配利润　　300 000

　贷：盈余公积　　300 000

以上对20×5年和20×6年有关事项的调整分录可以合并编制如下：

调整会计政策变更的累积影响数：

借：投资性房地产——公允价值变动　　1 000 000

　　投资性房地产累计折旧　　8 000 000

　贷：利润分配——未分配利润　　6 750 000

　　　递延所得税负债　　2 250 000

调整利润分配：

借：利润分配——未分配利润　　675 000

　贷：盈余公积　　675 000

3）财务报表调整和重述（财务报表此处从略）。甲公司在列报20×7年财务报表时，应调整20×7年资产负债表有关项目的年初余额、利润表有关项目的上年金额及所有者权益变动表有关项目的上年金额和本年金额。

资产负债表项目的调整：调增投资性房地产年初余额9 000 000元；调增递延所得税负债年初余额2 250 000元；调增盈余公积年初余额675 000元；调增未分配利润年初余额6 075 000元。

利润表项目的调整：调减营业成本上年金额4 000 000元；调增所得税费用上年金额1 000 000元；调增净利润上年金额3 000 000元；调增基本每股收益上年金额0.03元。

所有者权益变动表项目的调整：调增会计政策变更项目中盈余公积上年金额375 000元，未分配利润上年金额 3 375 000 元，所有者权益合计上年金额3 750 000元；调增会计政策变更项目中盈余公积本年金额300 000元，未分配利润本年金额2 700 000元，所有者权益合计本年金额3 000 000元。

追溯调整法的优点是，可以较好地保证前后期间报表的可比性。其主要缺点是，操作较为复杂，而且在某些情况下，会计变更的累积影响数无法合理确定，就无法运用这种方法，也就是说，这种方法的运用受客观条件的限制。

（2）当期法。当期法是指对某类交易或事项变更会计政策时，要计算会计政策变更的累积影响数，将其计入变更当期的损益，且不必调整比较财务报表数据。但为了使报表具有可比性，需要报告备考数据。现行会计准则不允许采用这种方法，故不详细举例说明。

（3）未来适用法。未来适用法是指对某项交易或事项变更会计政策时不进行追溯调整，只需将新的会计政策适用于变更当期及未来期间发生的交易或事项的方法。也就是不计算与确认会计政策变更有关的累积影响数。但根据披露要求，企业应计算确定会计政策变更对当期净利润的影响数。

例 15 - 2

承例 15 - 1。假定甲公司对投资性房地产的会计政策变更采用未来适用法进行会计处理。

在未来适用法下，在会计政策变更日不需要对投资性房地产的账面价值做任何调整，只需将原来成本模式下的账面价值转为公允价值模式下的初始确认金额，直到期末才按公允价值计量。假如甲公司为上市公司，需要按季对外提供财务报告。20×7 年 3 月 31 日，该投资性房地产的公允价值为 81 500 000 元。

1）20×7 年 1 月 1 日编制有关项目的调整分录。

借：投资性房地产——成本	72 000 000	
投资性房地产累计折旧	8 000 000	
贷：投资性房地产		80 000 000

变更日不对投资性房地产的账面价值做任何调整，只是将原来成本模式下的账面价值转为公允价值模式下的初始确认金额，账面价值没有任何变化。

2）20×7 年 3 月 31 日编制有关项目的调整分录。

借：投资性房地产——公允价值变动	9 500 000	
贷：公允价值变动损益		9 500 000

未来适用法的优点是，不需要计算确定会计政策变更的累积影响数，因而操作比较简单。其缺点是，会减弱会计政策变更前后会计信息的可比性，特别是减弱比较财务报表中前后期间会计信息的可比性。

（4）我国现行会计准则与制度的规定。根据《企业会计准则第 28 号——会计政策、会计估计变更和差错更正》的规定，企业发生会计政策变更，要分别下列具体情况进行相应的会计处理：

1）企业依据法律或会计准则等行政法规、规章的要求变更会计政策的，如果国家发布了相关的会计处理办法，则按照国家发布的相关会计处理规定进行处理。如果国家没有发布相关的会计处理办法，而且会计政策变更的累积影响数能够合理确定，则采用追溯调整法进行会计处理。

2）如果由于经济环境、客观情况发生变化，企业为了提供更可靠、更相关的有关企业财务状况、经营成果和现金流量等方面的会计信息而变更会计政策，而且会计政策变更的累积影响数能够合理确定，则应采用追溯调整法进行会计处理。

3）如果会计政策变更的累积影响数不能合理确定，则无论因何种原因变更会计政策，均采用未来适用法进行会计处理。

可见，在我国，企业会计政策变更的会计处理，除了在法律或会计准则等行政法规、规章要求企业变更会计政策，且国家发布了相关的会计处理办法的情况下，要按照国家发布的相关会计处理规定进行处理之外，企业只能根据具体情况确定应采用追溯调整法还是未来适用法，而不允许采用当期法。

如何区分会计政策变更与会计估计变更?

15.1.2　会计估计变更

1. 会计估计

在实际工作中，会计经常需要运用判断和估计。这是因为，企业需要定期、及时地为有关方面提供有用的会计信息，因而必须将持续不断的经营活动人为地划分为一定的期间，并在权责发生制的基础上定期反映企业的财务状况与经营成果。然而，在企业进行会计处理时，与本期经营成果和期末财务状况有关的某些重要的事实尚不可知，或具有较大的不确定性。例如，应收账款能在多大程度上收回；对本企业产品进行质量担保将会发生多大的成本；等等。这就要求企业对那些结果尚不确定的交易或事项予以估计入账。

会计估计（accounting estimates）是指企业对其结果不确定的交易或事项以最近可利用的信息为基础所作的判断。可见，会计估计的主要特点如下：

(1) 需要进行会计估计的根本原因是企业的经济活动中存在不确定性因素。例如，固定资产的折旧年限、固定资产残值等需要根据经验作出估计。

(2) 进行会计估计的依据是最近可利用的信息或资料。企业在进行会计估计时，应根据当时的情况和经验，以最近可利用的信息或资料为基础进行。

2. 会计估计变更的原因

会计估计是以最近可利用的信息或资料为基础进行的。然而，随着时间的推移和环境的变化，进行会计估计的基础可能会发生变化，企业有可能发现原有估计不符合事实，因而需要对原来的会计估计进行修正。

会计估计变更（changes in accounting estimates）是指由于赖以进行会计估计的基础发生了变化，或者由于取得新的信息、积累更多的经验以及后来的发展变化，而对原来的会计估计所作的修正。应当指出，会计估计变更并不意味着原来的会计估计是错误的，它只是表明，由于情况发生变化，或者掌握了新的信息，积累了更多的经验，对原来的会计估计进行修正可以更好地反映企业的财务状况和经营成果。如果原来的会计估计是错误的，则属于会计差错，应按会计差错更正进行会计处理。

3. 会计估计变更的会计处理

企业发生会计估计变更会带来两个问题，一是如何在账面上记录会计估计变更的影响；二是如何在比较财务报表上报告会计估计变更。

对于会计估计变更的会计处理，一般采用未来适用法。即在会计估计变更当期及以后期间，采用新的会计估计，不改变以前期间的会计估计，也不调整以前期间的报告结果。为了使不同期间的财务报表可比，如果会计估计变更的影响数在以前期间计入日常经营活动损益，则以后期间也应计入日常经营活动损益；如果会计估计变更的影响数在以前期间计入特殊项目，则以后期间也应计入特殊项目。

例 15-3

乙公司于 20×2 年 1 月开始计提折旧的一台管理用新设备，原价 105 000 元，估计使用年限 10 年，净残值 5 000 元，采用年限平均法计提折旧。至 20×6 年年初，由于技术进步等原因，需要对原估计的使用年限和净残值作出修正，估计该设备的使用年限为 8 年，净残值为 3 000 元。假定税法允许按变更后的折旧额在税前扣除。

20×6 年乙公司采用未来适用法对该项会计估计变更的处理如下：

（1）从 20×6 年起按变更后的会计估计确定各年的应提折旧额：不必调整以前各年的折旧，也不计算会计估计变更的累积影响数，只需按变更后的会计估计确定以后各年的应提折旧额。按原来的会计估计，每年折旧额为 10 000 元，至 20×6 年年初已提折旧 4 年，累计已提折旧 40 000 元，设备净值为 65 000 元。20×6 年年初有关该设备的各项目余额为：

固定资产	105 000 元
减：累计折旧	40 000 元
固定资产净值	65 000 元

在未来适用法下，改变估计使用年限与净残值后，20×6 年起每年应计提折旧为 15 500 元（(65 000－3 000)/(8－4)）。20×6 年不必对以前年度已提折旧进行调整，只需按重新预计的剩余使用年限和净残值计算确定年折旧额，编制会计分录如下：

借：管理费用　　15 500

　贷：累计折旧　　15 500

（2）在报表附注中说明。乙公司在 20×6 年度的报表附注中应作如下说明：本公司一台管理用设备，原始价值 105 000 元，原估计使用年限为 10 年，预计净残值 5 000 元，按年限平均法计提折旧。由于技术进步，该设备已不能按原估计使用年限计提折旧，本公司于 20×6 年年初变更该设备的使用年限为 8 年，预计净残值为 3 000 元，以反映该设备的真实耐用年限和净残值。此项会计估计变更使本年度净利润减少数为 4 125 元（(15 500－10 000)×(1－25%)）。

15.2 会计差错更正

为了保证会计资料的真实、合法和完整，企业应当建立健全内部稽核制度。但是，在企业的日常会计核算中仍然可能由于各种原因造成会计差错。**会计差错**（accounting error）是指在会计确认、计量、记录等方面出现的错误，如抄写差错、对事实的疏忽和误解以及会计政策的误用。

15.2 即测即评

企业发现会计差错时，应当根据差错的性质及时纠正。

（1）年度资产负债表日至财务报告批准报出日之间发现的报告年度的会计差

错及以前年度的非重大会计差错，应按照《企业会计准则第 29 号——资产负债表日后事项》的规定处理。

（2）其他会计差错的更正。

1）本期发现的与本期相关的会计差错，应调整本期相关项目。

2）本期发现的前期会计差错，简称前期差错。前期差错是由于没有运用或错误运用下列两种信息，而对前期财务报表造成省略或错报。

①编报前期财务报表时预期能够取得并加以考虑的可靠信息。

②前期财务报告批准报出时能够取得的可靠信息。

前期差错可以分为两类：一类是重要的或者虽然不重要但属故意造成的前期差错，另一类是不重要且非故意造成的前期差错。

前期差错的重要程度，应根据差错的性质和金额加以判断。例如，企业的存货盘盈，应将盘盈的存货计入当期损益。而对于固定资产盘盈，应当查明原因，采用追溯重述法进行更正。

企业应当采用追溯重述法更正重要的前期差错，但确定前期差错累积影响数不切实可行的除外。追溯重述法，是指在发现前期差错时视同该项前期差错从未发生过，从而对财务报表相关项目进行更正的方法。追溯重述法的会计处理与追溯调整法相同。

有时确定前期差错的特定期间影响或累积影响是不切实可行的，在这种情况下，可以采用两种处理方法：一是从可追溯重述的最早期间开始调整留存收益的期初余额，财务报表其他相关项目的期初余额也应当一并调整；二是采用未来适用法。

对于不重要且非故意造成的前期差错，可以采用未来适用法。

关于会计差错的会计处理，可以分为两个步骤：差错分析与差错更正。即首先分析会计差错的性质与种类，然后决定更正差错的方法。

15.2.1 会计差错分析

为了正确更正会计差错，对于发现的会计差错应当进行认真的分析。会计差错的分析可以从以下几个方面着手。

1. 辨明会计差错发生的会计期间

会计差错有的是在发现差错的当期发生的，也有的是在上期发生的，或在更早的以前期间发生的。会计差错发生的会计期间不同，更正的要求与方法也可能不同。

2. 注意会计差错发现的时间

会计差错的更正与差错发现的时间也有关系。按照《企业会计准则第 28 号——会计政策、会计估计变更和差错更正》的规定，需要明确会计差错是在上年度财务报告批准报出日前发现的，还是在此日之后发现的。

3. 判断会计差错的性质

对于前期差错，要进一步分析其重要性程度和是否属于故意造成的。

4. **分析会计差错对财务报表的影响**

会计差错按其对财务报表的影响不同，可以分为只影响资产负债表的会计差错、只影响利润表的会计差错和既影响资产负债表又影响利润表的会计差错。

(1) 只影响资产负债表的会计差错。某些会计差错只影响资产负债表项目。例如，将一项长期借款误记为短期借款。显然，对该项银行借款的再分类只影响资产负债表。因此，如果这项会计差错发生在前期，则不需编制更正分录；但如果本期要提供比较财务报表，则比较财务报表上的前期有关项目要通过重新归类予以更正。

(2) 只影响利润表的会计差错。只影响利润表的会计差错通常是由于项目的归类出现差错。例如，将利息收入归入了销售收入。这类会计差错需要重新归类，但不影响净利润。因此，如果这类差错发生在以前期间，则不需要编制更正分录；但如果本期需要编制比较财务报表，则比较财务报表上的前期有关项目要通过重新归类予以更正。

(3) 既影响资产负债表又影响利润表的会计差错。有的会计差错既影响资产负债表又影响利润表。这类差错中常见的有会计期末漏记一项应计负债。例如，期末漏记一项应计利息，则当期利润表上的利息费用少计，同时期末资产负债表上漏列一项应付利息。

同时影响利润表与资产负债表的会计差错还可以进一步分为可自动抵销的会计差错与不可自动抵销的会计差错。可自动抵销的会计差错是指那些即使未被发现，也能在两个会计期间内自动更正的会计差错。仍然以漏记应计利息为例。假设上期末漏记应计利息 3 000 元，所得税税率为 25%。该项差错对当期财务报表的影响如下：

1) 利息费用少计 3 000 元。

2) 税前利润多计 3 000 元。

3) 所得税费用多计 750 元。

4) 净利润多计 2 250 元。

5) 留存收益多计 2 250 元。

6) 应付利息少计 3 000 元。

7) 应交所得税多计 750 元。

在下期支付利息时，误将所付全部利息确认为利息费用。这项新的会计差错对当期财务报表的影响如下：

1) 利息费用多计 3 000 元。

2) 税前利润少计 3 000 元。

3) 所得税费用少计 750 元。

4) 净利润少计 2 250 元。

由于在第二个会计期间多计的利息费用正好等于上期少计的利息费用，少计的净利润也正好与上期多计的净利润相抵销，因此，在第二期期末，资产负债表有关项目的金额没有错误。也就是说，负债没有再被低估，留存收益余额也是正确的。原来的会计差错已被自动抵销。不过应当指出，即使会计差错可以自动抵销，是否需要编制更正分录和改正财务报表项目，要取决于差错是什么时候发现的。如果这种差错在发生的第二年被发现，就需要编制一笔更正分录，以便利息费用与净利润能得到正确报告。如果这种差错在其发生的第二年以后被发现，则不需要编制更正分录。然而，这两年的财务报表是错误的，因此，除非已经过了比较财务报表的跨越期间，否则仍需改正财务报表的有关项目。

不可自动抵销的会计差错是指那些在以后的会计期间不能抵销的会计差错。例如，企业在年初购入一项成本为 3 000 元的管理用固定资产，本应按年限平均法分 10 年计提折旧，估计无残值，但在该年度错误地计入了管理费用。假设企业的所得税税率为 25%。该项差错对发生年度财务报表的影响如下：

1）管理费用多计 3 000 元。

2）固定资产少计 3 000 元。

3）折旧费用（管理费用）少计 300 元。

4）累计折旧少计 300 元。

5）税前利润少计 2 700 元（3 000－300）。

6）所得税费用少计 675 元（2 700×25%）。

7）净利润少计 2 025 元（2 700－675）。

8）留存收益少计 2 025 元。

9）应交所得税少计 675 元。

固定资产与折旧费用的少计会一直持续到该项资产的使用年限届满，直到此时，固定资产原值、累计折旧、应交所得税与留存收益这些资产负债表项目从该项会计差错发生以来才首次得以正确反映。因此，只要该项会计差错在固定资产的使用年限届满之前被发现，就需要编制一笔更正分录，并登记入账。

15.2.2 会计差错的更正

更正会计差错的方法很难进行概括，这是因为会计差错的种类很多。对于每一项会计差错，都必须仔细分析，以便确定一项交易是如何被记录以及应该如何记录。从改错的账务处理来看，有两种可供选择的方法：(1) 编制一笔综合分录；(2) 首先将原有错误分录转回，然后编制正确分录。在实务中第一种方法比较常见。

下面举例说明本期发现的与前期相关的重大会计差错的更正。

例 15-4

乙公司在 20×3 年 6 月发现，该公司 20×2 年年初赊购的一项全新的管理用固定资产没有入账，当年也未计提折旧。该项固定资产的市价为 200 000 元，预计使用年限 10 年，预计无残值，应按直线法计提折旧。乙公司 20×2 年适用的所得税税率为 25%（不考虑增值税）。

该公司按净利润的 10%提取盈余公积。乙公司 20×3 年 12 月 31 日资产负债表调整前的“年初数”见表 15-3，20×3 年度利润表调整前的“上年数”见表 15-4。

（1）分析差错的后果。

固定资产原值少计	200 000 元
应付账款少计	200 000 元
20×2 年折旧费用少计	20 000 元
累计折旧少计	20 000 元
所得税费用多计（20 000×25%）	5 000 元
净利润多计	15 000 元
应交所得税多计	5 000 元
盈余公积多提	1 500 元

（2）更正差错的账务处理。

1）固定资产入账。

借：固定资产　　200 000

　贷：应付账款　　200 000

2）补提折旧。

借：以前年度损益调整　　20 000

　贷：累计折旧　　20 000

3）调整所得税。

借：应交税费——应交所得税　　5 000

　贷：以前年度损益调整　　5 000

4）将“以前年度损益调整”科目的余额转入利润分配。

借：利润分配——未分配利润　　15 000

　贷：以前年度损益调整　　15 000

5）调整利润分配有关数字。

借：盈余公积　　1 500

　贷：利润分配——未分配利润　　1 500

（3）报表调整。乙公司 20×3 年 12 月 31 日资产负债表调整后的年初数和 20×3 年度利润表的调整后“上年数”分别见表 15－3 与表 15－4。所有者权益变动表的调整此处从略。

表 15－3　资产负债表

编制单位：乙公司　　20×3 年 12 月 31 日　　单位：元

资产	年初数		负债和股东权益	年初数	
	调整前	调整后		调整前	调整后
流动资产：			流动负债：		
货币资金	400 000	400 000	短期借款	900 000	900 000
交易性金融资产	60 000	60 000	应付票据	100 000	100 000
应收票据	490 000	490 000	应付账款	1 000 000	1 200 000
应收账款	1 000 000	1 000 000	应交税费	100 000	95 000
存货	960 000	960 000	流动负债合计	2 100 000	2 295 000

续表

资产	年初数		负债和股东权益	年初数	
	调整前	调整后		调整前	调整后
流动资产合计	2 910 000	2 910 000	非流动负债：		
非流动资产：			长期借款	1 800 000	1 800 000
长期股权投资	1 500 000	1 500 000	非流动负债合计	1 800 000	1 800 000
固定资产	2 400 000	2 580 000	负债合计	3 900 000	4 095 000
非流动资产合计	3 900 000	4 080 000	股东权益：		
			股本	2 000 000	2 000 000
			资本公积	600 000	600 000
			盈余公积	200 000	198 500
			未分配利润	110 000	96 500
			股东权益合计	2 910 000	2 895 000
资产总计	6 810 000	6 990 000	负债和股东权益总计	6 810 000	6 990 000

表15-4 利润表

编制单位：乙公司　　20×3年度　　单位：元

项目	上年数	
	调整前	调整后
一、营业收入	3 500 000	3 500 000
减：营业成本	1 540 000	1 540 000
税金及附加	360 000	360 000
管理费用	160 000	180 000
财务费用	100 000	100 000
加：投资收益	100 000	100 000
二、营业利润	1 440 000	1 420 000
加：营业外收入	90 000	90 000
减：营业外支出	30 000	30 000
三、利润总额	1 500 000	1 480 000
减：所得税费用	495 000	490 000
四、净利润	1 005 000	990 000

（4）附注说明。本年度发现20×2年漏记一项赊购的管理用固定资产，在编制20×2年与20×3年可比的财务报表时，已对该项差错进行了更正。由于此项差错的影响，20×2年少计固定资产原价与应付账款各200 000元，少计累计折旧20 000元，20×2年虚增净利润及留存收益15 000元。

上例中，如果20×2年乙公司漏记固定资产的差错，在该公司20×2年度的财务报告批准报出日之前被发现，则应比照资产负债表日后的调整事项进行处理：虽然更正账务处理与上例相同，但需要对 20×2 年度的财务报表有关项目进行调整。调整后的结果与表 15－3 中的调整后的“年初数”以及表 15－4 中的调整后的“上年数”的金额相同，故不再重复列表。

思考题

1. 什么是会计政策变更？什么是会计估计变更？二者的主要区别是什么？区分二者有何意义？

2. 会计变更的会计处理方法有哪些？其适用条件如何？不同的会计处理方法对财务报表有何不同的影响？

3. 什么是会计差错？如何更正会计差错？

练习题

1. 为执行财政部新修订的企业会计准则，20×7 年 1 月 1 日 A 公司进行如下会计变更：将坏账准备的计提方法由应收账款年末余额百分比法变更为账龄分析法。20×7 年以前 A 公司一直采用备抵法核算坏账损失，并按期末应收账款余额的 0.5%计提坏账准备。20×7 年 1 月 1 日变更前的坏账准备账面余额为 8 万元。A 公司适用的所得税税率为 25%，该公司按净利润的 10%提取盈余公积。

A 公司 20×6 年 12 月 31 日应收账款余额、账龄，以及 20×7 年坏账准备计提比例如表 15－5 所示。

表 15－5

项目	1 年以内	1～2 年	2～3 年	3 年以上
20×6 年 12 月 31 日应收账款余额	1 200 万元	200 万元	120 万元	80 万元
20×7 年坏账准备计提比例	10%	20%	40%	100%

要求：假设该会计变更适用追溯调整法，请对其进行会计处理。

2. B 公司自 20×7 年 1 月 1 日起首次执行财政部 2006 年颁布的企业会计准则。B 公司对所得税一直采用资产负债表债务法核算，适用的所得税税率为 25%，按净利润的 10%计提法定盈余公积，按净利润的 5%计提任意盈余公积。B 公司自 20×7 年 1 月 1 日起对固定资产的会计处理作如下变更：

(1) 将办公楼的预计使用年限由 16 年改为 12 年，预计净残值由 100 万元改为 60 万元。该办公楼的原价为 2 100 万元，系 20×2 年 12 月 15 日投入使用，采用年限平均法计提折旧。

(2) 将甲生产设备的折旧方法由原来的年限平均法改为年数总和法，该设备原价 1 200 万元，系 20×5 年 6 月 8 日投入使用，预计使用年限为 5 年，预计净残值为零。

假定B公司对上述两项固定资产均未计提减值准备，税法规定采用年限平均法计提折旧。

要求：

(1) 计算20×7年办公楼应计提的折旧额以及该变更对当期折旧的影响数。

(2) 计算20×7年甲生产设备应计提的折旧额以及该变更的影响数，并进行相关会计处理。

3. C公司适用的增值税税率为13%，适用的所得税税率为25%，对所得税的会计处理采用资产负债表债务法。按净利润的10%计提法定盈余公积。

C公司于20×7年对以前年度的会计资料进行复核，发现以下问题：

(1) 以1 600万元的价格于20×5年7月1日购入的一套计算机软件，在购入当日将其作为管理费用处理。按照C公司的会计政策，该计算机软件应作为无形资产确认入账，预计使用年限为10年，采用直线法摊销。

(2) 误将20×5年12月发生的一笔销售原材料收入500万元计入20×6年1月的其他业务收入；误将20×6年12月发生的一笔销售原材料收入400万元计入20×7年1月的其他业务收入。其他业务收入20×5年的毛利率为20%，20×6年的毛利率为25%。

要求：采用适当的方法为C公司更正以上会计差错。

图书在版编目（CIP）数据

财务会计学：立体化数字教材版/戴德明，林钢，赵西卜主编. -- 14版. -- 北京：中国人民大学出版社，2024. 4

中国人民大学会计系列教材

ISBN 978-7-300-32669-6

Ⅰ. ①财… Ⅱ. ①戴… ②林… ③赵… Ⅲ. ①财务会计-高等学校-教材 Ⅳ. ①F234. 4

中国国家版本馆 CIP 数据核字（2024）第 059062 号

国家级教学成果奖

“十二五”普通高等教育本科国家级规划教材

中国人民大学会计系列教材

财务会计学（第 14 版 · 立体化数字教材版）

主编　戴德明　林　钢　赵西卜

Caiwu Kuaijixue

出版发行	中国人民大学出版社		
社　　址	北京中关村大街 31 号	**邮政编码**	100080
电　　话	010－62511242（总编室）		010－62511770（质管部）
	010－82501766（邮购部）		010－62514148（门市部）
	010－62511173（发行公司）		010－62515275（盗版举报）
网　　址	http://www. crup. com. cn		
经　　销	新华书店		
印　　刷	北京宏伟双华印刷有限公司	**版　　次**	1993 年 5 月第 1 版
开　　本	787 mm×1092 mm　1/16		2024 年 4 月第 14 版
印　　张	28 插页 1	**印　　次**	2025 年 5 月第 5 次印刷
字　　数	601 000	**定　　价**	56. 00 元

中国人民大学出版社　管理分社

教师教学服务说明

中国人民大学出版社管理分社以出版工商管理和公共管理类精品图书为宗旨。为更好地服务一线教师，我们着力建设了一批数字化、立体化的网络教学资源。教师可以通过以下方式获得免费下载教学资源的权限：

- ★ 在中国人民大学出版社网站 www.crup.com.cn 进行注册，注册后进入“会员中心”，在左侧点击“我的教师认证”，填写相关信息，提交后等待审核。我们将在一个工作日内为您开通相关资源的下载权限。
- ★ 如您急需教学资源或需要其他帮助，请加入教师 QQ 群或在工作时间与我们联络。

中国人民大学出版社　管理分社

教师 QQ 群： 648333426（工商管理）　114970332（财会）　648117133（公共管理）
教师群仅限教师加入，入群请备注（学校 + 姓名）

联系电话： 010-62515735，62515987，62515782，82501048，62514760

电子邮箱： glcbfs@crup.com.cn

通讯地址： 北京市海淀区中关村大街甲 59 号文化大厦 1501 室（100872）

管理书社　　　人大社财会　　　公共管理与政治学悦读坊